SO GELINGT'S
im
HAUSHALT

CASSANDRA KENT

SO GELINGT'S IM HAUSHALT

Einmachen, Flecken entfernen, Wasserhähne reparieren ...

BELLAVISTA

Ein Dorling Kindersley Buch
www.dk.com

Originaltitel:
The Ultimate Book of Household Hints & Tips

Genehmigte Lizenzausgabe für
Bellavista, ein Imprint der
Verlag Karl Müller GmbH, Köln 2004
www.karl-mueller-verlag.de

Aus dem Englischen von
Dorothea Skottke

Hinweis
Das vorliegende Buch ist sorgfältig erarbeitet worden. Dennoch erfolgen alle Angaben ohne Gewähr. Autoren und Verlag bzw. dessen Beauftragte können für eventuelle Personen-, Sach- oder Vermögensschäden keine Haftung übernehmen.

Druck und Bindung:
Mladinska Knjiga Tiskarna d.d.
Printed in Slovenia

ISBN: 3-89893-705-4

INHALT

Pflege & Reparatur 70

Verbesserungen im Haus 88

Instandhaltungsarbeiten 106

Essen & Trinken 120

Alles im Griff 142

Gesundheit & Sicherheit 164

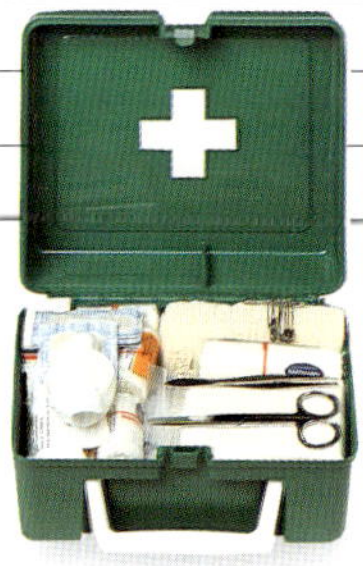

EINFÜHRUNG

ORGANISATION IST DAS A UND O DER HAUSHALTSFÜHRUNG. Beschränken Sie die Unordnung auf ein Minimum, entwickeln Sie Ihre persönliche Putzroutine, und achten Sie auf regelmäßige Reparatur und Wartung. Dieses Buch bietet praktische Lösungen und bewährte Tips an, so daß Sie all das schnell erledigen können und mehr Zeit haben, sich an Ihrem Zuhause zu erfreuen.

BENUTZUNG DIESES BUCHES

DIE WOHNUNG SAUBER HALTEN

Die ersten drei Kapitel behandeln das Thema Saubermachen – von der Pflege der verschiedenen Böden bis hin zur Entfernung von Rotweinflecken. Das Kapitel „Putzen" erklärt Ihnen, wie die unterschiedlichen Materialien und Räume Ihrer Wohnung zu pflegen sind. „Kleidung und Wäsche" enträtselt Waschanleitungen und -verfahren und gibt wertvolle Ratschläge für Kleider-, Schuh- und Accessoire-Pflege. „Fleckenentfernung" zeigt Ihnen Schritt für Schritt, wie Sie sogar die hartnäckigsten Flecken von jeder Art Oberfläche entfernen können.

Fleckenentfernung
Was man tun (und lassen) sollte, um Flecken aus Kleidung, Möbeln und Teppichen zu entfernen, siehe S. 32–55.

Perfekt streichen
Tips zum Streichen von Wänden und Decken, zum Tapezieren und zur Werkzeugpflege siehe S. 88-105.

REPARIEREN UND RETTEN

Ein gutgeführter Haushalt erfordert schon etwas mehr als nur reines Saubermachen. „Pflege und Reparatur" erklärt, wie bestimmte Gegenstände zu pflegen und zu reparieren sind. „Verbesserungen" gibt Tips, wie man effizient streicht und tapeziert, und das Kapitel „Instandhaltungsarbeiten" zeigt Ihnen, wo überall bei Ihnen zu Hause etwas passieren kann. Da es sogar in vorbildlich geführten Haushalten zu Unfällen und Notfällen kommt, sollten Sie unbedingt wissen, wie damit umzugehen ist. In „Gesundheit und Sicherheit" lernen Sie lebensrettende Maßnahmen kennen, wie sie das Rote Kreuz empfiehlt, und erfahren, wie man Verletzungen behandelt.

Haushalt einfach gemacht

Der Haushalt umfaßt mehr als nur Saubermachen und Reparieren. Auch Kochen gehört dazu. „Essen und Trinken“ gibt Hunderte von Tips, wie man die häufigsten Küchenprobleme löst, Speisen aufbewahrt, Fleisch und Gemüse kocht und richtig Kuchen und Kekse backt. Das Kapitel „Alles im Griff“ enthält zeitsparende und praktische Tips fürs Nähen, für Blumenarrangements, für die Pflanzen- und Tierpflege sowie für Einladungen. Mit Hilfe des übersichtlichen Registers und der farbigen Kennzeichnung der einzelnen Kapitel finden Sie sich in dem Buch leicht zurecht.

Blumenpflege
Schnittblumen bleiben länger frisch, wenn man sie richtig behandelt (Details siehe S. 147).

Besondere Übersichten

Dieses Buch ist infolge der einfachen Darstellungsweise (Kästchen mit Kapitelübersicht, Tips, Sicherheitsempfehlungen und Warnungen sowie Fotos) besonders übersichtlich. Die vorkommenden Kästchen sind rechts zu sehen.

Überblick

Zu Beginn eines Kapitels gibt es einen schnellen Überblick

Für die jeweilige Tätigkeit empfohlene Gerätschaften und Utensilien

Silberputzset

Zum Polieren großer Silbergegenstände verwenden Sie ein Silberpoliermittel oder ein mit Reinigungsflüssigkeit imprägniertes Tuch. Zur Reinigung von Schmuck eignen sich Silberbäder. Geprägte Flächen mit Zahnbürste und polierte mit Staubtuch reinigen. Selten benutztes Silber in einem Beutel aufbewahren oder in säurefreies Seidenpapier wickeln, so daß es nicht anläuft.

Tip-Symbole

In diesem Buch erscheinen immer wieder Kästchen mit bewährten Tips, Zeit- und Geld-Spartips, guten Ideen und grünen Alternativen, die die Hausarbeit schneller, einfacher und effizienter machen.

- Geldspartip
- Grüner Tip
- Bewährter Tip
- Gute Idee
- Zeitspartip

Bewährte Tips geben erprobtes und traditionelles Wissen wieder

Bewährter Tip

Löffelhalter
Eine hölzerne Wäscheklammer an den Griff des Marmeladenlöffels klemmen, dann rutscht er nicht in die kochende Marmelade.

Achtung

Ist ein Rohr in Nähe einer Elektroinstallation undicht, schalten Sie sofort den Hauptstromschalter ab.

Sicherheit beim Putzen

● **Sicherheit für Kinder:** Putzsachen sollten Sie stets im Schrank einschließen. Lassen Kinder nicht damit … wenn das Telefon läu… es klingelt.
● **Kennzeichnung:** Kau… Putzmittel in großen … ein. Füllen Sie in kleine Behälter um und beschriften Sie diese.

Warnhinweis mit Informationen zu Gesundheit oder Sicherheit

Sicherheits-Tips zur Vermeidung von Haushaltsunfällen

LISTEN ERSTELLEN

Mit Hilfe von Listen können Sie effizient arbeiten, ohne Zeit zu verlieren, weil Sie etwas vergessen haben. Erstellen Sie eine Hauptliste für Nahrungsmittel und Haushaltsartikel, die Sie regelmäßig benötigen. Diese Liste aktualisieren Sie vor dem Einkaufen, indem Sie ergänzen bzw. Eintragungen streichen (siehe rechts). Bewahren Sie die Hauptliste in Ihrem Haushaltsbuch auf (siehe Seite gegenüber), und kleben Sie Kopien an die Kühlschranktür. Schreiben Sie Geburtstage, Verabredungen, Ferien und Termine in einen Kalender, den alle benutzen können, um ihre Pläne mitzuteilen. So lassen sich auch andere Aufgaben planen, z. B. den Urlaub vorbereiten.

Einkaufsliste
Kleben Sie eine Kopie der Generaleinkaufsliste an den Kühlschrank, und streichen Sie, was zur Neige geht.

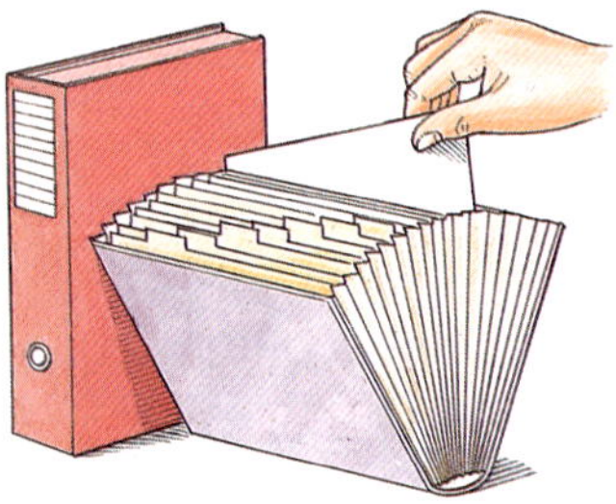

Büro zu Hause
Legen Sie wichtige Unterlagen und Dokumente in einem systematisch aufgebauten Register ab.

ZEITPLANUNG

Einen Haushalt führt man am besten wie ein Büro. Nehmen Sie sich jede Woche Zeit für Korrespondenz und Rechnungen, und planen Sie Ihre Arbeit und Termine eine Woche im voraus. Bei der Planung sollten Sie Anfahrt, Schlangestehen an der Kasse und andere Verzögerungen mit einrechnen. Planen Sie auch täglich freie Zeit für sich ein, in der Sie sich entweder ein wenig entspannen oder sich um andere unerwartete Probleme kümmern können – man weiß schließlich nie, wann die Kinder jemand zum Reden brauchen oder Freunde Hilfe.

UNORDNUNG BESEITIGEN

Herumliegende Sachen machen eine Wohnung unordentlich. Entsorgen Sie deshalb regelmäßig, was Sie nicht mehr brauchen, z. B. Kleidung, alte Zeitschriften, kaputtes Spielzeug und andere unbrauchbare Gegenstände. Unbeschädigtes können Sie bei einem privaten Flohmarkt bei Ihnen zu Hause verkaufen oder auch spenden. Ein Regal neben der Eingangstür mit einem Fach für jedes Familienmitglied reduziert die Unordnung. Jeder kann häufig benutzte Sachen beim Hereinkommen ablegen, so daß er sie beim Verlassen der Wohnung leicht wiederfindet.

Persönliches Fach
Familienmitglieder können Sachen wie Spielzeug, Schirme und Stiefel in ihrem Fach in Türnähe ablegen.

Anlegen eines Haushaltsbuches

Mit einem Haushaltsbuch können Sie alle Informationen an einem einzigen Ort zusammentragen. So vergessen Sie wichtige Details nicht, wie die Telefonnummern von Handwerkern oder die Namen von Lösungsmitteln, die sich am besten zur Entfernung bestimmter Flecken eignen. Benutzen Sie mehrere Notizbücher oder einen Ringordner; achten Sie aber darauf, daß man Seiten hinzufügen oder herausnehmen kann und daß ein Stoff- oder Farbmuster hineinpaßt. Ein Teil sollte für eine Inventurliste der Gegenstände in Ihrem Haushalt reserviert sein – im Falle eines Brandes ein unschätzbarer Vorteil. Dieser Teil sollte auch Kopien aller Garantien, Anleitungen und das Kaufdatum wichtiger Artikel enthalten. Außerdem könnte das Haushaltsbuch ein Tagebuch mit allen wichtigen Daten und Ereignissen enthalten.

Das Haushaltsbuch
Ringordner eignen sich gut, weil man leicht Seiten hinzufügen und entnehmen kann. Ansonsten Notizbücher für die verschiedenen Haushaltsbereiche verwenden.

Zusätzliche Informationen

Da in den meisten Haushalten regelmäßig Reparaturen anfallen, sollten Sie deren Zeitpunkt sowie alle Details im Zusammenhang mit Streichen und Tapezieren (siehe S. 99) notieren. Vielleicht möchten Sie auch eine Gesundheitsrubrik anlegen, in der Notrufnummern (siehe S. 165) und die Arztbesuche verzeichnet sind. Auch ein Verzeichnis der Taxiunternehmen, eine Liste von Restaurants mit Straßenverkauf oder die Öffnungszeiten der Bücherei sind hilfreich. Bewahren Sie das Haushaltsbuch griffbereit auf, und sorgen Sie dafür, daß alle Familienmitglieder wissen, wo es sich befindet.

Inhalt des Haushaltsbuches

Das Haushaltsbuch sollte in etwa folgende Einträge enthalten:

Haushaltstagebuch

- Erstellen Sie eine Liste mit Geburtstagen, Ferien, Impfungen und Zahlungsterminen. Korrigieren Sie sie jährlich, und übertragen Sie alles auf den Kalender.

Inventurliste

- Listen Sie alle wertvollen Gegenstände auf, möglichst mit Seriennummern und entsprechenden Fotos (siehe S. 119).
- Bewahren Sie immer Kopien von Garantien und Anleitungen sowie Kassenzettel auf. Dicke Anleitungshefte legen Sie in einem eigenen Ordner ab.

Notizen zur Wohnungsausstattung

- Legen Sie ein eigenes Buch dafür an (siehe S. 99).
- Notieren Sie Namen, Adressen, Telefonnummern der Handwerker, die diese Arbeiten durchgeführt haben.
- Vermerken Sie den Verlauf von elektrischen Kabeln und Heizungsrohren und alles, was die Arbeiten sonst noch behindern könnte.

Sonstiges

- Listen Sie bei häufigem Besuch auf, wen Sie eingeladen haben und was es zu essen gab.
- Gartenfreunde: Legen Sie ein Buch mit Details bezüglich der Pflanzen an.
- Auto-Checkheft: Notieren Sie die Nummer der Versicherung, die Reparaturdaten und den Reifendruck.
- Notieren Sie im Putzbuch, wie Sie Flecken entfernen (siehe S. 11).

PUTZEN

ÜBERBLICK

PUTZEN MUSS KEINE HARTE ARBEIT SEIN, wenn Sie ein paar einfache Grundregeln befolgen. Besorgen Sie sich die richtigen Geräte und pflegen Sie sie. Staubwischen ist das A und O für eine saubere Wohnung. Die richtige Verwendung des Staubsaugers und seines Zubehörs erleichtert viele Hausarbeiten – nicht nur das Reinigen von Teppichen. Sie sollten aber keine Krankenhaus-Hygiene anstreben.

GERÄTSCHAFTEN ZUM PUTZEN

Zum Putzen benötigen Sie bestimmte Geräte, die Sie zum Transportieren in einer Kunststoffbox mit Griff aufbewahren sollten. Gibt es bei Ihnen zu Hause viele Treppen, sollten Sie sich eventuell zwei Putzsets zulegen, um sich das Hin- und Hertragen zu ersparen. Alle Geräte sollten nach Gebrauch gereinigt werden.

Staubtücher

Fensterleder

Kehrschaufel und Handbesen

Schwamm-Mop

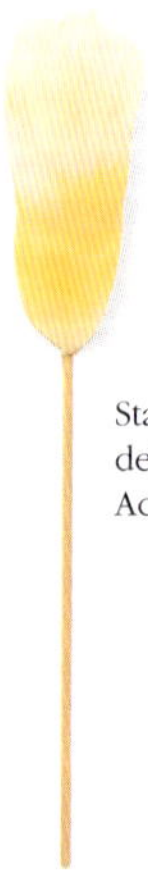

Staubwedel aus Acryl

Lappen zum Naßputzen

Gummihandschuhe

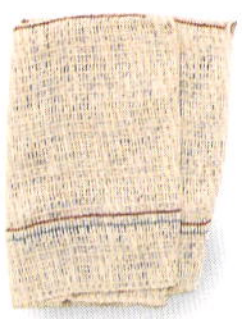

Aufnehmer

Scheuerbürste

Eimer

Besen

Putzmittel

Heutzutage gibt es für fast alle Gegenstände in der Wohnung ein spezielles Putzmittel. Die Hersteller möchten Sie glauben machen, daß ihre Produkte unentbehrlich seien. Doch im Grunde brauchen Sie für die Reinigung aller Oberflächen nur wenige Mittel: Spülmittel, Scheuerpulver, Reinigungsmilch, Bioreiniger, Möbelpolitur und Metallpoliermittel.

Zusätzliche Putzmittel

- **Für Flecken** Ammoniak, Bleichmittel, Brennspiritus, Isopropanol, Wäscheborax, Waschsoda und Lackbenzin eignen sich zur Reinigung von Oberflächen und zur Entfernung schwieriger Flecken. Kinder davor schützen!
- **Aus der Küche** Salz, Zitronensaft, Glyzerin, Essigessenz und Natriumhydrogencarbonat sind sanfte, umweltfreundliche Haushaltsreiniger.
- **Spezialreiniger** Stark verschmutzte Wände mit Seifenpulver reinigen und Ledermöbel mit Lederpflegemittel säubern und pflegen.

Notizen machen

- **Putzliste** Machen Sie sich im Haushaltsbuch (siehe S. 8/9) eine Liste, wie und womit Sie was gereinigt haben, um nicht wieder herumprobieren zu müssen.

Bleichmittel

Reinigungsmilch

Sprühreiniger

Möbelpolitur

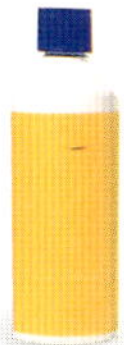
Ammoniak

Brennspiritus

Isopropanol

Flüssigreiniger

Lackbenzin

Spülmittel

Wäscheborax

Boden- und Wandreiniger

Bioreiniger

Waschsoda

Metallpoliermittel

Natriumhydrogencarbonat

Salz

Zitronensaft

Glyzerin

Essigessenz

Sicherheit beim Putzen

- **Sicherheit für Kinder** Putzsachen sollten Sie stets im Schrank einschließen. Lassen Sie die Kinder nicht damit allein, wenn Telefon oder Türklingel läuten.
- **Klare Kennzeichnung** Kaufen Sie Putzmittel stets in großen Mengen ein. Füllen Sie diese in kleine Behälter um und beschriften Sie die Behälter eindeutig.
- **Haut schützen** Beim Arbeiten mit aggressiven Reinigern Handschuhe tragen, damit Bleichmittel und Ammoniak nicht auf Haut, Augen oder Kleidung kommen.
- **Dämpfe vermeiden** Öffnen Sie die Fenster des Raumes, den Sie gerade putzen. Vermeiden Sie offenes Feuer, da dies Chemikalien entzünden kann.
- **Reiniger nicht mischen** Einige Chemikalien reagieren bei Mischung sehr heftig. Unwirksame Reiniger vor Verwendung eines neuen Mittels abspülen.
- **Sicher stehen** Beim Säubern schwer erreichbarer Stellen die Trittleiter nehmen. Das Benutzen von Tisch oder Stühlen stellt ein hohes Unfall-Risiko dar.

Allgemeines

Sie halten die Wohnung am ehesten sauber, wenn Sie wenig, dafür aber oft putzen. Wenn Sie wochenlang nicht saubermachen, haben Sie viel zu tun. Putzen Sie das Wohnzimmer einmal die Woche, Waschbecken und Küche täglich.

Utensilien

Sind Ihre Utensilien in gutem Zustand, müssen Sie nicht extra Zeit darauf verwenden, sie herzurichten. Reinigen Sie die Putzgeräte immer, bevor Sie sie wegstellen. Waschen Sie die Putzlappen regelmäßig und sortieren Sie die stark verschmutzten aus.

Geräte aufbewahren

Pflege des Besens
Waschen Sie den Besen in Seifenlauge. Hängen Sie ihn mit dem Stil nach unten auf (in ein Gestell aus zwei Rollen), die Borsten können so nicht abbrechen.

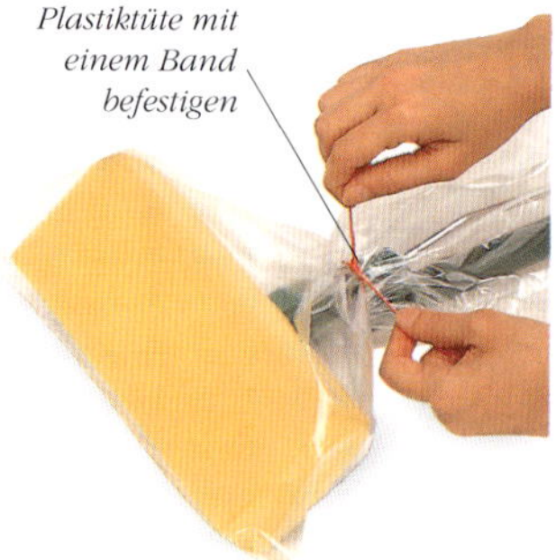

Schwamm-Mop
Spülen Sie den Mop nach Gebrauch gründlich aus, und binden Sie eine Plastiktüte um den Schwamm, damit er nicht austrocknet und die Form behält.

Stahlwolle
Bewahren Sie Stahlwolle in Seifenwasser oder in Aluminiumfolie auf, damit sie nicht rostet. Teilen Sie sie, damit sie doppelt so lang hält: das spart Geld.

Tücher und Schwämme

● **Säubern und aufbewahren** Staubtücher nach dem Putzen ausschütteln. Schmierige Schwämme in Essig und Wasser einweichen. Staub- und Poliertücher in Plastiktüten aufbewahren.

Fensterleder

● **Allgemeine Pflege** Fensterleder sind teuer, halten aber bei richtiger Pflege Jahre. In warmer Seifenlauge waschen und ausspülen. Nicht auf der Heizung trocknen, damit die natürlichen Öle nicht entweichen.

Bürsten

● **Zahnbürsten** Alte Zahnbürsten eignen sich hervorragend, um feine Metallarbeit, Fugenkitt, Wasserhähne und kleine Zwischenräume zu säubern. Möglichst aufheben und zu den Putzsachen legen.

Staubsauger

Der Staubsauger ist vielfältig einsetzbar: Mit seinem Zubehör können Sie Vorhänge, Möbel, Polster und Böden reinigen. Überprüfen Sie vor dem Saugen, ob Bürsten und Rollen sauber sind. Nur dann funktioniert der Staubsauger richtig. Es gibt Geräte für die verschiedensten Aufgaben, unter anderem Handstaubsauger, mit denen Sie Ihr Auto säubern oder Verschüttetes schnell wegsaugen können.

● **Handstaubsauger**
Sie eignen sich am besten für große Flächen, wobei man mit ihnen oft nicht unter die Möbel oder in verwinkelte Ecken kommt.

● **Bodenstaubsauger**
Mit ihnen kann man auf Treppen oder unter niedrigen Möbeln saugen, doch sie sind umständlich zu handhaben.

● **Naß-und-Trocken-Staubsauger**
Mit ihnen läßt sich Wasser ebenso aufsaugen wie Staub.

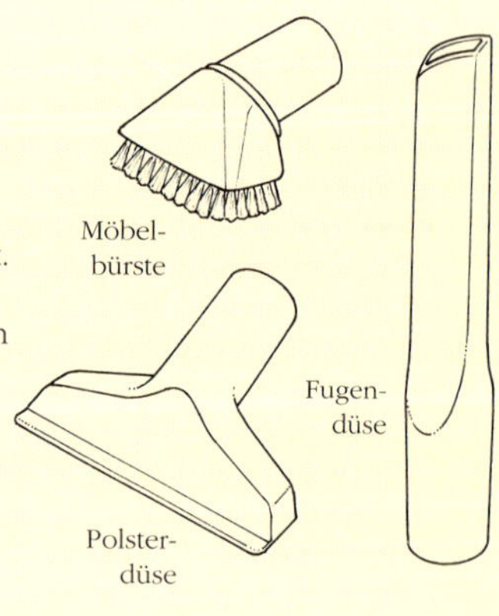

Methodik und Routine

Entwickeln Sie eine Routine, wonach jeder Teil Ihrer Wohnung regelmäßig an der Reihe ist und sich die Arbeit nicht anhäuft. Mit folgenden Tips können Sie so putzen, so daß Ihre Wohnung auch dann sauber wirkt, wenn Sie wissen, Sie könnte noch sauberer sein.

Putz-Methoden

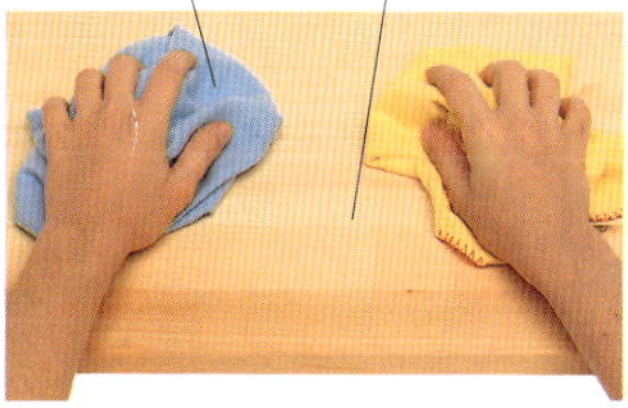

Beidhändiges Staubwischen
Nehmen Sie in jede Hand ein Staubtuch, dann halbieren sich Zeit und Aufwand beim Putzen des Zimmers.

Zwei-Eimer-Methode
Wände und Böden mit zwei Eimern putzen: den einen fürs Putzwasser und den anderen zum Ausspülen der Schwämme

Zeitsparendes Staubtuch

1 Damit ein neues Staubtuch den Staub aufnimmt, in einer Lösung aus 50% Paraffin und 50% Essig einweichen.

2 Das vollgesogene Staubtuch bis zur Verwendung am besten in einem Schraubglas aufbewahren.

Räume	Wie oft putzen?
Bad und Küche	Aus Hygienegründen sollten Sie beide Räume täglich putzen
Schlafzimmer	Betten morgens lüften, da wir nachts 250 ml Feuchtigkeit verlieren. Jede Woche putzen.
Wohnzimmer	Einmal wöchentlich putzen, zweimal die Woche staubsaugen.
Andere Bereiche	Flur zweimal wöchentlich saugen, wenig benutzte Räume monatlich

Zeitspartip

Schnellputz
Bei unvorbereitetem Besuch schnell die Diele putzen, Herumliegendes wegräumen und welke Blumen entsorgen. Glattgestrichene Kissen, Sessel und Teppiche wirken immer ordentlich. Raumparfum versprühen, das Licht herunterdrehen oder Kerzen anzünden.

Putzroutine

- **Täglich putzen** Gilt für Küche und Badezimmer (siehe S. 24–30).
- **Regelmäßig putzen** Schlaf- und Wohnzimmer wöchentlich putzen. Den Raum zuerst lüften und aufräumen. Ausgehend von einer Seite der Tür im Zimmer herumgehen und alle Flächen und Gegenstände abstauben: zuerst die oberen, da der Staub nach unten sinkt. Zum Schluß den Boden saugen oder kehren.
- **Gelegentlich putzen** Alle paar Monate alle Räume gründlich putzen, Vorhänge waschen, Polster und Teppiche shampoonieren und Wände und Fenster gründlich reinigen. Schränke aufräumen und alles wegwerfen, was Sie nicht mehr brauchen.

BÖDEN

LEGEN SIE INNEN VOR JEDE AUSSENTÜR eine Fußmatte, an der man den Schmutz von den Schuhen streift, da er sonst in die Wohnung getragen wird. Kehren oder saugen Sie den Boden regelmäßig, dann wird er erst gar nicht so schmutzig.

HARTE BÖDEN REINIGEN

Sind harte Böden staubig, sehen sie schmutziger aus als ein nicht gesaugter Teppichboden. Kehren, saugen oder wischen Sie diese Böden regelmäßig, vor allem in Flur, Küche und Bad. Holzböden müssen poliert, Marmor, Vinyl und Fliesen gründlich geputzt werden.

BÖDEN KEHREN

Staub entfernen
Harte Böden sollten Sie alle paar Tage kehren oder saugen, besonders die Ecken, wo sich der Staub sammelt.

BÖDEN WISCHEN

Effektives Wischen
Versiegelte Böden wöchentlich feucht mit der Zwei-Eimer-Methode wischen. Fliesen und Schieferböden vertragen keine Seife.

BÖDEN SCHEUERN

Gründliche Reinigung
Stein, Beton und Fliesen mit Bodenreiniger und Scheuerbürste reinigen, um angetrockneten Schmutz zu entfernen.

BÖDEN POLIEREN

Mit einem glänzenden Boden sieht Ihre Wohnung gepflegt aus. Verwenden Sie die richtige Politur und vergessen Sie nicht, daß sie sich ansammelt und entfernt werden muß. Verwenden Sie dazu Bodenreiniger, Ammoniak oder Wachsentferner.

VERSCHIEDENE POLITUREN

FESTE PASTEN
Diese Polituren auf Lösungsmittelbasis eignen sich für Vinyl, Holz und Kork. Das Auftragen von Hand ist schwierig, doch glänzt der Boden lange.

FLÜSSIGE LÖSUNGSMITTEL-POLITUREN
Auch sie eignen sich für Vinyl, Holz und Kork. Sie sind zwar einfacher aufzutragen als feste Pasten, halten dafür aber nicht so lange.

EMULSIONEN AUF WASSERBASIS
Sie enthalten meist Silikon und eignen sich für alle Böden (außer für Vinyl, unversiegeltes Holz und Kork). Sie sind leicht aufzutragen und glänzen.

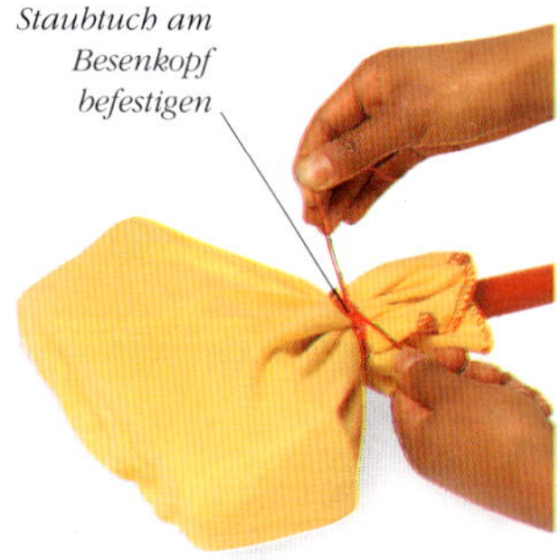

Improvisierte Poliervorrichtung
Staubtuch um einen weichen Besen binden und damit das Polierwachs auftragen (statt mit einem Elektrogerät). Den Boden vorher gründlich reinigen.

VERSCHIEDENE BÖDEN

Harte Böden sind verschleißfest, doch die Oberflächen brauchen unterschiedlich viel Pflege. Wischen Sie harte Böden bei Bedarf täglich und reinigen Sie sie materialgerecht. Vermeiden Sie ein Ansammeln des Schmutzes, damit Sie sie nicht scheuern müssen.

BODENTYP	**BEHANDLUNG**
VINYL Ein pflegeleichter, bei richtiger Pflege durchaus verschleißfester Bodenbelag. 	● Regelmäßig wischen. Verschmutztes Vinyl sollten Sie mit Haushaltsreiniger und warmem Wasser putzen, mit klarem Wasser nachwischen. Emulsionspolitur auf Wasserbasis verwenden. ● Niemals Lösungsmittelpolitur verwenden. Sie zerstört die Vinyloberfläche. Flecken mit Emulsionspolitur und einem feuchten Tuch entfernen.
LINOLEUM Ein harter Boden, der jedoch durch zu nasses Wischen beschädigt wird. 	● Mit einem feuchten Mop und stark verdünntem Haushaltsreiniger wischen. In Küche und Bad Emulsionspolituren (hinterlassen keine Wasserflecken), ansonsten Wachspolitur verwenden. ● Schleifspuren entfernen Sie am besten mit feiner, in Terpentin oder Lackbenzin getauchter Stahlwolle.
HOLZ Die Behandlung hängt davon ab, ob das Holz versiegelt ist oder nicht. 	● Unversiegelte Böden sollten Sie regelmäßig kehren, um Staub und Schmutz zu entfernen. Versiegelte Holzböden mit einem feuchtem Mop putzen. Mit Wachs oder Emulsionspolitur dann zum Glänzen bringen. ● Klebrige Flecken auf unversiegelten Böden entfernen Sie mit einem feuchten Tuch, Wachspolitur auf versiegelten Böden mit Lackbenzin.
KORK Regelmäßig wischen, da sich sonst Schmutz oder Politur an den Rändern ansammelt. 	● Regelmäßig mit warmem Wasser und Haushaltsreiniger wischen und gelegentlich Wachspolitur auftragen. Polituransammlungen an den Rändern sollten Sie vermeiden, da sie zu einer klebrigen, schmutzanziehenden Schicht werden. ● Beim Verlegen von Korkplatten die Ränder versiegeln, da sonst Wasser seitlich eindringen kann.
KERAMIKFLIESEN Achtung: auf der harten Oberfläche zerbrechen Gegenstände schnell. 	● Mit einem Schwamm-Mop oder Tuch und Spülmittellösung putzen, dann mit einem Fensterleder nachwischen. Flecken sollten Sie sofort aufwischen, denn feuchte Böden sind gefährlich rutschig. ● Keramikfliesen dürfen nicht poliert werden, da sie sonst rutschig werden. Fugen mit einer weichen Bürste zum Glänzen bringen.
STEINFLIESEN Im unversiegelten Zustand porös. Verblichene Fliesen mit Stahlwolle und Lackbenzin abreiben und feste Politur auftragen. 	● Glasierte Steinfliesen sollten Sie regelmäßig mit Wasser und etwas Allzweckreiniger wischen. Nicht glasierte Steinfliesen damit scheuern, um Schmutz zu entfernen. Gründlich nachwischen. Mit flüssiger oder fester, möglichst rutschfester Politur polieren. ● Neu verlegte Fliesen mit Leinöl behandeln. Danach mindestens zwei Wochen lang nicht putzen.

SPEZIALBEHANDLUNG

Vermeiden Sie auf harten Böden möglichst Kratzer und Schleifstellen, weil diese nur schwer zu entfernen sind. Polieren Sie Schaukelstuhl-Bögen, damit sie den Boden nicht verkratzen, und legen Sie beim Herumrücken schwerer Möbel Polster unter.

FLECKEN VON HOLZBÖDEN ENTFERNEN

- **Farbflecken**: Am besten mit einem Wattebausch und unverdünntem Bleichmittel abtupfen; das Ganze mit Küchenpapier aufsaugen. Die Prozedur bei Bedarf wiederholen.
- **Kerzenwachs**: Mittels eines Eiswürfels hart werden lassen; mit einem Messer ablösen. Flüssige Bodenpolitur in das Holz einreiben und mit einem weichen Tuch polieren.

KRATZER VON HOLZBÖDEN ENTFERNEN

1 Mit feiner Stahlwolle über den Kratzer reiben und die Reibfläche möglichst nicht weiter ausdehnen als nötig. Dabei Handschuhe tragen.

2 Etwas braune Schuhcreme mit Bodenwachs mischen und auftragen. Gut einreiben, so daß die Farbe zum Rest des Bodens paßt.

BEWÄHRTER TIP

Staub binden
Feuchte Teeblätter, die den Staub sammeln und binden, einfach auf den Holzboden oder in den Kamin streuen, wenn Sie diese gründlich kehren oder die Asche entfernen. Für Stauballergiker ist dies besonders vorteilhaft.

BÖDEN REPARIEREN

- **Vinyl und Kork** Brandflecken entfernen Sie, indem Sie diese mit feinem Sandpapier wegreiben. Große Brandflecken mit einem Teppichschneider ausschneiden und ein neues Stück einsetzen.
- **Linoleum** Diese Böden bekommen mit der Zeit oft Risse. Mit durchsichtigem Klebeband überkleben und klaren Polyurethanlack auftragen.
- **Beschädigte Fliesen** Löcher in den Fliesen mit Wand- oder Holzspachtelmasse reparieren. Auftragen und abschleifen, wenn sie trocken ist. Dann Farbe (Schuhcreme oder Ölfarbe) und eine klare Bodenversiegelung auftragen.
- **Holzböden** Bei Feuchtigkeit durch eine defekte Wasserleitung den Boden ablösen und den Betonboden darunter wasserfest lackieren.

STEINBÖDEN

- **Farbe wiederherstellen** Bei verblichenen Böden die alte Politur mit Stahlwolle und Lackbenzin entfernen, putzen und nachwischen. Farbiges Wachs auftragen, wenn der Boden trocken ist. Danach den Boden polieren.

Weiße Flecken behandeln
Sie entstehen durch Kalk im Unterboden und verschwinden mit der Zeit. Entfernen Sie diese, indem Sie sie mit vier Eßlöffeln Essig auf fünf Liter Wasser abwaschen. Nicht nachwischen.

VINYL UND LINOLEUM

- **Farbflecken** Frische Emulsion mit einem feuchten Tuch einreiben, Ölfarbflecken mit Hilfe von in feste Politur getauchter Stahlwolle entfernen. Gekochtes Leinöl auf Flecken auftragen, einwirken lassen und abwischen.

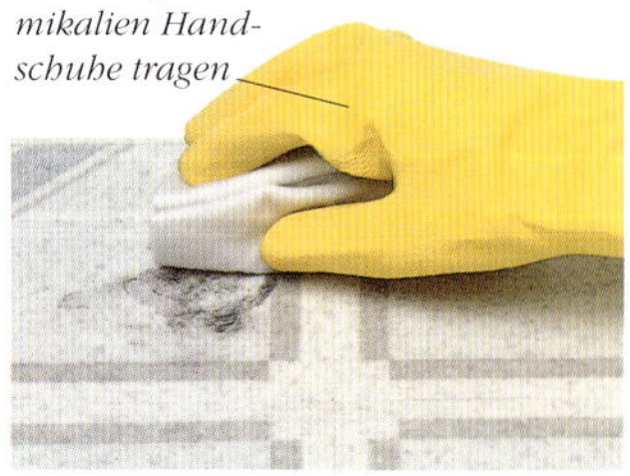

Schleifstellen auf Vinyl
Schleif- und Absatzspuren können Sie mit Hilfe eines in Terpentin, Lackbenzin oder Emulsionspolitur getauchten Tuchs oder mit einem Radiergummi beseitigen.

Bodenbeläge

Teppichböden und Teppiche sind mit das Teuerste an der Raumausstattung und sollten, damit sie lange halten, gut gepflegt werden. Richten Sie sich immer nach der Pflegeanleitung des Herstellers, damit die Beläge lange in gutem Zustand bleiben.

Teppiche reinigen

- **Staubsaugen** Saugen Sie regelmäßig, damit Staub und Schmutz entfernt werden und der Flor in gutem Zustand bleibt. Idealerweise achtmal über jede Stelle saugen, weniger tut's aber auch. Mit Hilfe des Zubehörs können Sie die Ränder reinigen und unter niedrigen Möbeln saugen.
- **Shampoonieren** Tragen Sie das Shampoo auf verschmutzte Stellen auf. Ist der ganze Teppich verschmutzt, reinigen Sie ihn mit einer Shampooniermaschine oder durch einen Reinigungsdienst. Teppichböden an Ort und Stelle reinigen, da sie sonst kleiner werden und neu verlegt werden müssen.

Abdrücke von Möbeln auf dem Teppich

Feuchter Teppich
Müssen Sie Möbelstücke zurückstellen, bevor der shampoonierte Teppich ganz trocken ist, legen Sie rechteckige Folienstücke unter die Beine der Möbel, damit keine Abdrücke entstehen.

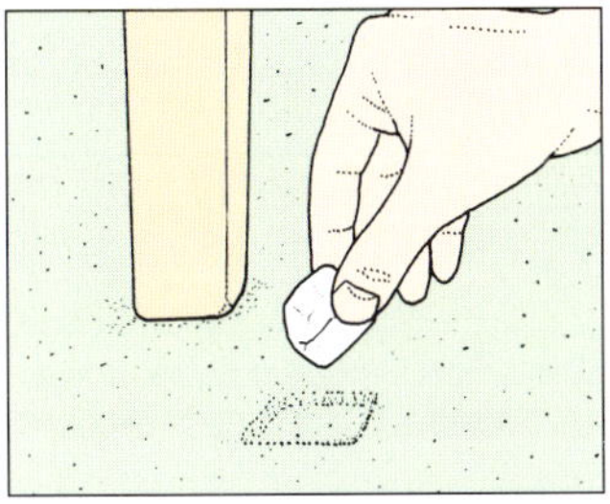

Zusammengedrückter Flor
Durch Möbel verursachte Abdrücke im Teppich lassen sich beseitigen, indem man einen Eiswürfel in dem Abdruck schmelzen, die Stelle abtrocknen läßt und dann darübersaugt.

Grüner Tip

Trockenshampoonieren
Um Teppiche kostengünstig und ökologisch zu reinigen, streuen Sie Natriumhydrogencarbonat darüber, lassen es einziehen und saugen dann gründlich. Der Teppich ist nicht nur sauber, Sie haben auch schädliche Insekten vernichtet und Gerüche neutralisiert.

Brücken und Matten

- **Reinigen** Brücken mit einem Klopfer oder einem Tennisschläger reinigen. Naturläufer (aus Binsen, Sisal, Kokosnußfasern) saugen; bei Verschmutzung mit Salzwasser reinigen, ausspülen und trocknen lassen (keine direkte Hitze).

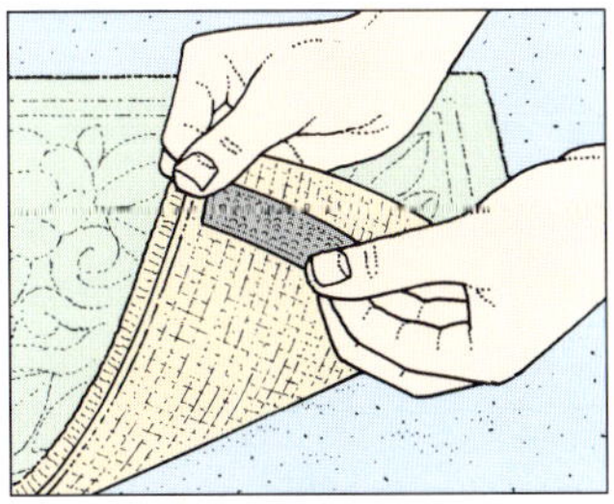

Rutschende Läufer
Doppelseitig klebendes, starkes Klebeband auf die Ecken der Teppiche kleben, damit sie auf harten Böden nicht verrutschen. Klettverschlüsse helfen gegen Verrutschen auf Teppichböden.

Schädlinge und schlechte Gerüche

Teppiche beherbergen häufig Schädlinge wie Teppichkäfer, und der Geruch von Zigarettenrauch, Frittiertem und Haustieren setzt sich in ihnen fest.

- **Teppichkäfer** Teppichkäfer verraten sich meist an den Teppichrändern durch ihre abgestreifte Haut. Aufgrund ihrer guten Verstecke sind sie nur sehr schwer auszurotten. Durch Streuen von Wäscheborax auf die Teppichränder und (vor dem Verlegen eines Teppichs) auf den Unterboden kann man viele vertilgen.
- **Zigarettenrauch** Zigarettengeruch hängt in Teppichen und weichen Möbelmaterialien fest. Stellen Sie an eine unauffällige Stelle eine Schüssel Wasser oder zünden Sie Kerzen an, wenn Raucher Sie besuchen. Den Aschenbecherboden mit Backpulver bestreuen, damit die Kippen nicht glimmen.
- **Essig-Raumduft** Ein kleines Gefäß mit Essig läßt die Zimmer frisch riechen, selbst wenn sie einige Zeit nicht gelüftet werden. Gelegentlich etwas Essig in die Raumbefeuchter geben, so bleibt die Luft frisch.

Wände und Decken

Nur wenn die Luftverschmutzung bei Ihnen groß ist oder Sie in einem Raucherhaushalt leben, müssen Sie Wände und Decken öfter als einmal jährlich reinigen. Putzen Sie jeweils nur einen Raum, denn es ist anstrengend.

Wände reinigen

Stauben Sie nicht abwaschbare Tapeten regelmäßig ab, damit sich kein Schmutz ansammelt. Benutzen Sie nie Wasser, da sich die Tapete sonst löst. Fahren Sie an abwaschbaren Tapeten mit einem Schwamm und Spülmittel von unten nach oben.

Nicht waschbare Tapeten reinigen

Flecken entfernen
Mit einem Stück Weißbrot ohne Kruste oder einem Radiergummi sanft über die Flecken reiben, um die Tapete nicht zu beschädigen. Die Flecken verschwinden meist nach mehreren Versuchen.

Fettflecken beseitigen
Ein warmes Bügeleisen auf Packpapier halten, um das Fett aufzusaugen. Immer neue Stellen des Papiers benutzen, bis das Fett ganz absorbiert ist. Fettlösendes Aerosol aufsprühen.

Vinyl reinigen

Allgemeine Pflege
Vinylwände gelegentlich mit Schwamm und Reiniger waschen. Dabei sanft von unten nach oben wischen, damit die Oberfläche der Wand nicht beschädigt wird.

Tapeten flicken

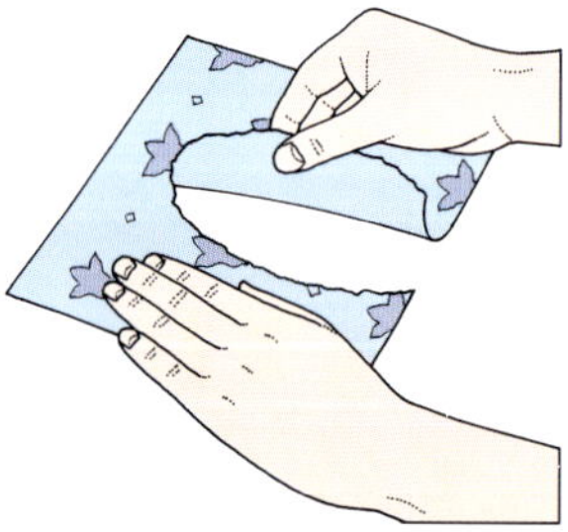

1 Stark fleckige Tapeten besser flicken als reinigen. Reißen Sie ein passendes Stück zurecht (vom Körper weg, damit der Rand unregelmäßig wird; das sieht weniger wie eine Schnittkante aus).

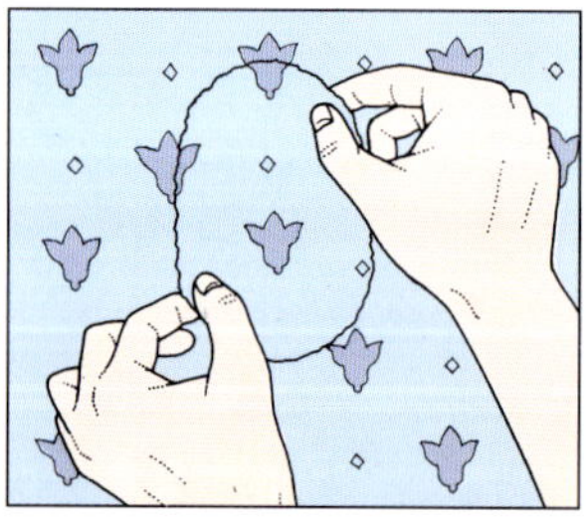

2 Das neue Stück mit Tapetenkleister so in die Lücke kleben, daß das Muster stimmt. Beim Flicken alter Tapeten die Stücke vor dem Einsetzen ein paar Tage zum Bleichen in die Sonne legen.

Spezielle Wandverkleidungen

- **Grasleinen** Vorsichtig säubern, da die Gräser sich leicht lösen. Leichtes Saugen mit einer weichen Staubsaugerbürste genügt. Die Möbel nicht zu nah heranstellen, weil die Gräser sonst abgehen und häßliche Lücken entstehen.
- **Rupfen** Regelmäßig mit Staubsaugerzubehör abstauben. Da die Rupfenfarbe leicht verläuft, nicht naß machen. Fleckenentfernung am besten durch Darüberreiben mit Weißbrot ohne Kruste.

GESTRICHENE FLÄCHEN

Gestrichene Wände und Decken bleiben durch regelmäßige Reinigung oft lange in gutem Zustand. Starke Verfärbungen durch Rauch sind aber nur schwer zu entfernen; neu streichen ist in diesem Fall einfacher als eine Reinigung.

DECKEN

- **Reinigung** Decken nicht abwaschen, sondern am besten gleich neu streichen. Mit Besen und Staubtuch (siehe Bild) oder mit der Polsterdüse des Staubsaugers abstauben.

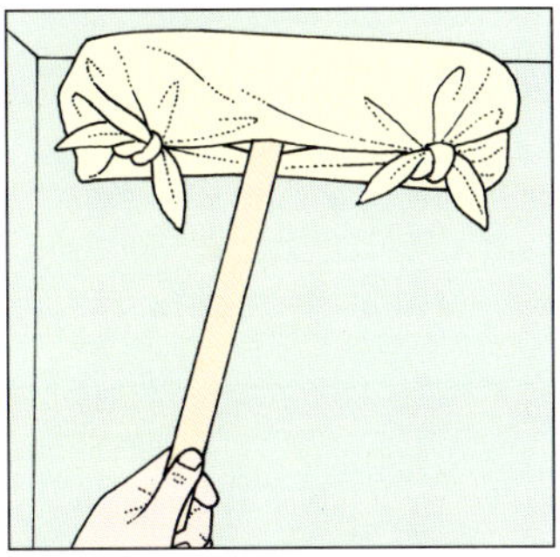

Abstaubevorrichtung
Sauberes Staubtuch lose um den Besenkopf binden und damit die Decke ab und zu gründlich abstauben. Den Besen zwischendurch ausschütteln.

WÄNDE, TÜREN UND FUSSLEISTEN

- **Wandreinigung** Wände stets mit warmem Wasser und Spülmittel reinigen. Vorgang nicht unterbrechen, da sich sonst ein schwer zu entfernender Wasserrand bildet. Jeweils eine Wand ganz reinigen.

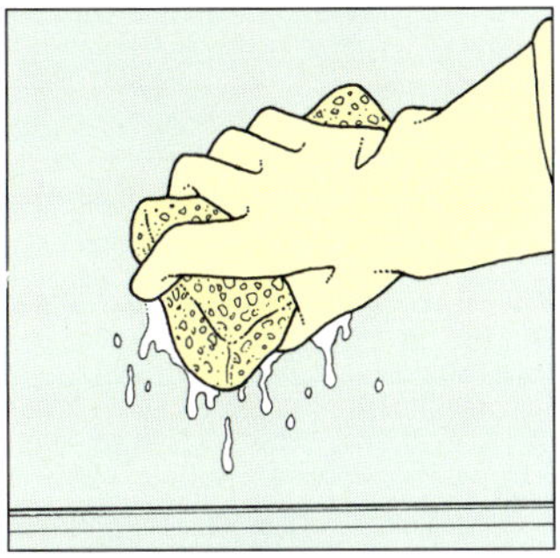

Wände waschen
Immer von unten nach oben reinigen. So lassen sich schmutzige Wassertropfen besser von einer sauberen Fläche abwischen als von einer schmutzigen.

- **Stark verschmutzte Wände** Erst mit Seifenpulver (bei der Verdünnung Herstellerangaben beachten), dann mit anderen Reinigern säubern.
- **Türen und Fußleisten** Mit Spülmittellösung säubern (keine Reiniger, da sie die Farbe verändern). Mit klarem Wasser nachwischen und trockentupfen.

FLECKEN AUF DER WAND

- **Flecken entfernen** Die meisten Flecken lassen sich entfernen. Gehen Sie vorsichtig vor, um die Farbe nicht zu beschädigen. Radieren Sie Fingerabdrücke und Striche sanft weg, und entfernen Sie Essensflecken mit Reinigungsmilch. Wo Möbelstücke sich in die Wand gedrückt haben, den Radiergummi, dann den Reiniger verwenden.

ANDERE WÄNDE

Bei Keramikfliesen sind oft die Fugen verschmutzt. Holzverkleidete Wände müssen abgestaubt (benutzen Sie den Staubsauger) und jährlich poliert werden. Da Flecken auf unversiegelten Ziegeln nur schwer zu entfernen sind, stauben Sie sie regelmäßig ab.

KERAMIKFLIESEN

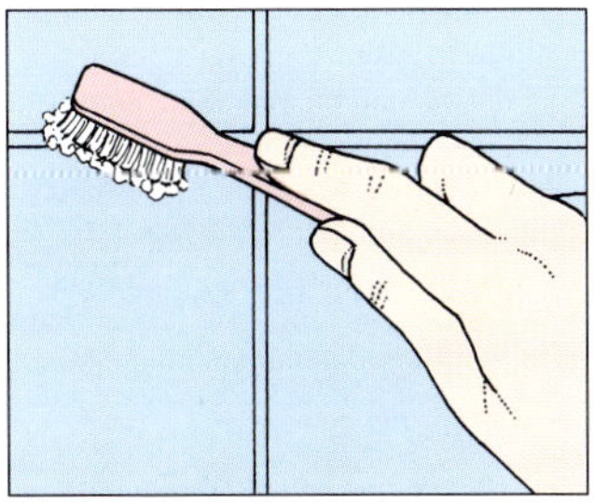

Fugen reinigen
Eine alte, saubere Zahnbürste in eine Bleichlösung tauchen und damit die Fliesenverfugung reinigen. Bei starker Verschmutzung neues Fugenmaterial auftragen.

HOLZVERKLEIDUNG

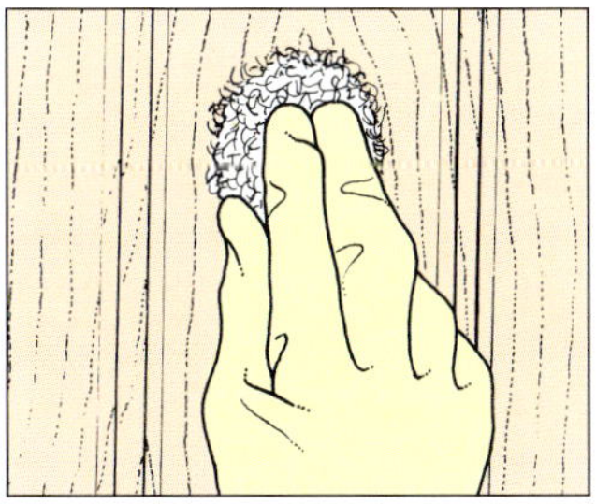

Politur entfernen
Sammelt sich auf Holzwänden Politur an, entfernen Sie sie mit feiner Stahlwolle und Lackbenzin. Reiben Sie dabei sanft an der Maserung entlang.

ZIEGEL

Backsteinwände versiegeln
Die rohe, saubere Ziegelwand mit einem weichen Pinsel versiegeln, so daß sie nur noch abgestaubt und feucht abgewischt werden muß.

FENSTER

Schmutzige Fenster lassen die Wohnung ungepflegt aussehen. Putzen Sie diese außen so oft wie nötig, und innen zwei- bis dreimal jährlich. Stauben Sie beim Putzen der Zimmer auch die Fenster ab, und zwar mit einem weichen Acrylstaubwedel.

FENSTER WASCHEN

Selbstgemachter Reiniger
Zur Herstellung Ihrer eigenen Reinigungslösung mischen Sie Essig und Wasser in einem Zerstäuber. Essig klärt Fett, so daß das Glas glänzt.

FENSTER WISCHEN

Zeitungspapier verwenden
Frisch gewaschene Fenster mit Zeitungspapier abwischen; das ist billiger als Fensterleder, und die Druckerschwärze macht das Glas glänzend.

ZEITSPARTIP

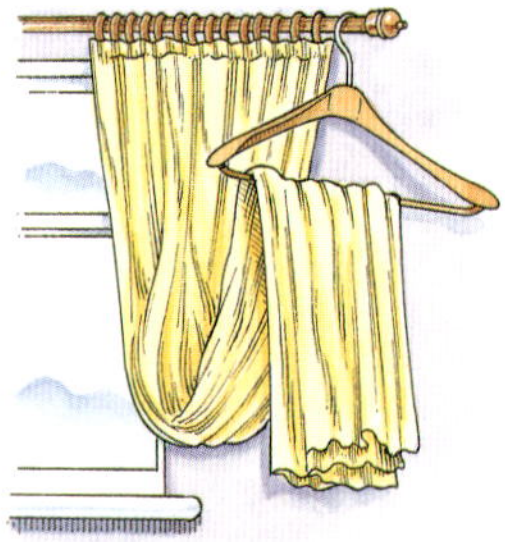

Vorhänge schützen
Vorhänge über einen Bügel hängen, dann müssen Sie sie beim Putzen nicht abnehmen.

STREIFENFREI PUTZEN

- **Richtiges Wetter** Fenster bei trübem Wetter putzen, wenn sie feucht sind und jeder Fingerabdruck und Fleck zu sehen ist. Sonniges Wetter eignet sich weniger gut, da die Fenster zu schnell trocknen und Streifen zurückbleiben.
- **Streifen sehen** Beim Putzen der Fensterinnen- und -außenfläche auf einer Seite horizontal, auf der anderen vertikal wischen. Dadurch sehen Sie gut, auf welcher Seite noch Streifen oder Schmutzreste sind.

SPIEGEL

Spiegel nicht mit Wasser putzen, da es hinter das Glas dringen und die Silberschicht beschädigen kann. Normalen Glasreiniger verwenden und den Spiegel gut polieren.

ELEKTROINSTALLATIONEN

Reinigen Sie Steckdosen und Lichtschalter aus Kunststoff mit Brennspiritus und einem sauberen Tuch. Metallteile benötigen eine Politur. Glühbirnen sollte man regelmäßig abstauben und säubern, sonst geben sie bis zu 50% weniger Licht ab.

REINIGUNG

- **Schablone verwenden** Damit beim Reinigen der elektrischen Anschlüsse kein Reiniger oder Poliermittel auf die Wände gelangt, eine passende Schablone darüberhalten.

ACHTUNG
Vor der Reinigung von Elektroinstallationen Strom abstellen. Glühbirnen vor dem Säubern aus der Fassung schrauben.

GLÜHBIRNEN REINIGEN

- **Glühbirnen** Vor dem Herausschrauben der Birnen den Strom abschalten. War das Licht vorher an, warten, bis die Birne abgekühlt ist. Vor dem Wiedereinsetzen gut abtrocknen. Birnen in der Fassung nie mit Wasser reinigen.
- **Duftende Glühbirnen** Etwas Vanille-Extrakt auf dem Glas verteilen. Nach dem Einschalten verströmt die warme Glühbirne Duft.

Glühbirnen reinigen
Glühbirne unten festhalten und vorsichtig mit einem feuchten Tuch darüberwischen.

HEIZUNGEN

Reinigen Sie Heizkörper in Winter einmal die Woche (bei Nichtbenutzung seltener) mit Spülmittel und danach mit einem Staubsaugerzubehörteil oder einer Heizungsbürste. Öfen können auch mit Spülmittel gesäubert werden.

INSTANDHALTUNG

● **Heizkörper und Ventilatoren** Beide ziehen Staub an. Achten Sie darauf, daß sie nicht verstopfen. Schmutz mit einer Flaschenbürste entfernen.

● **Boden abdecken** Beim Reinigen der Heizkörper den Boden darunter abdecken, so daß Staub und Flüssigkeit nicht auf den Boden gelangen.

● **Verfärbungen** Die aufsteigende warme Luft führt über der Heizung zu Staubablagerungen. Ein Bord über der Heizung verhindert das und leitet die Wärme in den Raum.

HINTER DER HEIZUNG PUTZEN

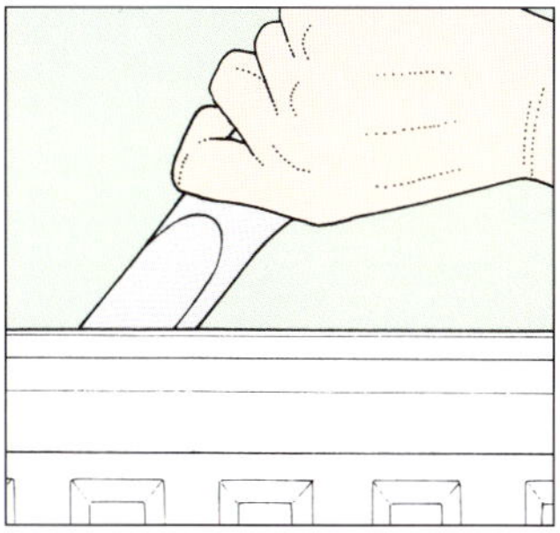

Staubsaugen
Mit der Fugendüse des Staubsaugers den angesammelten Staub zwischen Heizkörper und Wand absaugen.

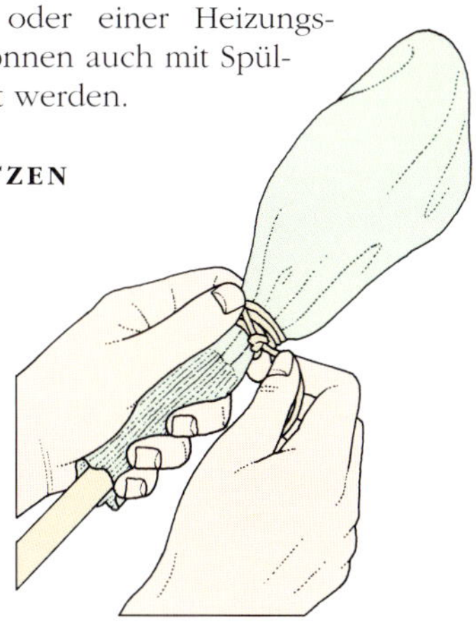

Improvisierte Bürste
Mit einem auf einen Besenstil gesteckten Schwamm (darüber ein alter Socken) hinter der Heizung putzen.

KAMINE

Ein offenes Feuer ist etwas sehr Schönes, doch im Kamin sammelt sich Ruß an, wenn Sie ihn nicht regelmäßig putzen. Zur Behandlung von Rußflecken siehe Seite 54. Reinigen Sie den Kamin jedes Jahr gründlich, sobald die Kaminsaison vorbei ist.

FEUERSTELLE SÄUBERN

● **Asche entfernen** Kohlenasche wöchentlich entfernen, Holzasche als gute Grundlage für winterliche Kaminfeuer im Kamin lassen.

METALLTEILE

● **Polieren** Die Metallteile des Kamins mit Ofenschwärze oder Reiniger säubern.

Ofenschwärze auftragen
Ofenschwärze mit Stahlwolle auftragen und mit einem Tuch nachpolieren. Handschuhe tragen.

ASCHE BEFEUCHTEN

● **Staub binden** Beim Säubern feuchte Teeblätter auf die Asche streuen. Dadurch wird der Staub gebunden.

KAMIN REINIGEN

● **Ziegel** Mit einer harten Scheuerbürste und klarem Wasser scheuern. Brandflecken mit Schwamm und Essig reinigen, dann nachwischen.

● **Keramikfliesen** Mit Spülmittel oder Haushaltsreiniger waschen, nachwischen. Bei Rußflecken keine Scheuermittel verwenden (siehe S. 54).

● **Marmor** Mit Schwamm und Seifenflockenlösung reinigen, nachwischen und abtrocknen. Bei polierten Flächen speziellen Marmorreiniger verwenden. Auch für beschädigten Marmor gibt es entsprechende Produkte. Fleckenbehandlung siehe S. 81.

ASCHE ENTSORGEN

● **Heiße Glut** Asche am besten in einem Metallbehälter auskühlen lassen. Glühende Asche nicht in die Mülltonne geben.

BEWÄHRTER TIP

Duftfeuer
Getrocknete Zitronen- oder Orangenschale im Feuer lassen den Raum angenehm duften, ebenso Kiefernzapfen.

MÖBEL

DER STAUBSAUGER UND SEIN ZUBEHÖR eignen sich gut zur Entfernung von Staub auf Möbeln und Stoffen. Eine Spezialreinigung muß nicht regelmäßig erfolgen; Flecken sollten jedoch sofort entfernt werden (siehe S. 32–55).

MÖBEL AUS HOLZ

Gepflegte Holzmöbel halten Jahre, ja sogar jahrhundertelang. Stauben Sie sie häufig ab, und zwar immer entlang der Maserung. Machen Sie unversiegeltes Holz nicht naß, da es sonst quillt. Spezialbehandlung von Holz und Holzmöbeln siehe S. 71–73.

HOLZ ABSTAUBEN

Schnitzereien

Mit einem Staubwedel aus Kunststoff (oder mit weichem Pinsel) abstauben. Wedel vorher reiben, um ihn statisch zu machen.

ALLTAGSMÖBEL

- **Grundpflege** Holzmöbel mit Reiniger und einem feuchten Tuch säubern. Gelegentlich ein Aerosol oder Poliermittel zur Pflege verwenden.
- **Teakholz** Moderne Teakholzmöbel müssen nur abgestaubt werden. Ein- oder zweimal jährlich mit ein wenig Teakholzöl oder -creme polieren.
- **Lackierte Holzmöbel** Mit Spülmittellösung abwaschen (sofern sie nicht antik oder brüchig sind), mit klarem Wasser nachwischen und trocknen lassen. Flecken mit unverdünntem Spülmittel entfernen.

WERTVOLLE MÖBEL

- **Antike Möbel** Vor direkter Wärme und Sonnenlicht schützen, regelmäßig abstauben. Klebrige Flecken mit etwas Essig und Wasser entfernen. Antiquitäten ein- oder zweimal im Jahr mit Bienenwachs polieren (siehe S. 71).
- **Schellack-polierte Möbel** Mit einem weichen Staubtuch entlang der Maserung polieren. Gelegentlich Wachs auftragen. Klebrige Stellen und Fingerabdrücke mit etwas Lackbenzin beseitigen. Beschädigungen des Schellacks nicht selbst reparieren.

ANDERE MÖBEL

Korb- und Rohrmöbel müssen regelmäßig mit einer Bürste oder einem Staubsaugerzubehörteil gereinigt werden. Möbel aus Metall oder Marmor brauchen mehr Pflege. Kunststoffmöbel sind leicht sauberzuhalten – einfach ab und zu mit Reiniger säubern.

MARMORMÖBEL

- **Allgemeine Pflege** Marmor nur mit einem Tuch abstauben. Gelegentlich mit Seifenlauge reinigen und vor dem Polieren nachwischen. Bei weißem Marmor kein Poliermittel verwenden. Fleckenentfernung siehe S. 81.

KORBMÖBEL

- **Reinigung** Mit dem Staubsauger den Staub entfernen. Ab und zu mit einer in verdünntes Spülmittel getauchten Nagelbürste reinigen, nachwischen.

ROHRMÖBEL

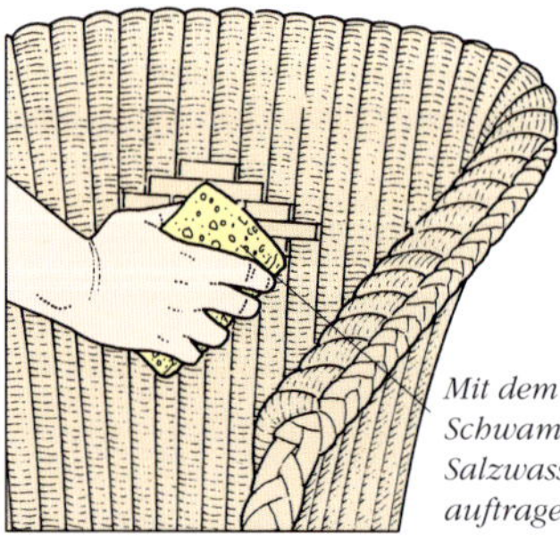

Gründliche Reinigung

Rohrmöbel sollten Sie mit einer Seifenflockenlösung reinigen. Mit Salzwasser nachwischen, damit das Rohr fest bleibt.

METALLMÖBEL

Rostentfernung

Mit einer festen Drahtbürste den Rost entfernen. Metallmöbel, die draußen stehen, mit Rostschutzfarbe streichen.

Möbelstoffe

Polstermöbel reinigen Sie am besten und am bequemsten mit dem entsprechenden Staubsaugerzubehör. Stühle oder Sofas vor dem Saugen seitlich und hinten nach Gegenständen abtasten. Lederpflege und Polsterreparaturen siehe S. 82.

Regelmäßige Pflege

● **Abnehmbare Bezüge** Schmutzige Bezüge abnehmen und materialgemäß waschen. In noch feuchtem Zustand wieder auf die Möbel legen und mit einem kalten Bügeleisen festdrücken. Appretierter Chintz ist waschbar, doch die Appretur kann verlorengehen.

● **Polster** Mit Polstershampoo waschen (dabei immer Herstellerangaben beachten) oder reinigen lassen. Bei der Fleckenentfernung nicht zu naß machen.

Fussel entfernen

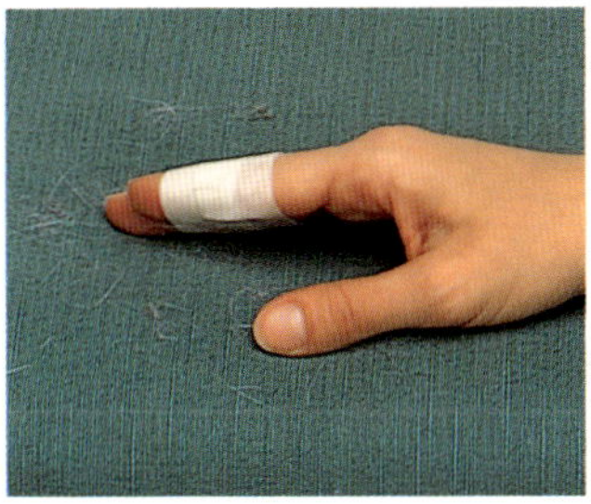

Klebeband verwenden
Zur Entfernung von Fusseln Klebeband mit der klebenden Seite nach außen um die Finger wickeln, über den Stoff fahren.

Leder und Vinyl

● **Lederpflege** Häufig abstauben und Pflegemittel auftragen. Gut einreiben, damit keine Flecken entstehen.

● **Verschmutztes Leder** Mit einem in Seifenflockenlösung getauchten, ausgewrungenem Tuch abwischen. Nicht nachwischen. An der Luft trocknen lassen, dann wie gewöhnlich polieren.

● **Vinylpolster** Regelmäßig mit einem Tuch und Seifenflockenlösung abwischen.

Vorhänge und Rollos

Teure Vorhänge und Rollos sollte man chemisch reinigen lassen. Der Fachmann vermißt sie vor dem Abnehmen und gewährleistet, daß sie nach der Reinigung noch genauso passen wie vorher. Weitere Tips zur Vorhangpflege siehe S. 83.

Vorhänge

● **Waschen** Gefütterte Vorhänge immer in die chemische Reinigung geben, auch wenn sie waschbar sind, da die verschiedenen Gewebe beim Selberwaschen oft unterschiedlich stark einlaufen. Große Vorhänge in der Badewanne waschen, da sie für die Maschine zu schwer sind.

Allgemeine Pflege
Vorhänge häufig mit der Polsterdüse abstauben. Zur Reinigung oben zur Sicherheit eine Trittleiter benutzen.

Rollos

● **Springrollos** Mit der Polsterdüse oder der Möbelbürste absaugen. Sind sie abwaschbar, mit einem Schwamm und Spülmittellösung abwischen und mit einem feuchten Tuch nachputzen. Aufgesprühte Blendenstärke hält die Blenden sauber (am besten im Freien aufsprühen).

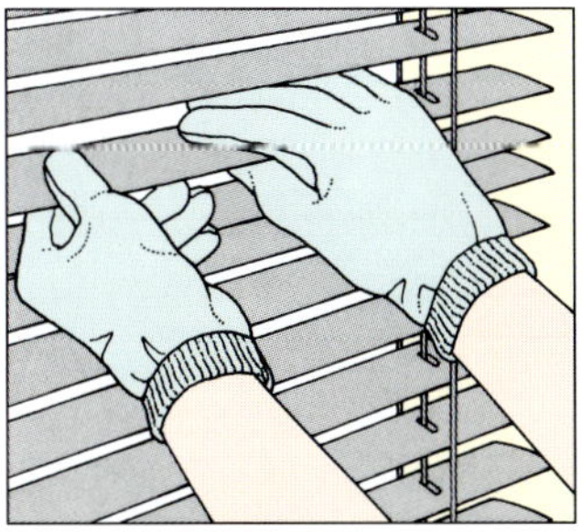

Zugjalousien
Mit den Händen an den Blenden entlangfahren. Diese in der Badewanne waschen (Rollmechanismus nicht naß machen).

● **Stoffblenden** Regelmäßig saugen. Gelegentlich herunterrollen und waschen oder chemisch reinigen.

Gute Idee

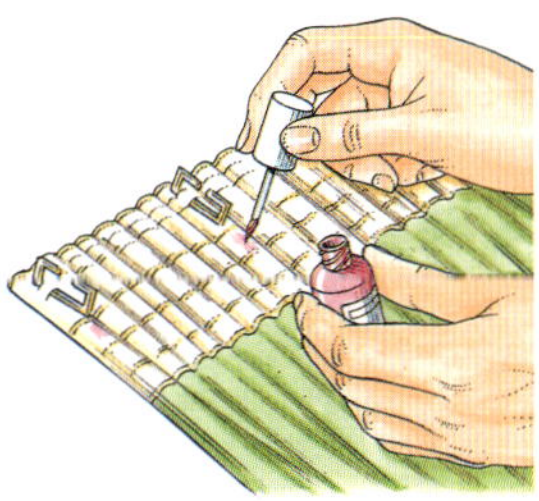

Markierungen machen
Bei der Entfernung der Gardinenhaken sollten Sie die entsprechenden Stellen mit Nagellack markieren. Das spart Zeit beim Wiedereinsetzen der Haken.

BADEZIMMER

DAS BAD MUSS TÄGLICH GEPUTZT WERDEN. Alle Familienmitglieder sollten Waschbecken und Badewanne nach Gebrauch saubermachen. Ein schmutziges Bad ist unansehnlich, unhygienisch und schwer zu reinigen.

PUTZSET FÜRS BAD

Badputzsachen sollten Sie ins Badezimmer stellen, so daß jeder sie verwenden kann. Schwamm, Lappen und Toilettenbürste jedesmal nach der Benutzung auswaschen. Durch die Seife glitschig gewordene Badeschwämme in Essigwasser einweichen. Toilettenreiniger vor Benutzung der Toilette herunterspülen, da infolge der chemischen Reaktion entstehende Spritzer die Haut verletzen können.

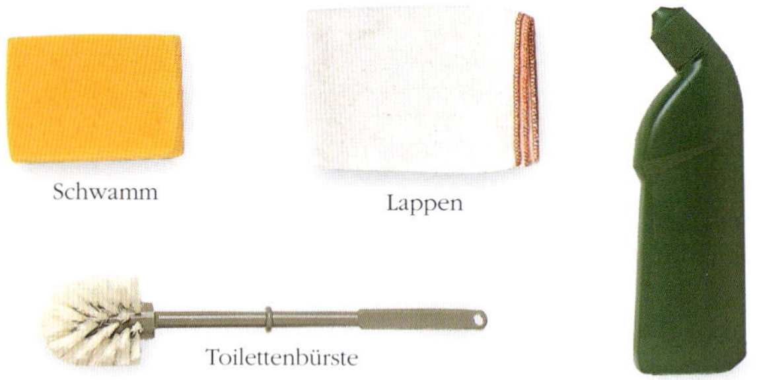

BADEWANNE, DUSCHE UND WASCHBECKEN

Zur Reinigung von Badewanne, Dusche und Waschbecken eignen sich Spülmittel und Spezialreiniger. Nach der Benutzung putzen. Damit der Wasserdampf im Bad nicht kondensiert, zuerst kaltes und dann heißes Wasser in die Wanne einlaufen lassen.

ACRYLBADEWANNEN

Kratzer entfernen
Mit Metallpolitur einreiben. Über tiefe Kratzer zuerst mit ultrafeinem Sandpapier, dann mit Metallpolitur reiben.

ABFLÜSSE

- **Abflußöffnungen** Besonders auf Abflüsse und Überläufe achten. Mit einer Flaschenbürste reinigen und jede Woche etwas Bleichmittel hineingießen.

ANDERE BADEWANNEN

- **Emaille und Porzellan** Keine Scheuermittel benutzen – sie machen die Oberfläche stumpf. Hartnäckige Flecken entfernen Sie mit Terpentin oder Lackbenzin. Mit heißer Spülmittellösung nachspülen.
- **Glasfaser** Vorsichtig behandeln, da sich die Farbe nur in der Beschichtung befindet. Keine scharfen Reiniger verwenden.

DUSCHEN

- **Duschkabinen** Kalkablagerungen mit Essigessenz entfernen. 30 Minuten einwirken lassen, dann abspülen.
- **Duschvorhänge** Sie schimmeln leicht. Der Schimmel läßt sich durch Einweichen in einer Bleichlösung, Abspülen und Waschen von Hand oder in der Maschine beseitigen, Seifenrückstände durch Einweichen in warmem Wasser.

FLECKEN AUF BADEWANNE UND WASCHBECKEN

- **Blaugrüne Flecken** Sie entstehen durch Mineralien im Wasser tropfender Wasserhähne. Emaillierte Oberflächen mit Glasemaillereiniger säubern.
- **Rostflecken** Mit einem Badreiniger, der Kesselsteinlöser enthält, beseitigen.
- **Kalkablagerungen** Bei emaillierten Flächen Glasemaillereiniger, bei Acrylwannen Reinigungsmilch verwenden.
- **Wasserränder** Bei Emaille- und Acrylwannen mit Brennspiritus entfernen und dann mit einer Spülmittellösung nachspülen.

ARMATUREN

Reinigen Sie die Wasserhähne regelmäßig. Fettflecken lassen sich von Chromwasserhähnen mit Spülmittel entfernen. Stumpf gewordene Chromflächen mit einem speziellen Kraftfahrzeug-Chromreiniger polieren und Gummistöpsel mit Terpentin reinigen.

REINIGUNG VON WASSERHÄHNEN IM BAD

- **Kesselsteinentfernung** Kesselstein auf Chromhähnen mit Zitronensaft beseitigen. Gründlich abspülen, dann trockenpolieren.
- **Vergoldete Wasserhähne** Nach Benutzung mit Tuch abwischen. Keine Metallpolitur verwenden, da sie die Oberfläche beschädigt.

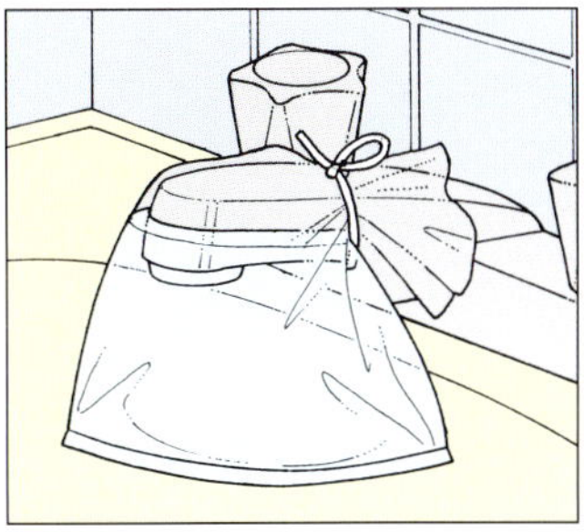

Reinigung der Düsen
Plastiktüte oder Joghurtbecher mit Essig oder Kesselsteinentferner so lange über den Hahn stülpen, bis sich der Kesselstein löst.

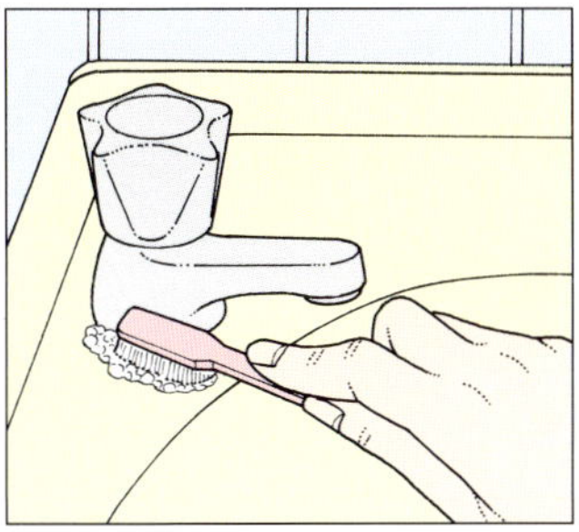

Verschmutzter Hahn
Ablagerungen und Schmutz hinter den Hähnen mit einer alten, sauberen Zahnbürste und Reinigungsmilch entfernen.

DUSCHKÖPFE

- **Reinigung** Duschköpfe von Zeit zu Zeit abschrauben und Kesselstein wegspülen. Ablagerungen mit Essigessenz abreiben.

Verstopfte Duschköpfe
In unverdünntem Essig oder Kesselsteinentferner einweichen. Verstopfte Löcher mit einer Stopfnadel öffnen.

TOILETTE

Reinigen Sie die Toilette täglich. Wischen Sie den Sitz und das Becken jede Woche mit einem herkömmlichen Toilettenreiniger. Durch Bleichmittel kann die Glasur auf Dauer rissig werden oder springen – benutzen Sie es deshalb nicht regelmäßig.

GRÜNDLICHE REINIGUNG

- **Schmutzige Toilette** Toilettenbürste straff mit einem Tuch beziehen und damit das Wasser aus der Schüssel drücken. Dann die Schüssel gründlich mit Bleichmittel reinigen, und sofort nachspülen.
- **Beschädigte Oberfläche** Kalkablagerungen mit einer Paste aus Wäscheborax und Essigessenz behandeln. Ein paar Stunden stehenlassen, dann spülen. Rissige Schüsseln ersetzen, da sie Keime beherbergen.

WEITERE TIPS FÜRS BAD

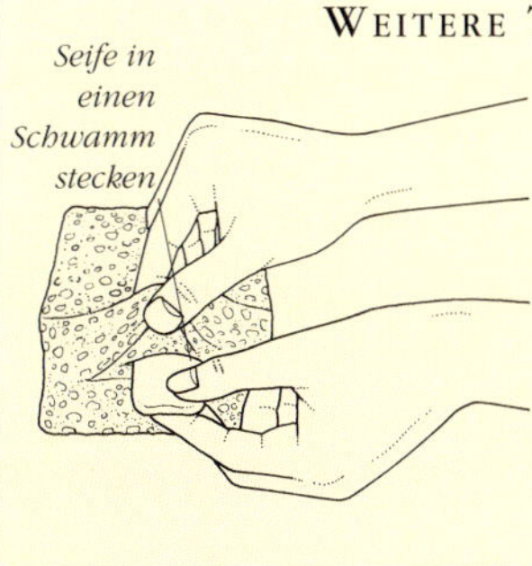

- **Seifenreste** Seifenstückchen in einen aufgeschlitzten Schwamm stecken. Dadurch entsteht ein herrlicher Seifenschwamm zum Baden.
- **Wannenstöpsel** Bei schwer zu entfernenden Gummistöpseln oben einen Vorhangring durchstecken, um das Herausziehen zu erleichtern.

BEWÄHRTER TIP

Gerüche im Bad
Gerüche im Bad lassen sich durch Anzünden eines Streichholzes beseitigen. Die Flamme brennt übelriechende Gase regelrecht weg.

KÜCHE

GENAU WIE DAS BAD muß auch die Küche täglich geputzt werden, da eine schmutzige Anrichte oder unsaubere Küchengeräte zur Lebensmittelvergiftung führen können. Halten Sie bei der Essenszubereitung Haustiere fern.

REINIGUNGSSET FÜR DIE KÜCHE

Putzsachen sollten unter der Spüle aufbewahrt werden. Nur in sauberem Zustand verwenden. Stahlwolle und Scheuerkissen nach Gebrauch waschen und schmutzige oder abgenutzte Aufnehmer wegwerfen. Spülbürsten eignen sich zum Reinigen besser als Schwämme, da sie auch in die Ecken von Pfannen und anderem Geschirr kommen.

Stahlwolle

Scheuerkissen

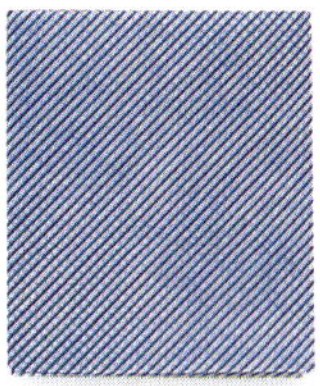
Aufnehmer

Spülbürste
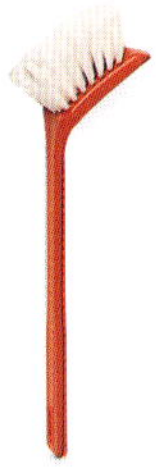

Spülmittel

SPÜLBECKEN UND ARBEITSFLÄCHEN

Halten Sie Spülbecken und Arbeitsflächen in der Küche aus hygienischen Gründen sauber. Reinigen Sie beschichtete Anrichten mit feuchtem Tuch und Natriumhydrogencarbonat oder Reinigungsmilch. Vermeiden Sie scharfe Reiniger; sie können gesundheitsschädlich sein.

PORZELLANBECKEN

- **Leichte Reinigung** Spülbecken mit heißem Wasser und etwas Bleichmittel füllen. Den Stöpsel mit Gummihandschuhen herausziehen und umgekehrt wieder hineinstecken. Das Wasser langsam ablaufen lassen, und alles wird sauber.

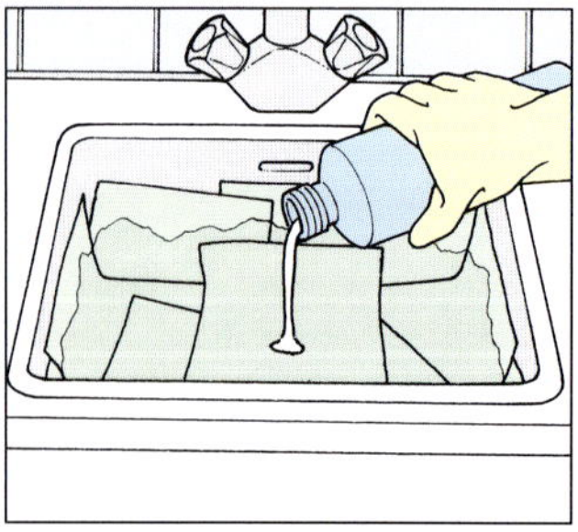

Strahlend weiße Becken
Küchenpapier auf dem Spülbeckenboden in Bleichmittel einweichen, 30 Minuten einwirken lassen, dann (mit Handschuhen) entfernen. Vor Benutzung das Becken gut spülen.

STAHLBECKEN

- **Neuer Glanz** Spülbecken täglich mit Spülmittel reinigen. Wasserflecken mit Spiritus oder Essigessenz entfernen. Dem Spülbecken durch Reiben mit Sodawasser oder Stahlpolitur neuen Glanz verleihen. Gründlich nachspülen.

Kesselsteinentfernung
Bei hartem Wasser bildet sich häufig Kesselstein um die Abflüsse. Mit der Schnittfläche einer halben Zitrone oder Kesselsteinentferner kräftig darüberreiben. Der Kesselstein löst sich.

KÜCHENFLÄCHEN

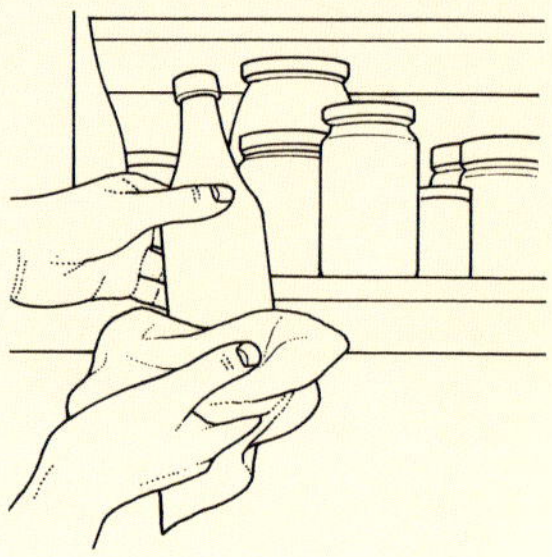

- **Küchenschränke** Schränke mehrmals im Jahr reinigen und alle verfallenen Lebensmittel entsorgen. Den Schrank innen mit einem milden Reiniger säubern, dann nachwischen. Alle Gegenstände vor dem Zurückstellen unten abwischen.
- **Holzküchentische** Unversiegelte Holztische, an denen gegessen wird, regelmäßig reinigen, um Fett und Keime zu entfernen. Versiegelte Holztische nur häufig abwischen.

HERD

Wischen Sie den Herd außen ab und zu mit einem feuchten Lappen ab. Entfernen Sie Flecken mit Spülmittel oder Haushaltsreiniger. Stellen Sie Speisen, die beim Backen überquellen auf ein Backblech, da dies leichter zu reinigen ist als der Boden der Backröhre.

HERDREINIGUNG

- **Grundpflege** Herd in noch warmem Zustand mit einem feuchten Lappen und Natriumhydrogencarbonat auswischen. Flecken auf feuerfestem Glas mit Scheuermittel entfernen, doch erst, wenn das Glas ganz erkaltet ist.
- **Schmutziger Herd** Mit herkömmlichem Herdreiniger säubern (gilt nicht für selbstreinigende Herde). Boden der Backröhre reinigen, damit Spritzer nicht verkrusten.

MIKROWELLE

- **Grundreinigung** Nach Gebrauch auswischen. Riecht die Mikrowelle schlecht, eine Schüssel Wasser mit Zitronensaft eine Minute auf höchster Stufe erwärmen, auswischen.

PLATTEN

- **Reinigung** Die Platten nach dem Kochen abwischen. Auf Angebranntes um die Platten herum einige Stunden einen in Spülmittel getauchten Lappen legen, dann gründlich reinigen.

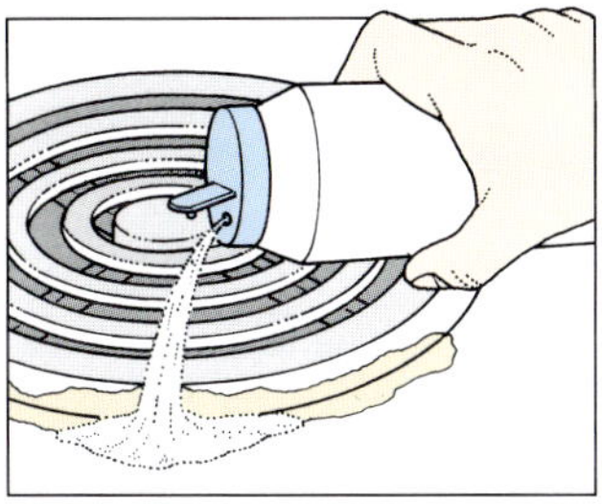

Verbrennen vermeiden

Streut man Salz auf Übergekochtes, dann kann es nicht anbrennen. Die gilt auch für Spritzer in der Backröhre.

BEWEGLICHE TEILE

- **Bleche und Roste** In der Spülmaschine oder durch Einweichen in der Badewanne in heißem Wasser und Bioreiniger säubern. Die Badewanne mit alten Handtüchern auslegen.
- **Grillpfannen** Nach Gebrauch sollten Sie diese immer abwaschen, da angetrocknetes Fett brennen kann.

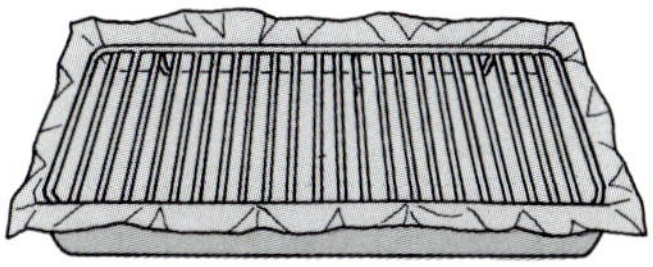

Grillpfanne auskleiden

Grillpfanne mit Alufolie auskleiden, die bei Verschmutzung herausnehmbar ist, so daß die Pfanne nicht gereinigt werden muß.

KÜHLSCHRANK UND GEFRIERFACH

Wischen Sie Kühlschrank und Gefrierfach mit Natriumhydrogencarbonat und warmem Wasser aus – Seife oder Spülmittel sind nicht geruchsfrei und können Lebensmittel verderben. Legen Sie die Lebensmittel beim Abtauen des Gefrierfachs in Kühlboxen.

REINIGEN UND AUFTAUEN

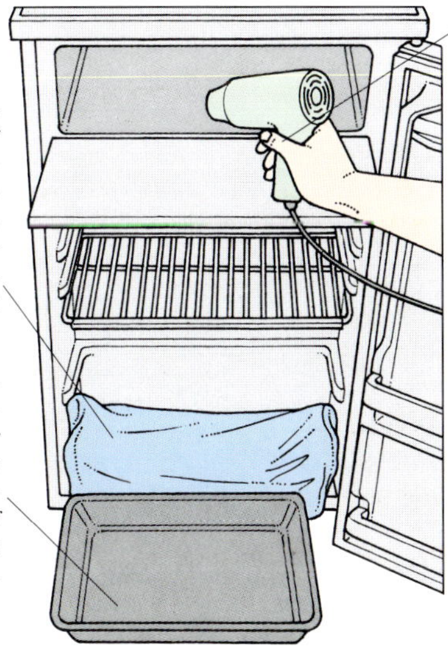

Kühlschrank reinigen

Alle paar Monate sollten Sie den Kühlschrank leeren, abschalten und reinigen. Gleichzeitig bei Bedarf auch das Gefrierfach mit abtauen.

GERÜCHE IM KÜHLSCHRANK

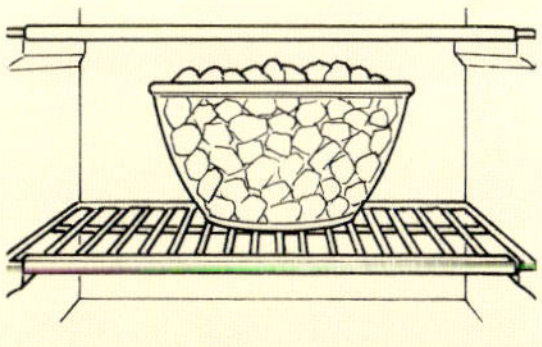

- **Kühlschrank desodorisieren** Soll der Kühlschrank abgeschaltet werden, zur Geruchsabsorption Schüssel mit Katzenstreu oder Holzkohle hineinstellen.
- **Hartnäckige Gerüche** Nichtmetallteile mit einer Mischung aus einer Kappe Babyfläschchen-Sterilisationsmittel pro Liter Wasser reinigen.

ABWASCHEN

Beim Abwasch von Hand lautet die goldene Regel: Sofort machen (bei Spülmaschinen ist es nicht so eilig). Geht das nicht, weichen Sie möglichst viel ein. Wechseln Sie das Spülwasser, sobald es beginnt, fettig oder schmutzig auszusehen.

ALLGEMEINE TIPS

- **Riechende Hände** Durch das Eintauchen der Hände in heißes Wasser setzt sich der daran haftende Geruch fest. Deswegen die Hände vor dem Abspülen mit Essig einreiben.
- **Schmutziges Porzellan** Tee- und Kaffeeflecken auf Tassen und Brandflecken auf Porzellan mit Natriumhydrogencarbonat entfernen.

REIHENFOLGE BEIM ABWASCHEN

- **Glas** Zuerst spülen. Gläser mit Milch- oder Alkoholresten vor dem Abwaschen kalt abspülen. Spritzschutz aus Gummi über den Hahn stülpen, damit nichts anschlägt.
- **Besteck** Nach dem Glas spülen. Besteck mit Holz-, Bein-, Porzellan- oder Kunststoffgriffen nicht lange im Wasser lassen.
- **Geschirr** Nach dem Besteck spülen. Speisereste abkratzen oder abspülen. Bei Speisen mit Eiern, Milch oder Stärke kein zu heißes Wasser verwenden, da sie sonst ankleben.
- **Töpfe und Pfannen** Zuletzt spülen. Reinigung von Angebranntem in Töpfen und Pfannen siehe nächste Seite.

GLAS VON HAND SPÜLEN

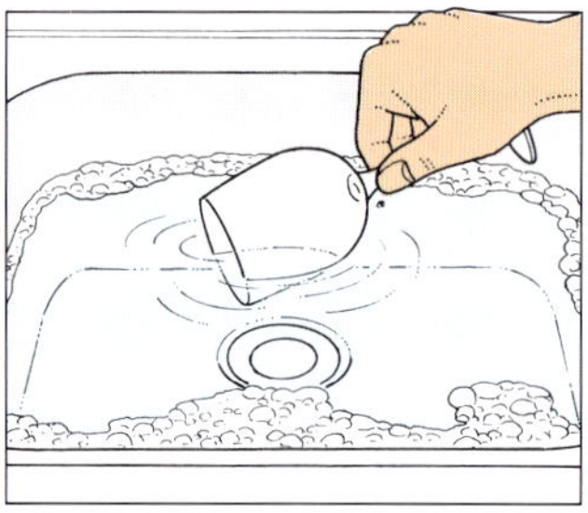

Sprünge vermeiden
Um zu verhindern, daß sie beim Eintauchen ins heiße Wasser springen, sollten Sie die Gläser seitlich und nicht mit dem Boden zuerst ins Wasser legen. Temperatur immer vor Anziehen der Gummihandschuhe kontrollieren.

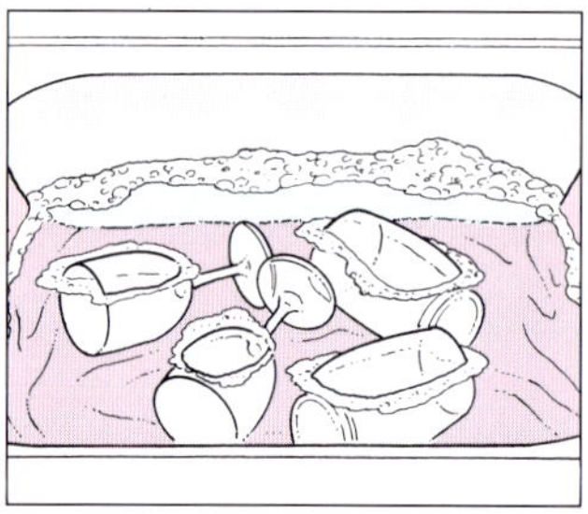

Kristall und dünnes Porzellan
Beim Spülen von Kristall und dünnem Porzellan legen Sie ein Handtuch als Dämpfer ins Spülbecken oder verwenden eine Plastikwanne, um ein Anstoßen am harten Spülbecken zu verhindern.

GRÜNER TIP

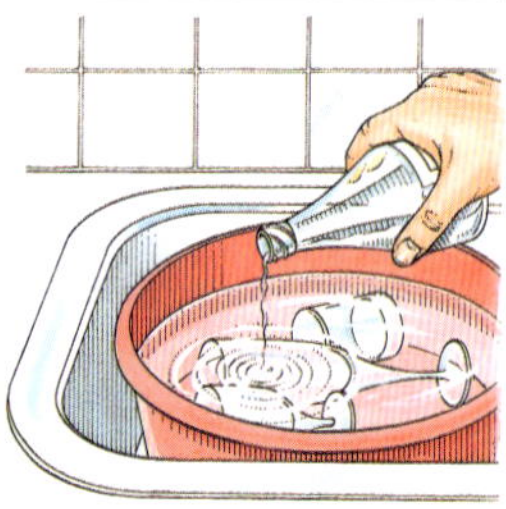

Fett klären
Geben Sie zum Nachspülwasser etwas Essig dazu. Er klärt das Fett, so daß das Geschirr glänzend sauber wird.

GESCHIRRSPÜLMASCHINE

Sie ist das Nonplusultra aller Küchengeräte. Verwenden Sie die empfohlene Art und Menge Geschirreiniger, denn zuviel führt zu übermäßigem Schaum, so daß die Maschine nicht arbeiten kann. Überprüfen Sie regelmäßig die Wasserzufuhr- und -abflußschläuche.

GRUNDPFLEGE

- **Reinigung** Spülmaschine außen regelmäßig abwischen und innen mit Haushaltsreiniger säubern. Gelegentlich leerräumen und mit einem Spezialreiniger durchlaufen lassen.
- **Spülgänge wählen** Alle Spülgänge ausprobieren; kürzere spülen häufig genauso sauber wie längere.

GESCHIRR SPÜLEN

- **Nicht spülmaschinenfest** Wertvolles Glas, Porzellan und Glas mit Metallstreifen sowie feines oder altes Porzellan sollten Sie per Hand spülen, nie in der Spülmaschine.
- **Besteck** Nie rostfreies Stahlbesteck mit versilbertem oder mit Silberbesteck zusammen spülen – das Silber läuft an.

PROBLEME

- **Geschirr nicht sauber** Sie haben die Spülmaschine überladen, nicht genügend Geschirreiniger verwendet oder den falschen Spülgang eingestellt.
- **Trübe Gläser** Die Schleier rühren vom harten Wasser her. Mehr Geschirreiniger und eventuell Klarspüler und Salz verwenden.

TÖPFE UND PFANNEN

Eingeweichte Töpfe und Pfannen lassen sich leichter reinigen. Über Antihaftflächen nur mit einem Papierhandtuch wischen. Zur Entfernung hartnäckiger Gerüche füllen Sie die Pfanne mit Wasser und zwei Eßlöffeln Essigessenz und bringen die Mischung zum Kochen.

ALUMINIUM

Verfärbungen beseitigen
Zwiebeln, Zitronensaft oder Apfelschalen in der verfärbten Aluminiumpfanne kochen. Pfannen aus Aluminium (oder rostfreiem Stahl) wegen Verfärbung nicht lange einweichen und keine Speisen darin lassen.

KUPFER

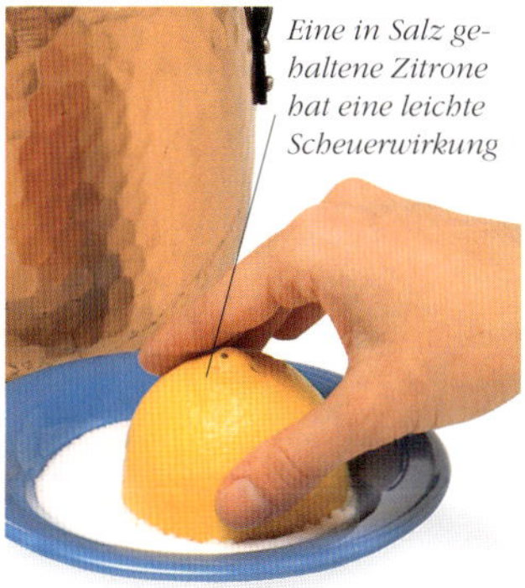

Beschlag entfernen
Angelaufene Kupfertöpfe außen mit der in Salz gehaltenen Schnittfläche einer Zitronenhälfte einreiben oder mit einer Sprühflasche Essig mit drei Eßlöffeln Salz darin über das Kupfer sprühen.

GUSSEISEN

- **Reinigung** Gußeisen nach dem Spülen abtrocknen, damit es nicht rostet. Innen mit etwas Öl einreiben, damit der Geschmack nicht beeinträchtigt wird. Außen mit einem herkömmlichen Herdreiniger säubern.

ANGEBRANNTES ENTFERNEN

- **Einweichen** In Pfanne mit Angebranntem Bioreinigerlösung füllen, zum Kochen bringen und möglichst viel von dem Angebrannten entfernen. Behandlung eventuell wiederholen.
- **Dicke Schicht** Angebrannte Schicht trocknen lassen, möglichst viel entfernen und dann wie oben verfahren.

KÜCHENGERÄTE

Gepflegte Küchengeräte halten jahrelang. Räumen Sie sie nicht weg, wenn noch Speisereste an ihnen haften. Benötigt ein Gerät eine gründliche Reinigung, nehmen Sie sich Zeit dafür. Holzteile sollten Sie sofort nach Gebrauch spülen und abtrocknen.

SCHWER ZU REINIGENDES

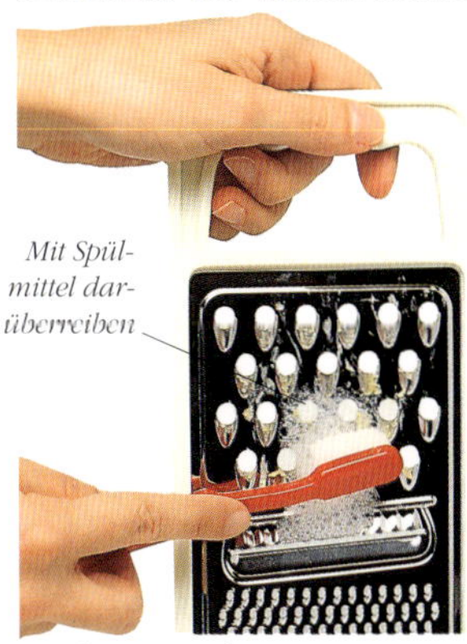

Reiben säubern
Speisereste aus Reiben und Sieben mit Zahnbürste entfernen. Alte Zahnbürsten in kochendem Wasser sterilisieren und beim Küchenputzset aufbewahren.

KLEINE GERÄTE

- **Mixer** Die Schüssel bald nach Gebrauch ausspülen und mit etwas warmem Wasser und Spülmittel (gut gemischt) reinigen. Mit Wasser nachspülen.
- **Küchenmaschine** Sie hat mehrere Teile; manche lassen sich in der Spülmaschine reinigen. Auf die Herstellerangaben achten; einige Kunststoffteile dürfen nur oben in die Spülmaschine.
- **Kaffeemaschine** Zur Reinigung unverdünnten Essig durchlaufen lassen. Danach die Prozedur zweimal mit klarem Wasser wiederholen, um den Geruch von Essig zu beseitigen.

HOLZTEILE

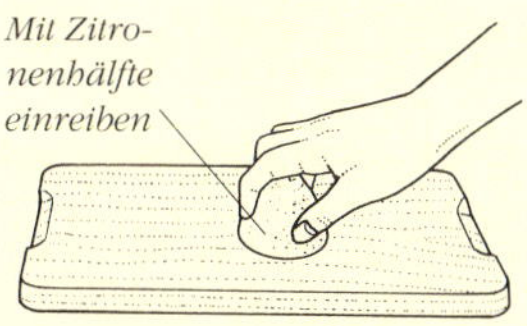

- **Küchenbrett** Nach dem Gebrauch mit einer halben Zitrone einreiben, um den Geruch von Fisch, Knoblauch etc. zu beseitigen.
- **Nudelholz** Mit Salz einreiben, um den Teig abzulösen. Dann abwaschen, nachspülen und abtrocknen.
- **Brotkörbe aus Holz** Zur Verhinderung von Schimmelbildung Brotkörbe mit Essigessenz abreiben.

KÜCHENABFÄLLE

Eine Küche ohne Abfälle ist hygienisch und ästhetisch. Liegt Müll herum, entstehen vor allem bei warmem Wetter sehr unangenehme Gerüche. Fett entsorgen Sie am besten, indem Sie es zunächst fest werden lassen und dann in die Mülltonne geben.

MÜLLZERKLEINERER

Reinigungspflege
Damit elektrische Müllzerkleinerer nicht schlecht riechen, Zitronenschale hineinmahlen. Speisereste von Zeit zu Zeit durch eine Mischung aus einem Eimer heißem Wasser und einer Handvoll Waschsoda lösen.

ABFLÜSSE

- **Wöchentlich reinigen** Einmal die Woche eine Kappe voll Waschsoda in den Abfluß gießen und mit kochendem Wasser nachspülen. Das verhindert schlechte Gerüche und der Abfluß bleibt frei.
- **Fett** Gießen Sie aus Versehen Fett in den Ausguß, sofort mit kochendem Wasser nachspülen, und zwar so oft, bis der Abfluß frei ist. Gießen Sie gebrauchtes Fett nicht in die Kanalisation. Wegen der Rattengefahr gilt dies auch für andere Küchenabfälle.
- **Stöpsel** Löst sich der Gummistöpsel beim Abspülen häufig, sollten Sie seinen Rand mit Stahlwolle aufrauhen.

DUFTENDE KÜCHE

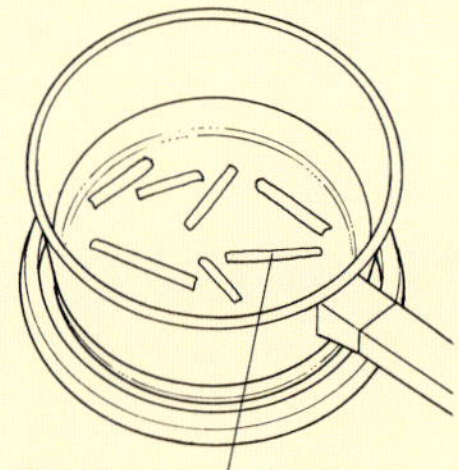

- **Backduft** Braunen Zucker und Zimt bei schwacher Hitze in einer Pfanne erwärmen. Ihre Küche riecht dann, als hätten Sie den ganzen Tag gebacken.
- **Köchelnde Nelken** Für einen köstlichen Duft und mehr Feuchtigkeit Nelken in Wasser köcheln lassen.

WIEDERVERWERTUNG

- **Kunststoffbehälter** Margarine- und Joghurtbehälter aus Kunststoff aufbewahren – sie eignen sich zum Einfrieren von Speisen, Leimmischen oder Pinselreinigen.
- **Plastiktüten** Aufbewahren und als Mülltüten verwenden. Frühstücksbeutel mehrmals verwenden.

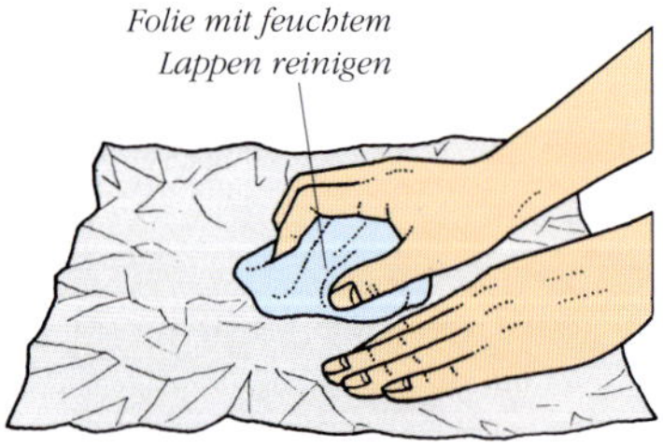

Folie wiederverwerten
Sie ist nach einmaligem Gebrauch noch fast neu. Mit einem feuchten Lappen abwischen oder in heißem Wasser und Spülmittel einweichen. Dann nachwischen und mit einem Lappen glattstreichen.

SCHÄDLINGE UND SCHLECHTE GERÜCHE

AMEISEN BEKÄMPFEN

- **Ameisenfreie Schränke** Getrocknete Poleiminze-, Raute- oder Rainfarnzweige in die Schränke hängen, damit keine Ameisen in die Lebensmittel und das Geschirr gelangen.
- **Ameisen abschrecken** Wenn Sie die Schlupflöcher kennen, getrocknete Minze, Chilipulver oder Wäscheborax auf die Ameisenstraßen streuen.
- **Ameisennester** Ein Teil Wäscheborax und ein Teil Puderzucker mischen und über ein Stück Holz in Nestnähe streuen. Die Ameisen werden von dem süßen Zucker angezogen und dann von dem Wäscheborax getötet.

ANDERE SCHÄDLINGE

- **Kakerlaken** Mehl, Kakaopulver und Wäscheborax oder Natriumhydrogencarbonat und Puderzucker zu gleichen Teilen mischen und in flache Schalen füllen. Von Kindern und Haustieren fernhalten.

SCHLECHTE GERÜCHE

- **Verbranntes** Ein paar Zitronenscheiben in einem Topf kochen, damit es nicht mehr angebrannt riecht.
- **Frittiertes** Während des Frittierens Essigessenz in die Nähe des Herdes stellen, das absorbiert den Geruch.

CHECKLISTE

Diese Tabelle bietet eine Übersicht darüber, wie man verschiedene Materialien reinigt. Detailliertere Pflegeanleitungen für diverse Haushaltsgegenstände und -materialien und Hinweise für kleinere Reparaturen siehe S. 70–87.

OBERFLÄCHE	GRUNDREINIGUNG	BESONDERHEITEN
FLIESEN	Mit Haushaltsreiniger säubern, zur Entfernung von Restspuren nachwischen. Schmutzige Fugen mit Bleichmittel reinigen.	Seifenspritzer mit einer Lösung aus einem Teil Essigessenz und vier Teilen Wasser entfernen. Nachwischen.
ZIEGEL	Mit Spülmittel scheuern, aber nicht zu naß machen, da Ziegel porös sind. Nachwischen und trocknen lassen.	Brandflecken mit Schwamm und Essig entfernen. Nachwischen. Entfernung von Rußflecken auf Ziegeln siehe S. 54.
BETON	Mit einer Tasse Waschsoda in einem Eimer mit warmem Wasser aufgelöst reinigen. Regelmäßig wischen.	Entfernung von Ölflecken auf Garagenböden aus Beton siehe S. 158.
LEDER	Mit einem feuchten Lappen und Glyzerinseife reinigen. Gelegentlich Lederpflegemittel dünn auftragen.	Reinigung und Pflege von Ledermöbeln siehe S. 23 und 82.
GLAS	Glasflächen mit Fensterreiniger säubern. Achtung: Er macht Flecken auf dem Teppich.	Glas wegen der Fingerabdrücke möglichst nicht anfassen. Fettflecken mit Essig entfernen.
MARMOR	Mit Seifenflockenlösung reinigen, nachwischen. Für weitere Behandlung Spezialreiniger verwenden.	Pflege von Marmormöbeln siehe S. 22, Entfernung von häßlichen Flecken siehe S. 81.
SCHIEFER	Mit Spülmittel reinigen. Mit einem feuchten Lappen nachwischen, dann glänzend polieren.	Für glatten Schiefer Marmorpolitur verwenden, rauhen mit einer Bürste und Spülmittel reinigen.
KUNSTSTOFF	Mit Spülmittel wischen. Staubbildung durch Sprühreiniger verhindern.	Riechende Kunststoffbehälter über Nacht in Natriumhydrogencarbonat und warmem Wasser einweichen.
ROSTFREIER STAHL	Sofort nach Gebrauch spülen und abtrocknen. Ab und an polieren. Weitere Pflegetips siehe S. 26 und 76.	Verfärbt sich häufig und wird uneben. Deswegen möglichst nur kurz ins Wasser tauchen.
SILBER	Regelmäßig polieren. In Papier oder Beuteln aufbewahren, wo es nicht anläuft. Siehe auch S. 74/75.	Silber und rostfreien Stahl nie zusammen in einen Besteckkorb der Spülmaschine geben. Ei verfärbt Silber.
HOLZ	Regelmäßig abstauben, kehren und wischen. Gelegentlich polieren. Unversiegeltes Holz nicht naß machen.	Holzböden siehe S. 14–16, Holzmöbel siehe S. 22, Holzpflege siehe S. 71–73.

Fleckenentfernung

Überblick

Flecken möglichst schnell behandeln – das ist das wahre Geheimnis ihrer Entfernung. Sind Flecken erst tief eingedrungen oder eingetrocknet, sind sie nur schwer oder gar nicht mehr zu beseitigen. Sie sollten ein Fleckenentfernungsset mit Reinigern und Lösungsmitteln haben, so daß Sie bei Bedarf schnell handeln können. In diesem Kapitel finden Sie das Wichtigste über Utensilien und Methoden zur Fleckenentfernung sowie Tips zur Spezialbehandlung für die häufigsten Fleckenarten.

Fleckenentfernungsset

Mit den folgenden Utensilien und den auf der nächsten Seite dargestellten Reinigern und Lösungsmitteln können Sie Flecken wirksam bekämpfen. Bewahren Sie das Set separat auf und ersetzen Sie die einzelnen Utensilien bei Bedarf.

- **Fett absorbieren** Fett mit Pack- oder Löschpapier und einem Bügeleisen entfernen.
- **Flecken aufsaugen** Alles Verfügbare, z. B. Küchenpapier verwenden, nie jedoch etwas, das abfärben könnte.
- **Lösungsmittel** Mit Watte oder einem weißen Tuch auftragen. Kein farbiges Tuch benutzen, da dieses eventuell färbt.
- **Flecken verdünnen** Mit einem Schwamm klares Wasser auftragen. Teppichflecken mit einem Syphon besprühen.
- **Ablagerungen** Am besten mit einem alten Löffel oder einem Metallineal lösen.
- **Handschutz** Hände durch Schutzhandschuhe vor aggressiven Reinigern oder giftigen Lösungsmitteln schützen.

Packpapier
Küchenpapier
Wattebäusche
Wattestäbchen
Schwamm
weiße Tücher
Löffel
Gummihandschuhe

Reiniger und Lösungsmittel

Die meisten Flecken lassen sich mit den hier gezeigten Reinigern und Lösungsmitteln entfernen. Die am häufigsten benutzten sollten Sie bei den Utensilien zur Fleckenentfernung aufbewahren. Ammoniak, Brennspiritus, Isopropanol, Wäscheborax, Wasserstoffperoxid, Lackbenzin und Aceton sind giftig. Zitrone, Eukalyptusöl, Glyzerin und Essig sind natürliche Fleckenlöser. Flecken auf Teppichen, Kleidung und Möbeln mit Teppichshampoo, Biowaschmittel oder Talkumpuder entfernen.

Verdünnungsregeln

- **Ammoniak** 5 ml (1 Teelöffel) auf 500 ml kaltes Wasser
- **Wäscheborax** 15 g (1 Eßlöffel) auf 500 ml warmes Wasser
- **Wasserstoffperoxid** 1 Teil auf 6 Teile kaltes Wasser
- **Glyzerin** Zu gleichen Teilen mit warmem Wasser verdünnen

Brennspiritus | Isopropanol | Teppichshampoo | Ammoniak

Wäscheborax | Biowaschmittel | Talkumpuder | Zitrone | Eukalyptusöl

Wasserstoffperoxide | Glyzerin | Lackbenzin | Spülmittel | Acetone | Essigessenz

Herkömmliche Reiniger

Spezielle Waschmittelprodukte wie Vorwaschfleckenroller oder -spray, handelsübliche Fleckenentferner und Lösungsmittel eignen sich gut zum Säubern von Flecken in Stoffen oder Teppichen (für Fett- und Ölflecken einen Fettlöser verwenden). Polster- und Teppichreinigungs-Sets bestehen aus mehreren Fläschchen mit verschiedenen Chemikalien, die man zur Fleckenentfernung mischt.

Vorwaschfleckenroller | Schaumfleckenlöser | Areosolfleckenlöser | Vorwaschfleckenspray | Lösungsmittel

UMGANG MIT FLECKEN

BEHANDELN SIE FLECKEN SOFORT, probieren Sie die Methode aber erst an einer verdeckten Stelle aus. Tupfen Sie den Fleck (nicht reiben!) immer von außen nach innen ab. Benutzen Sie kein heißes Wasser, das fixiert die Flecken.

VERSCHIEDENE FLECKEN

Es gibt zwei Gruppen von Flecken: solche, die eine Schicht bilden, und solche, die ins Material eindringen. Blut und Ei bilden Flecken, die beides machen. Kümmern Sie sich bei diesen „kombinierten" Flecken erst um die gebildete Schicht, dann um die absorbierte Substanz.

SCHICHTBILDENDE FLECKEN

Schicht entfernen
Dickflüssige, eine Schicht bildende Stoffe, sollten Sie vor der Fleckenbehandlung schnell abschaben, damit sie nicht tief eindringen können.

ABSORBIERENDE FLECKEN

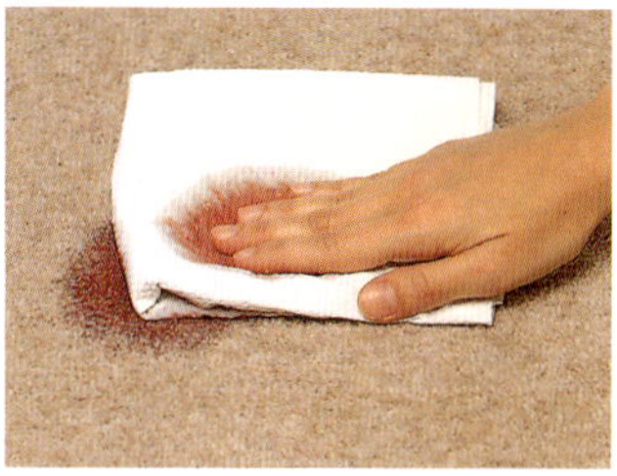

Flüssigkeit aufsaugen
Flüssigkeiten dringen schnell in eine Oberfläche ein. Mit Küchenpapier aufsaugen. Bei Restflecken in die Wäsche geben oder mit einem Schwamm abwischen.

ANDERE FLECKEN

- **Unbekannte Flecken** Vorsichtig sein! Waschbares einweichen und materialgemäß waschen. Nichtwaschbares mit warmem Wasser und einem Schwamm reinigen. Geht der Fleck nicht weg, Wasserstoffperoxidlösung verwenden (siehe S. 33).
- **Getrocknete Flecken** Mit Glyzerinlösung (siehe S. 33) behandeln. Vor Verwendung einer anderen Chemikalie Glyzerin abwischen, da es sonst eventuell zu einer Reaktion kommt.

VERSCHIEDENE OBERFLÄCHEN

Flecken sollten aber auch entsprechend der Oberfläche behandelt werden, auf der sie sich befinden. Nachfolgend dargestellt sind die drei Grundbehandlungsmethoden für Flecken auf Teppichen, nichtwaschbaren Geweben sowie Polstern und Kleidung.

TEPPICHE

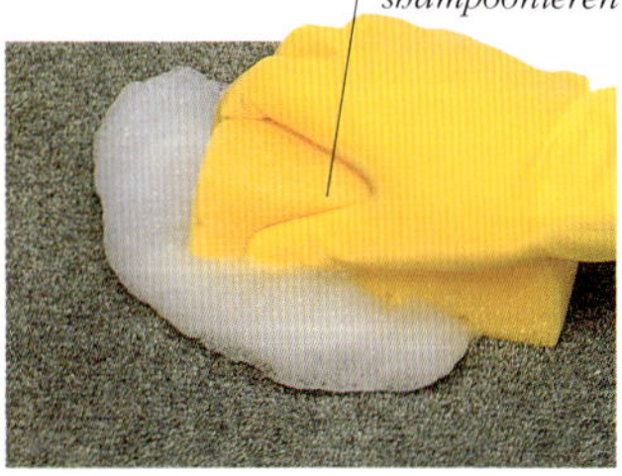

Teppich shampoonieren
Nach Entfernung der Fleckenschicht den verbleibenden Fleck mit Teppichshampoo beseitigen. Entsteht dabei eine auffällig saubere Stelle, den ganzen Teppich von Hand oder mit der Maschine shampoonieren.

POLSTER

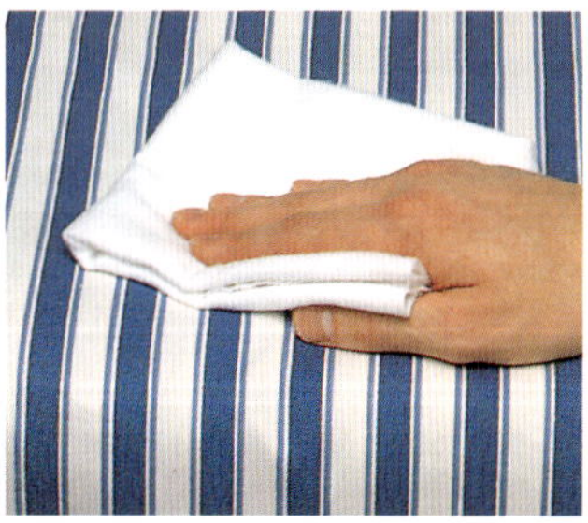

Flecken aufsaugen
Oberfläche reinigen und Fleck aufsaugen. Talkumpuder ausstreuen und einziehen lassen, bis es sich verfärbt, d.h. den Fleck absorbiert. Dann mit einem Lappen wegwischen. Bleibt der Fleck, weiteres Talkumpuder auftragen.

KLEIDUNG

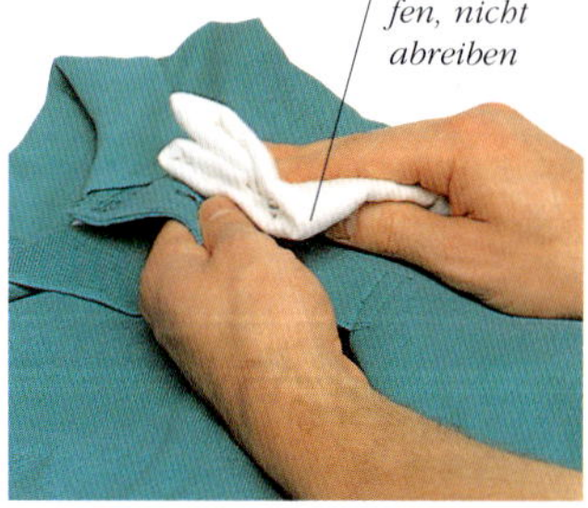

Flecken abtupfen
Flecken auf waschbarer Kleidung schnell behandeln, jedenfalls vor der Wäsche. Fleck mit lauwarmem oder kaltem Wasser und einem Tuch abtupfen. Bei entsprechendem Pflegehinweis Kleidung einweichen.

Flecken auf waschbaren Geweben

Flecken auf Kleidung setzen sich beim Waschen fest und sind dann schwer zu entfernen. Behandeln Sie Flecken immer vor dem Waschen, und zwar mit einer der drei genannten Methoden. Beachten Sie die Pflegehinweise, und benutzen Sie entsprechende Waschzusätze.

Allgemeine Behandlung

Flecken ausspülen
Flecken in lauwarmem oder kaltem Wasser ausspülen oder mit einem Schwamm abwischen, bis sie verblassen. Kein heißes Wasser verwenden, es fixiert die Flecken.

Eiweissflecken

Gewebe einweichen
Milch- und Blutflecken am besten in einem Biowaschmittel einweichen. Wichtig: Das Kleidungsstück immer vollständig und nicht länger als empfohlen einweichen.

Hartnäckige Flecken

Lösungsmittel auftragen
Flecken, die durch Einweichen nicht weggehen, mit Fleck- oder Fettlöser behandeln. Unter den Fleck ein weißes Tuch legen, damit der Schmutz nicht auf die nächste Schicht übergeht.

Waschzusätze

- **Waschmittel** Viele enthalten Fleckenlöser. Manche Flecken müssen dazu mit einer der nachfolgend genannten Substanzen behandelt werden.
- **Biowaschmittel** Eignet sich gut für Eigelb-, Blut- und Schweißflecken. Obwohl oft in normalen Waschmitteln enthalten, verwenden Sie es bei Flecken am besten pur.
- **Bleichmittel** Aufgrund des Bleicheffekts Vorsicht bei der Buntwäsche. Nicht mit Haut und Kleidung in Kontakt bringen (siehe auch S. 58).
- **Wäscheborax** Dieser etwas altmodische Waschzusatz ist ein hervorragender Fleckenlöser. Zum Auftragen oder Einweichen verdünnen (siehe S. 33) oder direkt auf den Fleck streuen (siehe S. 41).
- **Sonstiges** Mit Lösungsmitteln, Vorwaschfleckenrollern und -sprays Flecken auf Kleidung entfernen (siehe S. 33). Farbflecken am besten mit Seifenflocken beseitigen.

Gewebeart	Behandlung
Buntes	Bei der Fleckenbehandlung Bleichstellen vermeiden. Beim Bleichen das ganze Kleidungsstück am besten mit Wäscheborax einweichen.
Weisses	Naturfasern lassen sich meist bleichen. Synthetikgewebe und Mischfasern können dabei vergilben; deshalb besser mit einem geeigneten Waschmittel waschen.
Naturfaser	Da bei hohen Temperaturen waschbar, genügt meist Ausspülen oder Einweichen vor dem Waschen, um die Flecken zu entfernen.
Synthetikgewebe	Da diese nicht sehr chemikalienbeständig sind, probieren Sie die Methode vorher an einer verdeckten Stelle des Gewebes aus.
Feines	Feine Gewebe stets vorsichtig behandeln. Keine starken Chemikalien verwenden.

SPEISERESTE

DIE MEISTEN SPEISERESTE lassen sich mit den auf S. 34/35 gezeigten Methoden entfernen, vorausgesetzt, Sie behandeln die Flecken sofort. Am schlimmsten sind fette und stark färbende Speisen sowie Eier.

ÖL- UND FETTFLECKEN

Fettflecken lassen sich von Stoffen leicht entfernen, von Teppichen und Möbeln jedoch manchmal recht schwer. Krawatten und Tücher bekommen häufig Fettflecken. Besprühen Sie Nichtwaschbares, das neu ist oder gerade chemisch gereinigt wurde, mit einem Imprägnierer.

AUF TEPPICHEN

1 Ein Stück Packpapier auf den Fettfleck legen. Mit der Spitze eines warmen Bügeleisens darüberfahren, bis das Papier das Fett aufgesaugt hat.

2 Auf den Restfleck mit einem Schwamm Teppichshampoo auftragen. Ein paar Minuten sanft aber beständig einreiben.

3 Den Schaum mit einem Schwamm abwischen. Den Fleck begutachten; erscheint er wieder, muß die Behandlung wiederholt werden.

AUF MÖBELN

1 Auf den Fettfleck dick Talkumpuder streuen. Einziehen lassen, bis das Fett allmählich aufgesogen wird.

2 Nach zehn Minuten Talkumpuder abbürsten. Ist der Fleck noch fettig, Prozedur wiederholen.

AUF KLEIDUNG

● **Allgemeine Behandlung** Fett mit Küchenpapier aufsaugen. Sanft tupfen und den Fleck dabei nicht verreiben. Bei Geweben, die bei relativ hohen Temperaturen waschbar sind, verschwinden Restflecken bei der Wäsche.

● **Feines** Feine Gewebe mit Eukalyptusöl abtupfen, dann per Hand oder Maschine bei niedriger Temperatur waschen. Kleidung, die nur chemisch gereinigt werden darf, mit warmem Wasser abwischen; so verschwindet der Geruch.

FETT AUF SCHUHEN

● **Lederschuhe** Flicken zum Reparieren von Fahrradschläuchen über Nacht auf den Fettfleck kleben, dann abziehen. Mit Schuhcreme oder Lederpflegemittel einreiben. Gepflegte Lederschuhe sind fettabweisend – einfach mit Küchenpapier abwischen.

● **Wildlederschuhe** Gut abwischen, dann mit einem Wildlederschwamm abreiben. Schlimme Flecken mit einem Wattebausch und Feuerzeugbenzin entfernen. An verborgener Stelle ausprobieren, ob sich das Leder nicht verfärbt.

Andere Fettflecken

Avocado, Erdnußbutter und die im folgenden genannten Lebensmittel enthalten Öl oder Fett und hinterlassen Fettflecken. Kümmern Sie sich erst um den Fettfleck, dann um die Farbspuren. Motoröl, Salben und Lotionen sollten ebenfalls wie Fett behandelt werden.

Mayonnaise

- **Auf waschbarem Gewebe** Vor dem Waschen mit warmem Wasser abwischen und in Biowaschmittel einweichen.
- **Auf nichtwaschbaren Geweben** Mit einem Lappen abwischen, Fettlöser aufsprühen.

Speiseeis

- **Auf waschbarem Gewebe** Feucht abwischen und in Waschlauge einweichen.
- **Auf nichtwaschbarem Gewebe** Aufsaugen, dann mit einem feuchten Lappen abwischen. Fettlöser verwenden.

Sauce

- **Auf waschbarem Gewebe** Materialgemäß waschen. Angetrocknete Flecken in Biowaschmittel einweichen, wenn das Gewebe es erlaubt.
- **Auf nichtwaschbarem Gewebe** Fleckenlöser aufsprühen.

Mayonnaise auf Teppichen
Möglichst viel abschaben, dann aufsaugen. Leichte Flecken mit normalem Fleckenlöser behandeln, hartnäckige wie auf der vorherigen Seite beschrieben.

Eis auf Teppichen
Reste abschaben und Fleck mit einem feuchten Lappen abwischen. Mit Teppichshampoo reinigen. Bei hartnäckigen Flecken Fleck- oder Fettlöser verwenden.

Sauce auf Teppichen
Mit einem Löffel möglichst viel abschöpfen oder mit Küchenpapier aufsaugen. Mit flüssigem Fleckenentferner behandeln, Teppichshampoo auftragen.

Eiflecken

Ei macht hartnäckige Flecken, die durch heißes Wasser verkrusten. Diese sind dann noch schwerer zu entfernen als der frische Fleck. Können Sie Eiflecken nicht sofort behandeln, bedecken Sie sie mit einem feuchten Lappen, damit sie nicht fest werden.

Auf Möbeln

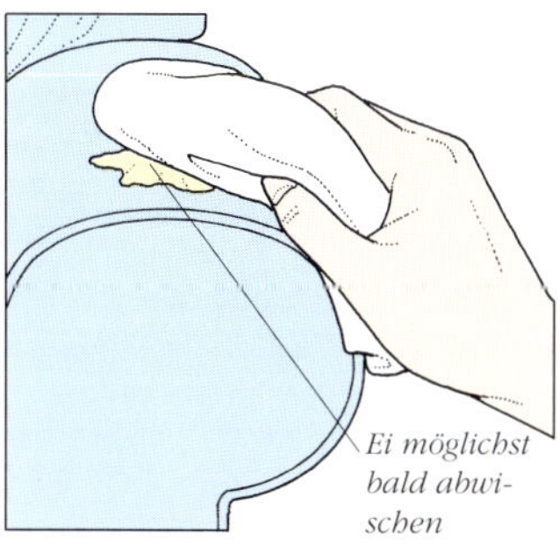

Reste entfernen
Ei mit einem feuchten weißen Lappen abwischen. Besteht der Fleck nur aus Eiweiß oder ist das Eigelb bereits entfernt, mit kaltem Salzwasser abwischen. Reines Eigelb mit Spülwasser abtupfen.

Auf Teppichen

- **Grundbehandlung** Ei abkratzen, dann Restflecken mit flüssigem Fleckenlöser behandeln. Ist der Fleck in trockenem Zustand noch immer sichtbar, tragen Sie Teppichshampoo auf.

Auf Kleidung

- **Waschbares Gewebe** Mit kaltem Salzwasser abwischen. Ausspülen, wenn der Fleck verschwunden ist. Falls notwendig (und möglich), in Biowaschmittel einweichen.
- **Nichtwaschbares Gewebe** Mit Salzwasser abwischen, dann mit Wasser säubern. Hartnäckige Flecken mit Fleckenentferner besprühen.

Bewährter Tip

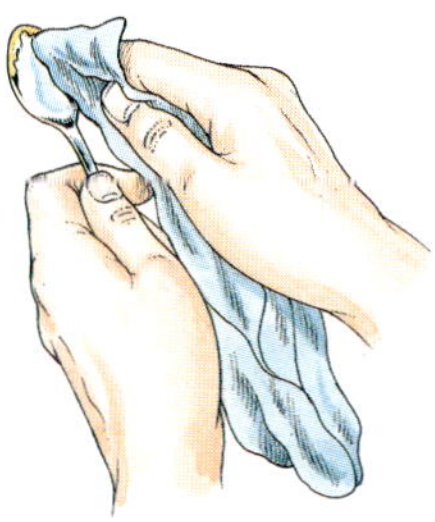

Flecken auf Besteck
Gekochtes Ei färbt Besteck schwarz. Frisches Ei nach Besteckbenutzung abwischen. Schwarze Flecken mit Salz und einem feuchten Tuch abreiben.

Farbige Speisereste

Behandeln Sie bei Flecken durch Speisereste die Farbe als letztes. Entfernen Sie zunächst die gebildete Schicht, dann das Fett und schließlich die Farbe (bedarf oft mehrerer Versuche). Die Spezialbehandlung bekannter „schwieriger“ Flecken ist nachfolgend dargestellt.

Speisereste	Waschbares Gewebe	Andere Oberflächen
Tomatensauce Tomatensauce und andere dickflüssige Saucen sollten auf dieselbe Weise behandelt werden. 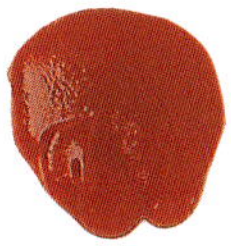	Frische Flecken unter fließendes, kaltes Wasser halten und zwischen den Fingern reiben. Vor dem Waschen einen Fleckenentferner auftragen, dann materialgemäß waschen.	Auf Teppichen: Reste abheben und mit warmem Wasser abwischen. Teppichshampoo auftragen und ausspülen. Auf den trockenen Teppich Fleckenlöser sprühen. Nichtwaschbares Gewebe ebenso behandeln, jedoch kein Shampoo verwenden.
Senf Trocken abbürsten. Frischer Senf macht Flecken, die nur sehr schwer zu beseitigen sind. 	Frische Flecken zwischen den Fingern in mildem Waschmittel reiben, dann mit Ammoniaklösung (siehe S. 33) abwischen. Angetrocknete Flecken mit Glyzerin (siehe S. 33) aufweichen und mindestens eine Stunde einwirken lassen.	Teppiche und Möbel mit einem milden Reiniger, dann mit Ammoniaklösung (siehe S. 33) abwischen. Nicht zu naß machen. Mit klarem Wasser nachwischen. Hartnäckige Flecken professionell reinigen lassen.
Marmelade und Eingemachtes Klebrige Reste abkratzen und den Fleck mit einem feuchten Lappen abwischen. 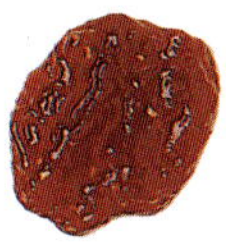	In die Wäsche geben. Eingetrocknete Flecken eine halbe Stunde in Wäscheboraxlösung (siehe S. 33) einweichen.	Möbel mit warmer Spülmittellösung abwischen. Wäscheborax auf den Fleck streuen, nach 15 Minuten abwischen. Bei Teppichen ein Teppichshampoo verwenden, für Restflecken Brennspiritus.
Curry und Gelbwurz Sie machen mit die schlimmsten Flecken. Bei Flecken auf der Wand hilft nur Flicken (also besser vermeiden). 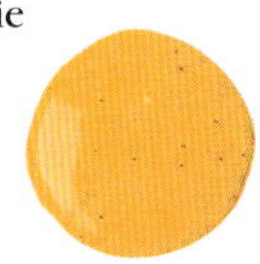	Flecken in lauwarmem Wasser ausspülen. Mit Glyzerin (siehe S. 33) reinigen, eine halbe Stunde einziehen lassen und ausspülen. Möglichst mit Biowaschmittel waschen. Hartnäckige Flecken mit Wasserstoffperoxid (siehe S. 33) behandeln.	Teppiche und Möbel mit Wäscheborax (siehe S. 33) behandeln. Wirkt das bei Möbeln nicht, lassen Sie die Bezüge lieber chemisch reinigen. Teppiche eventuell mit Vorwaschfleckenroller behandeln.
Rote Bete Aufgrund der intensiven, hartnäckigen Farbe sind Flecken nur schwer zu entfernen. 	Unter fließendem, kaltem Wasser möglichst viel Farbe ausspülen. Farbige Stoffe in Wäscheboraxlösung (siehe S. 33) einweichen. Weißes, siehe Behandlung von getrockneten Teeflecken S. 41.	Flecken auf nichtwaschbarem Gewebe oder Möbeln nicht selbst entfernen. Abnehmbare Bezüge und Polster in die Reinigung geben.
Schokolade Schokoladenstückchen sind ein Problem, wenn sie warm werden oder sich jemand daraufsetzt. 	Fest werden lassen und mit einem stumpfen Messer abkratzen. Einweichen, dann, wenn möglich, mit Biowaschmittel, sonst normal waschen. Hartnäckige Flecken siehe Behandlung von getrockneten Teeflecken S. 41.	Fest werden lassen und mit einem stumpfen Messer ablösen. Auf Teppiche und Möbel Teppichshampoo auftragen. Mit einem feuchten Lappen abwischen, trocknen lassen und flüssigen Fleckenlöser auftragen.

Verschüttete Getränke

Bei Getränken gilt die goldene Regel: Flecken aufsaugen, und zwar mit einem weißen Lappen, Papiertaschentüchern oder -handtüchern. Verwenden Sie keine farbigen Papiertücher, da sie auf den Fleck abfärben können.

Rotweinflecken

Bei Rotweinflecken verhindert Salz das Ausbreiten des Flecks, doch auf Teppichen entsteht dadurch eine ständig feuchte, schmutzanziehende Stelle. Wenden Sie die nachfolgend beschriebene 3-Stufen-Methode an oder noch besser: Verwenden Sie Weißwein.

Auf Teppichen

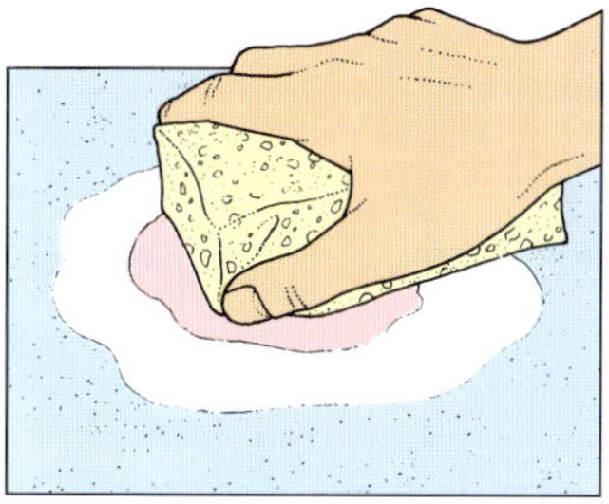

1 Fleck sofort aufsaugen und mit warmem Wasser abwischen. Falls möglich, den Fleck mit einem Syphon besprühen – das Sodawasser und die Sprühwirkung entfernen den Fleck wirksam.

2 Trockentupfen, dann mit einem Schwamm Teppichshampoo auftragen und gut einschäumen. Mit klarem Wasser abwischen. Prozedur so oft wiederholen, bis der Teppich sauber ist.

3 Restflecken mit Glyzerin (siehe S. 33) bedecken und einwirken lassen. Abwischen und gut abtupfen. Bei alten Flecken mit dem Schwamm etwas Brennspiritus auftragen. Die Methode eignet sich auch als schnelle Hilfsmaßnahme, wenn Sie Flecken nicht richtig behandeln können.

Schnell handeln

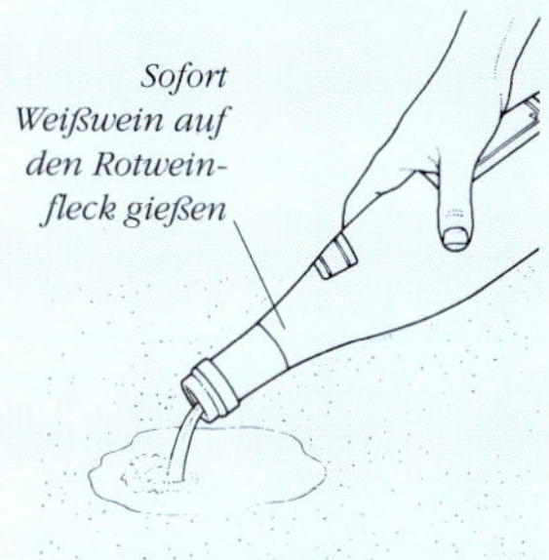

Möglichst bald Weißwein auf den Rotweinfleck gießen, beides gut aufsaugen und mit klarem, warmem Wasser abwischen. Dann trockentupfen.

Angetrocknete Flecken auf Möbeln

1 Fleck mit Glyzerinlösung (siehe S. 33) aufweichen. Mindestens 30 Minuten einziehen lassen.

2 Mit stark verdünntem Spülmittel abwischen und mit einem in klarem Wasser eingetauchten Lappen nachwischen.

Frische Flecken auf Möbeln

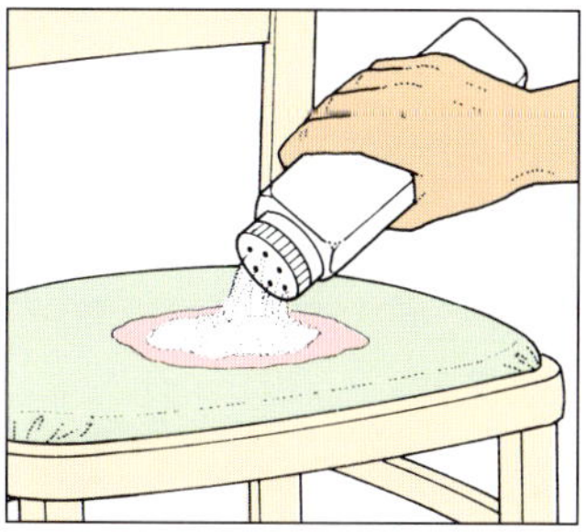

1 Aufsaugen, mit Wasser abwischen und trockentupfen. Auf hartnäckige Flecken in noch feuchtem Zustand Talkumpuder streuen.

2 Talkumpuder nach einigen Minuten mit einer weichen Bürste oder einem Lappen entfernen. Gegebenenfalls Behandlung wiederholen.

Auf Kleidung

- **Allgemeine Behandlung** Frische Rotweinflecken mit warmem Wasser ausspülen. Ansonsten Kleidungsstück in Wäscheboraxlösung (siehe S. 33) oder reinigungsstarkem Waschmittel einweichen, dann materialgemäß waschen.
- **Feine Gewebe** Flecken auf weißer Wolle oder Seide mit Wasserstoffperoxid (siehe S. 33) bleichen. Ausspülen, dann von Hand waschen.

Auf Tischwäsche

- **Frische Flecken** Weiße Baumwolle und Leinen bleichen. Farbiges in einem reinigungsstarken Waschmittel einweichen, dann waschen. Ansonsten siehe Behandlung von getrockneten Teeflecken S. 41.

BIER- UND SCHNAPSFLECKEN

Bier- und Schnapsflecken sind von den meisten Oberflächen leicht zu entfernen (außer sie stammen von stark färbendem oder klebrigem Likör). Bei alten Bier- und Schnapsflecken liegt die Sache anders – sie richtig zu entfernen, erfordert drastischere Maßnahmen.

AUF KLEIDUNG

- **Bier und Schnaps** In lauwarmem Wasser ausspülen oder einweichen, dann materialgemäß waschen. Restflecken auf Weiß mit Wasserstoffperoxid (siehe S. 33) bleichen. Farbige Kleidung mit Essigessenzlösung abwischen – 30 ml (2 Eßlöffel) Essig auf 500 ml Wasser.

AUF MÖBELN

- **Bier** Aufsaugen, dann mit einem in warmem Wasser eingetauchten Lappen abwischen. Auf Restflecken Fleckenlöser sprühen.
- **Schnaps** Mit warmem Wasser abwischen, bis alle klebrigen Spuren beseitigt sind, dann Polsterreinigungs-Set einsetzen. Feines Gewebe, das leicht Wasserflecken bekommt, chemisch reinigen lassen.

AUF TEPPICHEN

- **Bier** Mit warmem Wasser abwischen oder mit einem Syphon besprühen, dann aufsaugen. Verbleibende Flecken schließlich mit Teppichshampoo behandeln.
- **Schnaps** Wie oben verfahren. Schnell handeln, damit die Farbe nicht eindringt. Verfärbungen mit Lappen und Brennspiritus abwischen.

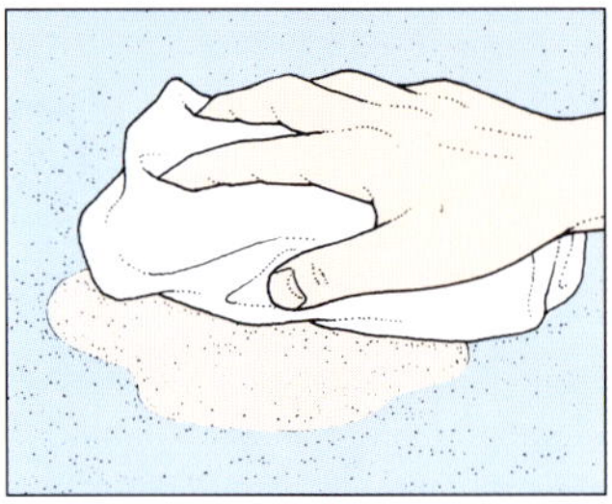

Alte Bierflecken
Alte Bierflecken auf Teppichen sanft mit Brennspiritus abwischen, bis der Fleck verblaßt.

LIKÖRFLECKEN

Sie sind klebriger als andere Alkoholflecken. Nach der Behandlung verbleibende Restflecken von stark färbenden Likören mit Fleckenlöser oder Brennspiritus entfernen. Die Methode erst an einer verdeckten Stelle ausprobieren.

- **Teppiche** Fleck mit einem Syphon besprühen, damit er nicht mehr so klebt, und mit Küchenpapier aufsaugen. Teppichshampoo auftragen.
- **Polster** Mit warmem Wasser abwischen, bis alle klebrigen Spuren beseitigt sind. Teppichshampoo auftragen; Restflecken mit Polsterreinigungs-Set angehen. Abnehmbare Bezüge, die leicht Wasserflecken bekommen, chemisch reinigen lassen.
- **Kleidung** Fleck in warmem Wasser ausspülen, dann normal waschen oder reinigen lassen.

FRUCHTSAFTFLECKEN

Fruchtsäfte sind wegen der Verfärbungen problematisch, besonders Flecken von roten oder schwarzen Beeren. Angetrocknet sind solche Flecken nur schwer zu entfernen und hinterlassen eine permanente Verfärbung, wenn sie nicht sorgfältig behandelt werden.

FRISCHE FLECKEN

- **Kleidung** Unter fließendem, kaltem Wasser Fleck möglichst gut ausspülen. Restverfärbung mit Brennspiritus oder Fleckenentferner behandeln.
- **Teppiche** Mit Küchenpapier aufsaugen. Mit Vorwaschfleckenroller abreiben und einwirken lassen. Ausspülen, aufsaugen und shampoonieren. Restverfärbung mit Brennspiritus entfernen.
- **Möbel** Mit kaltem Wasser abwischen und trockentupfen. Flüssigen Fleckenentferner verwenden.

ANGETROCKNETE FLECKEN

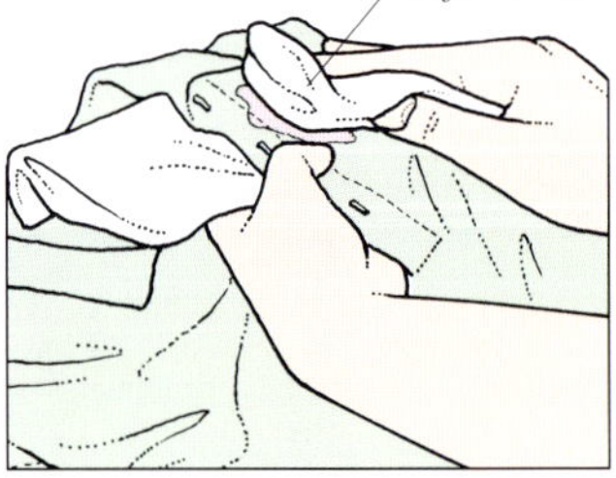

Alte Flecken behandeln
Tuch unter den Fleck halten und mit einem zweiten Tuch Glyzerinlösung (siehe S. 33) auftragen. Eine Stunde wirken lassen, ausspülen.

GRÜNER TIP

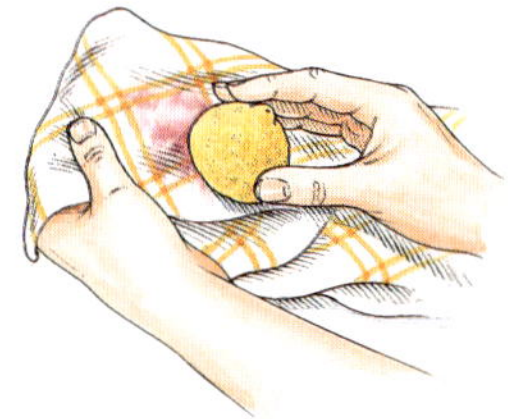

Natürlicher Fleckenlöser
Mit einer halben Zitrone über frische Fruchtsaftflecken reiben – Zitronensaft ist ein natürliches Bleichmittel.

TEE-, KAFFEE- UND KAKAOFLECKEN

Diese Flecken sind häufig eine Kombination aus der Farbe des Getränks und dem Fett der Milch. Saugen Sie den Fleck auf, kümmern Sie sich dann um das Fett und zum Schluß erst um die Verfärbung. Getrocknete Teeflecken auf Stoff erfordern eine Spezialbehandlung.

AUF STOFF

● **Frische Teeflecken** Mit lauwarmem Wasser ausspülen, dann in Wäscheboraxlösung (siehe S. 33) einweichen. Flecken auf Decken sofort in warmem Wasser ausspülen. Tischwäsche sofort mit kaltem Leitungswasser ausspülen und waschen (möglichst in Biowaschmittel).

● **Kaffee und Kakao** In warmem Wasser ausspülen. Wenn möglich, in warmer Biowaschmittel- oder Wäscheboraxlösung (siehe S. 33) einweichen.

GETROCKNETE TEEFLECKEN

1 Stoff über eine Schüssel legen und mit Wäscheborax bestreuen, bis der Fleck mit einer Schicht bedeckt ist.

Leinen oder Baumwolle mit kochendem Wasser behandeln

2 Einen Kessel voll heißem Wasser zur Mitte hin über den Fleck gießen. Bei Bedarf wiederholen.

FLECKEN ISOLIEREN

Stelle mit Schnur abbinden

Bei Federbetten Füllung nach unten schütteln und fleckige Stelle abbinden, dann waschen. So muß nicht das gesamte Bett gewaschen werden.

AUF TEPPICHEN

● **Milchkaffee und Kakao** Abwischen oder mit einem Syphon besprühen. Etwas Teppichshampoo und flüssigen Fleckenentferner auftragen (nicht auf schaumstoffbeschichtete Teppiche).

● **Schwarzer Kaffee** Fleck wiederholt mit lauwarmem Wasser abwischen oder mehrmals mit einem Syphon besprühen.

● **Tee** Mit Küchenpapier aufnehmen, abwischen oder mit einem Syphon besprühen. Teppichshampoo auftragen und Flecklöser aufsprühen, wenn der Teppich trocken ist.

AUF MÖBELN

● **Milchkaffee und Kakao** Fleck mit Küchenpapier aufsaugen, dann mit Bioreiniger besprühen. Mit einem feuchten Schwamm abwischen.

● **Schwarzer Kaffee** Aufsaugen, abwischen, shampoonieren. Getrocknete Flecken mit Glyzerinlösung (siehe S. 33) aufweichen. Nachwischen und aufsaugen. Restflecken mit Fleckenentferner besprühen.

● **Tee** Mit Wäscheboraxlösung (siehe S. 33), dann mit einem feuchten Lappen abwischen. Fleckenlöser aufsprühen, wenn die Stelle getrocknet ist.

MILCHFLECKEN

Werden Milchflecken auf dem Teppich nicht sofort behandelt, trocknen sie und erzeugen einen praktisch nicht zu beseitigenden Geruch. Entfernen Sie solche Flecken schnell, da Sie sonst vielleicht einen teuren Teppich wegwerfen müssen, weil er unangenehm riecht.

AUF KLEIDUNG

● **Frische Flecken** In lauwarmem Wasser ausspülen. Bei Fettflecken flüssigen Fleckenentferner verwenden.

● **Getrocknete Flecken** In Biowaschmittel einweichen, wenn das Gewebe es erlaubt.

AUF MÖBELN

● **Allgemeine Behandlung** Mit lauwarmem Wasser abwischen (Polster nicht zu naß machen). Mit Küchenpapier oder einem weißen Tuch trockenreiben. Restflecken mit Fleckenlöser besprühen.

AUF TEPPICHEN

● **Frische Flecken** Mit warmem Wasser abwischen, dann Aerosolreiniger aufsprühen.

● **Getrocknete Flecken** Oft kommt der Geruch nach der Reinigung wieder. Speziellen Teppichreiniger verwenden.

Biologische Substanzen

Behandeln Sie Flecken durch biologische Substanzen sofort, da sie eingetrocknet oft schwer zu entfernen sind. Außerdem entwickeln sich unangenehme Gerüche, die sich festsetzen, wenn der Fleck nicht schnellstmöglich entfernt wird.

Blutflecken

Blut macht „Kombinationsflecken", da es in die Oberfläche eindringt und darauf eine Schicht bildet. Da diese nicht so dick ist wie bei anderen biologischen Flecken, läßt sie sich nicht abkratzen. Wischen Sie sie sofort ab und kümmern Sie sich dann um die Verfärbung.

Auf Kleidung

1 Etwas Salz in einen Eimer mit kaltem Wasser geben. Das Kleidungsstück 15 Minuten einweichen. Darauf achten, daß es ganz eingetaucht ist.

2 Möglichst in Biowaschmittel einweichen, dann normal waschen.

Auf Matratzen

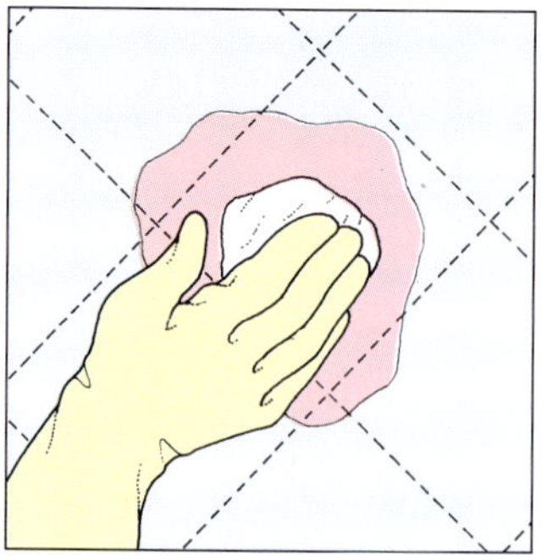

1 In drei Schritten verfahren (siehe Kasten unten). Dann auf die Restflecken eine Paste aus Natriumhydrogencarbonat und Wasser auftragen.

2 Paste trocknen lassen, dann mit einem trockenen Lappen abwischen.

Auf Teppichen

- **Allgemeine Behandlung** So lange mit kaltem Wasser abwischen und trockentupfen, bis der Fleck verschwindet. Funktioniert das nicht, Teppichreinigungs-Set verwenden und dann Teppichshampoo.

Getrocknetes Blut

- **Auf Kleidung** In Wasserstoffperoxidlösung (siehe S. 33) und 2,5 ml (1/2 Teelöffel) Ammoniak einweichen (nicht bei Nylon).
- **Auf Teppichen** Glyzerin (siehe S. 33) verwenden, dann wie frische Flecken behandeln.
- **Auf unbehandeltem Holz** Flecken mit verdünntem Bleichmittel bleichen, dann das Holz streichen.

Entfernen von Flecken auf Matratzen

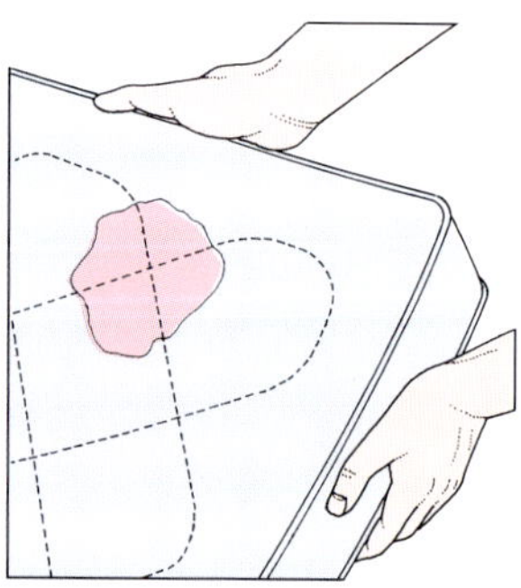

1 Matratze auf die Seite legen und irgendwo anlehnen, damit der Fleck und der Reiniger nicht einsickern.

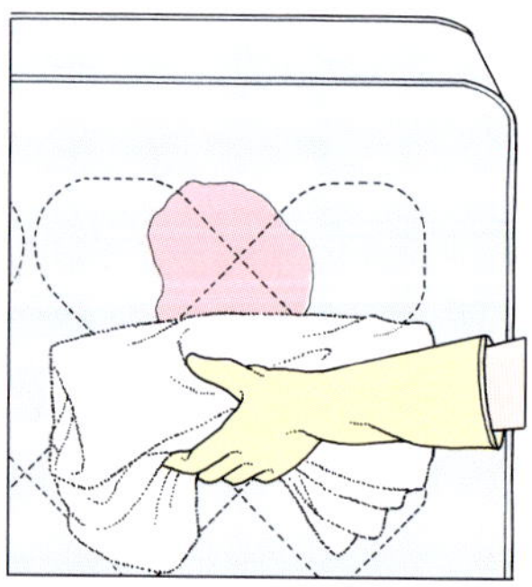

2 Handtuch direkt unter den Fleck halten. Bei der Behandlung biologischer Flecken immer Handschuhe tragen.

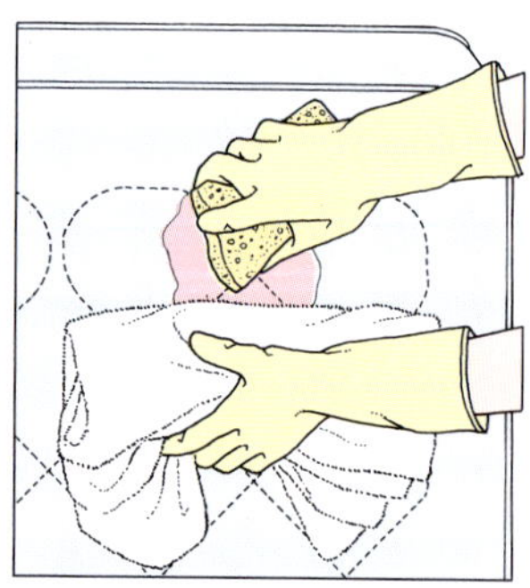

3 Fleck so lange abwischen, bis er verschwindet. Dabei Handtuch unter den Fleck halten, damit nichts heruntertropft.

Urinflecken

Urinflecken sind unangenehm, hartnäckig und riechen, wenn sie nicht sofort richtig behandelt werden. Entstehen also bei Ihnen zu Hause öfter solche Flecken, ergreifen Sie sogleich die geeigneten Maßnahmen (führt meist zum Erfolg).

Auf Lederschuhen

- **Frische Flecken** Geputzte Schuhe mit einem feuchten Lappen abwischen. Die trockenen Schuhe eincremen.
- **Getrocknete Flecken** Feucht abwischen, damit die Salze an die Oberfläche gelangen. Creme gegen Salz auftragen.

Auf Wildlederschuhen

Flecken entfernen
Feucht abwischen. Feuchte Stelle mit einer Wildlederbürste, getrocknete Stelle mit Salzfleckenentferner behandeln. Schuhe öfter mit einer Wildlederbürste bürsten.

Mit in warmes Wasser getauchtem Lappen abwischen

Grüner Tip

Uringeruch neutralisieren
Besprühen Sie Urinflecken von Haustieren auf dem Teppich mit einer Lösung aus 1 Teil Essig auf 5 Teile Wasser. So beseitigen Sie den Geruch.

Auf Teppichen

- **Frische Flecken** Mit parfümiertem Teppichreiniger oder kaltem Wasser abwischen und dann mit etwas Antiseptikum in einer Schüssel mit kaltem Wasser behandeln.
- **Getrocknete Flecken** Geruchs- und Fleckenentfernung, siehe frische Flecken. Verblaßte Stellen mit schwacher Ammoniaklösung abwischen.

Auf Kleidung

- **Farbige Stoffe** In kaltem Wasser ausspülen, dann materialgemäß waschen.
- **Helle Sachen** Getrocknete Urinflecken mit Wasserstoffperoxid (siehe S. 33) und ein paar Tropfen Ammoniak bleichen oder in Biowaschmittel einweichen, dann mit einem handelsüblichen Fleckenlöser behandeln.

Matratzen trocknen

Entfernung von Urinflecken auf Matratzen, siehe vorherige Seite. Matratze aufstellen und anlehnen, damit die Flüssigkeit nicht tiefer eindringt. Trocknen mit dem Föhn (Stufe 1) beschleunigen.

Flecken durch Erbrochenes

Vor der Behandlung der Flecken muß das Erbrochene zunächst entfernt werden. Kratzen Sie mit dem Löffel möglichst viel ab und entfernen Sie letzte Spuren mit einem Metalllineal. Achten Sie darauf, den Fleck nicht auszudehnen, und tragen Sie Gummihandschuhe.

Auf Teppichen

- **Flecken entfernen** Mit Wäscheboraxlösung (siehe S. 33), dann mit warmem Wasser und ein paar Tropfen Antiseptikum abwischen. Verfärbungen mit einem Schwamm und Teppichshampoo behandeln oder einen Aerosol-Schaumreiniger auftragen.
- **Geruch beseitigen** Fleck so lange mit klarem Wasser und Antiseptikum abwischen, bis der Geruch verschwindet.

Auf Möbeln

- **Polster** Mit warmem Wasser und Ammoniak abwischen und trockentupfen oder parfümierten Polsterreiniger verwenden. Teure oder empfindliche Stücke reinigen lassen.
- **Matratzen** Fleckenentfernung siehe vorherige Seite. Mit warmer Spülmittellösung gründlich abwischen und abschließend mit warmem Wasser und Antiseptikum nachwischen.

Auf Kleidung

- **Flecken entfernen** Mit fließendem, kaltem Wasser ausspülen, bis der Fleck allmählich verblaßt. Dabei den Stoff sanft zwischen den Händen reiben. Einweichen und möglichst mit einem Biowaschmittel, ansonsten wie gewöhnlich materialgemäß waschen.
- **Geruch beseitigen** Wenn die Kleidung noch danach riecht, erneut waschen.

SCHLAMMFLECKEN

Schlammflecken sollte man zunächst gut trocknen lassen. Versuchen Sie nicht, den Fleck irgendwie zu behandeln, bevor der Schlamm hart geworden ist und Sie ihn leicht abbürsten können. Danach können Sie den verbleibenden Fleck angehen.

AUF TEPPICHEN

- **Hartnäckige Flecken** Nach dem Abtragen der Schicht entfernen Sie Farbspuren entweder mit einem Teppichreinigungsset oder Brennspiritus.

AUF MÖBELN

- **Grundbehandlung** Schmutz entfernen, dann mit verdünntem Spülmittel oder mit Reiniger abwischen. Nachwischen und trockentupfen.

AUF KLEIDUNG

- **Mäntel und Jacken** Trockenen Schlamm mit einer weichen Bürste entfernen. Auf nicht abbürstbaren Flecken tragen Sie Reiniger auf.

ANGETROCKNETEN SCHLAMM ENTFERNEN

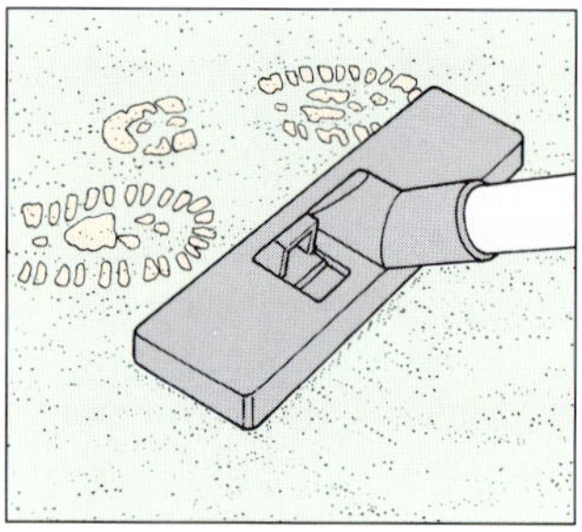

Teppich saugen
Schlamm trocknen lassen (ein bis zwei Stunden), dann absaugen. Falls notwendig, den getrockneten Schlamm zuerst mit einer harten Bürste lockern.

Möbel abbürsten
Schlammflecken auf Möbeln mit einer weichen Bürste entfernen, so werden die Polster nicht beschädigt. Restspuren mit dem Staubsauger beseitigen.

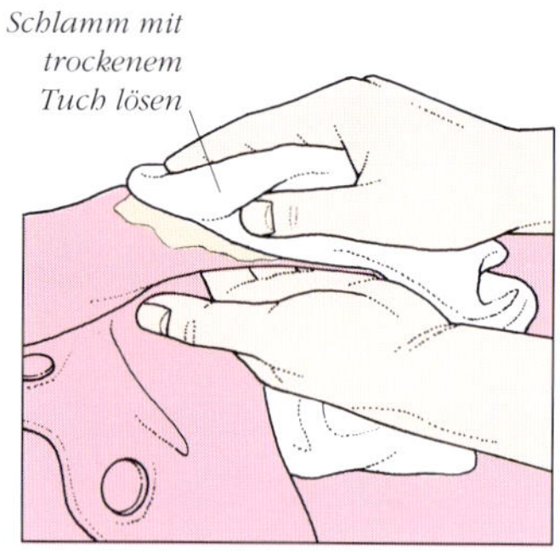

Kleidung abwischen
Angetrockneten Schlamm mit einem Lappen oder einer Bürste entfernen. Bei Restflecken waschen. Hartnäckige Flecken mit Brennspiritus behandeln.

GRASFLECKEN

Haben Sie Fußballfans oder Kinder in Ihrer Familie, sind Grasflecken unvermeidbar. Sie zu entfernen ist relativ schwierig und kostet Zeit und Mühe. Generell gilt: Weiße Baumwollsachen in Bleichmittel einweichen, andere Stoffe in handelsüblichen Fleckenlöser.

WASCHBARER STOFF

- **Leichte Flecken** Den Stoff einweichen und möglichst mit einem herkömmlichen Biowaschmittel waschen. Vorgehen bei Restflecken, siehe andere Stoffe.
- **Hartnäckige Flecken** Mit einem reinigungsstarken Handwaschmittel einreiben, mit dem Sie auch Ihre Kleidung nach Heimwerkerarbeiten säubern. Brennspiritus oder herkömmlichen Fleckenentferner auftragen (erst an einer Stelle ausprobieren), dann in kaltem Wasser ausspülen und materialgemäß waschen.

ANDERE STOFFE

- **Weißer Flanell** Lassen Sie den Stoff chemisch reinigen. Zwischen zwei Reinigungen Weinstein und Kochsalz zu gleichen Teilen mischen und auf die Flecken streichen. Eine halbe Stunde wirken lassen, dann abbürsten.
- **Leinenschuhe** Grasflecken mit einer in warme Spülmittellösung getauchten Nagelbürste abbürsten. Schuhe in der Waschmaschine oder im obersten Fach der Spülmaschine waschen (vorher Schmutz entfernen) und an der Luft trocknen lassen.

BEWÄHRTER TIP

Alte Flecken behandeln
Eiweiß und Glyzerin zu gleichen Teilen mischen und damit alte Grasflecken auf Weißem aufweichen.

Sonstige Flecken

Behandeln Sie diese Flecken, indem Sie den Stoff möglichst in Biowaschmittel einweichen. Streifen Sie beim Umgang mit unangenehmen Flecken Wegwerfhandschuhe oder eine Plastiktüte über die Hände und werfen Sie sie nach Gebrauch weg.

Flecken	Oberfläche	Behandlung
Pollenflecken	● Entstehen vor allem auf Kleidung und Tapeten und sind oft sehr schwer zu entfernen. Beim Blumenpflücken oder -arrangieren sollten Sie immer eine Schürze tragen. Stellen Sie Blumen nicht zu nah an tapezierte Wände.	● Leichte Flecken auf Kleidern durch normales Waschen oder leichtes Abtupfen mit Brennspiritus und Abwischen mit warmem Wasser entfernen. ● Flecken auf der Tapete mit einem Stück Weißbrot ohne Kruste oder einem Radiergummi abreiben oder Tapete flicken (siehe S. 18).
Fliegenflecken	● Diese Flecken sind häufig auf Lampenschirmen, Möbeln und Fenstern zu finden. Lampenschirme aus Stoff vorsichtig behandeln.	● Lampenschirme aus Kunststoff mit Spülmittel abwischen, solche aus Stoff mit Fleckentferner besprühen oder sanft mit einer warmen Waschmittellauge einreiben. ● Fenster mit Brennspiritus, Polster mit einem handelsüblichen Fleckenlöser reinigen.
Schweissflecken	● Gelbliche oder verfärbte Flecken finden sich meist im Achselbereich von Kleidungsstücken.	● Waschbare Stoffe mit Ammoniaklösung (siehe S. 33) abwischen, dann gründlich ausspülen. Verlaufene Farbe mit 15 ml (1 Eßlöffel) Essigessenz auf 250 ml Wasser abwischen.
Flecken durch Haustiere	● Häufig Flecken von Urin, Erbrochenem und Kot, vor allem auf Teppichen und Möbeln.	● Entfernung von Urin und Erbrochenem sowie deren Geruch siehe S. 43. Beseitigung von Kot siehe unten.
Kotflecken	● Mit dem Löffel sofort von Teppichen, Möbeln und Kleidung abkratzen und den Fleck dabei nicht ausdehnen.	● Flecken auf Teppichen und Möbeln mit warmem Wasser und einigen Tropfen Ammoniak abwischen. Kleidung, wenn möglich, in Biowaschmittel einweichen.
Vogelkot-Flecken	● Vogelkot verschmutzt häufig Kleider, die auf der Wäscheleine hängen.	● Schmutz entfernen und waschbare Stoffe waschen. Weiße Sachen mit Wasserstoffperoxid (siehe S. 33) oder Bleichmittel behandeln.
Tabakflecken	● Hände und Fingernägel von Rauchern werden durch das Nikotin oft unansehnlich gelb.	● Mit in Wickelsterilisierer getauchtem Tuch abreiben. Für die Fingernägel Raucherzahnpasta verwenden.

Farbflecken

Farben, Stifte und Malkreide erzeugen schwer zu beseitigende Flecken, vor allem, weil oft unklar ist, welche Farbstoffe sie enthalten, und womit man die Flecken demzufolge beseitigen kann.

Farbflecken

In jeder Wohnung entstehen irgendwann einmal Flecken durch verschüttete Farbe, besonders wenn gerade gestrichen wird. Leider werden sie oft erst nach Stunden entfernt, doch auch getrocknete Farbflecken lassen sich, wenn auch schwer, beseitigen.

Malfarben

● **Frische Flecken auf Kleidung** Flecken durch Wasserfarben mit Küchenpapier aufsaugen und mit Seife und Wasser auswaschen. Flecken durch Ölfarben mit Lackbenzin abtupfen und dabei einen weißen Lappen darunterhalten. Abwischen und normal waschen

Getrocknete Flecken auf Kleidung
Lappen unter den Fleck halten. Fleck mit Fleckentferner oder Brennspiritus abtupfen. Bei Ölfarben Farblöser verwenden.

Emulsionsfarben

● **Frische Flecken auf Stoff** Sofort aufsaugen, mit kaltem Wasser abwischen.

● **Getrocknete Flecken** Gerade trockene Flecken mit handelsüblichem Fleckenentferner behandeln. Auf ältere Flecken Brennspiritus auftragen, dann normal waschen.

Flecken auf Teppichen
Mit kaltem Wasser abtupfen, den Fleck dabei nicht vergrößern. Von außen nach innen wischen. Ist die Farbe entfernt, Teppichshampoo auftragen.

Ölfarben

● **Auf Kleidung** Mit Lackbenzin abtupfen und mit kaltem Wasser abwischen. Erst waschen, wenn die Farbe entfernt ist, ansonsten setzt sie sich fest. Kleidung mit schlimmen Flecken sowie Acetat- und Viskosestoffe gehören in die Reinigung.

Ölfarbe auf Teppichen
Frische Farbe mit Küchenpapier aufnehmen, dann Fleck mit Teppichshampoo behandeln. Alte Flecken mit handelsüblichem Lösungsmittel entfernen.

Flecken durch Färbemittel

Trockenes Färbemittel geht nie wieder weg; wischen Sie Flecken also sofort auf. Entfernen Sie solche auf harten Oberflächen mit einem trockenen Lappen. Tragen Sie Schutzkleidung, wenn Sie mit Färbemitteln arbeiten. Mit Zitronensaft läßt sich die Haut reinigen.

Auf Teppichen

● **Grundbehandlung** Einige Tropfen Ammoniak mit Brennspiritus mischen und mit einem weißen Lappen auftragen. Bei Bedarf mehrfach wiederholen. Dann Teppichshampoo auftragen.

Auf Kleidung

● **Farbechte Stoffe** In Biowaschmittel einweichen, dann wie gewöhnlich waschen.

● **Nicht farbechte Stoffe** 15 Minuten in Wasserstoffperoxid (siehe S. 33) einweichen oder damit abwischen.

Andere Farbflecken

● **Ausgehende Farbe bei der Wäsche** Haben Sie aus Versehen ein Kleidungsstück in die Wäsche getan, das abfärbt, alles noch einmal waschen (aber ohne das färbende Teil!). Wäscheentfärber verwenden.

KUGELSCHREIBERFLECKEN

Diese Flecken sind besonders schwierig zu entfernen. Es lohnt sich, beim Hersteller nachzufragen, da er eventuell auch das passende Lösungsmittel vertreibt. Da getrocknete Kugelschreibertinte besonders schwer zu entfernen ist, handeln Sie schnell.

AUF STOFF

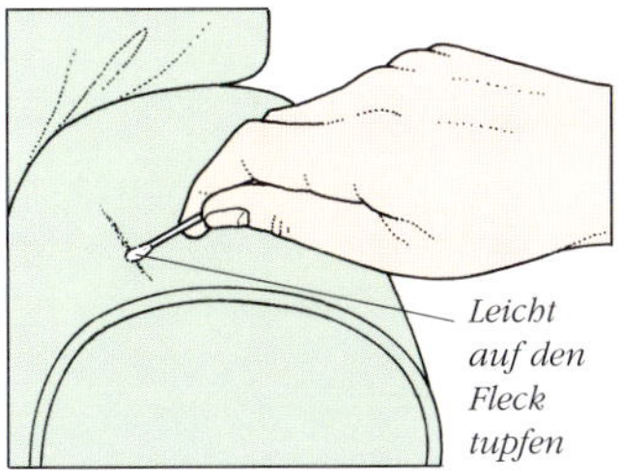

Flecken aufsaugen
Küchenpapier auf den Fleck pressen und aufsaugen. Dann mit einem Wattestäbchen Brennspiritus auftragen.

AUF WÄNDEN

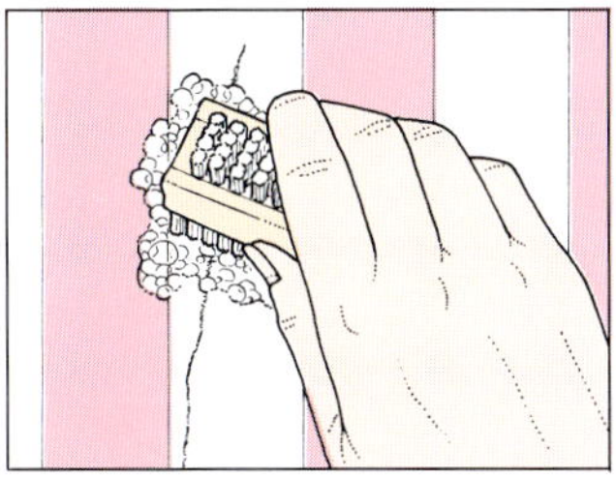

Sofort behandeln
Vinylwände sofort mit Seife und Wasser abbürsten. Normale Tapeten eventuell flicken (siehe S. 18).

AUF ANDEREN FLÄCHEN

- **Wildleder** Mit feinem Schmirgelpapier, einem Schleifbrett oder einem Reinigungsschwamm für Wildleder über den Fleck reiben. Vor der Reinigung wertvoller Stücke sich beraten lassen.
- **Vinyl** Über Flecken auf Vinyl sofort mit einer in Seifenlauge getauchten Nagelbürste reiben. Bleibt die Farbe nämlich auf der Vinyloberfläche, verschmilzt sie mit dem Weichmacher.

TINTENFLECKEN

Füllertinte ist zwar meist abwaschbar, gehen Sie aber sicher, daß Ihre Sorte es auch wirklich ist. Stecken Sie die Füllerkappe immer fest auf den Füller, vor allem, wenn Sie ihn bei sich haben. Wenn Sie ein Tintenfaß und keine Patronen benutzen, schrauben Sie es immer gut zu.

AUF TEPPICHEN

1 Den Fleck durch wiederholtes Abwischen mit klarem Wasser oder Besprühen verdünnen. Mit Küchenpapier abtupfen.

2 Großzügig heiße Seifenflockenlösung mit einem weißen Stofftuch auftragen. 15 Minuten einziehen lassen.

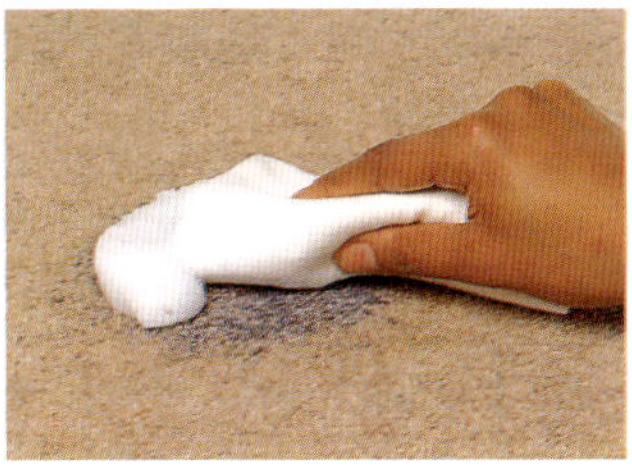

3 Lösung abwischen. Bei hartnäckigen Flecken Schritt 2 wiederholen.

AUF DER HAUT

- **Flecken entfernen** Haut mit einer in Essig und Salz getauchten Nagelbürste oder der Innenseite einer Bananenschale abreiben.

GETROCKNETE FLECKEN AUF KLEIDUNG

1 Geht Füllertinte beim Waschen nicht weg, den Fleck mit einer halben Zitrone abreiben oder Zitronensaft darübergießen.

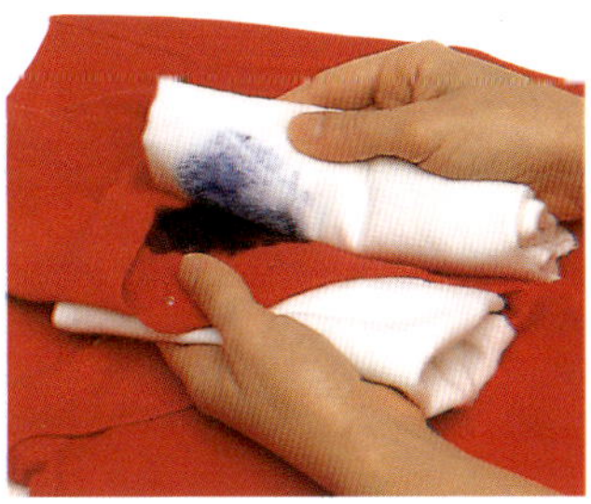

2 Fleck zwischen zwei weiße Baumwolltücher pressen. Bei Bedarf wiederholen, dann ausspülen und materialgemäß waschen.

BEWÄHRTER TIP

Natürlicher Tintenentferner
Ein Hausfrauentip besagt, daß Tintenflecken am besten mit Tomaten oder Milch behandelt werden. Milch über den Fleck gießen oder mit der Schnittfläche einer halben Tomate darüberreiben. Gut ausspülen.

FILZSTIFTFLECKEN

Wo kleine Kinder sind, gibt es häufig Filzstiftflecken auf Wänden und Möbeln. Filzstifte machen auch oft in Jackentaschen Flecken – versuchen Sie aber nicht, sie selbst zu entfernen. Geben Sie die Jacke in die chemische Reinigung und erklären Sie dort das Problem.

AUF STOFF

- **Kleine Flecken** Küchenpapier auf Flecken in Kleidung oder auf Möbeln pressen, um Farbe aufzusaugen. Mit Brennspiritus und einem Wattestäbchen abtupfen, dann waschen (mit Seifenflocken, nicht mit Waschmittel, da sie Tinte effektiver entfernen).
- **Große Flecken** Fleckenlöser aufsprühen, eventuell mehrmals, oder einen herkömmlichen Spezialfleckenentferner verwenden.

AUF WÄNDEN

- **Vinyl** Flecken mit Reinigungsmilch oder Brennspiritus entfernen.
- **Tapete** Flecken am besten mit einem neuen Tapetenstück überkleben (siehe S. 18).

AUF ANDEREN FLÄCHEN

- **Teppiche und Möbel** Flecken mit Wattestäbchen und Küchenpapier aufsaugen, mit Brennspiritus abtupfen.

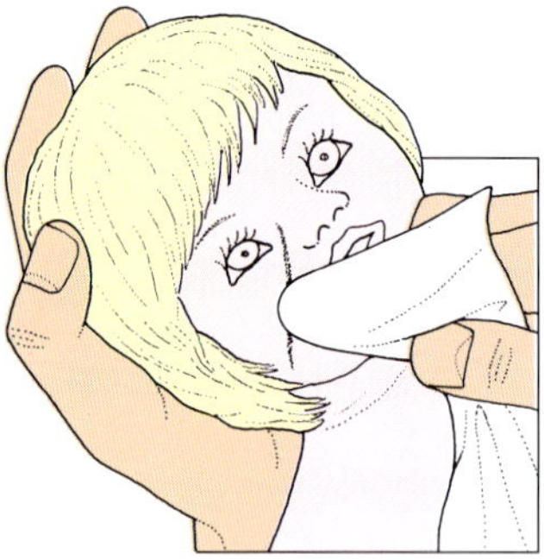

Flecken auf Vinyl
Bei Flecken auf Vinylflächen, etwa Spielzeug, weißes Tuch um einen Finger wickeln und mit unverdünntem Spülmittel befeuchten. Mit klarem Wasser nachwischen.

ANDERE FARBSTOFFE

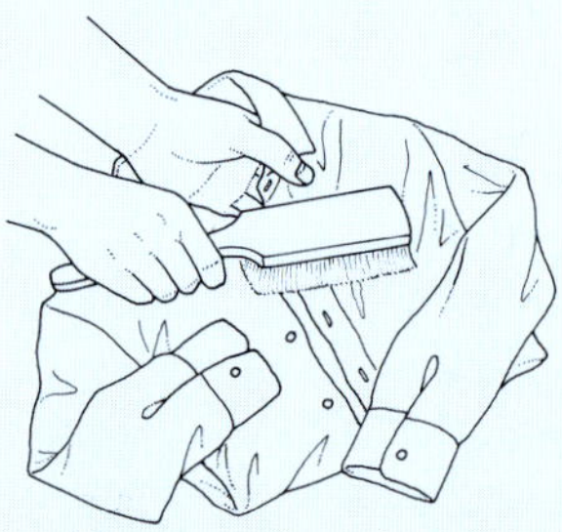

- **Tipp-Ex** trocknen lassen, abbürsten, dann waschen.
- **Malkreideflecken** auf Vinyl mit Reinigungsmilch entfernen. Wände eventuell neu streichen, normale Tapeten flicken (siehe S. 18).
- **Bleistiftstriche** auf Wänden und Möbeln ausradieren, solche auf Kleidung abwischen, dann materialgemäß waschen.

KLEBRIGE SUBSTANZEN

Kaugummi und farbiger Kitt sind schwer zu beseitigen, vor allem von flauschigen Stoffen und Teppichen. Kaugummi läßt sich entfernen, wenn man ihn mittels Kälte erstarren läßt, abhebt und den Restfleck dann mit flüssigem Fleckenlöser behandelt.

KITT

- **Auf Kleidung** Da Kitt nicht friert, mit den Fingernägeln möglichst viel abkratzen. Dann ein weißes gefaltetes Tuch unter den Fleck legen und mit einem zweiten weißen Tuch flüssigen Fleckentferner auftragen, bis sich die Schicht löst. Ausspülen, dann normal waschen.
- **Auf Teppichen** Kitt mit den Fingernägeln abkratzen. Reste mit Feuerzeugbenzin entfernen (an einer verdeckten Stelle ausprobieren). Nicht zu naß machen und darauf achten, daß das Benzin nicht an die Teppichbeschichtung gelangt.

KAUGUMMI AUF TEPPICHEN

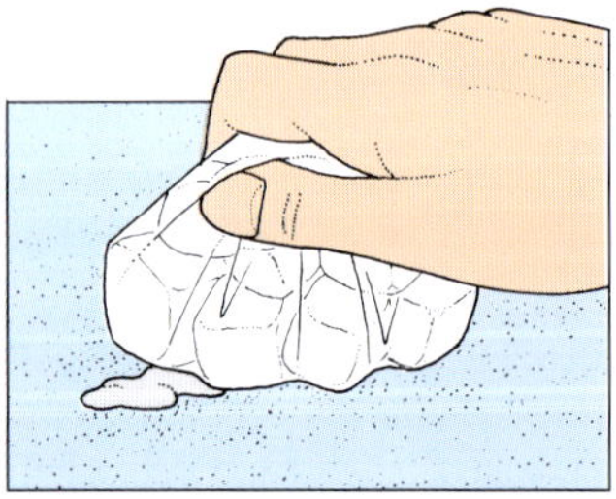

1 Legen Sie eine Plastiktüte mit Eiswürfeln auf den Kaugummi, damit er hart wird.

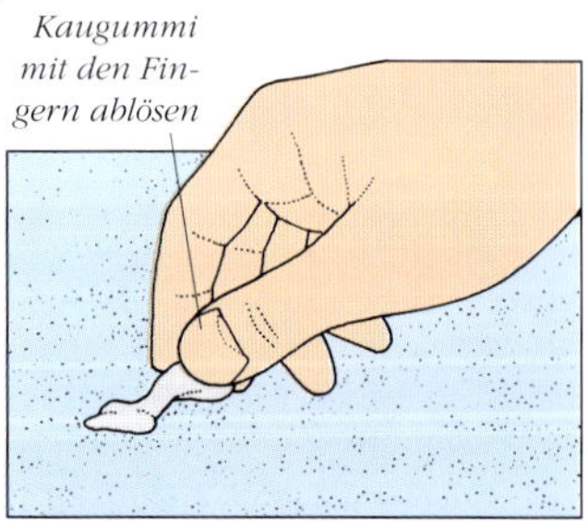

2 Den harten Kaugummi ablösen, so daß der Teppich nicht beschädigt wird.

KAUGUMMI AUF KLEIDUNG

1 Kleidungsstück in einer Plastiktüte eine Stunde in die Gefriertruhe legen, so daß der Kaugummi hart wird.

2 Kleidung der Gefriertruhe entnehmen. Den Stoff knicken, damit der Kaugummi zerbricht, dann abzupfen.

Haushaltsprodukte

Reiniger, Medikamente und Klebstoffe erzeugen schwer zu beseitigende Flecken, besonders auf Teppichen. Auch Flecken durch Kosmetikprodukte und Kerzenwachs treten häufig auf. Teer- und Kreosotflecken vorsichtig behandeln.

Politurflecken

Auf empfindliche Oberflächen sollten möglichst keine flüssigen Reiniger, Schuhcremes oder Polituren gelangen. Verschließen Sie Reiniger bei Nichtgebrauch gut, stellen Sie sie immer aufrecht hin und schützen Sie sie vor direkter Sonne.

Schuhcreme

● **Auf Teppichen** Creme mit einem Metallineal abkratzen, Restspuren mit Lackbenzin oder flüssigem Fleckenentferner lösen. Mit klarem Wasser abwischen. Verfärbungen mit Brennspiritus entfernen, dann Teppichshampoo auftragen.

● **Auf Stoff** Waschbare Gewebe mit Fleckentferner behandeln, beim Waschen Ammoniak zum Nachspülwasser geben. Nichtwaschbare Stoffe wie Teppiche behandeln.

Metallpolitur

● **Auf Kleidung** Politur mit Küchenpapier abwischen. Flüssigen Fleckenlöser verwenden, dann normal waschen.

● **Auf Möbeln** Mit warmem Wasser abwischen, trocknen lassen und gut abbürsten. Fleckentferner aufsprühen.

Auf Teppichen
Kratzen Sie möglichst viel Politur ab. Fleck mit Lackbenzin befeuchten und trocknen lassen. Die trockene Schicht mit einer Bürste abbürsten, Teppichshampoo auftragen.

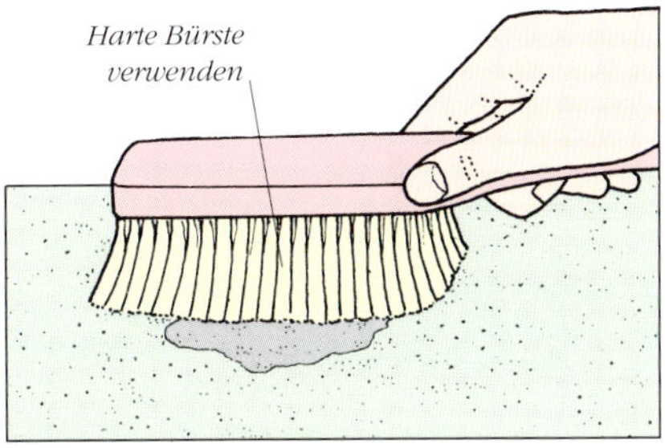

Medikamentenflecke

Medikamente erzeugen klebrige, farbige Flecken, die man bald behandeln sollte, damit sich keine feste Schicht bildet. Fragen Sie Ihren Apotheker nach den Inhaltsstoffen, wenn der Fleck nicht weggeht. Zu den hartnäckigsten Medikamentenflecken gehören Jodflecken.

Salben

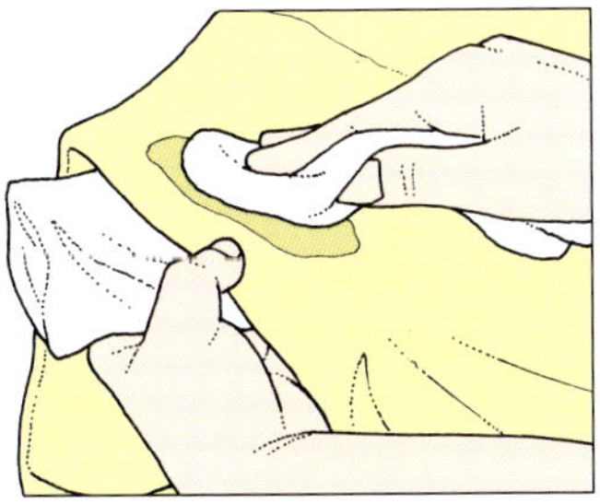

Flecken auf Kleidung
Salben hinterlassen ölige Rückstände. Salbe abkratzen, Fleck mit Fettlöser behandeln. Bei Verfärbungen mit einem Baumwolltuch Brennspiritus auftragen (erst ausprobieren). Tuch unter den Fleck halten, damit die Farbe nicht durchdringt.

Flüssige Medikamente

● **Auf Kleidung** Meist durch Waschen zu entfernen. Bei Verfärbungen Brennspiritus auftragen und dabei unter den Fleck ein Tuch halten. Behandlung vorher an einer verdeckten Stelle ausprobieren.

● **Auf Teppichen und Polstern** Medikament abschaben, Fleck mit einem feuchten Tuch abwischen. Teppichshampoo auftragen.

● **Flecken verhindern** Beim Einnehmen von flüssigen Medikamenten sollten Sie stets Küchenpapier griffbereit haben. Bei Kindern aus einem Küchentuch ein Lätzchen machen.

Jodflecken

● **Auf Teppichen** Flecken mit 2,5 ml (½ Teelöffel) Fixiersalz (bei der Entwicklung von Photos verwendete Chemikalie, erhältlich in Photogeschäften), verdünnt mit 250 ml warmem Wasser, entfernen. Danach Teppichshampoo auftragen.

● **Auf waschbarem Stoff** Kleidung von Hand in Seifenflockenlauge und ein paar Tropfen Ammoniak waschen. Gummihandschuhe tragen.

● **Auf nichtwaschbarem Stoff** In die Reinigung geben oder mit handelsüblichem Tee- und Kaffeefleckenentferner behandeln.

Flecken durch Kosmetikprodukte

Flecken durch Kosmetika finden sich häufig auf Frisiertischen, Kleidung, Bettwäsche und in Handtaschen. Leider gibt es für die Entfernung dieser Flecken keine allgemeingültigen Regeln; sie müssen jeweils unterschiedlich behandelt werden.

Nagellack

Nagellackentferner mit Wattebausch auftragen

Auf Stoff
Weißes Tuch unter den Fleck halten und mit nichtölhaltigem Nagellackentferner abtupfen.

- **Auf Teppichen** Mit Papiertaschentüchern abwischen. Mit einem Wattebausch nichtölhaltigen Nagellackentferner auftragen (erst an der Teppichkante ausprobieren, da beim Durchsickern eventuell die Teppichbeschichtung beschädigt wird). Bei Verfärbungen mit einem weißen Tuch Brennspiritus auftragen, dann Teppichshampoo.
- **Auf Möbeln** Trocken abwischen, dann nichtölhaltigen Nagellackentferner auftragen.

Gute Idee

Auslaufen vermeiden
Damit Kosmetikfläschchen nicht auslaufen, Deckel mit Klebeband festkleben oder auf den Rand der Verschlußkappe Nagellack auftragen.

Wimperntusche

- **Auf Kleidung** Auf Mascaraflecken Fleckenlöser sprühen. Restflecken abwischen, trocknen lassen und mit einer Lösung aus einem Teil Ammoniak und drei Teilen kaltem Wasser behandeln. Ausspülen und waschen.

Lippenstift

- **Auf Kleidung** Mit Brennspiritus, dann mit unverdünntem Spülmittel abwischen und waschen.
- **Auf Wänden** Flecken sanft mit einem feuchten, in warmer Reinigerlösung eingetauchten Lappen abreiben.

Tagescreme

- **Auf Kleidung** Creme abwischen, in Ammoniaklösung (siehe S. 33) einweichen und materialgemäß waschen.

Flecken durch Parfüms, Sprays und Lotionen

Sprays und Parfüms bestehen meist aus verschiedenen chemischen Stoffen und enthalten Alkohol. Mit ihnen muß man sorgfältig umgehen, da sie eventuell mit dem Fleckentferner reagieren. Cremelotionen enthalten meist Öl und sollten entsprechend behandelt werden.

Parfüm

- **Auf waschbarem Stoff** Sofort ausspülen, dann waschen. Getrocknete Flecken mit Glyzerin (siehe S. 33) behandeln, eine Stunde wirken lassen und dann waschen. Oder mit einem Vorwaschfleckenroller einreiben.
- **Auf nicht waschbarem Stoff** Möglichst bald Glyzerin (siehe S. 33) auftragen. Eine Stunde einwirken lassen, mit einem feuchten Lappen abwischen. Polster nicht zu naß machen. Teure Stücke in die Reinigung geben.

Deodorant

- **Alle Oberflächen** Aufsaugen, dann mit warmem Wasser abwischen. Restflecken mit herkömmlichem Fleckenlöser behandeln.

Lotionen

- **Reinigungslotionen** Mit Papiertaschentuch aufsaugen, dann mit Fettlöser behandeln. Kleidung waschen, Teppiche mit Shampoo behandeln.
- **Tönungen** Fleck mit Sodawasser besprühen oder mit warmem Wasser abwischen. An der Luft trocknen lassen.

Haarspray

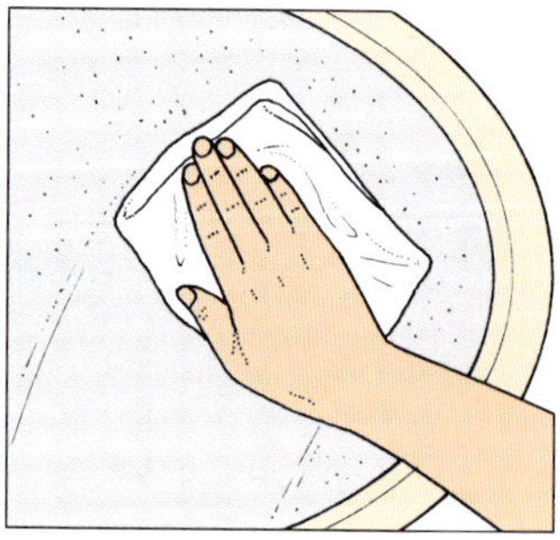

Auf Spiegeln
Haarspray hinterläßt klebrige Flecken und trübt das Glas. Mit einem Tuch und etwas Brennspiritus abwischen.

Flecken durch Kerzenwachs

Wenn Sie Kerzenlicht mögen, sind diese Flecken fast nicht zu vermeiden. Das Wachs ist leicht zu entfernen, doch farbige Kerzen hinterlassen Flecken, die nach der Wachsentfernung behandelt werden müssen. Sie müssen aber nicht sofort behandelt werden.

Auf Teppichen

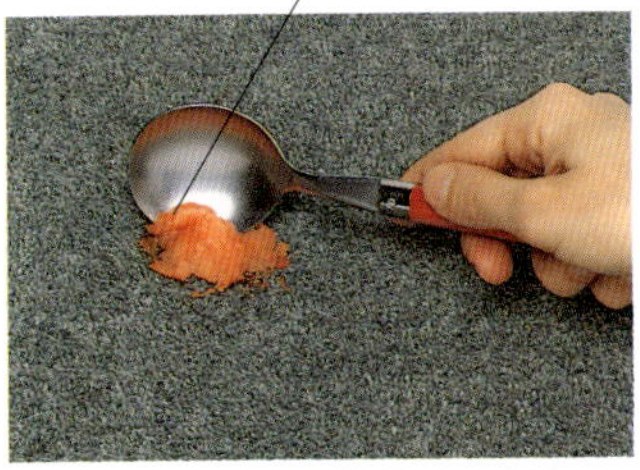

1 Mit einem Löffel möglichst viel Wachs abkratzen. Hartes Wachs mit den Fingernägeln entfernen.

2 Auf die Restflecken Packpapier legen. Darüberbügeln, bis das Wachs vom Papier aufgesogen wird.

Andere Flächen

- **Kleidung** Behandlung siehe Teppiche (links). Verfärbungen zusätzlich mit Brennspiritus behandeln (erst ausprobieren) und dabei ein weißes, saugfähiges Tuch unter den Fleck halten.
- **Möbel und Tapeten** Behandlung siehe Teppiche (links), aber ohne das Wachs abzulösen. Verfärbungen auf Möbeln mit Brennspiritus beseitigen, Flecken auf Tapeten mit Fleckenentferner besprühen.
- **Holz** Siehe S. 16.

Flecken durch Klebstoffe

Klebstoffe kleben an Ihnen so wie an anderen Gegenständen auch. Kratzen Sie frische Flecken sofort ab und verwenden Sie dann ein Lösungsmittel. Wenn Sie häufig Kleber verwenden, sollten Sie das passende Lösungsmittel gleich mitkaufen.

Frischer Klebstoff

- **Geeignete Lösungsmittel** Auf durchsichtigen Kleber nichtölhaltigen Nagellackentferner auftragen. Kontaktkleber mit Lösungsmittel, Modellbaukleber mit Fleckenlöser, Latexkleber mit flüssigem Fettlöser und Epoxidharz mit Feuerzeugbenzin entfernen.
- **Auf harten Oberflächen** Lackbenzin oder Brennspiritus verwenden.
- **Auf der Haut** Zitronensaft verwenden.

Getrockneter Kleber

Auf Teppichen
Getrockneten Kleber am besten durch Abschneiden des obersten Teppichflors entfernen.

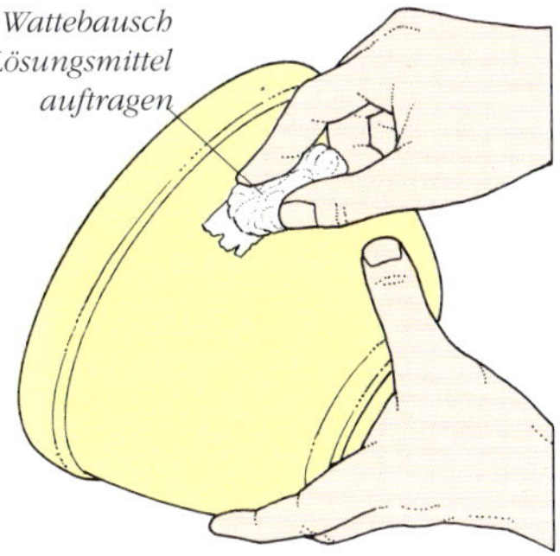

Auf harten Oberflächen
Reste von Preisschildern mit Brennspiritus, Lackbenzin oder Salatöl entfernen.

Kreosot- und Teerflecken

Diese Substanzen sollte man nicht im Haus aufbewahren, doch sie kleben oft an Schuhen, Badeanzügen, Strandtüchern und natürlich an Kleidern. Da Kreosot- und Teerflecken schwer zu entfernen sind, lassen Sie diese Stoffe auf gar keinen Fall auf andere Flächen gelangen.

- **Auf Teppichen** Sanft auftupfen, dann Glyzerinlösung (siehe S. 33) auftragen und eine Stunde einwirken lassen. Mit Wasser spülen.
- **Auf Kleidung** Weißes, saugfähiges Tuch auf den Flecken legen. Tragen Sie von unten mit einem Wattebausch Eukalyptusöl auf.
- **Auf Schuhen** Mit Feuerzeugbenzin reinigen, Schuhe dabei nicht verfärben.
- **Auf Möbeln** Teure Möbel nicht selbst reinigen.

ABGENUTZTE STELLEN

ABNUTZUNG IST EINE UNVERMEIDLICHE ERSCHEINUNG. Kümmern Sie sich aber dennoch regelmäßig um Probleme wie Schimmel, da Sie sonst einen Reinigungsdienst kommen lassen müssen und eventuell bleibende Schäden auftreten.

SCHIMMELFLECKEN

Schimmel taucht meist an feuchten Stellen auf und sollte schnell entfernt werden. Er ist durch unschönes Sporenwachstum gekennzeichnet und überzieht die jeweilige Oberfläche mit kleinen, schmutziggrauen Flecken. Wird er nicht behandelt, bildet sich eine Schimmelschicht.

AUF KLEIDUNG

- **Weiße Gewebe** Mit Wasserstoffperoxid (siehe S. 33) bleichen (nicht bei Nylon). Naturfasern in Bleichlösung (siehe S. 58) einweichen.
- **Farbiges** Befeuchten, dann mit einem harten Seifenstück abreiben. Vor dem Waschen in der Sonne trocknen lassen. Restflecken durch wiederholtes Waschen oder mit Hilfe eines Spezialfleckenentferners (bei weißen und farbechten Stoffen) beseitigen.

AUF SPITZE

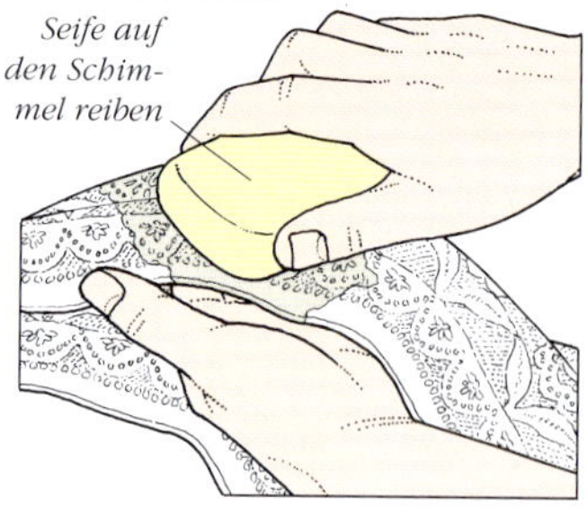

Haushaltsseife verwenden
Spitze mit Seife einreiben, bis ein Film entsteht. In der Sonne trocknen lassen, dann ausspülen.

AUF DUSCHVORHÄNGEN

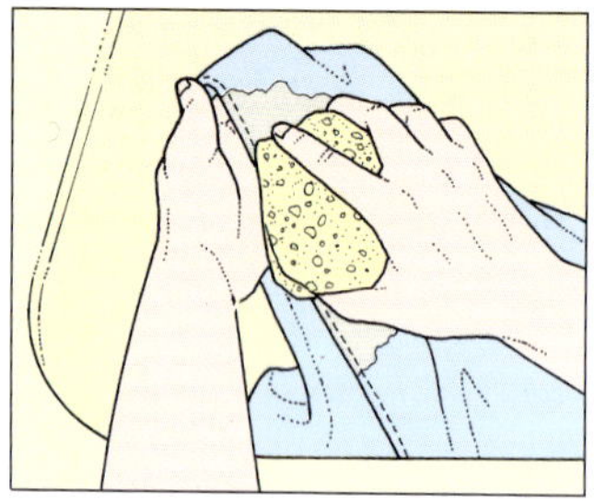

Flecken entfernen
Vorhänge mit einem Reiniger oder einer schwachen Bleichlösung abwischen.

AUF WÄNDEN

- **Allgemeine Behandlung** Waschen Sie die ganze Wand mit einem milden Reiniger ab (auch dort, wo kein Schimmel zu sehen ist). Danach mit einem handelsüblichen Bakterizid abwischen.

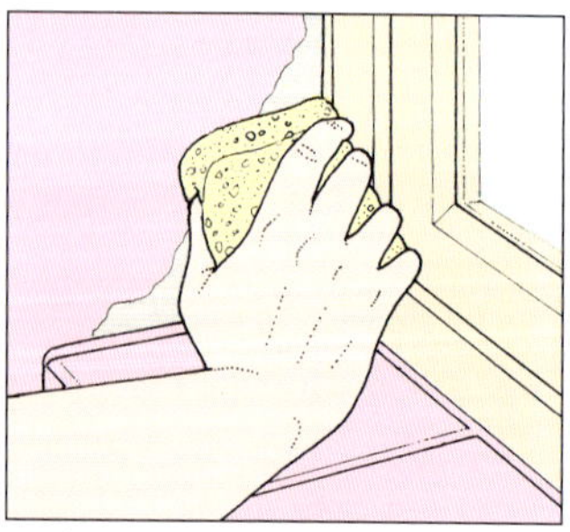

Ecken behandeln
Waschen Sie Zimmerecken vorsichtig ab. Achten Sie in Bad und Küche auf die fensternahen Stellen, wo sich infolge des kondensierten Wassers leicht Schimmel bildet.

AUF MÖBELN

- **Flecken entfernen** Schimmelsporen wie unten beschrieben entfernen. Abnehmbare Bezüge bei Restflecken in die chemische Reinigung geben. Polstermöbel mit Wasserstoffperoxid (siehe S. 33) behandeln.

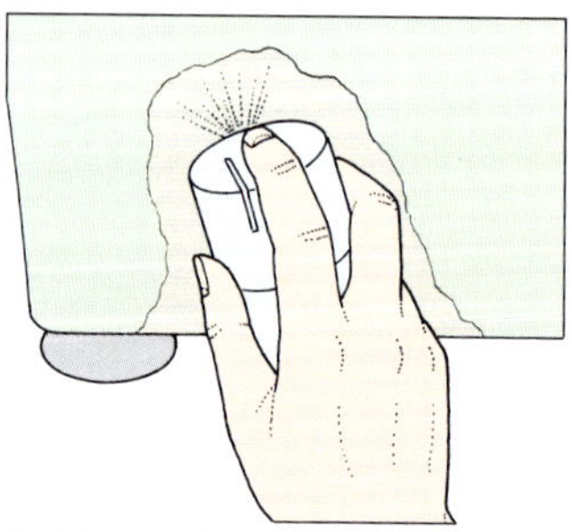

Schimmelsporen abtöten
Bürsten Sie möglichst viele Sporen ab, dann mit einem sporenabtötenden Mittel besprühen. Machen Sie dies im Freien, damit die Sporen nicht auf andere Dinge gelangen.

AUF LEDER

- **Allgemeine Behandlung** Schuhe und Koffer aus Leder schimmeln bei der Aufbewahrung leicht. Schimmel entfernen, dann Lederpflegemittel oder Schuhcreme auftragen, einreiben und gut polieren.

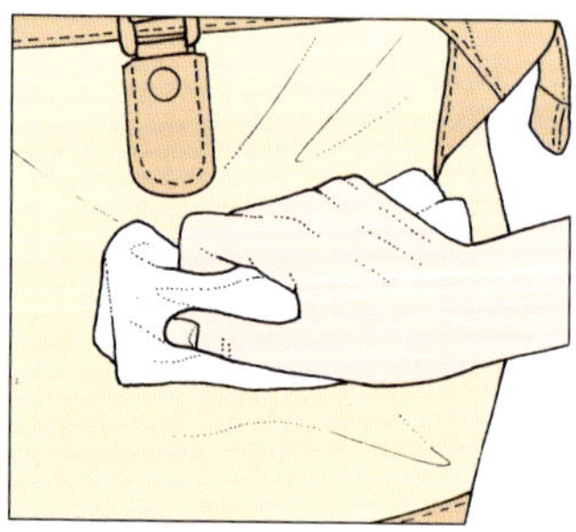

Ledertaschen
Schimmel mit 5 ml (1 Teelöffel) Desinfektionsmittel auf 500 ml warmes Wasser abwischen oder mit einem Tuch antiseptisches Mundwasser unverdünnt auftragen. Polieren.

Wasserflecken

Wasserflecken entstehen oft beim Abwischen eines Kleidungsstücks durch Mineralien im Wasser. Um ihre Bildung nach der Fleckenentfernung zu vermeiden, sollten Sie auf die feuchte Stelle Talkumpuder streuen, ein trockenes Tuch darauflegen und sie dann bügeln.

Auf Leder und Holz

- **Auf Leder** Flecken auf Schuhen und Handtaschen an der Luft trocknen lassen. Restliche Salz- oder Wasserflecken mit einem Schwamm oder Lappen abwischen und mit einem trockenen, saugfähigen Tuch trockenreiben.
- **Auf Wildleder** Flecken trocknen lassen, dann mit einer weichen Bürste oder einem Wildlederschwamm abbürsten.
- **Auf Holz** Siehe S. 72

Auf Stoff

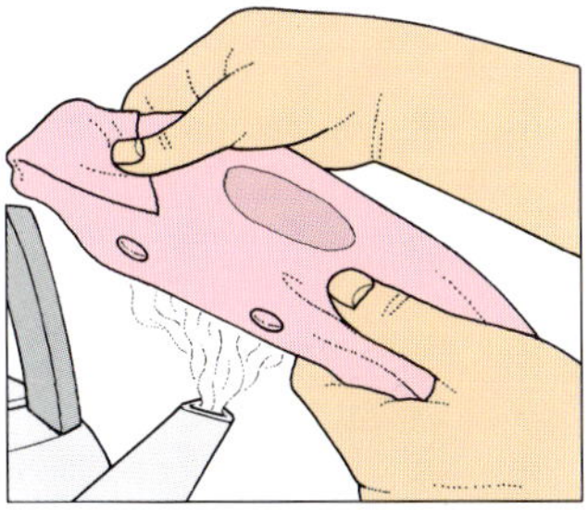

1 Fleck über den Dampf eines Kessels mit kochendem Wasser halten. Nicht die Finger oder den Stoff verbrennen.

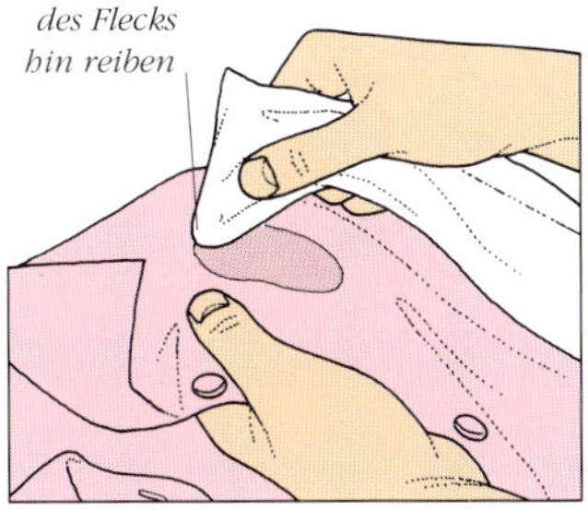

2 Kessel entfernen. Um den Finger ein Tuch wickeln und damit von außen nach innen über den Fleck reiben.

Brandflecken

Brandflecken entstehen meist durch versehentlich auf einem Kleidungsstück stehengelassenen Bügeleisen, Zigaretten oder Ähnlichem. Bei schlimmen Brandflecken auf dem Teppich müssen Sie den Flor oben abschneiden oder den Teppich flicken (siehe unten).

Auf Stoff

- **Waschbares Gewebe** Mit einem Stück des Stoffs unter fließendem, kaltem Wasser über den Fleck reiben. In Wäscheboraxlösung (siehe S. 33) einweichen und sanft reiben, bis der Fleck weg ist.
- **Nichtwaschbares Gewebe** Glyzerin (siehe S. 33) auftragen. Stehenlassen, dann mit warmem Wasser abwischen.

Auf Teppichen

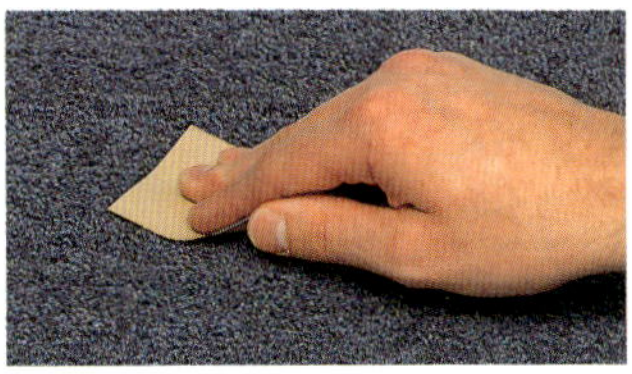

Zigarettenlöcher
Mit feinem Sandpapier kreisförmig leicht über den Brandfleck reiben, bis er verschwindet.

Bewährter Tip

Natürliche Alternativen
Zur Behandlung leichter Brandflecken auf Teppichen 250 ml Essigessenz mit 50 g geruchlosem Talkumpuder und zwei grobgehackten Zwiebeln kochen, abkühlen lassen und auf dem Fleck verteilen. Trocknen lassen und abbürsten. Über kleine Brandflecken auf poliertem Holz mit sehr feiner Stahlwolle reiben, dann etwas Leinöl einreiben. 24 Stunden einwirken lassen, dann gut polieren.

Tiefgehende Brandflecken

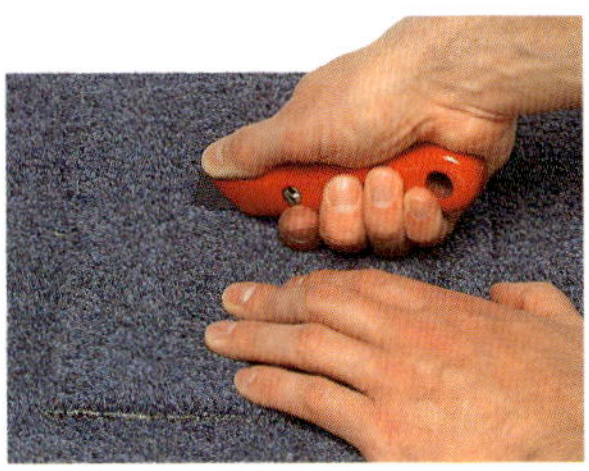

1 Neues Teppichstück auf den Brandfleck legen und beide Lagen zusammen ausschneiden.

2 Das neue Stück einsetzen und mit doppelseitig haftendem Klebeband befestigen.

Rostflecken

Rostflecken sind scheinbar schwer zu beseitigen, doch in Wirklichkeit sind zu ihrer Entfernung keine drastischen Maßnahmen notwendig. Zitronensaft (frisch gepreßt oder aus der Flasche) eignet sich sehr gut für diesen Zweck.

Auf Kleidung

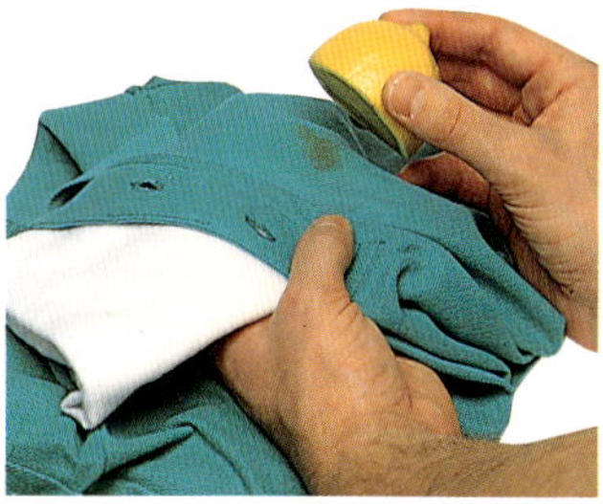

1 Halten Sie ein weißes, saugfähiges Tuch unter den Rostfleck und drücken Sie eine halbe Zitrone darüber aus.

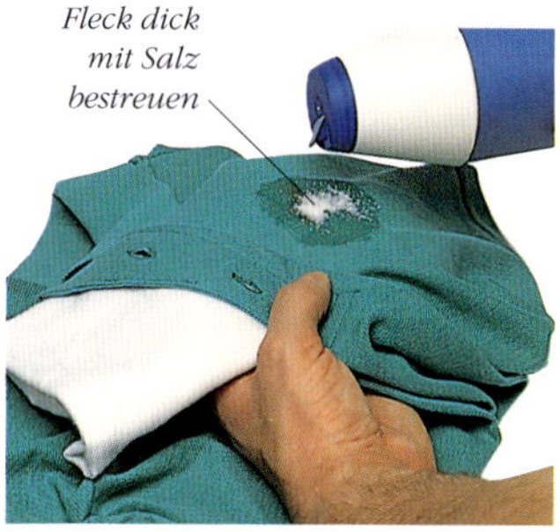

2 Streuen Sie Salz auf den Zitronensaft. Eine Stunde trocknen (in der Sonne) lassen, ausspülen und waschen.

Andere Oberflächen

- **Auf Teppichen** Rostflecken mit einem Rostentferner behandeln. Gebrauchsanweisung genau beachten.
- **Auf nichtwaschbarem Stoff** Rostentferner auftragen, dann mit einem feuchten Tuch abwischen. Eventuell etwas Zitronensaft verwenden (Stoff nicht zu naß machen).
- **In der Badewanne** Reiniger mit Rostentferner verwenden. Behandlung anderer Flecken im Bad siehe S. 24.

Russflecken

Diese gibt es häufig in Wohnungen mit offenem Kamin. Ziegel- und Steinkamine wie unten beschrieben behandeln; Reinigung anderer Kaminmaterialien siehe S. 21. Aus Kleidung lassen sich Rußflecken auswaschen – sprühen Sie aber auf hartnäckige Flecken Fleckenlöser.

Leichte Flecken

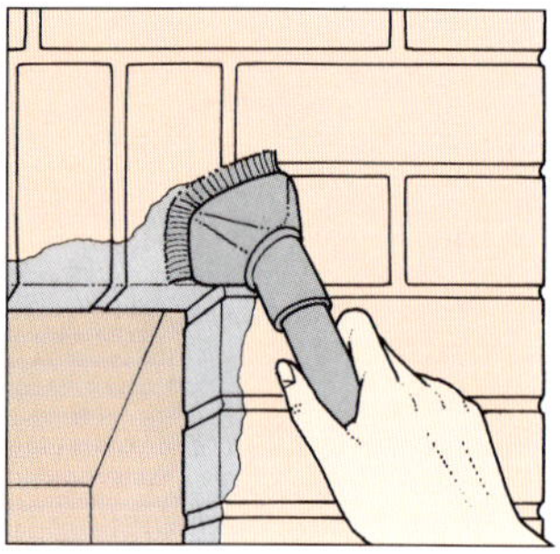

Ruß absaugen
Rußflecken durch regelmäßiges Reinigen des Kamins mit Hilfe eines Staubsaugerzubehörteils oder einer Bürste verhindern.

Russflecken

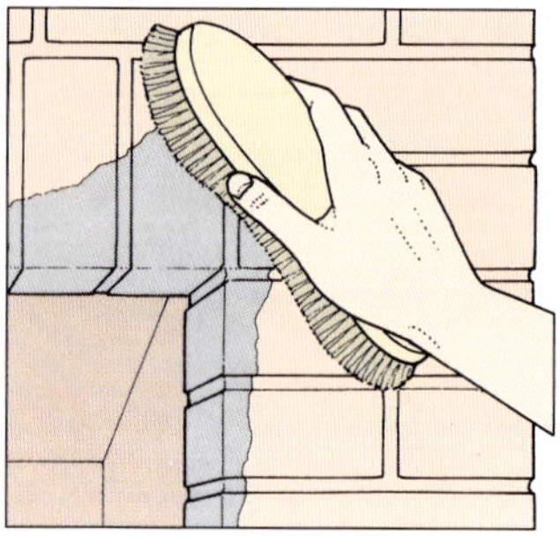

Flecken wegscheuern
Lassen sich Rußflecken nicht abbürsten oder -saugen, kräftig mit sauberem Wasser und einer harten Scheuerbürste scheuern.

Hartnäckige Flecken

Saure Reiniger verwenden
Auf hartnäckige Flecken Essigessenz auftragen. Gut abwischen. Bleibt der Fleck, mit Salzsäurelösung behandeln (siehe unten).

Auf Teppichen

- **Grundbehandlung** Teppich gründlich saugen oder ausschütteln. Fleck nicht abbürsten, da er sonst größer wird. Funktioniert das nicht, tragen Sie geruchloses Talkumpuder auf, danach saugen. Teppich mit großen Flecken chemisch reinigen lassen.

Auf Mauerwerk

- **Hartnäckige Flecken** Hartnäckige Rußflecken auf dem Mauerwerk behandeln Sie am besten mit stark verdünntem Spülmittel, dann mit klarem Wasser abwischen. Starke Rußflecken zusätzlich mit Bleichmittel entfernen und gründlich abwaschen.

ACHTUNG

Salzsäurelösung ist giftig und stark ätzend. Beim Umgang mit ihr sollten Sie stets Gummihandschuhe und Schutzbrille tragen.

SONSTIGE FLECKEN

VIELE FLECKEN LASSEN SICH mit den zuvor beschriebenen Methoden entfernen. Behandeln Sie nicht eindeutige Flecken so wie die, die ihnen am ähnlichsten sehen. Beseitigung von Flecken unbekannten Ursprungs siehe S. 34.

FLECKEN	BEHANDLUNG	FLECKEN	BEHANDLUNG
BABY-NAHRUNG	Wie Milch behandeln (S. 41). Nicht fest werden lassen.	HAARÖL	Von Holz mit Lackbenzin entfernen.
KOHLEPAPIER	Mit Brennspiritus oder Fleckenentferner.	HITZE	Siehe Brandflecken (S. 53) und Flecken auf Holz (S. 72).
CHUTNEY	Behandlung siehe Eingemachtes (S. 38)	DRUCKER-SCHWÄRZE	Brennspiritus auftragen, dann gut abwischen.
KOHLE	Flecken abbürsten. Kleider in warmem Wasser waschen.	SCHELLACK	Schnell entfernen. Mit Brennspiritus abtupfen.
COLA	Aufsaugen, dann wie Fruchtsaft behandeln (S. 40).	SORBET	Reste entfernen, dann wie Fruchtsaft behandeln (S. 40).
TONER	Abbürsten und in warmem Wasser waschen.	SUPPE	Suppe wegwischen, dann wie Fett behandeln (S. 36).
SAHNE	Behandlung siehe Öl und Fett (S. 36)	SOJASAUCE	Behandlung siehe Tomatensauce (S. 38).
VERVIELFÄLTI-GUNGSFARBE	Flecken mit unverdünntem Spülmittel abtupfen.	TOMATEN	Aufsaugen, wie Tomatensauce behandeln (S. 38).
AUFBÜGEL-MUSTER	Mit Brennspiritus abtupfen, dann normal waschen.	SIRUP	Behandlung siehe Eingemachtes
OBST	Ausspülen, weitere Behandlung siehe Fruchtsaft (S. 40).	JOGHURT	Abkratzen, dann wie Milch behandeln (S. 41).

FLECKEN AUF VERSCHIEDENEN OBERFLÄCHEN

AUF HOLZ

- **Unlackiertes Holz** Flecken auf unlackiertem Holz sind fast unmöglich zu entfernen. Möglichst stark bleichen, dann mit Reiniger abwaschen. Lackieren, damit keine weiteren Flecken entstehen.
- **Lackiertes Holz** Behandlung von Flecken auf Möbeln siehe S. 72; Spezialbehandlung von Holzböden siehe S. 15/16.

AUF HAUT UND HAAREN

- **Farbflecken** Farbe von Haut und Haaren mit Lackbenzin entfernen oder, als sanfte Alternative, mit pflanzlichem Öl. Beim Streichen Mütze aufsetzen.
- **Tintenflecken** Nagelbürste in Essig und Salz tauchen und damit über die Haut reiben.
- **Andere Flecken** Mit unverdünntem Zitronensaft von der Haut entfernen.

ANDERE FLÄCHEN

- **Papier** Löschpapier auf den Fettfleck legen und warm darüberbügeln (Stufe 2).
- **Glas** Fettflecken auf Glas mit Essigessenz entfernen.
- **Leder und Wildleder** Entfernung von Tintenflecken siehe S. 47; Behandlung von Wasserflecken siehe S. 53; Pflege und kleinere Reparaturen von Leder und Wildleder siehe S. 83.

Kleidung & Wäsche

Überblick

Kleider und Haushaltswäsche halten länger, wenn sie vor dem Waschen nicht erst allzu schmutzig werden. Nutzen Sie die verschiedenen Programme der modernen Waschmaschinen, um mit der richtigen Temperatur und der entsprechenden Trommeldrehzahl zu waschen. Schwere Wäsche wie z. B. Kissen, die Ihre Waschmaschine beschädigen könnten, sollten Sie besser in eine Wäscherei geben.

Waschmittel und Waschzusätze

Benutzen Sie bei der Maschinenwäsche zusätzlich folgende Waschhilfen, damit die Kleidung immer top aussieht:

- **Weichspüler** Herkömmlichen Weichspüler verwenden oder dem Nachspülwasser 30 ml (2 Eßlöffel) Essigessenz zugeben.
- **Stärke** Sie hält Baumwollhemden und Tischwäsche steif und sauber (siehe S. 63).
- **Bleichmittel** Bei weißen Sachen benutzen. Haushaltsbleiche immer verdünnen. Alternativ Zitronensaft als natürliches Bleichmittel verwenden.
- **Biowaschmittel** Getrocknete Eiweißflecken damit behandeln.
- **Seifenflocken** Für die Handwäsche empfindlicher Kleidung.
- **Wäscheborax** Entfernt Flecken ebenso wie Vorwaschfleckensprays oder -roller.

Weichspüler — Flüssigwaschmittel — Sprühstärke — Bleichmittel

Waschpulver — Biowaschmittel — Seifenflocken — Wäscheborax

Internationale Wäschepflege-Symbole

Die Symbole lassen sich in fünf Kategorien einteilen. Ein durchgestrichenes Symbol heißt, daß diese Behandlung zu vermeiden ist. Auf Waschmittelpackungen findet sich eine Liste der Symbole und ihrer Bedeutung.

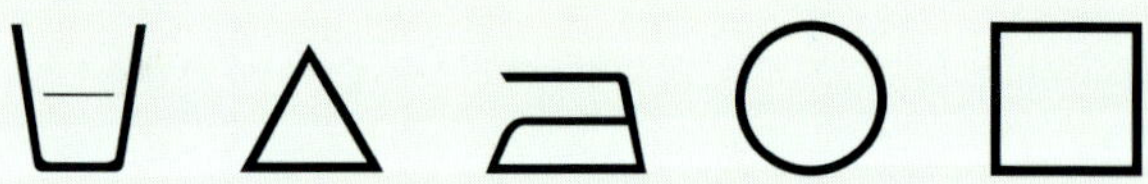

Waschen — Bleichen — Bügeln — Chemisch reinigen — Trocknen

TEXTILPFLEGE

Bestimmte Stoffe brauchen über das Waschen hinaus Pflege. Lesen Sie die Pflegehinweise, und halten Sie sich daran. Eine chemische Reinigung empfiehlt sich für maßgeschneiderte Kleidung, für solche mit Spezialappreturen und solche, die aus mehreren Stoffarten bestehen.

STOFF	WASCHEN	TROCKNEN UND BÜGELN
ACETATSTOFFE Empfindliche Stoffe. Nie mit Biowaschmittel waschen.	Bei niedriger Temperatur von Hand waschen. Nicht auswringen oder schleudern.	Nicht im Automaten, sondern an der Luft trocknen lassen. Noch feucht bügeln.
ACRYLSTOFFE Häufig waschen, da sie schnell nach Schweiß riechen.	Meist maschinenwaschbar (Wäscheschild lesen). Bei niedriger Temperatur waschen.	Nach der Wäsche in Form ziehen, Rest-Wasser entfernen (siehe S. 60).
BROKAT Den Stoff beim Waschen nicht flachdrücken.	Bei niedriger Temperatur von Hand waschen oder chemisch reinigen. Nicht auswringen.	Von der linken Seite bügeln. Ein Handtuch darüberlegen (siehe Bügeln von Stickereien, S. 65).
KASCHMIR Teurer Stoff, der es wert ist, besonders gepflegt zu werden.	In kaltem Wasser mit Seifenflocken von Hand waschen. Nicht auswringen.	Ausgebreitet an der Luft trocknen lassen. Von links noch feucht bügeln (Stufe 1).
KORD Robuster Stoff; sorgfältig waschen.	Immer links gewendet waschen (von Hand oder mit der Maschine, je nach Pflegehinweis).	Von links gleichmäßig feucht bügeln, Flor mit einem weichen Tuch aufrichten.
BAUMWOLLE In Kombination mit anderen Fasern sorgfältig waschen.	Bei hoher Temperatur in der Maschine waschen (Weißes nie mit farbigen Sachen zusammen).	Im Automaten oder auf der Leine trocknen. Nicht zu trocken werden lassen; das erleichtert das Bügeln.
DENIM Fester Stoff, der leicht eingeht, verblaßt und Streifen bekommt.	Einzeln waschen, bis die Farbe nicht mehr ausgeht (siehe S. 59). Von links waschen.	Im Automaten oder auf der Leine trocknen. Noch feucht bügeln (Stufe 3).
SPITZE Extrem empfindlich. Sorgfältig waschen und trocknen.	Flecken mit Reiniger behandeln. Kein Bleichmittel verwenden, sonst vergilbt die Spitze.	Ausgebreitet trocknen lassen (keine direkte Sonne). Über weißem Handtuch bügeln.
(WILD-)LEDER Überraschenderweise waschbar (Wäscheschild lesen).	Nach der Handwäsche mit speziellem Schutzspray einsprühen, damit keine Flecken entstehen.	Mit einem anderen Stück Wildleder oder einer Wildlederbürste am Strich entlang bürsten.
LEINEN Fester Stoff, der höchste Temperaturen aushält.	Nach Waschanleitung waschen. Farbiges Leinen auf Farbechtheit prüfen (siehe S. 60).	Sehr feucht bügeln. Stärke verhindert Knittern (nicht bei Bettwäsche verwenden).
SEIDE Empfindlicher Stoff, der spezielle Pflege erfordert.	In warmem Wasser von Hand waschen. Manches ist auch im Feinwaschgang waschbar.	Auf der Leine trocknen lassen und noch feucht bügeln (feuchtes Tuch verwenden).
WOLLE Sorgfältig waschen, da sich Wollsachen leicht verziehen.	Manche Wollsachen können in der Maschine, andere müssen von Hand gewaschen werden.	Ausgebreitet auf der Leine oder auf einem Wäscheständer trocknen lassen.

KLEIDUNG WASCHEN

BEACHTEN SIE STETS DIE PFLEGEANLEITUNG, damit Sie das jeweilige Kleidungsstück richtig reinigen. Weichen Sie stark verschmutzte Sachen ein. Behandeln Sie Flecken sofort und geben Sie das Kleidungsstück dann in die Wäsche.

KLEIDUNG EINWEICHEN

Durch Einweichen der Kleidung vor dem Waschen löst sich der Schmutz. Für Eiweißflecken eignet sich Biowaschmittel. Weichen Sie die Kleidung in der Badewanne ein, so daß sie ganz eingetaucht ist. Das Biowaschmittel muß sich vollständig aufgelöst haben.

DUNKLE FARBEN

- **Schwarze Kleidung** Entwickelt sich plötzlich ein „Flaum" darauf und wirkt sie nicht mehr schwarz, liegt das an Seifenrückständen. In warmem Wasser und etwas Essig einweichen oder beim regulären Waschen in der Maschine an Stelle von Waschmittel Weichspüler zugeben.
- **Ausgehende Farbe** Dunkle Kleidung immer einzeln waschen, bis die Farbe nicht mehr ausgeht (siehe Buntwäsche, nächste Seite). Wird helle Kleidung bei der Wäsche durch dunkle verfärbt, Farbe mit einem herkömmlichen Wäscheentfärber entfernen.

DENIM

Farbe schützen
Damit die Farbe beim Waschen nicht herausgeht, neue Jeans etwa 30 Minuten in 60 ml (4 Eßlöffel) Essig auf 5 Liter Wasser einweichen.

LEUCHTENDE FARBEN

Verblassen vermeiden
Damit Farbiges nicht verblaßt, weichen Sie die Kleidung vor dem ersten Waschen in kaltem Salzwasser ein. Auf einen Eimer Wasser eine Handvoll Salz nehmen.

VERFÄRBTE KLEIDUNG BLEICHEN

Weiße Baumwollsocken
Weißen Socken durch Kochen zusammen mit ein paar Zitronenscheiben ursprüngliche Farbe wiedergeben. Zitrone ist ein natürliches Bleichmittel. Geschirrreiniger in der Wäsche bleicht weiße Socken ebenfalls.

- **Baumwolle oder Leinen** 15 Minuten in einer Lösung aus 15 ml (1 Eßlöffel) Bleichmittel und 10 l kaltem Wasser einweichen. Vor dem normalen Waschen gründlich ausspülen.
- **Wolle** Verfärbte Wolle über Nacht in 1 Teil Wasserstoffperoxid und 8 Teilen kaltem Wasser einweichen. Ausspülen und nach der Pflegeanleitung waschen.
- **Nylon** 90 ml (6 Eßlöffel) Geschirreiniger, 45 ml (3 Eßlöffel) Bleichmittel und 5 Liter sehr heißes Wasser mischen. Mischung auf Raumtemperatur abkühlen lassen, dann Nylon mindestens 30 Minuten darin einweichen.

BLEICHMITTEL

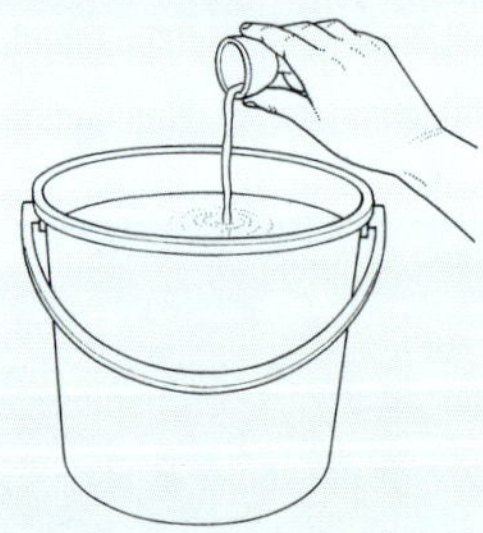

Bleichmittel vor Gebrauch immer verdünnen, da es sonst Löcher in den Stoff „brennt". Beim Verdünnen Herstellerhinweise beachten. Im Zweifelsfall reicht ein Eierbecher voll Bleichmittel auf einen Eimer kaltes Wasser für eine Standardbleichlösung.

Mit der Maschine waschen

Legen Sie Kleidung entsprechend den Hinweisen der Pflegeanleitungen ab. Müssen Sie verschiedene Stoffe zusammen waschen, stellen Sie die niedrigste empfohlene Temperatur ein. Nehmen Sie nicht mehr Waschmittel als angegeben.

Waschsymbole

Sie geben an, bei welcher Temperatur man die Kleidung waschen sollte.

Höchste empfohlene Waschtemperatur

Zwei Striche unter der Wanne heißt „sanfter Waschgang empfohlen“

Die Hand in der Wanne heißt „immer mit der Hand waschen“

Buntwäsche

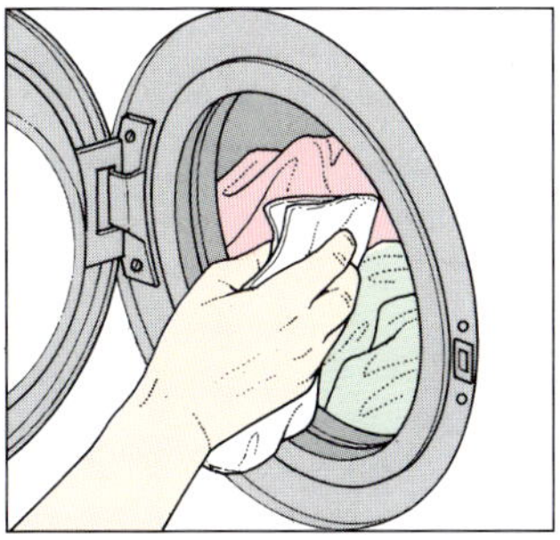

Prüfen, ob es färbt
Ein altes weißes Taschentuch zur Buntwäsche geben, um zu prüfen, ob sie Farbe abgibt. Bleibt es weiß, ist die überschüssige Farbe heraus und die Buntwäsche kann mit Weißer gewaschen werden.

Waschmaschine

- **Reinigung** Lassen Sie die Maschine ab und zu leer laufen (bei hoher Temperatur und mit etwas Essigessenz im Waschpulverfach); das entfernt die Waschmittelrückstände, die sich im Laufe der Zeit gebildet haben.
- **Waschmittelmenge** Bei zuwenig Waschmittel wird die Wäsche nicht sauber, bei zuviel bleiben Reste davon in der Wäsche zurück.
- **Waschzeiten** Weiße Sachen vergilben oft durch zu langes Waschen bei zu hohen Temperaturen und Naturfasern können eingehen.

Kleidung sortieren

Schließen Sie Reißverschlüsse und Knöpfe, bevor Sie die Wäsche in die Maschine geben, da sie sonst beschädigt werden oder nach der Wäsche nicht mehr richtig funktionieren. Damit weiße Sachen nicht grau werden, mischen Sie diese nicht mit kräftig bunten.

Kleidung für die Wäsche vorbereiten

- **Taschen überprüfen** Vor der Wäsche Taschen überprüfen, Papiertaschentücher können sich auflösen, Stifte auslaufen und Geld beschädigt werden.

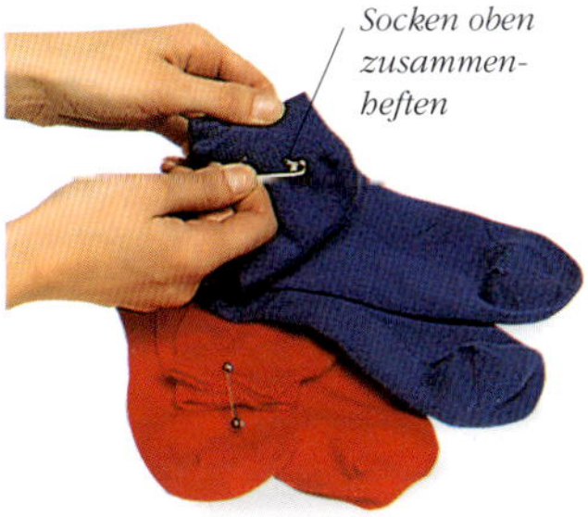

Socken oben zusammenheften

Socken paarweise waschen
Socken beim Waschen mit Sicherheitsnadel zusammenheften, damit einzelne nicht verlorengehen. Socken trocknen (im Automaten oder auf der Leine), dann erst Nadeln entfernen.

Strumpfhosen und Tücher in einen Kissenbezug stecken und zuknöpfen

Empfindliche Kleidung
Empfindliche Kleidung wie Strumpfhosen oder Tücher in einem Kissenbezug waschen. Dies verhindert Laufmaschen und das Verheddern mit größeren Wäschestücken.

Geldspartip

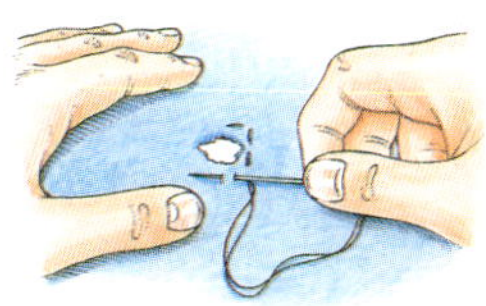

Ein Stich zur rechten Zeit ...
Vor dem Waschen sollten Sie Löcher und abgewetzte Stellen an der Kleidung stopfen, da sie durch das Waschen in der Maschine noch größer werden können und man die Kleider dann wegwerfen oder flicken lassen muß. Lose Knöpfe vor dem Waschen annähen, damit sie nicht verlorengehen.

SPEZIALBEHANDLUNG

NEHMEN SIE SICH JEDE WOCHE ZEIT für empfindliche Kleidungsstücke, die Sie nicht in der Maschine waschen können. Pflegen Sie Ihre Haushaltswäsche und lüften Sie die Betten regelmäßig, damit sie in gutem Zustand bleiben.

MIT DER HAND WASCHEN

Waschen Sie Wolle, feines Gewebe und stark färbende Kleidung in warmem Wasser mit der Hand. Wenn Sie Seifenflocken benutzen, achten Sie darauf, daß sie ganz aufgelöst sind. Spülen Sie gründlich nach: Die Maschine spült mehrmals, tun Sie es auch.

FARBECHTHEIT PRÜFEN

Mit dem Dampfbügeleisen
Bei Verdacht auf mangelnde Farbechtheit bügeln Sie den Stoff zwischen zwei weißen Tüchern. Verfärbt sich das Weiß, ist der Stoff nicht farbecht.

FEINE STOFFE

- **Spitze** Vor der Handwäsche eine Papierschablone von der empfindlichen Spitze machen. Verzieht sich die Spitze, mit Hilfe der Schablone beim Trocknen wieder zurechtziehen.
- **Seide** Zum Nachspülwasser zwei Zuckerstückchen geben, um der Seide Substanz zu verleihen. Lanolin schützt Seidenstoffe und macht sie glänzend.

TRICKS ZUM NACHSPÜLEN

- **Seife entfernen** Dem Nachspülwasser 15 ml (1 Eßlöffel) Essigessenz zugeben.
- **Einfrieren verhindern** Durch Zugabe einer Handvoll Salz zum Nachspülwasser.

ZEITSPARTIP

Schaum beseitigen
Entsteht bei der Handwäsche zuviel Schaum, Talkumpuder darüberstreuen, damit er sich auflöst. So muß kein Wasser abgelassen und neues eingelassen werden.

CHEMISCHE REINIGUNG

Stoffe, die kein Wasser vertragen, chemisch reinigen. Teure Stücke mit Spezialreiniger chemisch reinigen, weniger teure im Münzautomaten. Hier einige Tips, um Kleidung möglichst selten chemisch reinigen lassen zu müssen.

- **Straßenkleidung** Sofort nach dem Nachhausekommen säubern. Mantel- und Jackenkrägen und -ärmel mit Aerosolreiniger chemisch reinigen.
- **Kleidung lüften** Nichtwaschbare Kleidung vor dem Weghängen auslüften. Nie zwei Tage hintereinander anziehen.

WOLLSACHEN

Wolle trocknen
Nach der Handwäsche in ein sauberes Handtuch rollen, um Wasser aufzusaugen. Flach auf einem Wäscheständer oder einem trockenen Handtuch (siehe S. 63) trocknen lassen.

Durch die Wärme des Föhns ziehen sich die Fasern zusammen

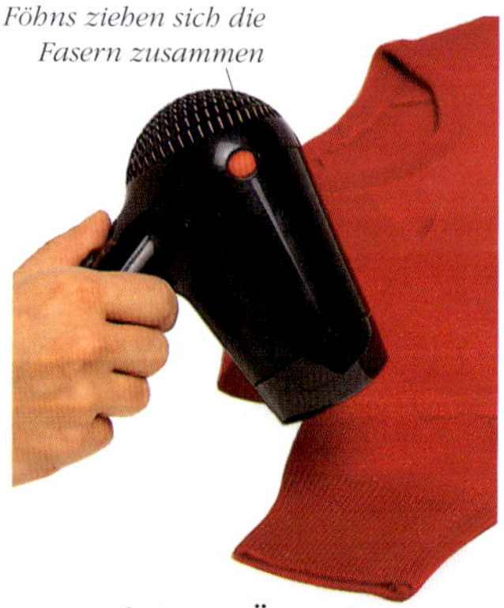

Ausgeleierte Ärmel
Pulloverärmel in heißes Wasser tauchen, dann mit einem Föhn (Stufe 3) trocknen. Als dauerhaftere Lösung zwei- oder dreireihige Gummibänder lose in die Ärmel nähen.

Bett- und Haushaltswäsche

Handtücher und Bettwäsche müssen oft gewaschen werden. Waschen Sie Federbetten und Kissen möglichst selten. Drehen Sie die Kissen beim Bettenmachen jedesmal um, damit der Bezug auf jeder Seite gleichmäßig abgenutzt wird – dadurch halten sie doppelt so lang.

Kissen

- **Handwäsche** Kissen in der Badewanne mit Seifenflocken waschen. Kräftig walken und mehrmals nachspülen.

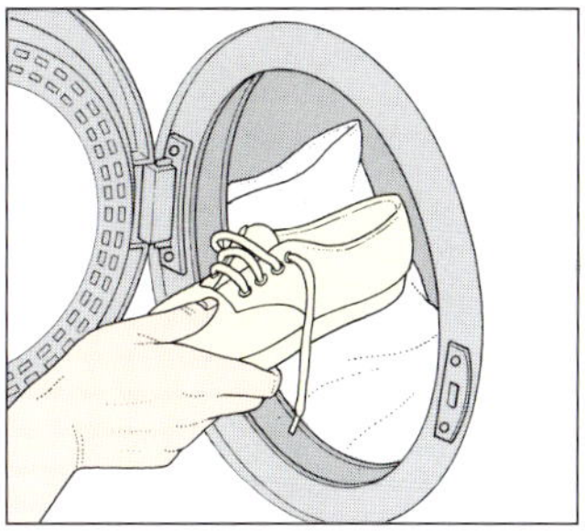

Kissen trocknen
Vor dem Trocknen im Automaten überschüssiges Wasser entfernen und zum Gewichtsausgleich einen sauberen Tennisschuh in den Trockner geben.

Bad- und Küchenhandtücher

- **Allgemeine Pflege** Handtücher häufig mit der Maschine heiß waschen, damit sie hygienisch sauber werden.

Seifige Gesichtshandtücher
Zur Entfernung von Seifenresten gebrauchte Gesichtshandtücher in 15 ml (1 Eßlöffel) Essig oder Zitronensaft und 500 ml Wasser einweichen.

- **„Flaum“ entfernen** Entkalker beseitigt Seifenrückstände und frischt verblaßte Farben wieder auf.
- **Keime abtöten** Geschirrtücher so heiß wie möglich waschen und bügeln, um möglichst viele Bakterien und Keime abzutöten.
- **Im Freien trocknen** Vor dem Trocknen im Freien verwenden Sie Weichspüler, damit der Floor der Tücher weich bleibt.
- **Ausbleichen verhindern** Dunkle Handtücher nicht in der prallen Sonne trocknen, sonst bleichen die Farben schnell aus.
- **Abnützung verringern** Verwenden Sie Handtücher immer abwechselnd, sonst nutzen sie schneller ab.

Federbetten

- **Chemische Reinigung** Da Federbetten für die Maschine zu schwer und für die Handwäsche zu groß sind, in die Wäscherei oder Betten-Reinigung geben.

Lakenaufbewahrung und -pflege

- **Waschen** Entsprechend dem Wäscheschild waschen. Solche aus Mischgewebe nicht bügeln, sondern einfach falten, wenn sie trocken sind. Naturfasern bügeln.
- **Aufbewahrung** Weißes Leinen nach dem Waschen unter die anderen Sachen in den Wäscheschrank legen. Abwechselnde Benutzung verhindert, daß sie vergilben.

Flecken entfernen

Vor dem Waschen Flecken von der Kleidung entfernen, da sie sich häufig bei der Wäsche festsetzen. Vorwaschfleckensprays oder -roller verwenden, in Biowaschmittel einweichen (wenn das Gewebe dafür geeignet ist) oder passende Fleckentfernungsmethode anwenden (siehe S. 32–55).

- **Kragen und Ärmel** Zur Entfernung von Schmutz verfahren Sie wie rechts gezeigt oder tragen vor dem Waschen Haarshampoo auf. Stärke oder Bügelspray hält Kragen und Ärmel zwischen zwei Wäschen sauber.

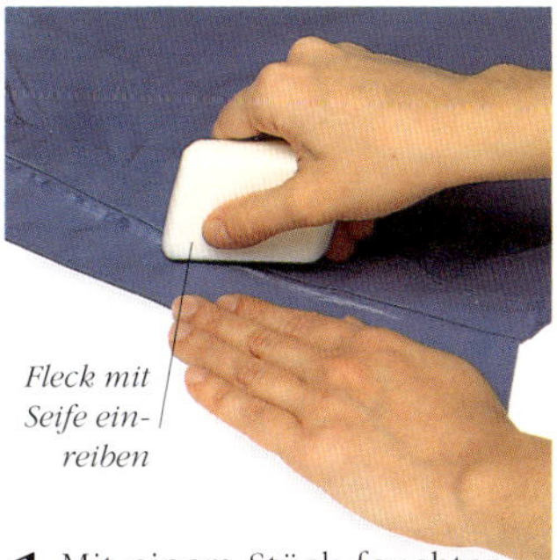

1 Mit einem Stück feuchter Seife oder einem Vorwaschfleckenroller über den Fleck reiben. Fleck gut einseifen.

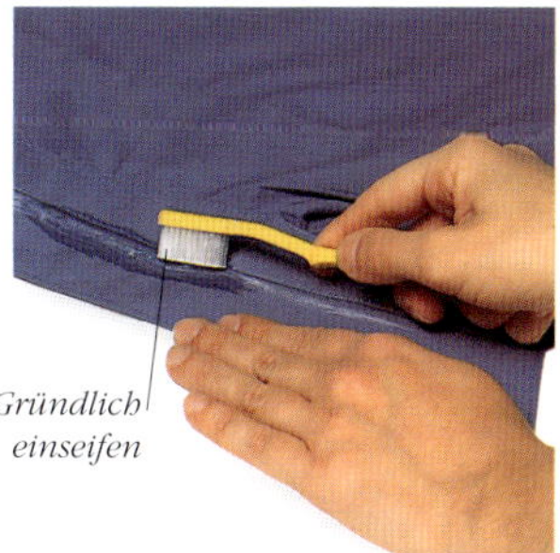

2 Seife mit einer nassen Zahnbürste schaumig reiben. Stoff in warmem Wasser ausspülen, dann waschen.

KLEIDUNG TROCKNEN

WENN SIE RICHTIG TROCKNEN, müssen Sie weniger bügeln. Nach dem Trocknen im Automaten oder auf der Leine sollten Sie falten oder auf Bügel hängen. Achten Sie darauf, daß Säume und Falten richtig liegen.

AUF DER LEINE TROCKNEN

Hängen Sie Kleidung oft zum Trocknen nach draußen, das spart Strom und ist besser als das Trocknen im Automaten. Sonnenlicht macht Weißes noch weißer. Wenn Sie wenig Platz haben, spannen Sie zwei Wäscheleinen parallel und legen die Wäsche darüber.

TROCKNUNGSSYMBOLE

Die vier verschiedenen Rechtecke geben die Trocknungsart an.

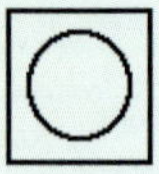
Heißlufttrocknen (Punkte im Kreis = Einstellung)

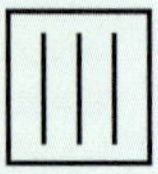
Tropfnaß auf die Leine hängen

Nach Wasserentfernung auf die Leine hängen

Wäsche ausgebreitet trocknen lassen

PROBLEME VERHINDERN

● **Verblassen** Farbige T-Shirts wenden und im Schatten aufhängen, damit sie nicht in der Sonne ausbleichen.

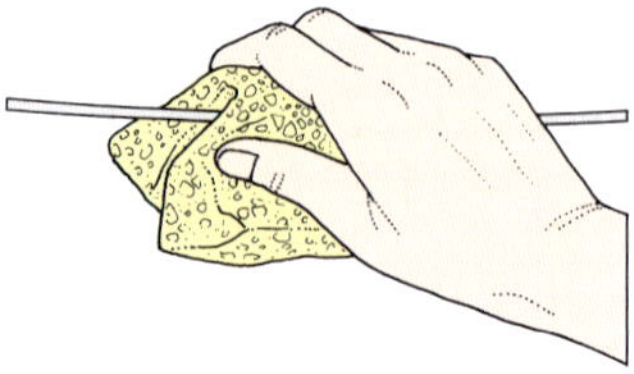

Wäscheleine reinigen
Schmutz auf der Leine geht auf die Wäsche über. Mit einem Schwamm oder einem der Länge nach aufgeschnittenen Korken an der Leine entlangfahren.

PULLOVER TROCKNEN

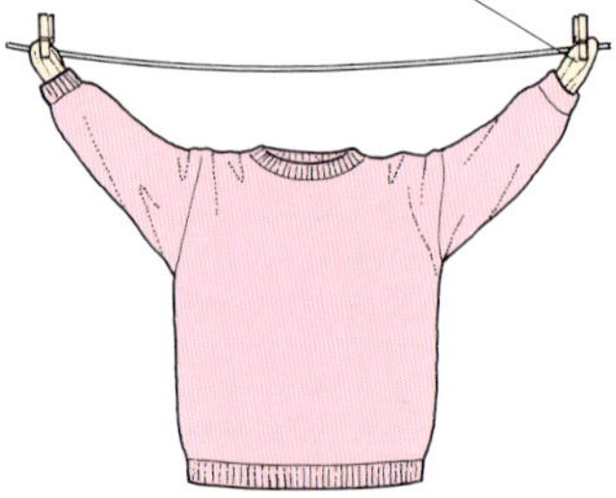

Ausleiern verhindern
Damit Pullover nicht ausleiern, eine alte Strumpfhose durch die Ärmel ziehen und sie (nicht den Pullover) mit Wäscheklammern an der Leine befestigen.

STRUMPFHOSEN

● **Laufmaschen verhindern** Wäscheklammern an den Enden von Strumpfhosen verhindern, daß sie herumwehen und Laufmaschen bekommen.

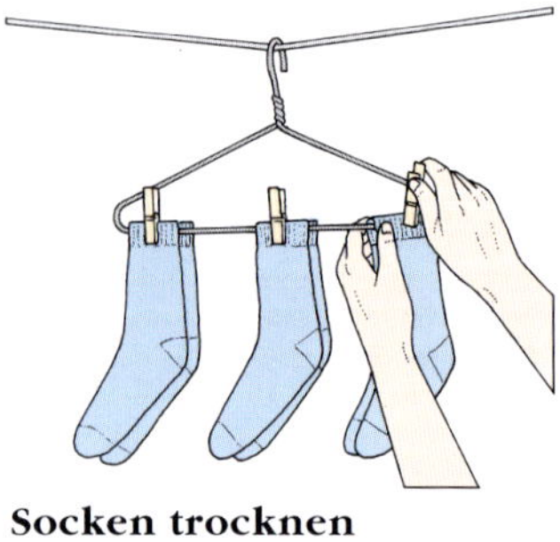

Socken trocknen
Um auf der Leine Platz zu sparen, Socken paarweise auf einen Bügel klammern. So kann man sie auch schnell abnehmen.

TRICKS BEIM TROCKNEN

● **Gürtel** Damit sich die Klammern beim Trocknen nicht in den Gürtel eindrücken, Gürtel um die Leine schlingen und Schnalle schließen.

● **Faltenröcke** An jede Falte eine Wäscheklammer hängen, damit sie sich beim Trocknen nicht verziehen.

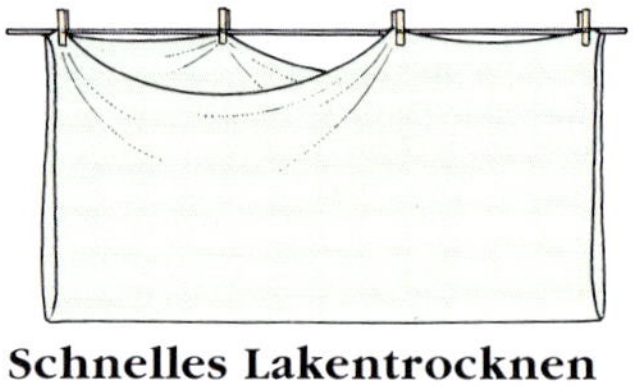

Schnelles Lakentrocknen
Erst an beiden Enden festklammern, dann in der Mitte auseinanderziehen und seitlich mit je einer Klammer befestigen.

GELDSPARTIP

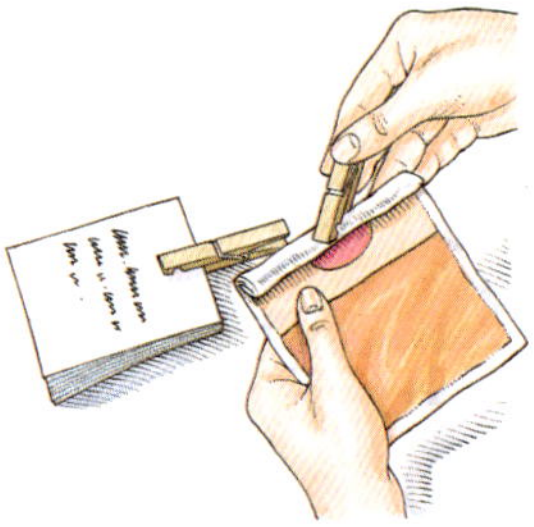

Handliche Helfer
Lebensmittelverpackungen, Notizen und Telefonzettel kann man mit normalen Wäscheklammern genauso gut zusammenheften wie mit eigens dafür konzipierten Vorrichtungen.

HEISSLUFTTROCKNUNG

Beim Heißlufttrockner bleibt die Trommel am besten nur halb voll – die Kleider trocknen schneller, wenn sie Platz haben. Lassen Sie die Sachen nicht extrem trocken werden, sie sind dann schwer zu bügeln. Reinigen Sie nach Gebrauch den Filter des Trockners.

HEISSLUFTTROCKNER

- **Knittern vermeiden** Bestimmte Kleider (solche aus Baumwoll- und Polyestermischungen) müssen nach dem Trocknen kaum gebügelt werden. Kleider sofort aus dem Trockner nehmen und falten oder aufhängen.
- **Weichspültuch** Es verhindert, daß die Sachen im Trockner knittern (vor allem solche, die Sie nicht bügeln wollen, z.B. Handtücher). Ein halbes Tuch hat dieselbe Wirkung wie ein ganzes.
- **Trockenschleudern** Von Hand Gewaschenes im Trockner schleudern. Wollsachen in einen Kissenbezug stecken.

WEICHSPÜLTUCH

Billiger Weichmacher
Als kostengünstige Alternative zu herkömmlichen Weichspültüchern ein Gesichtshandtuch ein paar Minuten in einer Lösung aus Weichspüler und Wasser einweichen. Überschüssiges Wasser ausdrücken und Tuch zu der Kleidung im Heißlufttrockner geben.

AUSBREITEN

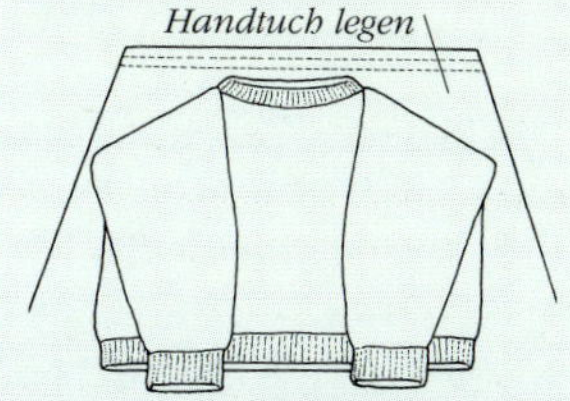

Kleidung aus feinem Stoff immer zum Trocknen ausbreiten. In ein Handtuch rollen, um überschüssiges Wasser zu entfernen, dann zurechtziehen und auf einem Handtuch trocknen lassen (siehe Bild). Farbiges zum Trocknen nicht direkt in die Sonne legen, da eventuell die Farben verblassen.

LÜFTEN UND STÄRKEN

Große Wäschestücke lüften Sie am besten auf mehreren parallelen Leinen. Sie tragen nicht nur das Gewicht, sondern lassen auch überall Luft an den Stoff. Kissen, Decken etc. auf der Wäscheleine lüften. Provisorische Lüftvorrichtung im Haus siehe Beschreibung unten.

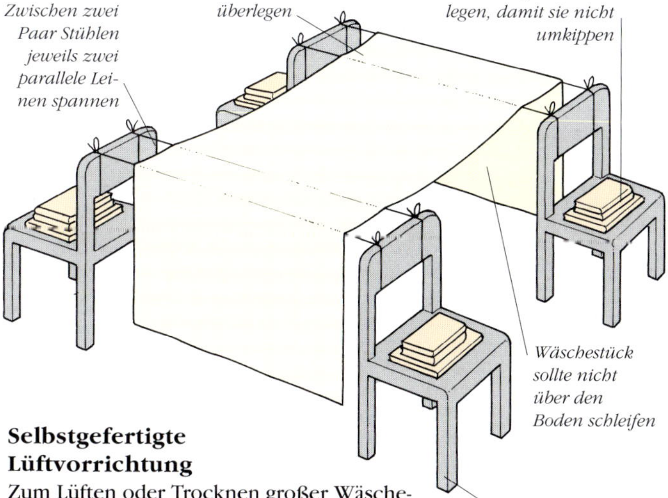

Selbstgefertigte Lüftvorrichtung
Zum Lüften oder Trocknen großer Wäschestücke kann man eine starke Schnur zwischen zwei Stühle spannen. Auf parallelen Leinen kommt überall Luft, die Wäsche verknittert nicht und bekommt keine Klammerabdrücke.

STÄRKEN

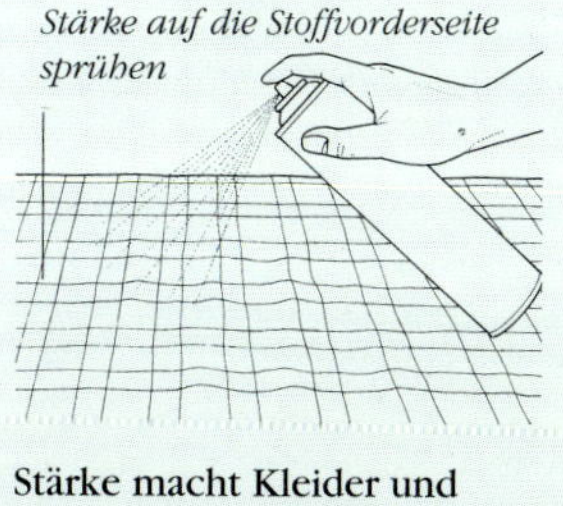

Stärke macht Kleider und Bettwäsche griffiger und schmutzabweisend. In einer schwachen Stärkelösung gespülte Trockentücher fusseln weniger auf Gläsern. Tragen Sie Stärke immer kurz vor dem Bügeln auf die Vorderseite des trockenen Stoffs auf. Sprühstärke ist im allgemeinen einfacher zu handhaben als Flüssigstärke, hält aber nicht so lang.

KLEIDUNG BÜGELN

BÜGELN SIE ZUERST STOFFE, die keine hohen Temperaturen vertragen, und gehen Sie dann zu den wärmebeständigeren über. Bügeln Sie viel auf einmal, da Bügeleisen beim Aufheizen viel Strom verbrauchen.

WICHTIGE TIPS FÜRS BÜGELN

Bügeln Sie mit langen, weichen Strichen, bis die Sachen trocken sind. Da frisch Gebügeltes leicht knittert, sollten Sie es hinterher vorsichtig aufhängen (nicht einfach über einen Stuhl hängen, vor allem keinen Holzstuhl, da er abfärben kann).

BÜGELSYMBOLE

Diese vier Symbole bedeuten hohe, mittlere, niedrige Temperatur und nicht bügeln.

Stufe 3 (hohe Temperatur: 210°C)

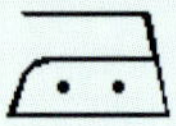
Stufe 2 (mittlere Temperatur: 160°C)

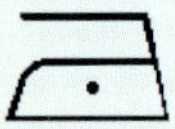
Stufe 1 (niedrige Temperatur: 120°C)

Nicht bügeln

AUSSTATTUNG

- **Sicherheit** Kabel regelmäßig daraufhin überprüfen, ob die Isolierschicht nicht aus Versehen durch das Bügeleisen beschädigt worden ist.
- **Dampfbügeleisen** Nach Gebrauch leeren, damit es nicht verstopft. Kesselstein mit Kesselsteinentferner oder Essigessenz entfernen.
- **Bügelbrett** Höhenverstellbares Bügelbrett wählen, da Bügeln auf falscher Höhe Rückenschmerzen verursachen kann. Bügelbrettbespannung stärken, damit sie sauber und griffig ist.

GRÜNER TIP

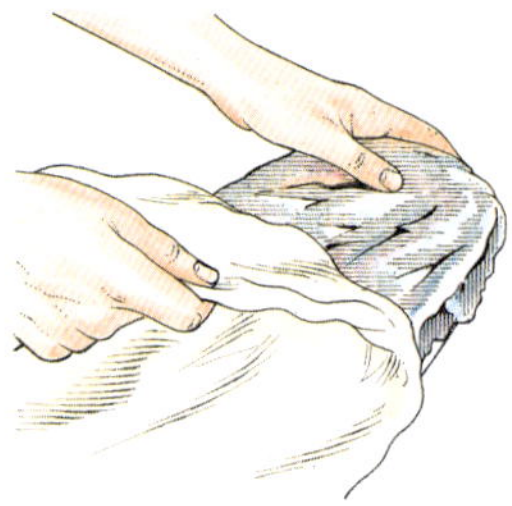

Energiesparend bügeln
Unter die Bügelbrettbespannung Aluminiumfolie legen, die die Wärme reflektiert.

EINFACHE BÜGELTECHNIKEN

- **Verschlüsse** Nicht darüber bügeln, da Metallreißverschlüsse das Bügeleisen beschädigen und Nylonreißverschlüsse und -knöpfe schmelzen können.
- **Säume und Nähte** Kleidungsstück von der linken Seite bügeln und kurz vor dem Saum bzw. der Naht aufhören, damit sie nicht durchdrücken.

Feines Gewebe schützen
Ein sauberes Tuch oder Seidenpapier dazwischen legen, damit das Gewebe nicht beschädigt wird. Stoff befeuchten.

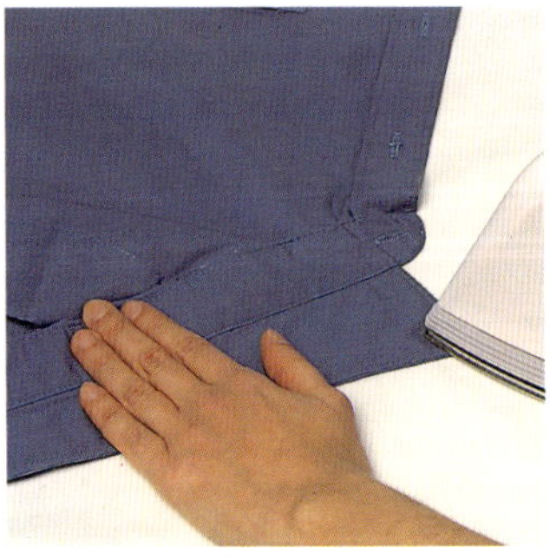

Kragen bügeln
Kragen immer beidseitig bügeln (erst von links). Von außen nach innen bügeln, damit der Stoff an der Kragenspitze nicht knittert.

BÜGELEISEN REINIGEN

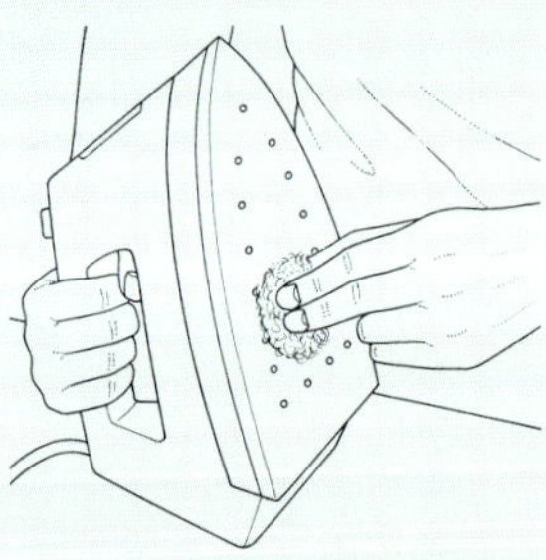

Bügeleisen vor dem Reinigen immer abschalten. Bügelfläche unten mit einem weichen Tuch und Zahnpasta reinigen. Über hartnäckige Flecken mit feiner Stahlwolle reiben. Antihaftbeschichtete Bügeleisen mit einem Schwamm reinigen, der vorher in Reinigerlösung oder Brennspiritus getaucht worden ist.

Besondere Kleidungsstücke

Einige Stoffe muß man sehr sorgfältig bügeln. Acetat-, Triacetat- und Polyesterstoffe sollten Sie von links bügeln, wenn sie noch feucht sind, Acrylstoffe ebenfalls, aber trocken. Bügeln Sie auch Kord und Krepp immer von der linken Seite und legen Sie ein feuchtes Tuch auf den Stoff.

Haushaltsleinen

- **Zeitsparende Technik** Große Wäschestücke wie Laken doppelt falten und auf einer Seite bügeln. Nochmal falten und die anderen beiden Seiten bügeln. Funktioniert auch bei Küchentüchern, Servietten und Taschentüchern.
- **Große Wäschestücke** Laken mit der gebügelten Seite über eine Stuhllehne hängen, damit sie nicht über den Boden schleifen. Auf Holzstühle ein Handtuch legen, damit das Holz nicht abfärbt.

Faltenröcke

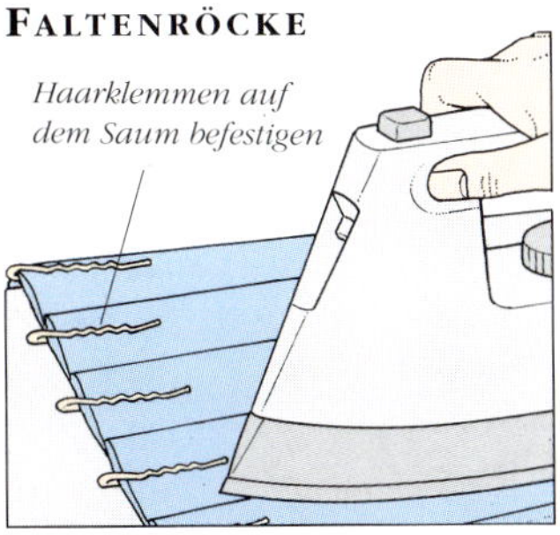

Falten festklemmen
Falten mit Haarklemmen festmachen. Alles bis auf den Saum bügeln, dann die Klemmen entfernen und zu Ende bügeln.

Schwere Stoffe

Glänzen verhindern
Schwere Stoffe wie Wolle und Viskose-Kunstseide mit einem feuchten Tuch darüber bügeln, damit sie nicht glänzen.

Kleine und besondere Kleidungsstücke

- **Besatz** Verzierungen, die weniger heiß gebügelt werden dürfen als der Rest des Wäschestücks, sollten Sie immer zuerst bügeln.
- **Haarbänder** Für schnelles „Bügeln" Haarband an beiden Enden festhalten und damit an einem heißen Wasserkessel entlang ziehen.

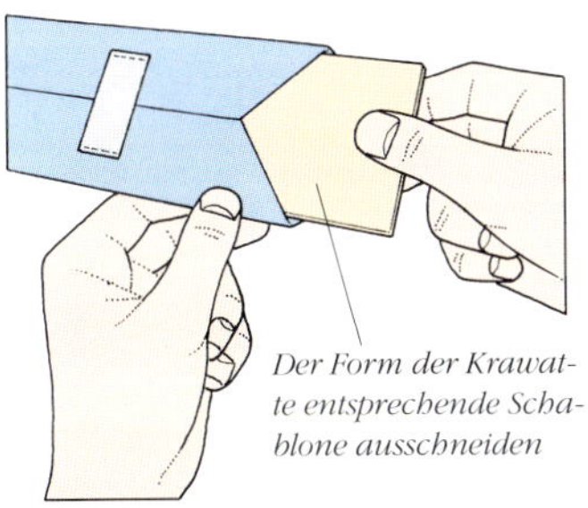

Knitterfreie Krawatte
Vor dem Bügeln Kartonschablone in die Krawatte schieben, so daß sich der Saum nicht auf die Vorderseite durchdrückt.

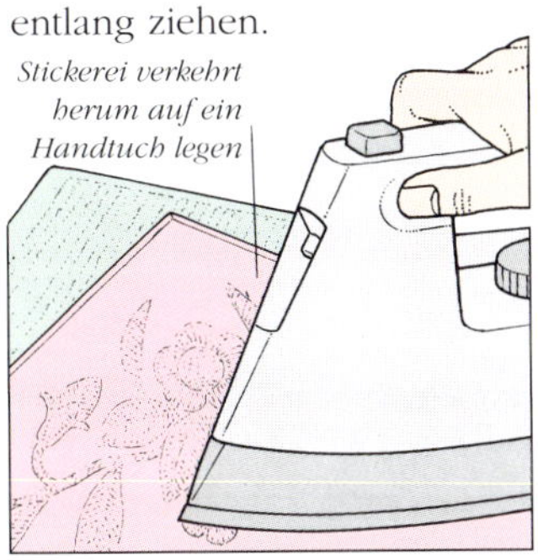

Stickereien bügeln
Stickerei verkehrt herum auf ein Handtuch legen und die Rückseite bügeln. Dadurch wird die Stickerei nicht flachgedrückt.

Einfeuchten

Zu trockene Sachen sind schwer zu bügeln. Die Kleidung besprühen oder zusammen mit einem nassen Handtuch in den Trockner geben und diesen laufen lassen, ohne daß er heizt. Kann nicht alles Eingefeuchtete gleich gebügelt werden, Rest in einer Plastiktüte im Kühlschrank feuchthalten.

Alternativen zum Bügeln

- **Heiztrocknen** Synthetikgewebe (Mischungen aus Baumwolle und Polyester) bald nach beendetem Programm aus dem Trockner nehmen. In noch heißem Zustand auf einen Bügel hängen; beim Abkühlen glättet sich der Stoff.
- **Naß aufhängen** Kragen, Säume und Falten glattziehen, wenn die Sachen noch feucht sind.
- **Samt und Seide** In einem dampfigen Badezimmer trocknen – durch den Dampf glättet sich der Stoff.
- **Kein Bügeleisen zur Hand?** Zum Glätten ohne Bügeleisen Sachen über Nacht unter die Matratze legen, wo Körperwärme und Gewicht sie glätten. Zerknitterte Hosen zuvor mit einem feuchten Handtuch befeuchten.

KLEIDERPFLEGE

DAMIT KLEIDER GUT AUSSEHEN, muß man sie pflegen. Hängen Sie sie nach dem Ausziehen auf, bürsten Sie sie ab, entfernen Sie Flecken vor dem erneuten Tragen. Ziehen Sie Kleider oder Schuhe nie zwei Tage hintereinander an.

PROBLEME LÖSEN

Lose Knöpfe, klemmende Reißverschlüsse sind häufige Probleme. Klemmende Reißverschlüsse zieht man nach unten, löst den Stoff heraus und zieht sie wieder nach oben. Fädeln Sie zum Schließen schwer ziehbarer Reißverschlüsse am Rücken ein Stück Schnur hindurch.

KNÖPFE

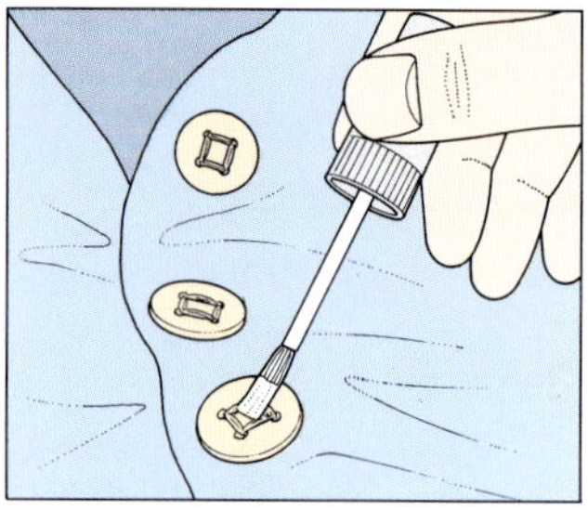

Haltbare Knöpfe
Neue Knöpfe gehen nicht so schnell ab, wenn man die Fäden mit durchsichtigem Nagellack lackiert. Knöpfe an Kinderkleidung mit Zahnseide annähen.

REISSVERSCHLÜSSE

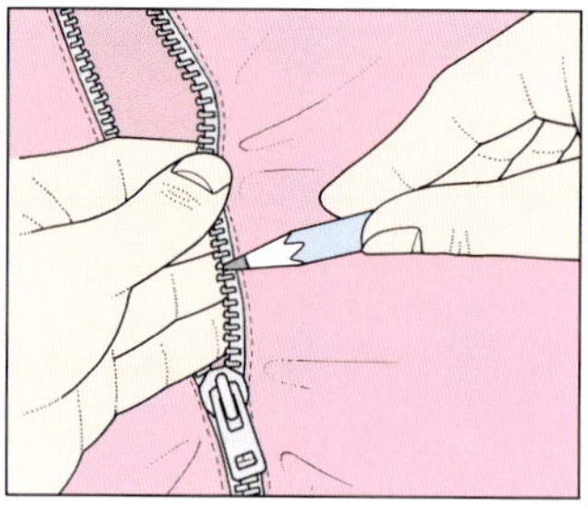

Klemmende Reißverschlüsse
Mit einem Bleistift darüberreiben – durch das Graphit gleitet der Reißverschluß leichter. Reparatur von nahe des Ansatzes beschädigten Reißverschlüssen siehe S. 149.

STRUMPFHOSEN

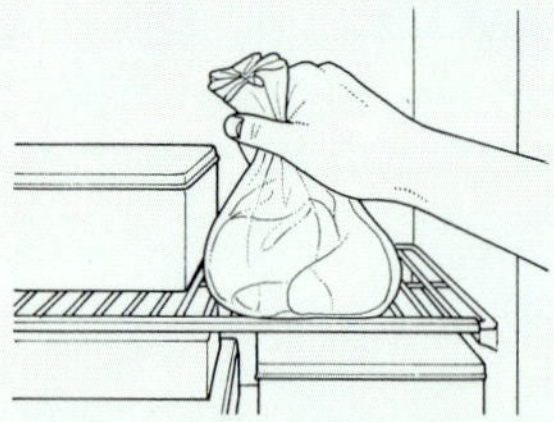

Damit neue Strumpfhosen länger halten, naß machen und in einer Plastiktüte ein paar Stunden in den Gefrierschrank legen. Bei Laufmaschen Nagellack auftragen oder mit feuchter Seife einreiben.

KLEINE REPARATUREN

Vorsorge ist immer besser als Reparatur – tragen Sie also neue Sachen nicht gleich ab, wenn sie durch etwas Pflege länger besser aussehen können. Stopfen Sie Löcher und entfernen Sie Flecken sofort, zumindest stets vor dem Waschen. Nähtips siehe S. 148/149.

RINGFLECKEN

Mit Dampf behandeln
Wischt man kleine Stellen an der Kleidung ab, entsteht oft ein ringförmiger Fleck. Diesen in den Dampf von kochendem Wasser halten, bis er verschwindet.

GLÄNZENDE STELLEN

Mit Ammoniak abwischen
Stark verschlissene Stellen (Ellenbogen, Knie) glänzen oft. Mit 15 ml (1 Eßlöffel) Ammoniak – gemischt in 250 ml Wasser – abwischen.

WIEDERVERWERTEN

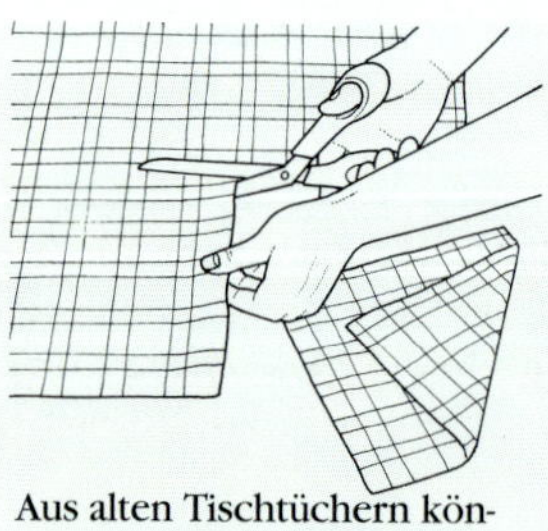

Aus alten Tischtüchern können Servietten geschnitten, aus Laken Kissenbezüge gemacht, aus Biberbettüchern Kindernachthemden geschneidert und aus Regenmänteln Einbände hergestellt werden.

Kleiderpflege

Kleidung richtig aufzubewahren ist wichtig, damit sie gut aussieht. Lüften Sie sie nach dem Tragen, bevor Sie sie in den Schrank hängen, und entfernen Sie Fussel mit einem Stück Klebeband, das Sie sich um den Finger wickeln, oder mit einem feuchten Schwamm.

Knittern vermeiden

● **Schubladen** Kleider für die Schublade sollten Sie stets quer falten. Bei Längsfaltung verknittert der Stoff viel schneller.

Im Schrank Platz sparen

● **Kleider aufhängen** An der Kleiderstange Duschvorhanghaken anbringen und Gürtel daran aufhängen. Socken ins Einkaufsnetz hängen.

● **Reste und Flicken** Socken und andere Kleinigkeiten in einem aufgehängten Schuhkarton mit Fächern aufbewahren.

Tücher

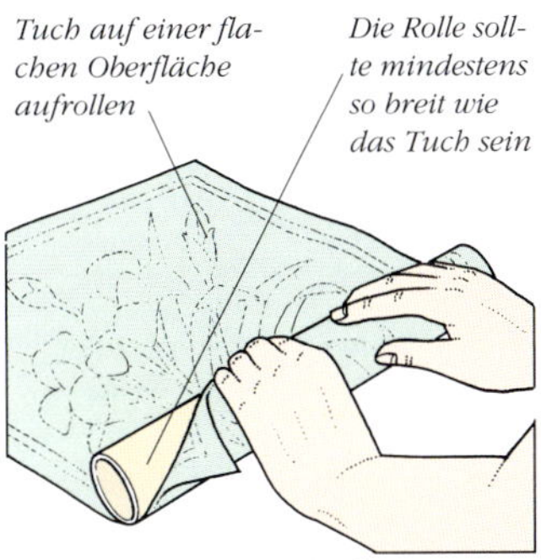

In die Schublade legen
Seidentücher auf Papprollen (Alu- oder Frischhaltefolie) wickeln. Das verhindert, daß die Tücher in der Schublade verknittern.

Lange Kleider

Richtig aufhängen
Damit lange Abendkleider nicht über den Boden schleifen, innen auf Taillenhöhe Aufhänger einnähen. Mit den Aufhängern auf einen Bügel hängen.

Gute Idee

Röcke aufbewahren
Bei zu wenig Platz zum Aufhängen wickeln Sie Röcke um Plastiktüten oder Seidenpapier, damit sie nicht verknittern. Dann in die Schublade legen.

Bügel präparieren

Rutschfeste Bügel
Damit Kleider nicht von Drahtbügeln rutschen, zwei bis drei Gummis um die Bügelenden wickeln.

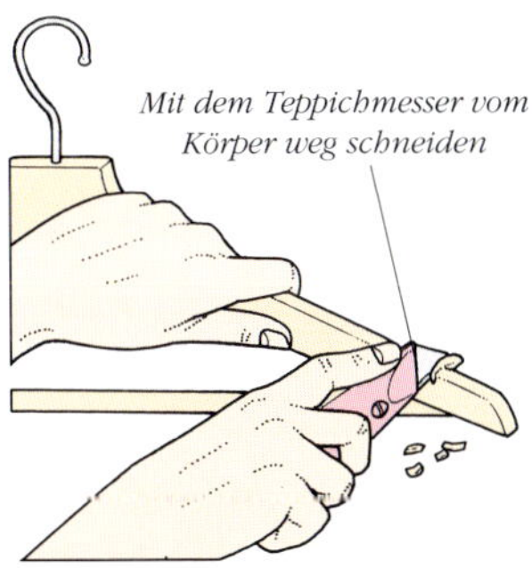

Rockbügel
Mit einem Teppichmesser außen an den Holzbügeln v-förmige Kerben machen, damit die Rockaufhänger nicht abrutschen.

Accessoires

Hochwertige Accessoires nie wegwerfen – sie benötigen nicht viel Platz und kommen vielleicht wieder in Mode.

● **Hüte** In großen Plastiktüten aufbewahren. Tüten mit Luft aufblasen und mit Klebeband verschließen.

● **Handschuhe** Flecken auf hellen Handschuhen ausradieren. Handschuhe mit einem speziellen Shampoo waschen und an der Hand trocknen lassen – dadurch behalten sie die Form.

● **Knöpfe** Vor dem Aussortieren der Kleider Knöpfe abschneiden und aufbewahren. Knopfsets in kleinen Plastiktüten aufbewahren, um zu wissen, wie viele es sind.

Pelz- und Lederpflege

● **Wildleder** Fäden und Fussel von Wildledertaschen und -schuhen durch Darüberreiben mit einem Stück Samt entfernen.

● **Pelzpflege** Zum Pelz immer ein Tuch tragen, damit kein Make-up auf den Kragen abfärbt, und kein Parfumspray benutzen.

AUFBEWAHRUNG

Bewahren Sie nicht zu viel Kleidung im Schrank auf, da sonst nicht genügend Luft herankommt und sie leicht verknittert. Schaffen Sie Platz, indem Sie im Sommer Winterkleidung aussortieren und umgekehrt oder eine freistehende Kleiderstange in einem extra Raum haben.

FEUCHTE SCHRÄNKE

● **Hilfe gegen Feuchtigkeit** Dose mit Holzkohlebriketts in den Schrank stellen, Löcher in den Deckel machen.

Kreide verwenden
Zwölf Kreidestücke zusammenbinden und in den feuchten Schrank hängen. Sie nehmen Feuchtigkeit aus der Luft auf.

BETTWÄSCHE

● **Vergilben verhindern** Bettwäsche in einem extra Wäscheschrank aufbewahren, da sie leicht vergilbt.

Parfümieren
Seife ohne Papier in den Wäscheschrank legen. So riecht das Leinen gut und wird dadurch steifer, so daß es länger hält.

PACKEN FÜR DEN URLAUB

Toilettenartikel und Schminktuben in Plastiktüten packen und mit Clips verschließen. Kleider der einzelnen Familienmitglieder auf verschiedene Taschen verteilen – geht eine verloren, steht niemand ohne Kleider da.

● **Platz sparen** Kleine Sachen wie Unterwäsche und Socken in Schuhe und diese wiederum in Plastiktüten stecken.
● **Vorausplanen** Zwei große Plastiktüten für die Rückfahrt einpacken, für schmutzige bzw. feuchte Kleidung.
● **Koffer aufbewahren** Nach der Reise ein paar Zuckerstückchen zur Geruchsabsorbtion in den leeren Koffer legen.

MOTTENSCHUTZ

Da Motten Staub und Schmutz lieben, sollten Sie die Kleider waschen oder lüften, bevor Sie sie weghängen. Reinigen Sie Schränke und Schubladen jährlich. Legen Sie Schubladen nicht mit geleimter Tapete aus, da sie Motten anzieht. Behandlung von Schimmel, siehe S. 52.

NATÜRLICHE MOTTENBEKÄMPFUNG

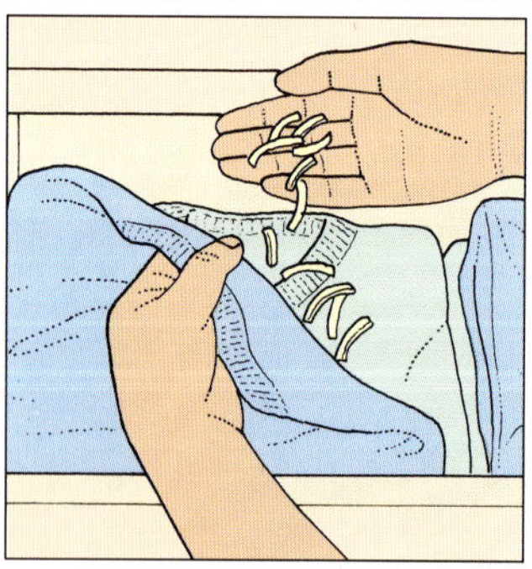

Zitronenschale und Nelken
Zwischen die Kleider und Schuhe in Schränken getrocknete Zitronenschale streuen. Vor dem Weghängen Manteltaschen mit Gewürznelken füllen, bei Wollpullovern in Plastiktüten legen.

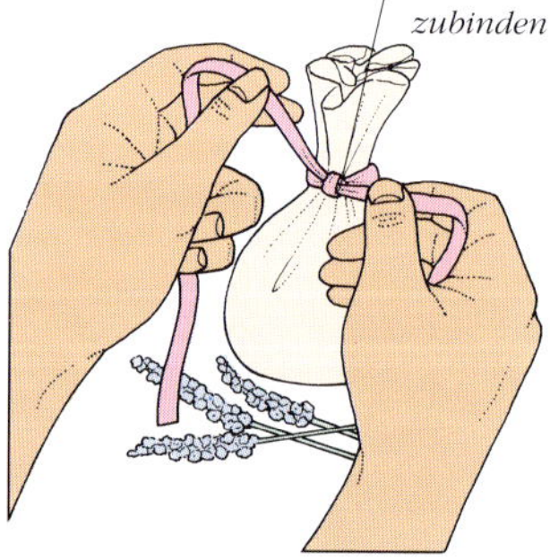

Lavendelsäckchen
Für selbstgemachte Lavendelsäckchen eine Handvoll Lavendel in ein viereckiges Stück Musselin binden und in Schubladen und Kommoden legen. Das hält Motten ab.

BETTWÄSCHE

● **Wärmekur** Bei Verdacht auf Motteneier hängen Sie Wäsche ein paar Stunden in die pralle Sonne oder legen Sie diese in den Heißlufttrockner.

● **Antimottenmittel** Decken vor dem Weglegen in folgender Mischung waschen: 45 ml (3 Eßlöffel) Eukalyptusöl, 225 ml Brennspiritus und 225 g Seifenflocken mischen und gut schütteln. 15 ml (1 Eßlöffel) der Mischung mit 4,5 l warmem Wasser verdünnen, die Decke darin einweichen und so lange schwenken, bis sie sauber ist. Nicht ausspülen. Schleudern, dann an der frischen Luft trocknen lassen.

SCHUHPFLEGE

SCHUHE SIND EIN WICHTIGER UND TEURER BESTANDTEIL der Garderobe. Halten Sie sie sauber, überprüfen Sie sie regelmäßig und reparieren Sie sie beim ersten Anzeichen einer Beschädigung. Lüften Sie die Schuhe nach dem Tragen.

SCHUHE PUTZEN

Geputzte Lederschuhe werden nicht fleckig. Lassen Sie sie eingecremt über Nacht stehen. Weiße Leinenschuhe stärken. Nageln Sie oben auf die Schuhbürste einen Flaschendeckel aus Metall, mit dem Sie Schmutz von Absätzen und Sohlen entfernen können.

LACKLEDER

Zum Glänzen bringen
Lacklederschuhe mit Vaseline einreiben - das macht sie glänzend und verhindert das Zusammenkleben. Gut polieren.

WILDLEDER

Flecken wegradieren
Mit einem Radiergummi Schmutz vom Schuh entfernen und das Wildleder aufrauhen. Bei Fettflecken Fleckenlöser verwenden.

LEINEN

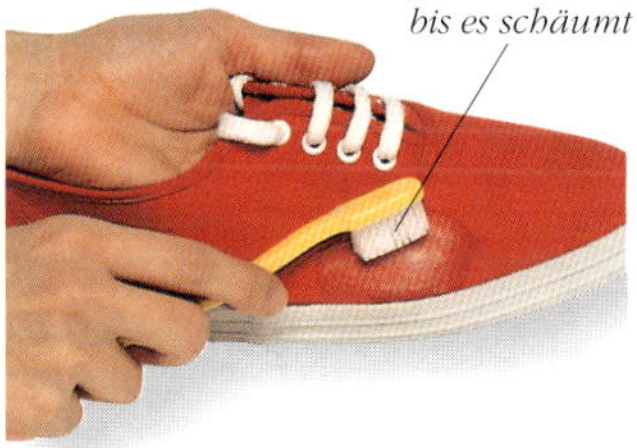

Teppichshampoo nehmen
Schmutzige Leinenschuhe mit einer Zahnbürste und Teppichshampoo reinigen, neue Leinenschuhe mit Gewebeschutzmittel.

SCHUHPFLEGE

Reiben Sie neue Ledersohlen mit pflegendem Rizinus- oder Leinöl ein. Lassen Sie Ihre Schuhe nicht in der prallen Sonne stehen. Übermalen Sie abgewetzte Stellen auf den Schuhen mit einem Filzstift oder einem Wachsmalstift in derselben Farbe.

ZEITUNG BENUTZEN

In nasse Schuhe und Stiefel Zeitung stopfen, damit sie schneller trocknen. Zu enge Schuhe mit nassem Zeitungspapier ausstopfen und über Nacht stehenlassen - das dehnt sie. Für selbstgemachte Stiefelspanner aufgerollte Zeitung in die Stiefel schieben.

HÄUFIGE PROBLEME

- **Verdreckte Schuhe** Schuhe trocknen lassen, dann den Schmutz mit stumpfem Messer ablösen. Flecken mit feuchtem Lappen abwischen und Zeitungspapier oder Spanner in die Schuhe geben. Trockene Schuhe eincremen.
- **Schuhcremeersatz** Geht die Schuhcreme aus, statt dessen Möbelpolitur in einer ähnlichen Farbe benutzen. Gut einreiben.
- **Absatzpflegemittel** Absätze neuer und reparierter Schuhe mit durchsichtigem Nagellack lackieren – das verhindert, daß die Farbe abgeht und Korkabsätze abbröckeln.

GRÜNER TIP

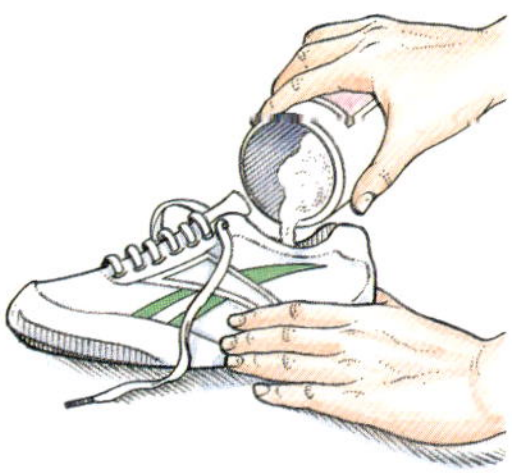

Schuhdeo
In übelriechende Schuhe großzügig Natriumhydrogencarbonat streuen und über Nacht stehenlassen. Vor dem Tragen entfernen.

PFLEGE UND REPARATUR

ÜBERBLICK

EINIGE GEGENSTÄNDE UND MATERIALIEN im Haushalt brauchen mehr als nur regelmäßige Routinepflege. Reparieren Sie die Sachen immer so schnell wie möglich, denn Reparaturen aufzuschieben macht sie aufwendiger, und abgebrochene Teile gehen eventuell verloren. Achten Sie beim regelmäßigen Putzen auf Probleme, die behoben werden müssen, und legen Sie sich ein Reparaturset sowie Spezialreiniger zu, die sie brauchen.

PFLEGE- UND REPARATURUTENSILIEN

Putzset (siehe S. 10/11) mit Spezialreinigern und Reparaturutensilien (verschiedenen Klebern, Sandpapieren, Pinseln, Lösungsmitteln und Polituren) nach Möglichkeit regelmäßig ergänzen.

- **Pinsel und Stahlwolle** Zum Auftragen und Entfernen von Substanzen saubere, weiche Pinsel und alte, sterilisierte Zahnbürsten und Stahlwolle verwenden.
- **Sandpapier** Legen Sie sich einen Vorrat an Sandpapier mit unterschiedlicher Körnung an.
- **Kleber** Für jedes Material sollten Sie den geeigneten Kleber verwenden. Da Kleber schwierig zu entfernen ist, beim Gebrauch passendes Lösungsmittel griffbereit haben. Entfernung von Flecken siehe S. 51.
- **Lösungsmittel** Ammoniak, Brennspiritus oder Isopropanol für Kinder unzugänglich aufbewahren. Beim Umgang mit Ammoniak immer Handschuhe tragen.
- **Öl und Politur** Leinöl ist ein Allzweckreiniger für Holz und ein Lederpflegemittel. Metallpolitur reinigt verschiedene Metalle und entfernt Kratzer auf Glas und Acryl.

Sandpapier

Kleber

Sterilisierte Zahnbürsten

Weicher Malerpinsel

Stahlwolle

Brennspiritus | Isopropanol | Leinöl | Ammoniak | Metallpolitur

HOLZ

IN VIELEN HAUSHALTEN GIBT ES HOLZFLÄCHEN, -möbel und -gegenstände mit unterschiedlich bearbeiteter Oberfläche. Holz ist zwar hart, kann aber leicht beschädigt werden. Politur schützt das Holz, sammelt sich aber im Laufe der Zeit an.

HOLZPFLEGE

Härte und Farbe sind bei den verschiedenen Holzarten zwar unterschiedlich, doch alle werden durch trockene Luft und Sonnenlicht beeinträchtigt. Stellen Sie Holzmöbel nicht direkt in die Sonne und sorgen durch Pflanzen und Schüsseln mit Wasser für feuchte Raumluft.

TEAKHOLZ

Teakholzöl auftragen
Teakholzmöbel ein- oder zweimal jährlich mit Teakholzöl oder -creme einreiben (feine Stahlwolle verwenden) und mit einem weichen Tuch gut polieren.

EICHE

Selbstgemachte Politur
Eiche mit einer Mischung aus 600 ml Bier, geschmolzenem Bienenwachs und 10 g (2 Teelöffel) Zucker einstreichen. Mit einem Fensterleder gut polieren.

HOLZ BEHANDELN

- **Mahagoni** 15 ml (1 Eßlöffel) Leinöl, 15 ml Terpentin und 1,4 Liter Wasser mischen und das Holz damit abreiben. Trocknen lassen und polieren.
- **Ebenholz** Um stumpfes Ebenholz glänzend zu machen, Vaseline auftragen, ½ Stunde einwirken lassen und abreiben.
- **Andere Hölzer** Kiefer, Buche, Ulme und Walnuß müssen regelmäßig abgestaubt werden. Ab und zu mit farblich passendem Wachs polieren oder mit warmem Essig abwischen, trocknen lassen und polieren.

BIENENWACHSPOLITUR HERSTELLEN

Antiquitäten mit natürlicher Bienenwachspolitur polieren, denn Silikonpolitur verleiht ihnen einen unnatürlichen Glanz und ist schwer zu entfernen. In einem Glas mit breiter Öffnung aufbewahren, damit man ein Tuch eintauchen kann. Wird die Politur hart, Glas in warmes Wasser stellen.

1 50 g natürliches Bienenwachs grob raspeln. Ist das Wachs zu hart, wärmen Sie es einige Sekunden bei niedriger Temperatur in der Mikrowelle auf.

2 Geraspeltes Bienenwachs in ein Schraubglas füllen. 150 ml Terpentin (keinen Terpentinersatz) zugeben und den Deckel lose auf das Glas legen.

3 Glas in eine Schüssel stellen und heißes Wasser hineingießen, damit das Wachs schmilzt. Glas leicht schütteln, so daß eine Paste entsteht.

Flecken von Holz entfernen

Holz wird leicht durch hohe Temperaturen und Kratzer beschädigt. Stellen Sie also keine heißen Gegenstände darauf. Wischen Sie Verschüttetes auf und prüfen Sie, ob die Unterseite von Zierat das Holz verkratzt. Dann sollten Sie Filzunterleger anbringen.

Flecken	Anmerkung	Behandlung
Alkoholflecken	Beschädigt poliertes Holz und hinterläßt weiße Flecken. Verschütteten Alkohol sofort aufwischen oder -saugen und Holz baldmöglichst behandeln.	Mit normaler Politur kräftig über den Fleck reiben. Funktioniert das nicht, mit einem weichen Tuch entlang der Maserung Metallreinigungsmilch einreiben.
Leichte Brandflecken	Leichte Brandflecken auf massivem Holz lassen sich meist entfernen. Bei Furnierholz beschädigte Stelle herausschneiden und neues Furnierstück einsetzen.	Holzflächen abkratzen und abschmirgeln. Mit Metallpolitur einreiben. Auf den Fleck nasses Löschpapier und darüber Frischhaltefolie legen und über Nacht stehenlassen.
Schlimme Brandflecken	Erfordern drastischere Behandlung als leichte Brandflecken. Teure Stücke nicht selbst reparieren, sondern dem Fachmann überlassen.	Brandloch mit einem scharfen Messer auskratzen und mit farblich passender Holzspachtelmasse füllen. Trockenes Holz abschmirgeln und mit zur Maserung passender Farbe streichen.
Wärmeflecken	Heißes Geschirr kann auf Holz weiße Flecken hinterlassen. Zum Schutz des Holzes bei heißem Geschirr oder Töpfen Untersetzer benutzen.	Entlang der Maserung tragen Sie Metallreinigungsmilch oder eine Paste aus pflanzlichem Öl und Salz auf. Ein paar Stunden einwirken lassen, dann Politur auftragen.
Kerben	Möglichst bald behandeln. Eingekerbtes Furnier kann Risse bekommen, die entfernt und durch ein neues Stück Furnier ersetzt werden müssen.	Loch mit warmem Wasser füllen, damit das Holz quillt, oder ein feuchtes Löschpapier darauflegen und bügeln (Stufe 2).
Kratzer	Müssen gefüllt werden. Wachskitt zum Überdecken von Kratzern gibt es in vielen Farbtönen, passend zum jeweiligen Holz. Ansonsten wie rechts beschrieben behandeln.	Mit Bienenwachspolitur und etwas Leinöl oder farblich passenden Wachsmalstiften oder Schuhcreme einreiben und gründlich polieren.
Wasserflecken	Wasser macht auf Holz Flecken und läßt nichtlackiertes Holz quellen. Wischen Sie Wasser möglichst bald auf und lassen Sie die Oberfläche vor der Behandlung trocknen.	Mit Metallreinigungsmilch oder einer Mischung aus etwas Zigarettenasche und Vaseline entlang der Maserung über den Fleck reiben.
Fettflecken	Fett hinterläßt auf Holz bleibende dunkle Stellen, wenn es nicht bald mit Küchenpapier oder einem Küchenhandtuch entfernt wird.	Fett mit unverdünntem Essig lösen. Wischen Sie dann die Oberfläche mit einem Lappen ab, den Sie vorher in eine Lösung aus Essig und warmem Wasser (1:1) getaucht haben.

Holzmöbel

Moderne Möbel bestehen meist aus furnierten Sperrholz- oder Spanplatten. Kleine Reparaturen (z.B. klemmende Schubladen und wackelnde Tischbeine) sind leicht auszuführen und benötigen nicht viel Zeit. Für größere Reparaturen sollten Sie einen Fachmann hinzuziehen.

Spezialbehandlung

- **Stumpfe Flächen** Jeweils 30 ml (2 Eßlöffel) Terpentin, Essigessenz und Brennspiritus sowie 15 ml (1 Eßlöffel) Leinöl mischen, schütteln und mit einem Tuch auftragen.
- **Überschüssige Politur** Mit Essig und Wasser entfernen. Eignet sich auch zur Entfernung von Fingerabdrücken.
- **Klebendes Papier** Auf Holz klebendes Papier mit Babyöl tränken, einige Minuten einwirken lassen, dann abziehen.
- **Rohrstühle** Durchhängende Rohrstuhlsitze mit sehr heißem Wasser abspülen und in der Sonne trocknen lassen.

Wackelige Tische

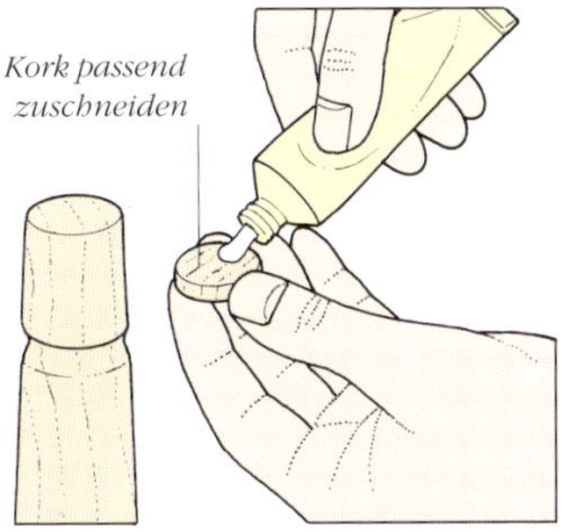

Tischbeine verlängern
Wackelt ein Tisch, weil seine Beine unterschiedlich lang sind, schneiden Sie ein passendes Stück Kork zurecht und kleben es mit Holzkleber unten an das zu kurze Tischbein.

Klemmende Schubladen

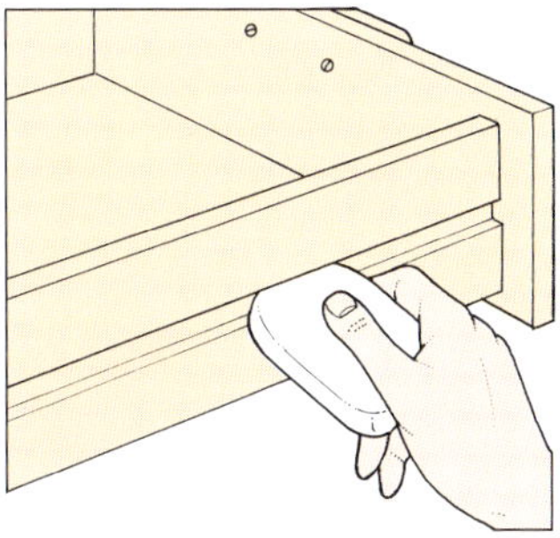

Schienen ölen
Klemmen Schubladen, reiben Sie die Schienen mit Seife oder Kerzenwachs ein. Bei stark klemmenden Schubladen mit feinem Sandpapier über die Schienen reiben.

Holzgegenstände

In den meisten Haushalten gibt es eine Vielzahl an Holzgegenständen wie Zierat, Küchenutensilien und Musikinstrumente, die regelmäßig gepflegt werden müssen, damit das Holz nicht austrocknet. Schützen Sie es vor direktem Sonnenlicht, da es sonst ausbleicht.

Pflege von Küchengegenständen

- **Neue Holzutensilien** Über Nacht in Apfelessig einweichen, damit sie keine Essensgerüche annehmen, und mit Küchenpapier abtrocknen.

Salatschüsseln
Neue Salatschüsseln aus Holz mit etwas Olivenöl einreiben Diese in warmem Wasser spülen und nach dem Trocknen erneut Olivenöl auftragen.

- **Altes Holzgeschirr und -besteck** Entlang der Maserung mit feiner Stahlwolle abreiben (Handschuhe tragen). Etwas pflanzliches Öl auftragen und gut einreiben.

Küchenbretter
Durch das Austrocknen des Holzes entstehen Sprünge in Küchenbrettern. Bedecken Sie sie mit einem feuchten Lappen; dadurch quellen die Holzfasern.

Andere Gegenstände

- **Kästchen** Über hölzerne Zierkästchen mit Zitronenmelisse reiben, dann glänzen und riechen sie gut. Leichtes Abschmirgeln bringt ihren natürlichen Duft wieder hervor.

Musikinstrumente
Zur Staubentfernung bei Saiteninstrumenten streuen Sie Reis in das Schalloch. Leicht schütteln, dann den Reis auf eine Zeitung schütten.

METALL

METALLGEGENSTÄNDE MÜSSEN GEREINIGT WERDEN, damit sie nicht anlaufen und kein Grünspan entsteht. Dieser ist schwer zu entfernen. Wenn Sie keine Zeit haben, gründlich zu putzen, gibt es Möglichkeiten, den Glanz aufzufrischen.

SILBER REINIGEN

Da Silber leicht anläuft, muß es regelmäßig gereinigt werden. Dafür gibt es mehrere Methoden, wobei einige sich zur Reinigung bestimmter Silberarten besser eignen als andere. Eventuell benötigen Sie mehr als ein Produkt, je nachdem, wie groß Ihre Silbergegenstände sind.

SILBERPUTZSET

Zum Polieren großer Silbergegenstände verwenden Sie ein Silberpoliermittel oder ein mit Reinigungsflüssigkeit imprägniertes Tuch. Zur Reinigung von Schmuck eignen sich Silberbäder. Geprägte Flächen mit Zahnbürste und polierte mit Staubtuch reinigen. Selten benutztes Silber in einem Beutel aufbewahren oder in säurefreies Seidenpapier wickeln, so daß es nicht anläuft.

Beutel

Staubtücher

Imprägnierte Tücher

Silberpolitur

Silberbad

Säurefreies Seidenpapier

Weiche Zahnbürste

GRUNDREINIGUNGSMITTEL

- **Allgemeine Pflege** Silber regelmäßig in heißem Wasser und Spülmittel spülen, dann braucht es nicht oft poliert werden. Zierat einmal die Woche abstauben und spülen.
- **Tips** Silber am offenen Fenster reinigen, damit die Dämpfe abziehen. Über Repunzen nicht zu fest reiben, da sie sonst unleserlich werden, was den Wert des Silbers mindert.

Mehrere Minuten sanft über schwarze Flächen reiben

Geprägtes Silber reinigen
Auf geprägtes Silber mit einer weichen Zahnbürste oder einem mit Watte umwickelten Nagelhautentferner Silberpoliermittel auftragen.

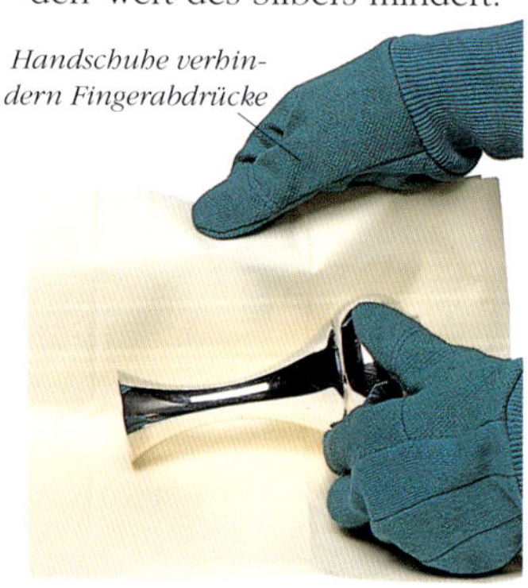
Handschuhe verhindern Fingerabdrücke

Gereinigtes Silber
Nach der Reinigung Silber zur Aufbewahrung in säurefreies Seidenpapier wickeln oder in einem Beutel aufheben. Handschuhe verhindern dabei Fingerabdrücke.

SILBER SAUBERHALTEN

- **Anlaufen verhindern** Nicht in Plastiktüten aufbewahren, da in ihnen Wasser kondensiert, was das Anlaufen beschleunigt.
- **Alternative Reiniger** Zur Entfernung von Silberbeschlägen eine Handvoll Waschsoda in heißem Wasser auflösen, das Silber hineinlegen und sofort herausnehmen, wenn der Beschlag verschwunden ist, oder das Silber mit einer Paste aus Salz und Zitronensaft behandeln. Zur Schnellreinigung einen Tropfen Lackbenzin mit weichem Tuch auftragen.
- **Selbstgemachte Putztücher** Zur Herstellung imprägnierter Tücher Baumwollrechtecke in eine Lösung aus 2 Teilen Ammoniak, 1 Teil Silberpolitur und 10 Teilen kaltem Wasser eintauchen. Naß auf die Leine hängen.

Silbergegenstände schützen

Polieren Sie Silber beim ersten Anzeichen des Anlaufens. Legen Sie sich einen Silberbeutel mit mehreren Taschen für die einzelnen Stücke zu oder nähen Sie selber einen aus Fries. Putzen Sie antikes Silber nicht zu häufig – da der leichte Beschlag seinen eigentlichen Charme ausmacht.

Tafelgeschirr

- **Salzstreuer** Salz nicht direkt in den Salzstreuer, sondern in einen Glaseinsatz füllen und nach Gebrauch herausnehmen.
- **Kaffeekannen** Flecken in silbernen Kaffeekannen durch Einreiben mit in Essigessenz und Salz getauchter feiner Stahlwolle entfernen.
- **Teekannen** Zur Entfernung von Flecken diese mit kochendem Wasser und Waschsoda füllen, über Nacht stehenlassen.
- **Kerzenhalter** Zur Wachsentfernung heißes Wasser darübergießen. Wachs unten am Kerzenhalter mit einem Föhn schmelzen.

Aufbewahrung

Muffiger Geruch
Damit silberne Kaffeekannen nicht muffig riechen, bei Nichtgebrauch ein paar Zuckerstückchen hineinlegen.

Bewährter Tip

Anlaufen verhindern
Salz, Eigelb, Brokkoli und Fisch sind dafür berüchtigt, Silber anlaufen zu lassen. Geschirr und Besteck aus Silber sofort nach Kontakt mit einem dieser Lebensmittel reinigen, nachspülen und gründlich abtrocknen.

Kleine Gegenstände

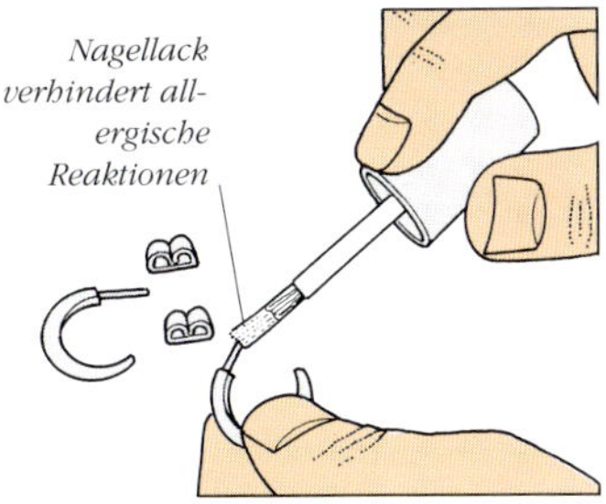

Silberohrringe
Damit die Beschläge keine Entzündungen hervorrufen, Stecker mit Nagellack lackieren.

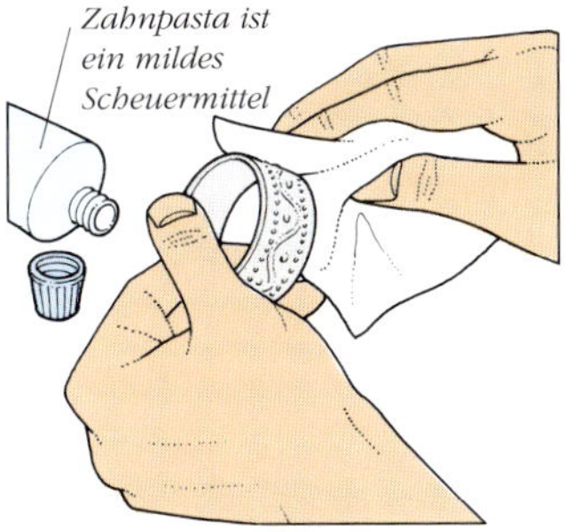

Serviettenringe
Über feine Gravierungen mit einem weichen Tuch und etwas Zahnpasta reiben.

Versilbertes

- **Reinigung** Versilbertes wie Silbergegenstände behandeln, aber vorsichtiger, da sich die Silberschicht lösen kann. Vergoldetes Silber nicht polieren (das Gold könnte sich lösen), sondern nur regelmäßig abstauben.
- **Silberschicht erneuern** Durch Eintauchen in eine Speziallösung die (durch Polieren) abgenutzte Silberschicht erneuern. Lösung nicht bei wertvollen Stücken benutzen.

Pflege von Silberbesteck

Silberbesteck stets nach Gebrauch abspülen, dann läuft es nicht an. Um viel Silberbesteck auf einmal spülen zu können, geben Sie einen Streifen Alufolie in eine Spülwanne und legen das Besteck darauf. Mit kochendem Wasser übergießen, 45 g (3 Eßlöffel) Backpulver zugeben und 10 Minuten einweichen. Das Silberbesteck sieht aus wie neu.

- **Silber in der Spülmaschine** Besteck aus Silber und rostfreiem Stahl nie zusammen in der Maschine spülen, da Stahl das Silber häufig verkratzt.
- **Dekorative Griffe** Zum Bleichen von Griffen aus Bein eine Paste aus Zitronensaft und Schneiderkreide 1 Stunde einwirken lassen. Griffe aus Bein nicht ins Wasser tauchen, da sie beschädigt werden können.

CHROM UND ROSTFREIER STAHL

Chrom darf nicht mit Scheuerpulver gereinigt werden, da die Beschichtung leicht beschädigt wird. Verwenden Sie zum Schutz vor Korrosion einen speziellen Chromreiniger. Rostfreier Stahl ist zwar leicht zu pflegen, bekommt aber oft Flecken durch Kalkablagerungen.

CHROM

- **Kleinere Flecken** Mit Spülmittel und Wasser entfernen.
- **Glänzende Hähne** Zur Schnellreinigung mit Mehl über den Hahn reiben, dann mit einem weichen Tuch polieren. Reinigung von Wasserhähnen im Bad siehe S. 25.

Chrom reinigen
Chrom sanft mit Essigessenz reinigen. Hartnäckige Flecken mit Natriumhydrogencarbonat und Wasser entfernen. Nachspülen.

ROSTFREIER STAHL

- **Allgemeine Pflege** Rostfreien Stahl nach dem Spülen immer gründlich abtrocknen, damit sich kein weißer Film bildet. Den Stahl mit einem Reiniger oder nach einer der unten dargestellten Methoden behandeln, um ihm Glanz zu verleihen.

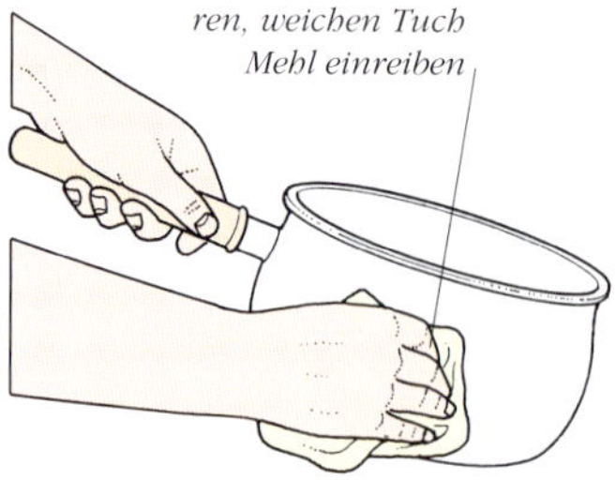

Zum Glänzen bringen
Über Pfannen aus rostfreiem Stahl mit Mehl reiben. Wärmeflecken mit Scheuerschwamm und Zitronensaft entfernen.

MESSERPFLEGE

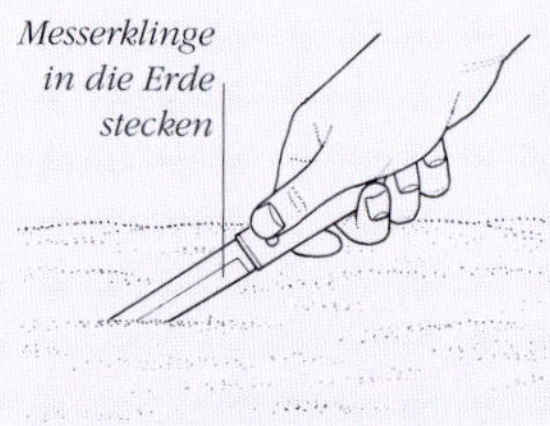

- **Gerüche beseitigen** Bei starkem Fisch- oder Knoblauchgeruch an der Klinge Messer in die Erde stecken.
- **Scharfe Messer** Messer in einem hölzernen Messerblock, an einer Magnetplatte, in Kunststoffscheiden oder Stoffrollen (in Geschäften für Gastronomiebedarf) aufbewahren (bei der Lagerung mit anderen Utensilien wird die Klinge stumpf oder Sie schneiden sich, wenn Sie in die Schublade greifen).

EISEN UND ZINN

Gußeisen muß nach dem Abspülen sorgfältig abgetrocknet werden, damit es nicht rostet. Reiben Sie es vor Gebrauch gut mit Speiseöl ein. Zinngeschirr sollte sanft schimmern. Spülen Sie es in Seifenwasser, polieren Sie es und entfernen Sie Fettflecken mit etwas Brennspiritus.

GUSSEISEN

Pflege
Nach dem Spülen gußeiserne Pfannen mit pflanzlichem Öl einreiben. Rostige Pfannen mit 15 ml (1 Eßlöffel) Zitronensäure auf 600 ml Wasser abreiben.

ZINN

Wachs entfernen
Zur Entfernung von Wachs Kerzenständer aus Zinn in den Gefrierschrank legen, dann das Wachs ablösen. Restspuren mit dem Föhn wegschmelzen.

BEWÄHRTER TIP

Zinnreiniger
Zinngegenstände mit Kohlblättern abreiben oder in Wasser eintauchen, in dem vorher Eier gekocht wurden.

Messing und Kupfer

Reinigen Sie Messing und Kupfer auf dieselbe Weise. Tragen Sie eine dünne Lackschicht auf, um sie weniger polieren zu müssen. Schützen Sie die Möbel beim Reinigen und Polieren von Messing- und Kupferbeschlägen mit einer Pappschablone.

Messing und Kupfer reinigen

● **Beschläge entfernen** Mit Salz und Zitronensaft oder einer in Salz gehaltenen Zitronenhälfte einreiben.

● **Kupferpfannen** Abgenutzte Kupferpfannen neu beschichten lassen. Kupfer reagiert mit Säuren in Lebensmitteln.

Grünspan entfernen
Wird Messing oder Kupfer grün, mit einer Lösung aus Ammoniak (Handschuhe tragen!) und Salz einreiben.

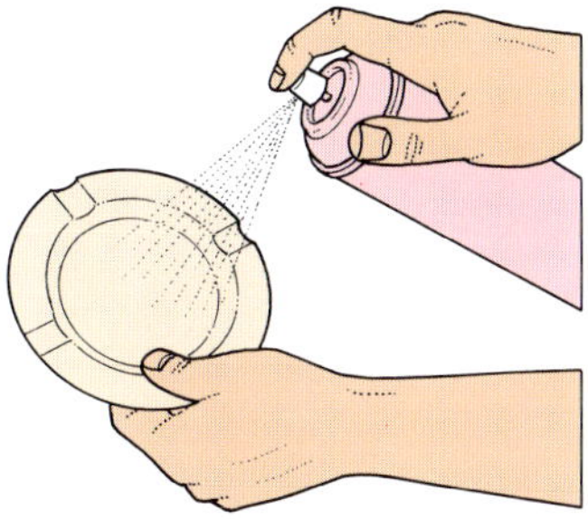

Aschenbecher säubern
Nach dem Spülen Messing- oder Kupferaschenbecher innen mit Wachspolitur einsprühen, dann bleiben sie leicht abwischbar.

Bronzepflege

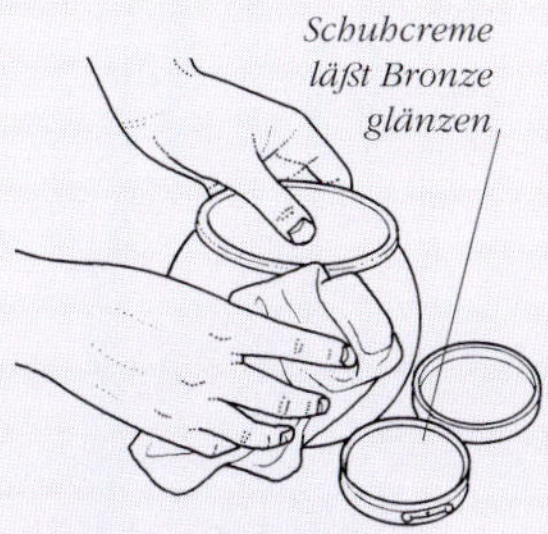

● **Glänzende Bronze** Bronzegegenstände mit etwas Schuhcreme oder pflanzlichem Öl einreiben.

● **Reinigung** Mit einem Tuch abstauben. Verwinkelte Stellen mit einem Wattestäbchen säubern. Flecken mit Terpentin entfernen.

Andere Metalle

Einige Edelmetalle wie Platin und Gold werden hauptsächlich für Schmuck verwendet. Bewahren Sie Goldschmuck separat auf. Blattgold wird zuweilen für Bilderrahmen verwendet und muß sorgfältig behandelt werden, damit es sich nicht ablöst.

Goldpflege

● **Goldketten** In Seifenlauge reinigen. Kettenglieder innen mit einer weichen Zahnbürste säubern. Auf einem Handtuch abtropfen lassen.

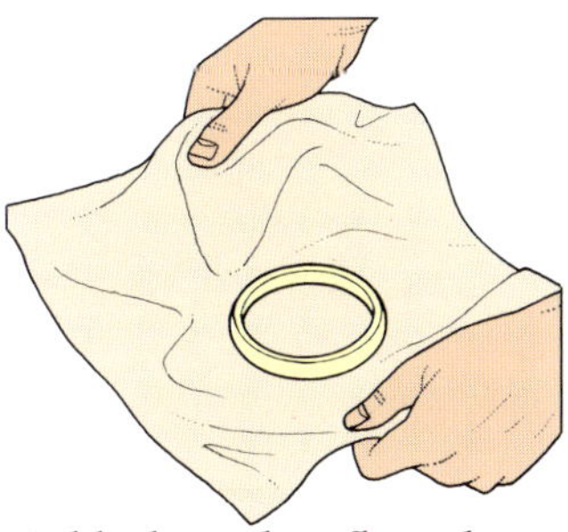

Goldschmuck aufbewahren
Sauberen Goldschmuck wickeln Sie in ein Fensterleder, damit er nicht stumpf wird. Gelegentlich in Seifenlauge spülen.

Grosse Gegenstände

● **Reinigung** Große Goldgegenstände wie Pokale mit einem imprägnierten Silberputztuch reinigen und mit einem Fensterleder polieren.

Vergoldete Rahmen
Beschädigte Stellen bei modernen Goldrahmen mit Goldfarbe (erhältlich in Geschäften für Künstlerbedarf) behandeln.

Metall säubern

● **Platin** Ein paar Minuten in ein Schmuckbad tauchen. Verwinkelte Stellen mit einer weichen Zahnbürste reinigen. Abspülen und gut abtrocknen.

● **Blei** Mit Terpentin oder Lackbenzin einreiben. Stark verschmutzte Gegenstände fünf Minuten in eine Lösung aus 1 Teil Essigessenz, 9 Teilen Wasser und etwas Natriumhydrogencarbonat legen. Mit destilliertem Wasser abwischen.

● **Goldbronze** Mit einem Wattestäbchen eine Lösung aus 10 ml (2 Teelöffel) Ammoniak und 250 ml Wasser auftragen, mit Wasser und Wattebausch nachwischen und mit weichem Tuch abtrocknen. Keine Metallpolitur verwenden.

GLAS UND PORZELLAN

GLAS UND PORZELLAN SEHEN BLITZSAUBER AM BESTEN AUS. Was Sie nicht häufig benutzen, sollten Sie ab und zu spülen. Wischen Sie die Sachen regelmäßig mit einem feuchten oder in Seifenlauge getauchten Lappen ab.

KRISTALL UND GLAS

Spülen Sie zerbrechliches Glas von Hand (in einer Plastikwanne wird es nicht beschädigt) und trocknen Sie es sorgfältig ab. Stellen Sie geschliffenes Glas oder feines Kristall nie in die Spülmaschine, da Geschirreiniger sie verätzen und weiße Schleier verursachen.

KRISTALL UND GLAS REINIGEN

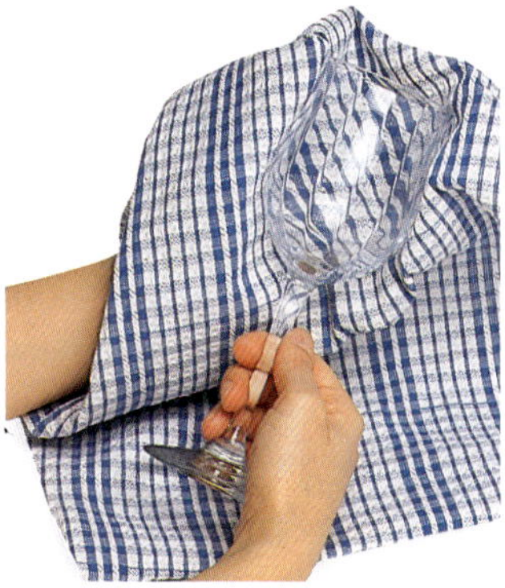

Stielgläser
Beim Abtrocknen Stielgläser innen am Küchentuch hin- und herdrehen. Bewegen Sie das Tuch am Glas entlang, kann der Stiel abbrechen.

Glas glänzend machen
Nach dem Abspülen Zitronenschalen ins Nachspülwasser geben. Zitrone klärt Fett und die freigesetzte Säure bewirkt strahlenden Glanz.

BEWÄHRTER TIP

Glas polieren
Glas mit dünner Paste aus Backpulver und Wasser einreiben, gut abspülen und mit einem weichen Tuch strahlenden Glanz verleihen. Funktioniert auch gut bei Autoscheiben.

GLASPFLEGE

- **Hitzebruch verhindern** Setzen Sie Glas nicht Hitze oder extremen Temperaturwechseln aus, da es sonst zerspringt. Mit Gold oder Silber verziertes Glas nicht zu lang in heißem Wasser spülen, da sich die Beschichtung sonst löst.
- **Glas aufbewahren** Weingläser aufrecht hinstellen, da sie ansonsten muffig riechen oder der Rand beschädigt wird.
- **Gerüche beseitigen** Stark riechende Flaschen und Gläser abspülen und dann in einer Lösung aus 5 g (1 Teelöffel) Senfpulver und 1,14 Liter warmem Wasser über Nacht stehenlassen. Gut ausspülen.

GLASWAREN REPARIEREN

Klemmende Gläser
Stellen Sie ineinander verklemmte Gläser in eine Schüssel und füllen Sie das innere mit Eiswürfeln, damit es sich zusammenzieht. Warmes Wasser in die Schüssel gießen, so daß sich das äußere Glas ausdehnt.

Angeschlagene Gläser
Angeschlagene Gläser nicht wegwerfen, sondern die beschädigte Stelle mit extra feinem Sandpapier schmirgeln und den Rand um die Stelle herum glätten, so daß die Reparatur nicht so sichtbar ist.

BESONDERE GLASGEGENSTÄNDE

Glasgegenstände ziehen Staub an und sehen stumpf aus, wenn sie nicht regelmäßig gereinigt werden. Sorgen Sie dafür, daß sich kein Staub ansammelt. Müssen Sie Glas zum Reinigen in einen anderen Raum tragen, legen Sie es in einen mit Zeitungspapier ausgelegten Papierkorb.

SPIEGELREINIGUNG UND -PFLEGE

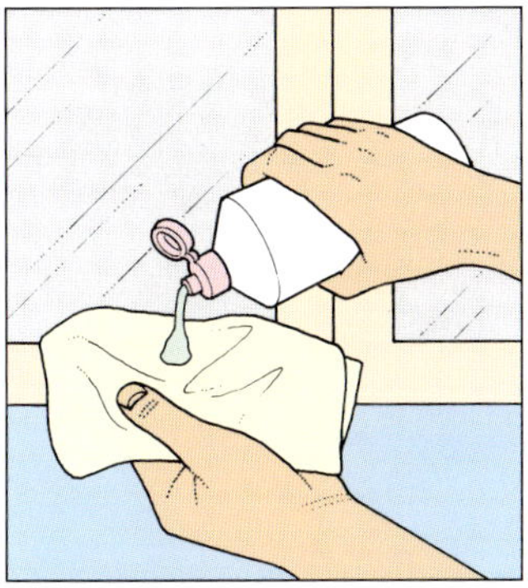

Spiegel polieren
Für glänzende Spiegel mit einem feuchten Tuch ein paar Tropfen Brennspiritus auftragen. Keine Flüssigkeit seitlich unter den Rahmen oder hinter das Glas gelangen lassen. Mit einem weichen, trockenen Tuch polieren.

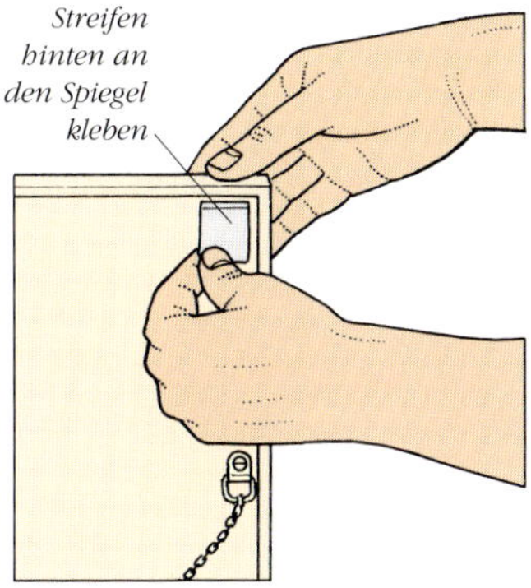

Große, schwere Spiegel
Mit doppelseitig haftendem Klebeband einfach Schaumgummistreifen oder Korkstückchen rückwärtig an die Spiegelecken kleben, damit die Tapete oder die Wandfarbe dahinter nicht beschädigt wird.

KRONLEUCHTER

- **Regelmäßig abstauben** Jedesmal beim Putzen des Zimmers Kronleuchter mit langem Staubwedel abstauben, dann muß er nicht so oft gründlich geputzt werden.
- **Reinigung** Hauptstromschalter ausschalten und um die Glühbirnen Plastiktüten wickeln. Boden darunter abdecken. Wischen Sie alle Glasteile mit Spülmittel ab. Für Glasperlen sind Sprühreiniger erhältlich. Jede Birne herausschrauben und säubern, dabei die Metallteile mit Metallpolitur reinigen. Beim Auseinandernehmen des Kronleuchters Skizze anfertigen, um ihn später wieder zusammensetzen zu können.

KARAFFEN UND VASEN

- **Reinigung** In stumpf gewordene Karaffen und Vasen geben Sie eine Handvoll Salz und 10 ml (2 Teelöffel) Essigessenz oder eine Lösung aus Essigessenz, Wasser und etwas grobem Sand.
- **Flecken auf Kristallvasen** Vase mit Wasser und 30 ml (2 Eßlöffel) Ammoniak füllen, um Flecken und Schmutz zu entfernen. Mehrere Stunden wirken lassen. Beim Umgang mit Ammoniak immer Handschuhe tragen.
- **Flecken auf Karaffen** Portweinflecken mit Bleichmittel entfernen. Gründlich ausspülen, bis alle Spuren und der Geruch des Bleichmittels weg sind.
- **Karaffen aufbewahren** Kleine Beutel mit Kieselerde (erhältlich in Blumengeschäften) in der Karaffe absorbieren die Feuchtigkeit.

ARMBANDUHREN

- **Pflege** Das Uhrgehäuse vom Fachmann reinigen lassen. Uhr vor dem Eintauchen der Hände in Wasser immer abnehmen, damit das Uhrwerk nicht rostet.

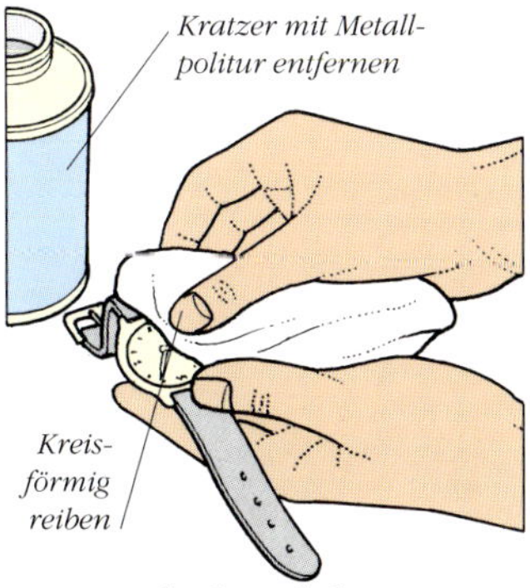

Kratzer behandeln
Zur Entfernung von Kratzern das Uhrglas zehn Minuten mit einem um den Finger gewickelten und in dickflüssige Metallpolitur getauchten Tuch fest abreiben, danach polieren.

BRILLEN

- **Lockere Schrauben** Lockern sich die Schrauben, lackieren Sie die Schraubenenden mit Nagellack. Die meisten Optiker führen auch Präzisionsschraubenzieher.

Brillen reinigen
Brille regelmäßig in Spülmittellösung reinigen. Anlaufen der Brille durch Abwischen mit unverdünntem Spülmittel oder Polieren mit Kölnisch Wasser oder Gesichtswasser verhindern.

Porzellan und Geschirr

Geben Sie auf Ihr Porzellan gut acht, da Sie sonst am Ende lauter angeschlagene Teile haben, für die Sie keinen passenden Ersatz finden. Zerbrechen Sie ein Stück aus einem Service, ersetzen Sie es baldmöglichst, denn einige Dekore werden nicht wieder aufgelegt.

Porzellanteller

- **Feines Porzellan aufbewahren** Zwischen saubere Porzellanteller jeweils einen Pappteller legen; so wird die dekorative Fläche eines Tellers nicht durch die Unterseite des darüberliegenden beschädigt.

Kasserollen

- **Beschädigung verhindern** Nicht glasierte Kasserollen vor Gebrauch außen mit einer aufgeschnittenen Zwiebel oder Knoblauchzehe einreiben; dadurch hält sie höheren Temperaturen stand.

Porzellanvasen

- **Reinigung** In schmutzige Vasen eine Handvoll Sand oder Salz streuen, Spülmittellösung oder etwas unverdünnten Essig hineingießen und gut schütteln. Über Nacht einwirken lassen.
- **Tiefe Vasen** In für Schnittblumen zu tiefe Porzellanvasen einfach zusammengeknülltes Küchenpapier oder Zeitung geben.

Teekannen innen reinigen

1 Teekannen aus Porzellan mit Natriumhydrogencarbonat auf einem feuchten Lappen säubern.

2 Mit dem Tuch innen über die Teekanne reiben, dann gut ausspülen. Mit offenem Deckel aufbewahren.

Zerbrochenes Porzellan reparieren

Kleinere Beschädigungen können Sie selbst reparieren, doch wertvolle Stücke sollten Sie am besten dem Fachmann überlassen. Heben Sie alle Bruchstücke bis zum Zusammensetzen auf. Essen oder trinken Sie nicht von angeschlagenem Geschirr.

Porzellan reparieren

- **Mit Kleber** Vor dem Auftragen des Klebers Kanten der Porzellanstückchen mit einem nicht fusselnden Material abwischen. Möglichst keine Fingerabdrücke auf den Kanten hinterlassen. Bei Verwendung von Epoxidharz kann das Porzellan später sogar geringer Hitze ausgesetzt werden.
- **Improvisierte Klammern** Kleine Porzellanstücke mit Modellierton oder Wäscheklammern zusammenhalten, während der Kleber trocknet.

Zerbrochene Henkel reparieren

1 Tasse in eine Kiste mit Sand legen, damit sie nicht verrutscht, und auf die Bruchstellen des Henkels und der Tasse Kleber auftragen.

2 Griff an die richtige Stelle setzen und überschüssigen Kleber abwischen. Tasse so lange im Sand liegen lassen, bis der Kleber getrocknet ist.

DEKORATIVE FLÄCHEN

DEKORATIVE FLÄCHEN BENÖTIGEN MEHR PFLEGE als Holz, Metall und Kunststoff. Sie können dafür nicht immer nur einen Grundreiniger verwenden. Marmor-, Alabaster-, Onyx- und Jadeflächen benötigen jeweils eine Spezialbehandlung.

STEIN

Stein kann für verschiedene Oberflächen verwendet werden, nicht nur für Wände und Böden. Steinoberflächen sind oft porös und sollten nicht naß gemacht werden. Da sie leicht Flecken bekommen, sollte man Verschüttetes und Flecken schnell entfernen.

STEINPFLEGE

- **Marmor** Behandeln Sie Flecken sofort, da Marmor porös ist. Über Wein-, Tee- und Kaffeeflecken mit einer Lösung aus 1 Teil Wasserstoffperoxid und 4 Teilen Wasser reiben. Sofort abwischen und Prozedur bei Bedarf wiederholen. Andere Flecken siehe rechts.
- **Alabaster** Sehr poröser Stein. Mit etwas Lackbenzin oder Terpentin reinigen. In Alabastervasen kein Wasser gießen, da sie durchlässig sind.
- **Jade** Jade kann man spülen, muß sie aber sofort mit Küchenpapier abtrocknen.

FLECKEN VON MARMOR ENTFERNEN

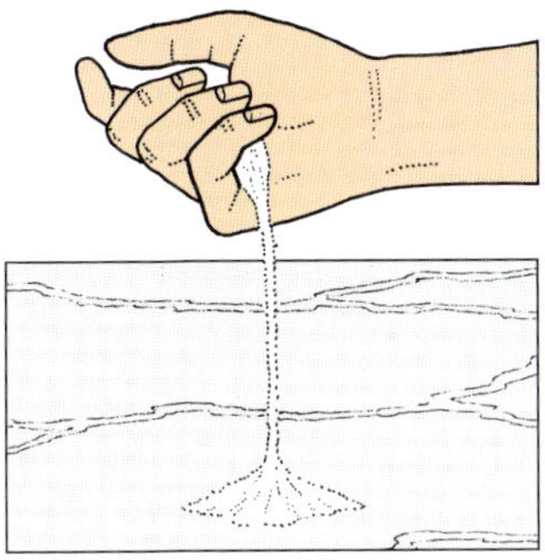

1 Auf den Fleck Salz streuen. Bei leichten Flecken Salz abbürsten und erneut auftragen, bis der Fleck ganz absorbiert ist.

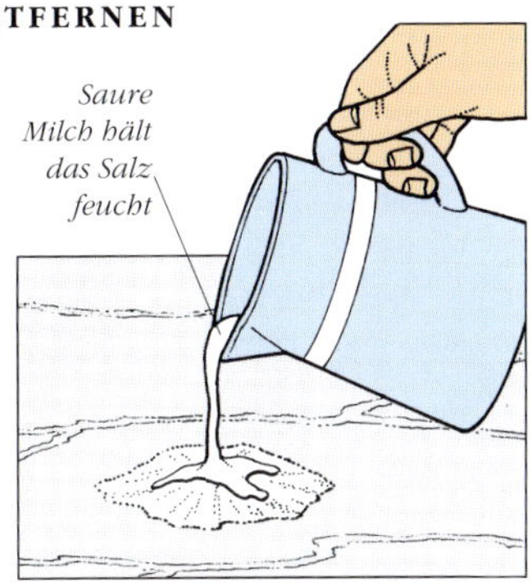

2 Auf hartnäckige Flecken Salz und saure Milch geben und mehrere Tage stehenlassen. Dann mit einem feuchten Lappen abwischen.

BEIN UND HORN

Bein, Horn und antikes Elfenbein sollte man sanft abwischen, aber nicht spülen. Tauchen Sie Messergriffe aus Bein beim Abspülen nicht ins Wasser. Schützen Sie Bein und Horn vor Sonnenlicht und Hitze. Spülen Sie Kelchgläser aus Horn sofort nach Gebrauch.

BEINPFLEGE

- **Haarbürsten** Haarbürsten aus Schildpatt mit Möbelreinigungsmilch und solche aus Elfenbein mit Lackbenzin säubern. Borsten reinigen, ohne den Rücken der Bürste naß zu machen, und Bürste mit den Borsten nach unten trocknen lassen.
- **Griffe aus Bein** Diese mit Brennspiritus reinigen. Verfärbte Griffe in die Sonne legen oder mit einer Paste aus gleichen Teilen Wasserstoffperoxid und Schlämmkreide einreiben.

ELFENBEIN

Klaviertasten reinigen

Klaviertasten mit Zahnpasta auf einem feuchten Tuch reinigen. Sanft reiben. Mit Milch nach-85wischen und gut polieren.

KLAVIERPFLEGE

- **Kunststofftasten** Regelmäßig abstauben und ab und zu mit einem Fensterleder und einer Lösung aus warmem Wasser und Essig abwischen.
- **Elfenbeintasten** Klavier an sonnigen Tagen offen lassen, so daß die Tasten ausbleichen und nicht gelb werden. Reinigung siehe links. Stark verfärbte Tasten mit einem speziellen Reiniger scheuern.
- **Mechanik** Staub mit dem Staubsauger aus dem Klavierinneren entfernen.

Vorhänge und Polster

Vorhänge, Polster etc. reinigen Sie am besten, indem Sie sie regelmäßig absaugen. Sorgen Sie dafür, daß die Sachen nicht schmutzig werden, denn dann sehen sie nie wieder gut aus. Lassen Sie sie je nach Bedarf chemisch reinigen.

Polstermöbel

Polster nutzen sich stark ab und benötigen Pflege, doch durch ein paar einfache Maßnahmen sehen sie wie neu aus. Ein paar Kampferstücke hinter der Lehne des Sofas verhindern, daß es muffig riecht und Motten kommen. Fleckentfernung bei Polstern siehe S. 32–55.

Reparieren

- **Bezüge** Abgenutzte Stühle und Sofas mit großen Stoffbahnen bedecken oder lose Ersatzbezüge nähen.
- **Flicken** Löcher und abgenutzte Stellen baldmöglichst flicken. Den neuen Stoff vorher in die Sonne legen, damit er ausbleicht und zum alten Stoff paßt.
- **Gobelins** Zur Wiederbelebung verblaßter Farben und Staubentfernung feuchtes Salz einreiben, einwirken lassen, dann mit einer weichen Bürste abbürsten.

Polstermöbel reparieren

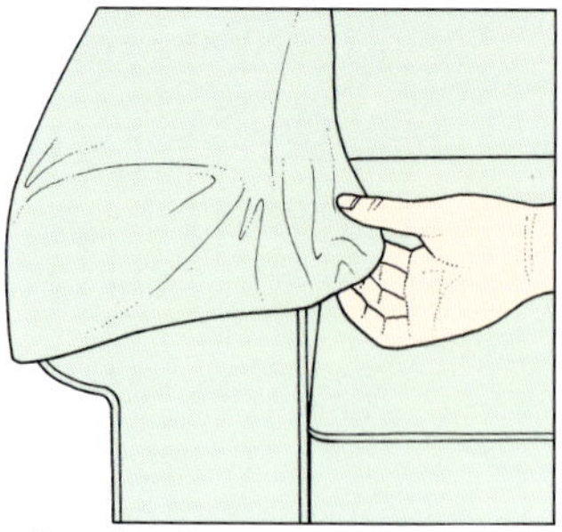

Abnehmbare Bezüge
Die Abnutzung zeigt sich bei Sesseln immer zuerst an den Armlehnen. Für die abgenutzte Stelle einen abnehmbaren Bezug nähen.

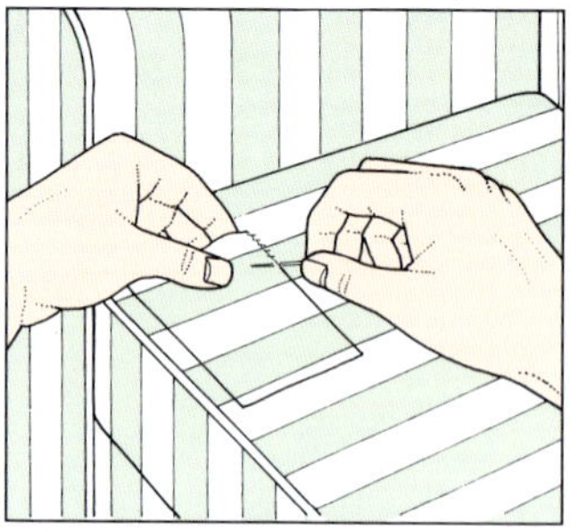

Flicken aufnähen
Ein passendes Stück Stoff ausschneiden und die Ränder nach unten falten. Flicken mit winzigen Stichen annähen.

Ledermöbel

Stellen Sie diese nicht in die Sonne, da sie sonst rissig werden. Tragen Sie ein- bis zweimal jährlich Pflegemittel auf, damit das Leder geschmeidig bleibt. Reiben Sie es gut ein, so daß es nicht abfärbt. Stauben oder saugen Sie die Ledermöbel regelmäßig ab.

Flecken entfernen

Kugelschreiberfarbe
Mit Milch und einem Tuch entfernen. Andere Tintenflecken sofort wegwischen, dann mit lauwarmem Wasser oder etwas Lackbenzin über die Stelle fahren.

Lederpflege

- **Reinigen** Glattlederpolster sehen wie neu aus, wenn man sie abwischt, mit einem in geschlagenes Eiweiß getauchten Lappen gründlich abreibt und dann mit einem sauberen Tuch poliert.
- **Abwaschbarkeit prüfen** Um zu prüfen, ob das Leder abwaschbar ist, ganz wenig Wasser auf eine verdeckte Stelle spritzen. Bildet es auf der Oberfläche Tröpfchen, ist das Leder abwaschbar. Zieht es ein, darf man das Leder nicht abwaschen, sondern nur abstauben.

Grüner Tip

Natürliche Lederpolitur
300 ml Leinöl zum Kochen bringen, abkühlen lassen, dann 300 ml Essig zugeben. Mit einem Tuch auftragen.

Vorhänge und Haushaltswäsche

Pflegen Sie Vorhänge und Haushaltswäsche. Vorhänge lassen sich beim Umzug passend zur neuen Wohnung umgestalten. Abgenutzte Bettwäsche kann geflickt oder für andere Zwecke verwendet werden. Mottenschutz bei der Aufbewahrung von Leinen siehe S. 68.

Probleme mit Vorhängen

- **Gardinenringe und -stangen** Rostige Gardinenringe in Essig kochen, damit sie glänzen. Alte Gardinenstangen laufen mit Seife eingerieben glatter.
- **Stores** Damit Stores beim Abnehmen und Aufhängen keine Fäden ziehen, über das Stangenende den Finger eines alten Handschuhs streifen.

Vorhänge verlängern
Zur Verlängerung des Vorhangs farblich passende Rüsche aus ähnlich schwerem Stoff annähen.

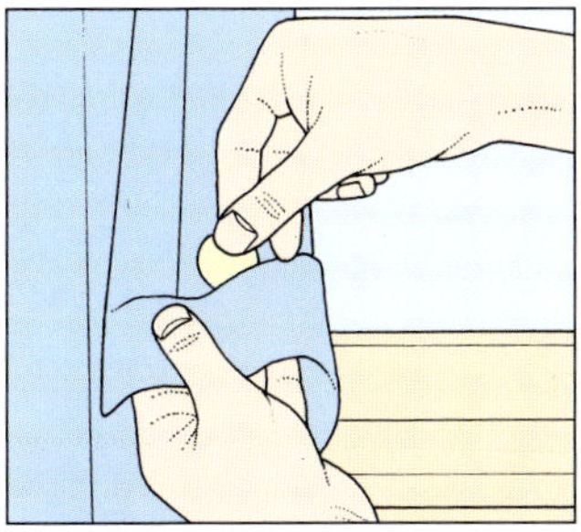

Gerade hängen
Damit leichte Vorhänge schön hängen, Münzen gleichmäßig im Saum verteilen, um ihn zu beschweren.

Wäsche

Alles Leinen abwechselnd benutzen, da es bei zu langer Aufbewahrung an den Faltkanten vergilbt und Motten anzieht. Leinen waschen siehe S. 61.

- **Federbetten** Zur gleichmäßigen Verteilung der Federn täglich ausschütteln. Regelmäßig draußen lüften.
- **Heizdecken** Drähte vor dem Waschen entfernen. Etwa alle drei Jahre zum Händler oder Hersteller zur Inspektion geben.
- **Küchentücher** Sie nutzen sich überall ab. Verschlissene in der Mitte falten und Ränder zusammennähen, damit sie länger halten.

Lampenschirme

Reinigen Sie Lampenschirme regelmäßig, da man sie sonst nur schwer säubern kann. Meistens stehen sie im Blickfeld und müssen deshalb mit dem Staubsauger oder einem Federstaubwedel regelmäßig abgestaubt werden. Ziehen Sie den Lampenstecker heraus.

Reinigungstips

- **Pergamentschirme** Leicht abstauben und Flecken mit Tuscheradierer entfernen.
- **Kunststoff- und Glasschirme** Mit Spülmittel abwaschen, nachwischen und abtrocknen.
- **Seidenschirme** In die Reinigung geben, bevor der Schmutz sichtbar wird.
- **Strohschirme** Bast- und Strohschirme häufig absaugen, da sie leicht Staub anziehen.
- **Velinschirme** Mit einer Mischung aus 1 Teil Seifenflocken, 1 Teil warmem Wasser und 2 Teilen Brennspiritus abwaschen, mit einem in Brennspiritus getauchten Lappen nachwischen und etwas Möbelwachspolitur auftragen.

Papierschirme

Regelmäßig abstauben
Papierschirme, vor allem die Falten, mit einem Tuch abstauben. Kein Wasser benutzen, da sich das Papier dann verzieht. Da Papierschirme recht preiswert sind, stark verschmutzte eventuell ersetzen.

Stoffschirme

Staubsaugen
Stoffschirme mit der Polsterdüse des Staubsaugers reinigen. Nicht abwaschen, da das Gewebe eingehen und das Metallgestell rosten kann. Stark verschmutzte Schirme am besten in die Reinigung geben.

HAUSRAT

IN MODERNEN HAUSHALTEN muß vieles regelmäßig gereinigt und repariert werden, damit es richtig funktioniert und gut aussieht. Besonders elektronische Geräte, Bücher, Kerzenhalter und Bilder benötigen regelmäßige Pflege.

ELEKTRONISCHE GERÄTE

Staub ist der Feind elektronischer Geräte – decken Sie sie also bei Nichtgebrauch ab, oder schützen Sie sie anderweitig. Achten Sie darauf, daß sie so stehen, daß sie nicht beschädigt werden, und reparieren Sie sie nur selbst, wenn Sie sich sicher sind, wie.

REINIGUNGSTIPS

- **Telefon** Flecken mit Brennspiritus entfernen. Hör- und Sprechmuschel mit antiseptischer Flüssigkeit und Watte säubern.
- **Kofferradios** Regelmäßig abstauben. Ab und zu mit Brennspiritus und Watte reinigen.
- **Kameras** Kamera im Fachgeschäft reinigen und bei Nichtgebrauch in der Kamerabox lassen.
- **CDs** CDs und CD-Player mit Spezialreinigerset (erhältlich in Fachgeschäften) säubern.
- **Andere Geräte** Pflege von Küchengeräten siehe S. 26. Reinigung und Pflege von Bügeleisen siehe S. 64.

FERNSEHER

Reinigung
Damit sich kein Staub absetzt, sprühen Sie den Bildschirm mit Antistatikum ein. Wöchentlich mit Brennspiritus oder Fensterreiniger abwischen und mit Küchenpapier abtrocknen.

ZEITSPARTIP

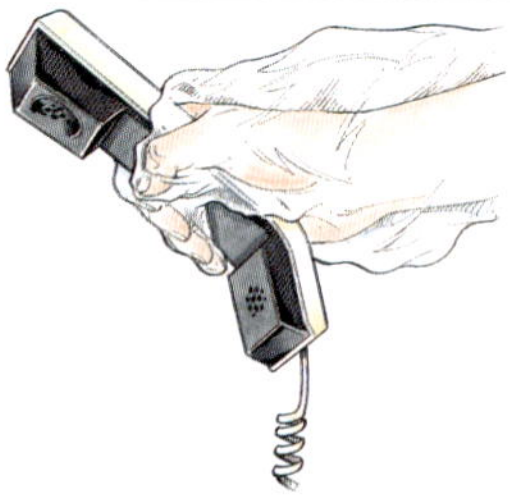

Telefonschutz
Bei Arbeiten wie Kuchenbacken oder Streichen, die schmutzige Hände verursachen, legen Sie eine Plastiktüte neben das Telefon, um sie beim Telefonieren über die Hand zu streifen.

VIDEORECORDER

Videorecorder abdecken, damit sie nicht verstauben. In Räumen, in denen die Feuchtigkeit leicht kondensiert, Säckchen mit Kieselerde (erhältlich bei Floristen) oben auf den Videorecorder legen, dann bleibt er trocken.

- **Reinigung** Gelegentliche Säuberung mit einem Reinigungsband sorgt für eine gute Bildqualität bei der Wiedergabe.
- **Filme aufbewahren** Videofilme in numerierten Papp- oder Kunststoffschachteln aufbewahren und über die Aufnahmen Buch führen. Zum Neubeschriften Aufkleber sammeln.

COMPUTER

Computer reinigen
Staub auf der Tastatur mit einem Wattestäbchen entfernen. Tastenoberfläche mit Brennspiritus und einem Wattestäbchen reinigen. Bildschirm abstauben und mit einem Antistatikum einsprühen.

BÜROAUSSTATTUNG

- **Sicherheit** Elektronische Geräte vor dem Reinigen ausschalten und Stecker herausziehen.
- **Computer** Computer sollten Sie nicht direkt in die Sonne stellen, da sie zu heiß werden und man auf dem Bildschirm nicht mehr so gut sehen kann.
- **Anrufbeantworter** Regelmäßig vor allem innen mit einem flauschigen Tuch abstauben. Bei Verwendung eines Aerosolreinigers Gerät vor dem Wiedereinsetzen der Kassette gut trocknen lassen.
- **Faxgeräte** Abstauben und ab und zu mit Brennspiritus abwischen.

Zierat und Bücher

Die Gegenstände verleihen Ihrer Wohnung den besonderen Charakter. Putzen und reparieren Sie deshalb Ihre Bilder, Bücher und Bücherregale, und achten Sie darauf, daß in der Nähe von Acrylbildern kein offenes Feuer brennt und nicht geraucht wird.

Bilderpflege

- **Bilderglas reinigen** Mit einem Papiertaschentuch Brennspiritus oder Essig auftragen, mit feuchtem Papiertaschentuch abwischen. Kein Wasser benutzen, da es unter das Glas gelangen kann.
- **Feuchte Drucke trocknen** Feuchte Drucke oder Zeichnungen zwischen mehrere Lagen Löschpapier legen und gleichmäßig Gewicht darauf verteilen (Bretter oder Bücher sind ideal). Das Löschpapier bei Bedarf auswechseln.

Verschiedenes

- **Uhren** Zifferblatt mit Brennspiritus reinigen. Wertvolle Uhren beim Hausputz mit einer Plastiktüte abdecken.
- **Schirmständer** Unten in den Schirmständer Schaumstoff legen, der überschüssiges Wasser aufsaugt.

Bücherpflege

- **Bücher aufbewahren** Bei Bücherschränken Türen ab und zu offenlassen, damit die Bücher Luft bekommen und nicht schimmeln. Bücher im Regal nicht eng zusammenpacken und nicht über der Heizung aufbewahren, da die Einbände sonst rissig werden.
- **Schimmel vermeiden** Schimmelbildung durch Sprenkeln der Bücherregale mit Lavendel-, Eukalyptus- oder Nelkenöl verhindern.
- **Schimmel entfernen** Auf schimmelige Bücher Maismehl streuen, ein paar Tage stehenlassen und abbürsten.
- **Fettflecken** Behandlung von Fettflecken auf Papier siehe S. 55.

Bilderrahmen

- **Reinigung** Holzrahmen mit Möbelpolitur, Kunststoffrahmen mit Spülmittel abreiben.

Goldrahmen reinigen
Terpentinflasche in heißem Wasser aufwärmen und die warme Flüssigkeit in den Rahmen einreiben. Dann mit 45 ml (3 Eßlöffel) Essig und 600 ml kaltem Wasser reinigen.

Kerzen

- **Sichere Kerzen** Bei zu engen Kerzenhaltern Kerzenende vorher in heißes Wasser tauchen, bei losen Kerzenhaltern in Klebeband wickeln.

Dekorationskerzen mit Brennspiritus abwischen

Kerzenpflege
Dekorative Kerzen bei Verschmutzung mit Brennspiritus abwischen. Neue Kerzen brennen länger, wenn sie ein paar Stunden im Gefrierfach waren.

Bilder aufhängen

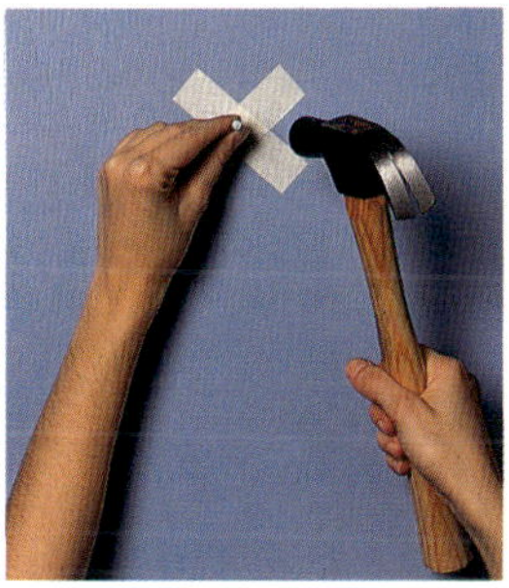

- **Stelle markieren** Markieren Sie die Stelle, an der das Bild hängen soll, mit einem Kreuz aus Klebeband. Dadurch bekommt der Verputz beim Einhämmern des Nagels und des Bilderhakens keine Risse.
- **Schiefe Bilder** Damit das Bild richtig hängt, Bilderdraht in der Mitte mit Klebeband umwickeln, damit er besser hält.

Bücher säubern

- **Abstauben** Einmal jährlich Bücher aus dem Regal nehmen und oben mit einem Acrylstaubwedel abstauben. Bücher dabei nicht aufklappen.

In Leder gebundene Bücher
In Leder gebundene Bücher einmal im Jahr mit einer Mischung aus Lanolin und Klauenfett (erhältlich in Sattlereien) oder farbloser Schuhcreme reinigen.

ACCESSOIRES

DIE MEISTEN MENSCHEN HABEN GEGENSTÄNDE, die sie wie einen Schatz hüten. Halten Sie diese Sachen sauber, und reparieren Sie sie bei Bedarf. Photographieren Sie sie für den Fall, daß sie gestohlen werden.

SCHMUCKPFLEGE

Modeschmuck benötigt kaum Pflege, aber wertvolle Stücke sollte man häufig reinigen. Tragen Sie beim Putzen keine Ringe mit Steinen, weil Sie damit Gegenstände zerkratzen können. Silberreinigung siehe S. 74/75, Gold- und Platinreinigung siehe S. 77.

SCHÄDEN VERHINDERN

- **Schmuck prüfen** Schmuck vor jedem Tragen auf beschädigte Glieder und defekte Verschlüsse hin untersuchen.
- **Ketten** Werden Ketten nicht getragen, sollte man sie schließen, damit sie nicht verknoten. Beim Schwimmen keine Goldketten tragen – Chlor macht das Gold spröde.

MODESCHMUCK

- **Reinigung** Modeschmuck mit Backpulver bestreuen und mit einer weichen Zahnbürste abbürsten.

WERTVOLLEN SCHMUCK REINIGEN

1 Schmuck ein paar Minuten in einer Schüssel mit Spülmittellösung (nicht im Spülbecken) einweichen und dann mit einer Zahnbürste abreiben.

2 Schmuck abspülen, auf ein Küchentuch legen und mit dem Fön (Stufe 1) trocknen. Das Wasser nach Steinen absuchen.

GUTE IDEE

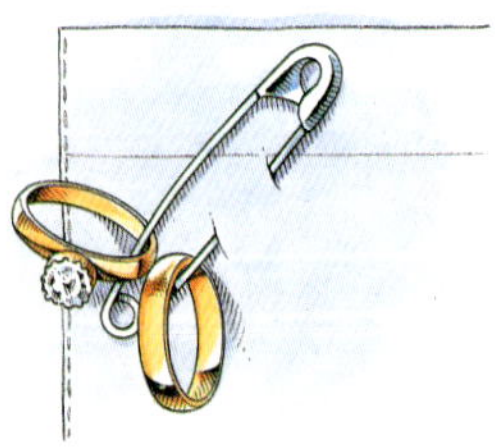

Ringhalter

Jederzeit große Sicherheitsnadel bei der Spüle griffbereit haben, mit der Sie beim Abwaschen Ringe an der Kleidung befestigen können. So werden sie nicht beschädigt oder gehen verloren.

EDELSTEINE

Bernstein

- **Zerbrechliche Steine** Steine wie Bernstein, Koralle und Gagat wie oben beschrieben reinigen.

Rubin

- **Harte Steine** Rubine wie oben beschrieben oder mit einem speziellen Schmuckreiniger säubern.

Smaragd

- **Smaragde** Weiche Steine, die leicht Risse bekommen, in die Wasser dringt, am bestem vom Juwelier reinigen lassen.

Jade

- **Jade** Waschen und sofort mit einem weichen Tuch abtrocknen (Scheuerflächen oder Schmutz zerkratzen den Stein).

Opal

- **Opale und Türkise** Nicht abwaschen, da diese Steine porös sind. Stein mit einem Fensterleder, Einfassung mit einer Zahnbürste polieren.

Perle

- **Perlen** Am besten durch Tragen sauberhalten. Nur selten getragene Perlen ab und zu leicht mit einem Fensterleder abreiben.

Schmuckreparatur und -aufbewahrung

Bringen Sie an wertvollen Broschen eine Sicherheitskette an. Goldschmuck sollten Sie in Seidenpapier wickeln und in separaten Kästchen aufbewahren, so daß er nicht verkratzt. Lackieren Sie die hautfärbenden Gold- oder Silberringe mit durchsichtigem Nagellack.

Kleinere Schmuckreparaturen

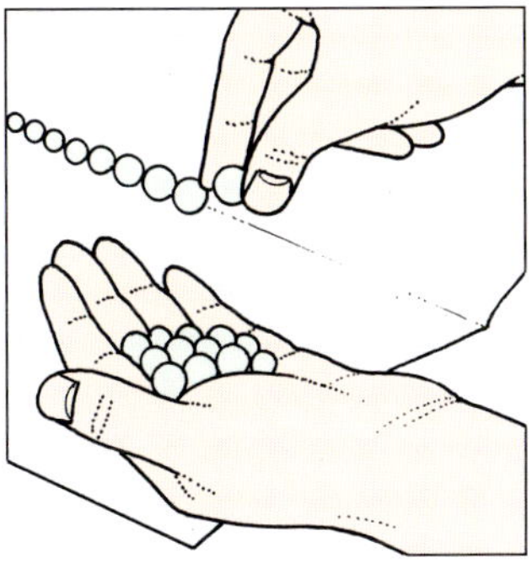

Kette wieder auffädeln
Papier knicken und Perlen in der richtigen Reihenfolge in den Knick legen. Perlen auf eine Angelleine fädeln.

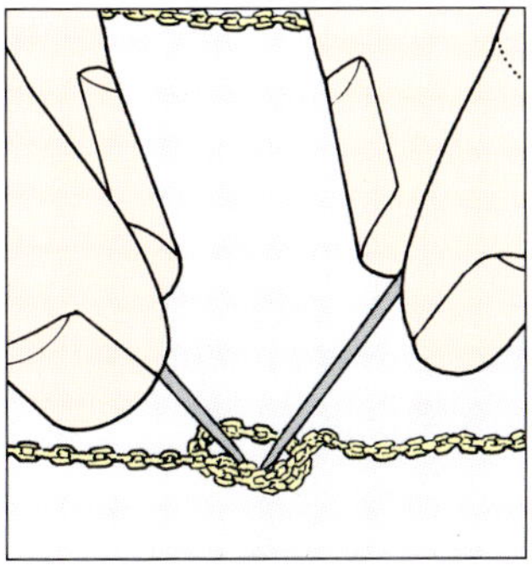

Ketten entwirren
Auf ein Stück Wachspapier legen, einen Tropfen Babyöl auf den Knoten tropfen und mit zwei Nadeln aufknoten.

Feste Ringe

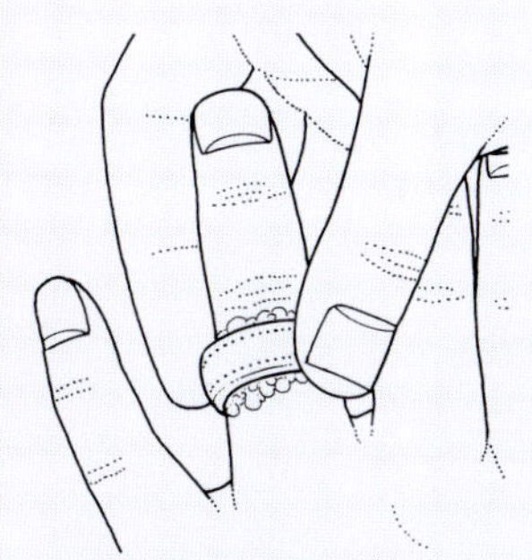

- **Seife verwenden** Zum Lösen feststeckender Ringe Hände naß machen und Seifenschaum über und unter den Ring reiben, bis er abgeht.
- **Eis verwenden** Geht der Ring nicht ab, weil Ihre Hände im heißen Wasser geschwollen sind, halten Sie diese in eine Schüssel mit Eiswasser.

Schmuck aufbewahren

- **Halsketten** Schraubhaken in hölzerne Kleiderbügel schrauben und Ketten daran aufhängen, damit sie nicht verknoten.
- **Modeschmuck** Schmuck in einer Eierschachtel aufbewahren; kleine Sachen unten, Ketten und Armreifen im Deckel.

Verschiedene Gegenstände

Sachen wie Kämme, Füller und Handtaschen müssen regelmäßig gepflegt werden. Reinigen Sie Leinentaschen mit einem Badreiniger, und spülen Sie sie gut aus. Reiben Sie Ledertaschen mit farbloser Schuhcreme ein. Reinigung von Armbanduhren und Brillen siehe S. 79.

Persönliches

- **Handtaschen** Metallteile und -verschlüsse an Handtaschen vor Gebrauch zweimal mit durchsichtigem Nagellack lackieren. Kaputte Handtaschengriffe durch eine Patentkette ersetzen.
- **Kämme** In kaltem Wasser mit ein paar Tropfen Ammoniak oder 10 g (2 Teelöffel) Natriumhydrogencarbonat spülen. Reinigung von Bürsten siehe S. 81.
- **Kuscheltiere** Nichtwaschbare Kuscheltiere in einer Plastiktüte mit Natriumhydrogencarbonat schwenken. Gut abbürsten, am besten draußen.

Spielkarten

Flecken entfernen
Spielkarten mit krustenlosem Weißbrot abreiben, um Schmutz und Fett zu entfernen. Ab und zu mit Talkumpuder bestreuen, damit sie länger sauber bleiben.

Füller

Füller reinigen
Füller gelegentlich auseinandernehmen und die Teile in Essig einweichen. Eine Stunde stehenlassen, dann in warmem Wasser ausspülen.

Verbesserungen im Haus

Eine Wohnung, die in Ordnung gehalten wird, bleibt länger schön und steigt im Wert. Wenn Sie selbst streichen, tapezieren und Reparaturen ausführen, können Sie zudem Geld sparen. Zeit sparen Sie nur ein, wenn Sie fachlich versiert sind. Sorgen Sie dafür, daß Sie die für die Arbeit notwendigen Utensilien haben, und planen Sie stets voraus. Fangen Sie eine Arbeit nur an, wenn Sie sich sicher sind, daß Sie diese auch zu Ende führen können.

Werkzeug Grundausstattung

Da Qualitätswerkzeug ein Leben lang hält, sollten Sie möglichst hochwertige Werkzeuge kaufen. Heben Sie alle zusammen in einer stabilen Kiste mit Griff auf, um sie zur Hand zu haben. Die unten aufgelisteten sind für die meisten Arbeiten zu Hause geeignet.

- **Zange** Zum Drahtbiegen, -geradeziehen oder -schneiden sowie zum Entfernen von Nägeln und Reißzwecken.
- **Schraubenschlüssel** In unterschiedlichen Größen kaufen. Eignen sich zum Festziehen und Lösen von Schrauben und Muttern.
- **Schraubenzieher** Sie benötigen unterschiedliche Schlitz- und Kreuzschlitzschraubenzieher.
- **Tischlerhammer** Eignet sich gut zum Einschlagen und Herauslösen von Nägeln.
- **Schneidewerkzeuge** Es genügen eine scharfe Schere und ein Teppichmesser.
- **Sonstiges** Sie benötigen feste Schutzhandschuhe, Sandpapier verschiedener Körnung, unterschiedlich große Nägel, Schrauben und Dübel, Meßband, Schnur, selbsthaftendes Kreppband und Öl, damit das Werkzeug nicht rostet.

Zusätzliches Werkzeug

Die folgende Ausstattung sollten Sie sich anschaffen, wenn Sie viel heimwerken.

- **Kneifzange** So lassen sich Nägel und Reißzwecken herausziehen.
- **Zusätzliche Schraubenzieher** Ratsche und kurzer Schraubenzieher.
- **Weitere Schraubenschlüssel** Verstellbare Schraubenschlüssel und Gripzangen eignen sich für Installationsarbeiten.
- **Sägen** Formatsäge und, je nach Arbeitsvorgang, unterschiedlich große Bügelsägen kaufen.
- **Zusätzliche Hämmer** Kreuzschlaghämmer eignen sich für Paneelstifte, Fäustel und Meißel für Arbeiten an Mauerwerk.
- **Meißel** Für Holz- und Mauerwerksarbeiten geeignet.
- **Sonstiges** Vorstecker zum Schraubenlöcherbohren, Schutzbrille, Schwamm für Schmutzarbeiten, elektrischer Bohrer und Zubehör, Stufenleiter und Werkbank.

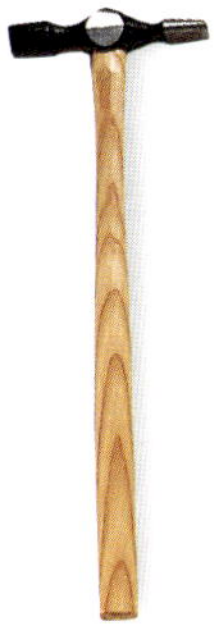
Kreuzschlaghammer

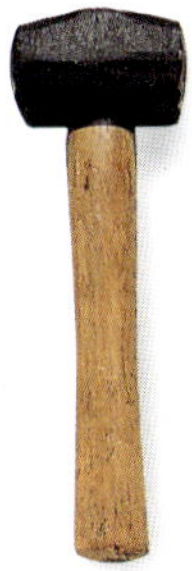
Fäustel

Meißel

kleiner Meißel

Ratsche

Schwamm

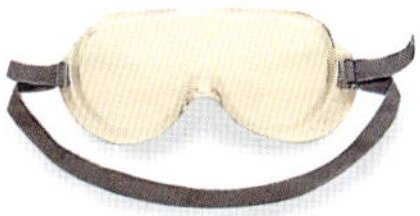
Schutzbrille

verstellbarer Schraubenschlüssel

kurzer Schraubenzieher

Vorstecker

Kneifzange

große Bügelsäge

kleine Bügelsäge

Formatsäge

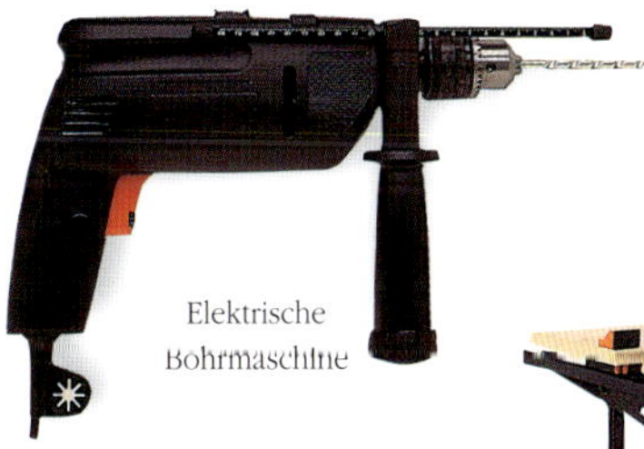
Elektrische Bohrmaschine

Gripzange

Stufenleiter

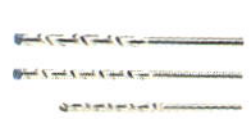
Betonbohrer für Arbeiten an Mauerwerk

Allzweckbohrer

tragbare Werkbank

WERKZEUG IM HAUSHALT

PFLEGEN SIE IHR WERKZEUG GUT. Schneidewerkzeuge sollten stets scharf sein. So schneiden Sie sich nicht, wenn Sie fest aufdrücken müssen. Tragen Sie eine Schutzbrille, so daß kein Schmutz in Ihre Augen gelangt, und feste Handschuhe.

PFLEGE UND AUFBEWAHRUNG

Um effizient arbeiten zu können, muß das Werkzeug gut gepflegt sein. Schärfen Sie Schneidewerkzeuge mit einem Ölstein, oder lassen Sie sie von einem Fachmann schleifen. Reinigen Sie das Werkzeug nach Gebrauch, egal wie müde Sie sind, und stellen Sie es sicher weg.

MEISSELPFLEGE

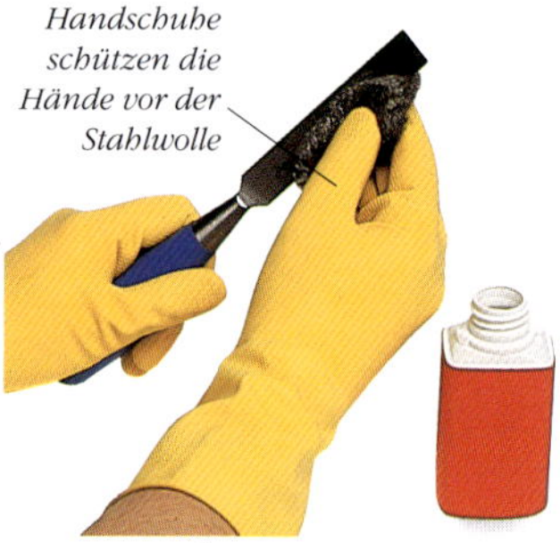

Meißel einölen
Damit der Meißel scharf bleibt, mit Stahlwolle und Öl einreiben. Handschuhe tragen. Das Öl vor dem Weglegen des Meißels mit Papier abwischen.

SÄGEN ABSCHLEIFEN

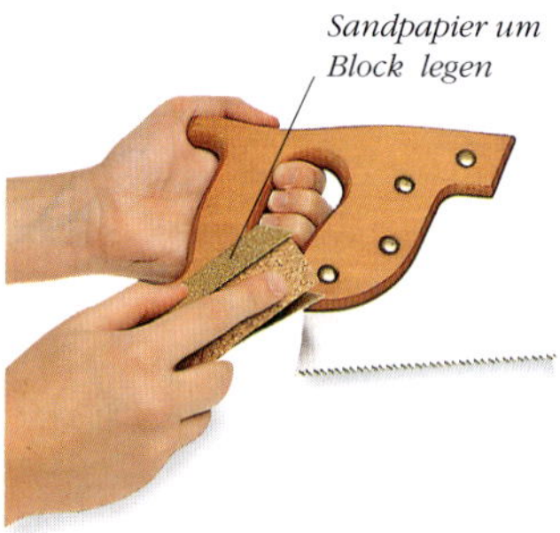

Griffe glätten
Wickeln Sie Sandpapier um einen Schmirgelblock, und schleifen Sie rauhe Stellen am Sägegriff ab. So können die Hände keine Blasen bekommen.

HAMMER REINIGEN

Hammerkopf säubern
Wenn der Hammerkopf verschmutzt ist, reiben Sie ihn in Sand oder Schleifpapier ab. Den Hammer zuerst auf einem Stück Holz ausprobieren.

WERKZEUG AUFBEWAHREN

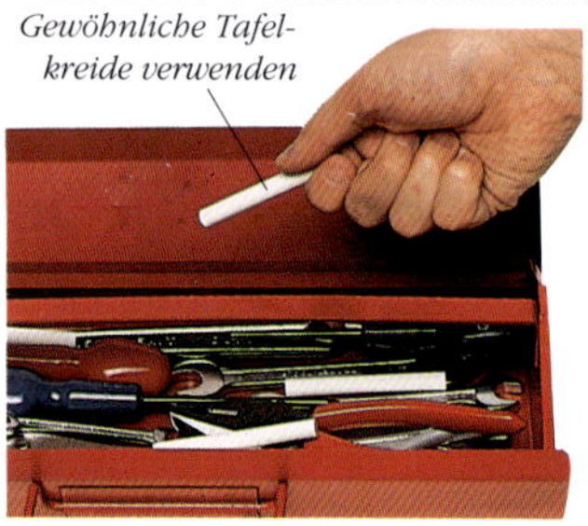

Im Werkzeugkasten
Ein paar Kreidestücke in jedes Fach legen. Sie absorbieren Feuchtigkeit und verhindern so, daß das Werkzeug rostet.

Behälter kennzeichnen
Zur eindeutigen Kennzeichnung kleben Sie einfach außen mit Klebeband entsprechende Nägel oder Schrauben an.

ROSTEN DES WERKZEUGS VERHINDERN

- **Kleine Werkzeuge** Hämmer, Schraubenzieher, Meißel etc. in einem Eimer mit trockenem Sand aufbewahren, damit sie nicht verschmutzen.
- **Schrauben und Nägel** In Politur- oder Feuchtigkeits-Cremedosen aufbewahren. Die Fettreste darin verhindern, daß die Nägel rosten.

WARTUNG

- **Rost entfernen** Um Rost zu entfernen, reiben Sie mit einem Rostlöser und Stahlwolle darüber, bis das Metall wieder glänzt. Mit Öl einreiben.
- **Wachsen** Das Einreiben von Werkzeugklingen mit etwas Kraftfahrzeug-Wachspaste verhindert, daß sie sich zersetzen.
- **Taue und Schnüre** Tauenden mit Schellack lackieren, damit sie nicht ausfransen. Bei Nylonschnüren die Enden über einer Flamme erhitzen, bis die Stränge fest zusammenhaften.
- **Steckbrett verwenden** Hängen Sie Ihr Werkzeug mit speziellen Haken an ein Steckbrett. Nicht lose in die Schublade legen, da es dort leicht beschädigt oder stumpf wird.

Werkzeugbenutzung

Sie müssen Werkzeug richtig benutzen, wenn Sie nicht am Ende mit krummen Sägelinien oder verfehlten Schraubmarkierungen dastehen wollen. Konzentrieren Sie sich beim Umgang mit Werkzeugen, und benutzen Sie sie nur zu dem Zweck, für den sie gedacht sind.

Nützliche Sägetechniken

- **Einkerben** Um gerade sägen zu können, machen Sie in das Holz mit einem Messer eine Kerbe, am besten in Form eines dreieckigen Keils (auch auf der Unterseite). Sägen Sie dann in der Rille.
- **Provisorischer Sägebock** Ist keine Werkbank vorhanden, kippen Sie eine Stehleiter aus Holz zur Seite, legen Sie das Holz darauf, und zur Sicherheit spannen Sie es an beiden Seiten der Leiter ein.

Sägehilfe
Um eine gerade Sägelinie zu bekommen, langes Holzstück auf das zu sägende Teil legen, einspannen und dann daran entlangsägen.

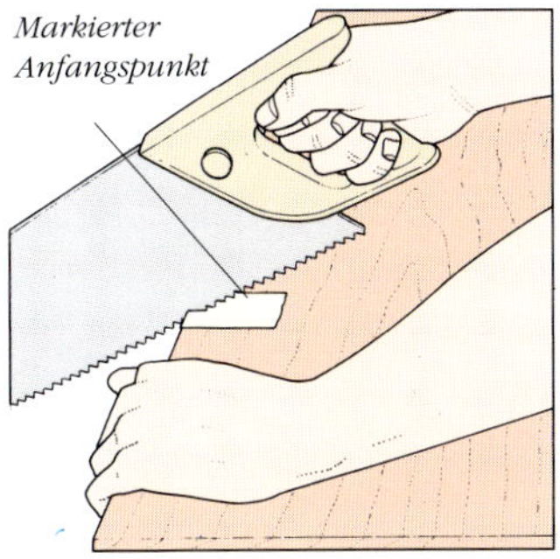

Splitterfreies Sperrholz
Damit Sperrholz beim Sägen nicht splittert, Kreppband auf den Anfangspunkt der Sägelinie kleben und diesen vor dem Sägen mit einem Stift markieren.

Praktisches Abschleifen

Feuchtes Sandpapier um einen Block wickeln

- **Mit einem Korkblock** Zur besseren Handhabung Sandpapier um einen Holzschmirgelblock wickeln. Beim Abschleifen schwieriger Oberflächen besser Spielkarten verwenden – sie passen sich der zu schleifenden Fläche an.
- **Tips** Beim Abschleifen immer Handschuhe tragen, sonst werden die Finger verletzt oder aufgerauht. Große Flächen mit elektrischer Schleifmaschine bearbeiten.

Mit Schrauben und Nägeln arbeiten

- **Festgezogene Schrauben** Um feste Schrauben zu lösen, ziehen Sie diese zuerst leicht an. Drehen Sie dann in die entgegengesetzte Richtung.

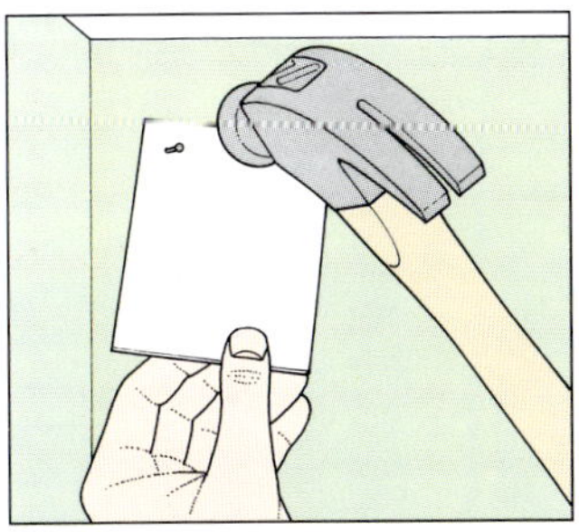

Kleine Nägel
Kleine Nägel, die schlecht halten, durch ein Stück Pappe drücken, damit sie beim Einhämmern nicht verrutschen. Ist der Nagel eingeschlagen, Pappe abreißen.

- **Lose Schrauben** Lösen sich Schrauben immer wieder, lackieren Sie die Köpfe vor dem Anziehen unten mit etwas Schellack.
- **Schraubenlöcher füllen** Muß direkt neben einem falsch gesetzten Schraubenloch gebohrt werden, stecken Sie in das erste Loch ein Streichholz.
- **Schwierige Stellen** Muß an Stellen geschraubt werden, die schwer zu erreichen sind, Bienenwachs in die Schraubenköpfe reiben, so daß der Schlitz mit Wachs gefüllt ist. Dadurch greift der Schraubenzieher besser.
- **Nägel im Verputz** Damit der Verputz beim Einschlagen der Nägel nicht bröckelt, Stelle markieren.

Zeitspartip

Schrauben schnell finden
Schrauben auf eine Zeitung leeren, um schnell die richtige Größe zu finden. Den Rest zurück in die Dose schütten.

Malen im Haus

Streichen ist mit der billigste Weg, Zimmer wieder wie neu aussehen zu lassen. Wählen Sie erst einmal Stoffe und Bodenbeläge aus – sie sind schließlich teurer als Farbe –, und entscheiden Sie sich dann für den Anstrich.

Utensilien zum Streichen

Da Streichen keine Kleinigkeit ist, stellen Sie alle Utensilien vor Arbeitsbeginn zusammen. Hierbei sind genügend Pinsel und Farbroller der richtigen Art und Größe wichtig.

- **Pinsel** Naturborstenpinsel sind teuer, halten aber länger als Kunstborsten, und ihre Borsten gehen nicht so leicht aus. Pinsel in verschiedenen Größen kaufen. Pinsel mit abgewinkelten Borsten machen das Streichen fensternaher Stellen einfacher.
- **Malerschwamm und Farbroller** Eignen sich zum schnellen Streichen großer Flächen, vor allem für Farben auf Wasserbasis.
- **Behälter** Bei der Arbeit mit Roller oder Schwamm ist eine Farbwanne nötig. Wenn Sie mit dem Pinsel arbeiten, gießen Sie die Farbe in einen Farbeimer, oder lassen Sie diese im Farbtopf. Restfarbe in einem Schraubglas aufbewahren.
- **Sonstiges** Nützlich sind auch ein Schaber zum Entfernen alter Farbe, ein feuchter Schwamm zum Abwischen von frischen Farbflecken und Kreppband zum Abkleben von Scheiben während des Fensterstreichens.

Schutz vor Farbe

Breiten Sie vor dem Streichen Abdecktücher über die Möbel, die man nicht aus dem Zimmer entfernen kann. Decken Sie den Boden mit Zeitungspapier ab, und tragen Sie für Schmutzarbeiten eine entsprechende Kleidung. Beim Deckestreichen Schutzbrille aufsetzen.

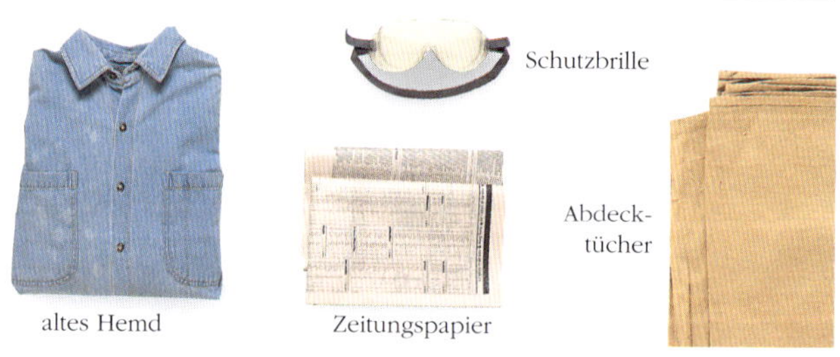

FLÄCHEN VORBEREITEN

Die Qualität des eigentlichen Farbanstrichs hängt bis zu einem gewissen Grad davon ab, wie man die Oberfläche vor dem Streichen präpariert. Für ein professionelles Endresultat sollten Sie die Fläche säubern und glätten, so daß die Farbe an ihr haften kann. Die Löcher füllen.

VERSCHIEDENE FLÄCHEN

Verputz
Vor dem Streichen versiegeln Sie den vollständig trockenen Verputz mit Grundierfarbe.

Ziegel
Vor dem Streichen Schimmel entfernen und beschädigten Mörtel ausbessern.

Unversiegeltes Holz
Versiegeln Sie zuerst Astknorren, tragen Sie dann je nach Holztyp Grundierung auf.

Gestrichenes Holz
Schleifen Sie unebene Oberflächen ab, ansonsten mit Seifenpulver abwaschen.

Leimfarbe
Mit Wasser und Schwamm abreiben und mit Stabilisierlösung streichen.

Emulsionsfarbe
Wände mit Seifenpulver abwaschen. Beim Tapezieren Isolierpapier (S. 102) aufhängen.

Tapete
Tapete überstreichen oder abschnittsweise naß machen und abkratzen (siehe S. 101).

Keramikkacheln
Mit Ammoniaklösung reinigen und abschmirgeln. Dann mit Emailfarbe streichen.

FLÄCHEN AUSBESSERN

Füllen Sie Löcher oder Risse mit Zellulose-Wandspachtelmasse, und lassen Sie sie gut trocknen. Schleifen Sie die Fläche vor dem Streichen glatt, und füllen Sie in Löcher und Risse erst Zeitungspapier, dann Wandspachtelmasse (sie sollte in trockenem Zustand nicht abblättern).

ALTE FARBE ENTFERNEN

Abblätternde Farbe
Staub wegsaugen, dann Sandpapier um einen Block wickeln und abblätternde Farbe abschleifen. Stelle abwaschen.

VOR DEM STREICHEN LÖCHER FÜLLEN

1 Mit einem Pinsel Staub aus dem Loch entfernen. Loch mit einem feuchten Lappen naß machen, so daß die Spachtelmasse darin hält.

2 Spachtelmasse mit einem Kittmesser eben auftragen. Möglichst viel überschüssige Masse abkratzen, trocknen lassen und abschleifen.

WIE STREICHEN?

NEHMEN SIE VOR DEM STREICHEN die Bilder ab, entfernen Sie den Zierat und möglichst viele Möbel. Große Möbelstücke muß man beim Deckestreichen hin- und herschieben; danach kann man sie in die Zimmermitte stellen und abdecken.

UMGANG MIT FARBE

Decken Sie den Boden mit Papier ab (nicht mit Kunststoffplanen, sie sind rutschig) und tragen Sie Schutzkleidung. Unterbrechen Sie das Streichen möglichst nicht. (Farbtöpfe können umkippen oder Linien da entstehen, wo Sie unterbrochen haben).

FARBTÖPFE

- **Öffnen** Den Rand abstauben, damit der Schmutz nicht in die Farbe gelangt. Mit der stumpfen Seite eines Messers öffnen.

Saubere Ränder
Selbsthaftendes Kreppband um den Rand des Farbtopfs kleben, damit die Rille sauber bleibt und der Deckel nicht festklebt.

FARBEIMER

- **Staubfreie Farbe** Jeweils nur kleine Mengen Farbe in den Eimer gießen, damit der Rest staubfrei bleibt.

Farbeimer auskleiden
Farbeimer vor dem Hineingießen der Farbe mit Folie auskleiden, damit er sauber bleibt. Folie nach dem Streichen entfernen.

FARBTYPEN

- **Grundierfarbe** Auf poröse Flächen wie unversiegelten Verputz, Holz und verschiedene Metalle auftragen.
- **Spachtel** Vor dem Auftragen der Deckschicht auf die Grundierfarbe aufbringen.
- **Emulsionen** Sie sind in verschiedenen Farben erhältlich, leicht aufzutragen und trocknen schnell.
- **Glanzfarben** Diese Ölfarben sind widerstandsfähig und eignen sich besonders für Holz, sind aber oft schwieriger aufzutragen als Farben auf Wasserbasis.
- **Rauhfaserfarben** Sie überdecken Risse und Unregelmäßigkeiten.

PROBLEMLÖSUNGEN

Tropffreies Streichen
Damit die Farbe nicht seitlich am Topf heruntertropft, spannen Sie ein Stück Schnur darüber. Überschüssige Farbe vom Pinsel abstreichen. Farbtopf auf einen Pappteller stellen.

Klumpige Farbe seihen
Einen alten Strumpf, eine Strumpfhose oder ein Stück Musselin über den Farbeimer spannen und klumpige oder verunreinigte Farbe vor Gebrauch hindurchseihen.

GUTE IDEE

Geruch beseitigen
Beim Streichen eine Zwiebelhälfte mit der Schnittfläche nach oben auf einem Teller ins Zimmer stellen, um den Farbgeruch zu mildern. Zwiebel täglich erneuern.

GRUNDTECHNIKEN

Roller und Schwämme eignen sich zum Streichen großer Flächen. Die schönste Oberfläche entsteht, wenn man mit dem Pinsel streicht, obwohl dies länger dauert. Reinigen Sie saubere Pinsel von Staubteilchen, indem Sie damit leicht über Ihre Hand bürsten.

PINSEL

Pinselstriche vermeiden
Waagerecht und senkrecht streichen, damit in keiner Richtung Pinselstriche entstehen. Stellen überlappend streichen, bis die ganze Wand gleichmäßig mit Farbe bedeckt ist.

FARBROLLER

Große Flächen streichen
Mit Rollen lassen sich Flächen streichen. Dafür Farbe in eine Wanne gießen, Rolle über die erhöhte Fläche der Wanne rollen, um die Farbe gleichmäßig zu verteilen.

MALERSCHWÄMME

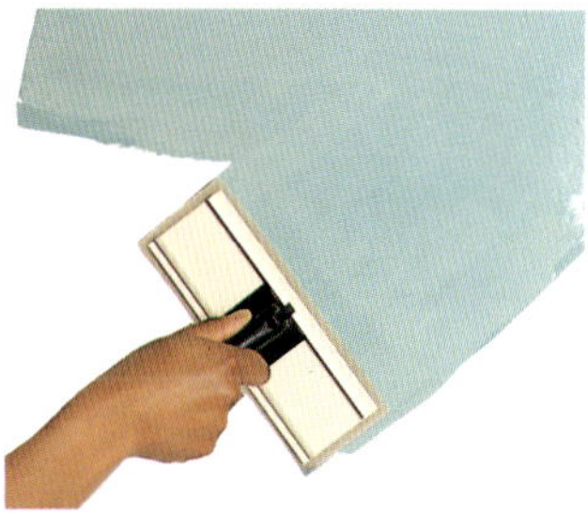

In alle Richtungen streichen
Malerschwämme kosten wenig. Mit dem Schwamm in allen Richtungen über die Wand fahren (in Eckennähe anfangen und breite Striche machen, dabei nicht absetzen).

ZIMMER STREICHEN

Streicht man Zimmer nach und nach, ist das Risiko, Farbe auf frisch gestrichene Flächen zu spritzen, geringer. Arbeiten Sie an kleinen Abschnitten, und streichen Sie eine Wand stets bis zur Ecke fertig. Wenn Sie nämlich in der Mitte aufhören, entsteht dort eine Farblinie.

WAS WANN IM ZIMMER GESTRICHEN WERDEN SOLLTE

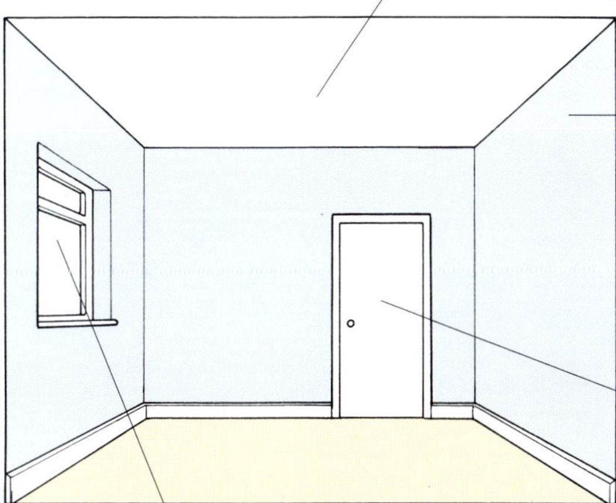

Die günstigste Reihenfolge
Zimmer stets von oben nach unten streichen: erst die Decke, dann die Wände und zum Schluß Holzflächen wie Türen, Fensterrahmen und Fußleisten.

FARBMENGE EINSCHÄTZEN

Um die benötigte Farbmenge einzuschätzen, Wände als eine Reihe von Rechtecken betrachten. Die Höhe dieser Rechtecke mit ihrer Breite multiplizieren und die Ergebnisse zusammenzählen. Jedes Fenster mit Sims als ganzes Rechteck zählen. Die Fläche einer flachen Tür wie oben beschrieben berechnen. Bei vertäfelten Türen 25 Prozent dazurechnen.

RICHTLINIEN

Grundierfarbe: 1 Liter für 12 m^2

Spachtel: 1 Liter für 16 m^2

Emulsion: 1 Liter für 12 m^2

Glanzfarbe: 1 Liter für 14 m^2

Besondere Stellen

Einige Stellen im Haus wie Decken, Fußleisten, Türen, Böden und Rohre müssen besonders sorgfältig gestrichen werden. Es lohnt sich, Zeit und Mühe aufzuwenden, um diese Stellen richtig zu streichen.

Decken

Beim Deckenstreichen gilt die Regel: vom Fenster wegarbeiten. Streichen Sie allerdings weiße Wände mit weißer Farbe, sollten Sie zum Fenster hinarbeiten, damit Sie mit Hilfe des Lichts besser sehen können, wo Sie bereits gestrichen haben.

An die Decke gelangen

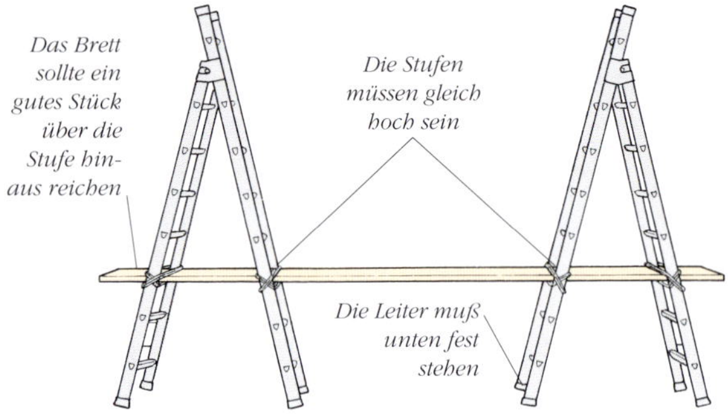

Gerüst bauen
Befestigen Sie zwischen zwei Leitern ein Brett. Damit gelangt man problemlos an die Decke.

Klettern Sie nicht auf Tische oder Stühle, da sie nicht sicher sind und umkippen können.

Decke streichen

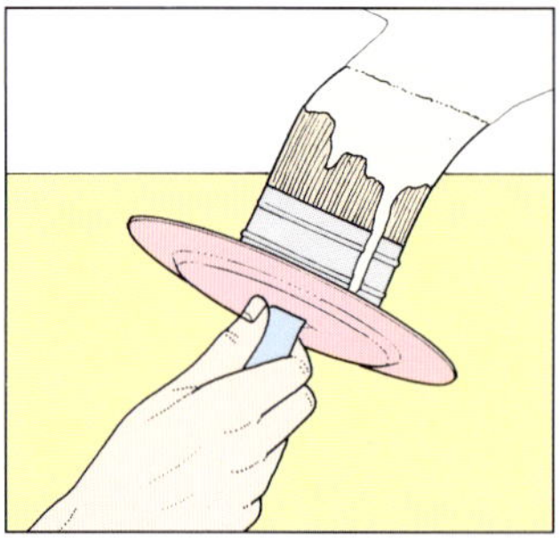

Tropfen vermeiden
Beim Streichen der Decke verhindern Sie ein Herablaufen der Farbe am Pinselgriff durch Überstreifen eines Papptellers.

Schwierige Stellen

Einige Tips: Streichen Sie z.B. nur jede zweite Treppenstufe, und warten Sie, bis sie trocken sind, bevor Sie die anderen Stufen streichen. Streifen Sie über Hähne und Klinken Plastiktüten, und binden Sie diese mit Gummis zu, damit sie keine Farbflecken bekommen.

Holz streichen

Fußleisten
Beim Streichen als Wandschutz ein Stück dicke Pappe über die Fußleiste halten. Fußleisten an jeweils einer Seite des Zimmers streichen.

Metall streichen

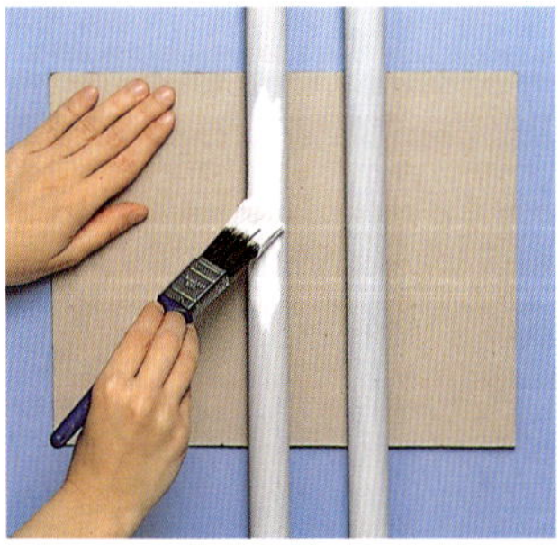

Rohre streichen
Als Wandschutz Pappe dahinter halten. Rohre im Haus mit Ölfarbe und Rohre draußen zur Abschreckung von Einbrechern mit Antihaftfarbe streichen.

Schwierige Stellen

- **Heizung** Ein Stück Stoff um einen aufgebogenen Drahtbügel wickeln und damit hinter der Heizung streichen.
- **Ziegel** Beim Streichen in der Nähe unversiegelter Ziegel aufpassen, da man Farbspritzer dort nicht entfernen kann.
- **Regenrinne** Statt Außenrohre aus Metall zu streichen, kann man sie auch durch solche aus Kunststoff ersetzen (sie halten wesentlich länger und benötigen keinen Anstrich). Muß die Wand dahinter gestrichen werden, Rohre zuerst abmontieren.

Türen und Fenster

Sie müssen vor dem Streichen oder Lackieren gründlich abgeschliffen werden. Schützen Sie beim Streichen der Fensterrahmen das Glas vor Verschmutzung, indem Sie vorher mit Seife darüberwischen oder an den Rändern entlang Kreppband kleben.

Türen und Rahmen streichen

- **Türkanten** Türen beim Streichen der Vor- und Rückseite schließen, dann offen lassen, bis sie trocken sind.
- **Angeln** Vor dem Streichen Knäufe und Angeln mit Vaseline einreiben, dann lassen sich Farbsspritzer leicht abwischen.

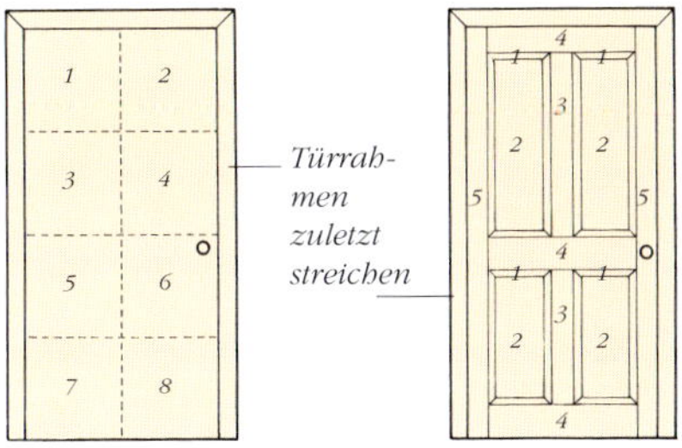

glatte Tür vertäfelte Tür

Türen streichen

Türen gemäß der Zahlenreihenfolge links streichen. Oben beginnen und sich mit schmalen, waagrechten Strichen nach unten vorarbeiten. Vorsprünge an vertäfelten Türen mit einem kleinen Pinsel streichen.

Geldspartip

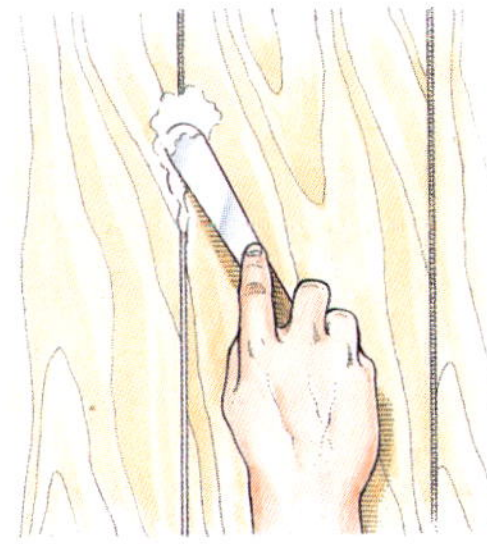

Holz füllen
Risse in Holz mit einer Mischung aus Mehl und der verwendeten Farbe füllen. Nach dem Aushärten paßt die Füllung.

Fenster streichen

- **Früh anfangen** Fenster morgens streichen, so daß sie abends getrocknet sind und nicht zusammenkleben.
- **Nasse Farben** Muß das Fenster geschlossen werden, bevor die Farbe ganz trocken ist, Kontaktstellen mit Talk einreiben.

Fenster abkleben

Beim Streichen von Fensterrahmen an den Rändern der Scheibe entlang Kreppband kleben, so daß keine Farbe auf sie gelangt. Nach dem Trocknen entfernen.

Holz lackieren

Unversiegeltes Holz bekommt leicht Flecken und ist schwerer zu reinigen als lackiertes Holz. Die geeignetsten Lacke sind Polyurethan- und Acryllack, da sie flecken-, wasser- und wärmebeständig sind. Bei stark beanspruchten Holzflächen verwenden Sie am besten verschleißfesten Schiffslack.

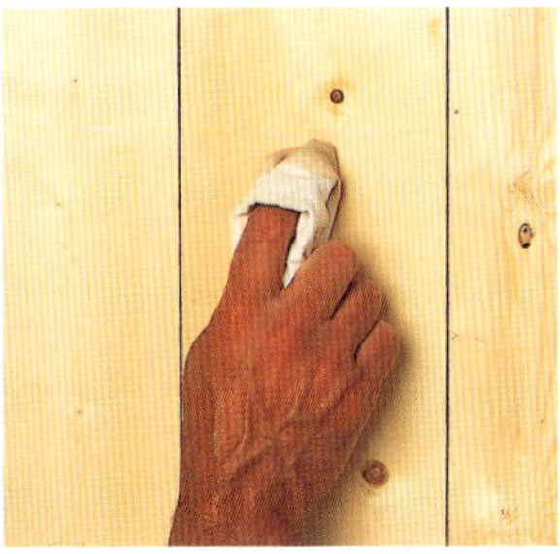

1 Astlöcher mit Abdecklack versiegeln. Dann ein Tuch um den Zeigefinger wickeln und entlang der Maserung Lack in das Holz reiben.

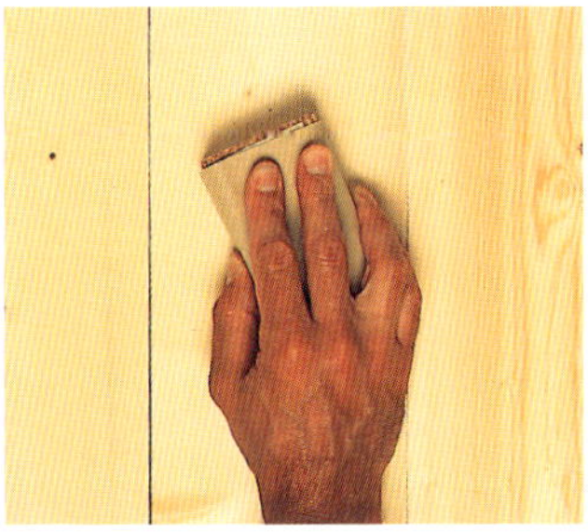

2 Trockenen Lack mit extra feinem Sandpapier glattschmirgeln. Kommt aus dem Astloch noch immer Harz, weiteren Abdecklack auftragen.

3 Oberfläche gut abstauben, dann entlang der Maserung eine zweite Lackschicht auftragen. Vor dem Auftragen der Deckschicht abschleifen.

GRÜNDLICHES AUFRÄUMEN

NACH DEM STREICHEN MÜSSEN SIE die Malerutensilien unbedingt reinigen, da sich sonst auf der Farbe eine Haut bildet und Pinsel und Farbroller hart werden, so daß sie schwer zu reinigen sind oder Sie sie sogar wegwerfen müssen.

UTENSILIEN REINIGEN

Farbe geht meist mit Lackbenzin, warmem Wasser und Reiniger weg. Für manche Farben sind allerdings spezielle Lösungsmittel erforderlich. Schütteln Sie überschüssiges Wasser aus den sauberen Pinseln und Farbrollern, und wischen Sie sie trocken.

REINIGUNG

- **Geruch vermeiden** Den Raum während der Reinigung der Utensilien mit Lackbenzin oder Lösungsmitteln gut lüften, da sich dabei oft unangenehme Gerüche entwickeln. Bei der Reinigung nicht rauchen.
- **Emulsionen** Farben auf Wasserbasis mit warmem Wasser und Reiniger abwaschen.
- **Ölfarben** Pinsel gründlich auf Zeitungspapier abwischen, in Lackbenzin schwenken, mit warmer Seifenlauge waschen und in klarem Wasser ausspülen.

FARBROLLER UND PINSEL

Farbroller reinigen
Mit dem Farbroller über mehrere Lagen Zeitung fahren, um möglichst viel Farbe zu entfernen. Dann den Roller in warmem Wasser und Reiniger ausspülen.

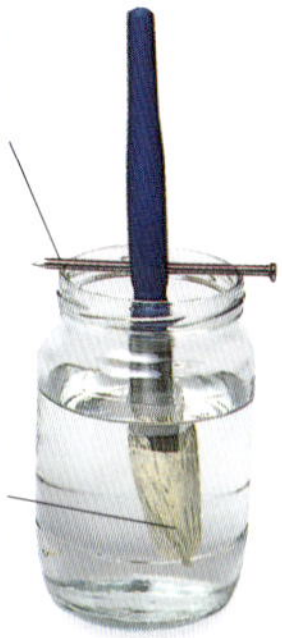

Pinsel einweichen
In den Pinselgriff ein Loch bohren, einen Nagel hindurchstecken und den Nagel quer über ein Glas mit Lösungsmittel legen. Dadurch verbiegen sich die Borsten nicht.

UTENSILIEN AUFBEWAHREN

Wollen Sie Pinsel lange Zeit aufbewahren, streichen Sie ihre Borsten gerade, wikkeln Sie sie in Folie oder schweres Papier oder hängen Sie sie auf. Den Deckel einer Farbdose klopfen Sie mit einem Stück Holz und einem Hammer so zu, daß er dicht schließt.

PROVISORIUM

Pinselschutz
Wenn Sie Pause machen, wickeln Sie die Pinsel in Folie. Oder Sie stecken die Borsten in eine Plastiktüte und legen diese ins Wasser. So bleibt der Pinsel feucht.

FARBE AUFBEWAHREN

Topf auf den Kopf stellen
Farbtöpfe mit dem Deckel nach unten aufbewahren, damit sich keine Haut auf der Farbe bildet. Auf den Topfboden zur Erkennung Farbe streichen.

PINSEL AUFBEWAHREN

Pinsel aufhängen
Zum Aufhängen neuer Pinsel Löcher in die Griffe bohren. Pinsel niemals auf den Borsten stehend aufheben, da diese dabei kaputtgehen.

Nach dem Streichen

Sorgen Sie dafür, daß die Utensilien für die nächsten Malerarbeiten gebrauchsfertig sind. Machen Sie alte Pinsel wieder weich, bringen Sie Ihr Haushaltsbuch (siehe unten) wieder auf den neuesten Stand, und legen Sie die Sachen so weg, daß Sie sie leicht wiederfinden.

Wie Pinsel in gutem Zustand bleiben

- **Pinsel weich machen** Infolge falscher Reinigung steif gewordene Pinsel so lange in heißen Essig legen, bis sie wieder weich sind. Alte Farbe mit einer Drahtbürste abkratzen.
- **Pinsel ölen** Saubere, trockene Pinsel mit ein paar Tropfen Öl einreiben, damit sie weich und gebrauchsfertig sind. Überschüssiges Öl vor dem Aufhängen der Pinsel abwischen.

Spritzer entfernen

- **Farbflecken** Entfernung von Farbflecken auf Kleidung und Möbeln siehe S. 46. Getrocknete Farbe auf Haaren mit etwas Lackbenzin und Küchenpapier abreiben.

Hände säubern

Natürlicher Farbentferner
Hände mit pflanzlichem Öl einreiben, um angetrocknete Farbe von der Haut zu entfernen, dann mit Küchenpapier abtrocknen. Das Öl trocknet die Hände im Gegensatz zu Lackbenzin nicht aus.

Auffrischen

Farbproben aufheben
Zum Auffrischen des Anstrichs Farbe in ein sauberes Schraubglas gießen (wichtig, wenn der Farbton nicht vorgemischt ist, denn das Herstellen eines identischen Tons ist schwierig).

Gute Idee

Farbmuster
Auf ein Stück Karton etwas Farbe streichen und es beim Kauf von Möbeln, die zum Anstrich passen sollen, als Farbmuster mitnehmen.

Notizen zur Wohnungsausstattung

Über ein eigenes Haushaltsbuch mit Einträgen über die verwendeten Materialien und deren Menge zu verfügen, wird Ihnen bei der nächsten Renovierung eine große Hilfe sein. Machen Sie beim Streichen Notizen, dann können Sie später nachschauen und haben alle Details zur Hand.

- **Aufmachung** Musterbuch verwenden oder einen Teil des Haushaltsbuchs für diesen Bereich reservieren (siehe S. 9).
- **Details aufschreiben** Menge, Farbe, Kennziffer, Art und Preis der Tapete oder Farbe sowie den Ort ihres Kaufs notieren.
- **Bodenbelag** Neue Bodenbeläge mit Hilfe eines farbigen Ausschnitts aus dem Herstellerkatalog dokumentieren, da Proben für das Haushaltsbuch zu sperrig sind.
- **Einkaufen** Vor dem Streichen oder Tapezieren das Haushaltsbuch mit zum Einkaufen nehmen, um sicherzugehen, daß das, was man kauft, zu den vorhandenen Sachen paßt.

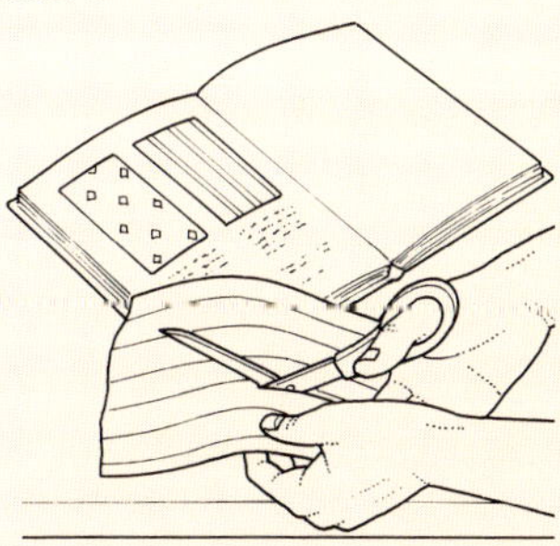

- **Stoffproben** Stoffproben ins Haushaltsbuch legen. Details wie Hersteller, Stoffbezeichnung und Kennziffer notieren. Bei Vorhängen die verwendete Kopfleiste und den Herstellernamen aufschreiben, bei Rollos die Marke der Blendenstärke.

TAPEZIEREN

MIT WANDMATERIALIEN WIE TAPETEN ODER VINYL können Sie Wände mit einer Vielzahl von Mustern sowie Mischungen von Farbtönen und Schattierungen dekorieren. Tapezieren ist allerdings schwieriger als Streichen.

TAPEZIERSET

Einige der sperrigeren Utensilien in dem hier gezeigten Tapezierset eventuell ausleihen, falls bei Ihnen zu Hause kein geeigneter Aufbewahrungsort vorhanden ist.

- **Qualitätsausstattung** Verwenden Sie stets hochwertige Utensilien. Stumpfe Scheren zerreißen die Tapete.
- **Lot** Kaufen Sie kein Lot – stellen Sie ganz einfach selbst eines her (siehe S. 103).
- **Extras** Beim Arbeiten in Deckennähe halten Sie die geleimte Tapete mit einem sauberen Besen nach oben.

Schwamm

Tapezierbürste

Kleisterpinsel

Holzstange

Tapetenschere

Tapetenwanne

Nahtroller

Tapeziertisch

Eimer mit Griff

Dampf-Tapetenablöser

TAPETENTYPEN

Verschiedene Tapetenarten dienen unterschiedlichen Zwecken. Suchen Sie die Tapete passend zu den Wänden und dem Verwendungszweck des Zimmers aus.

- **Menge** Immer eine Rolle mehr kaufen als nötig ist, da beim Tapezieren Fehler passieren oder die Chargen farblich unterschiedlich sein können.
- **Dicke Tapete** Auf unverputzte oder rissige Wände dicke oder texturierte Tapete kleben, da diese nicht so schnell Falten wirft oder reißt.

ISOLIERPAPIER
Leicht unebene Wände vor dem Aufkleben der Tapete damit tapezieren.

VINYL
Diese abwaschbare Oberfläche eignet sich für Küche, Bad und Kinderzimmer.

RAUHFASER
Für unebene Wände am besten geeignet. Sie sollten gestrichen werden.

DEKORTAPETEN
Es gibt sie in vielen verschiedenen Farben und Mustern. Probe mit nach Hause nehmen.

Vor dem Tapezieren

Entfernen Sie die alte Tapete. Wollen Sie eine gestrichene Fläche tapezieren, waschen Sie diese gründlich ab und lassen sie trocknen. Unverputzte Wände müssen vor dem Schlichtleimauftrag trocken sein, damit der Tapetenkleister hält.

Alte Tapete entfernen

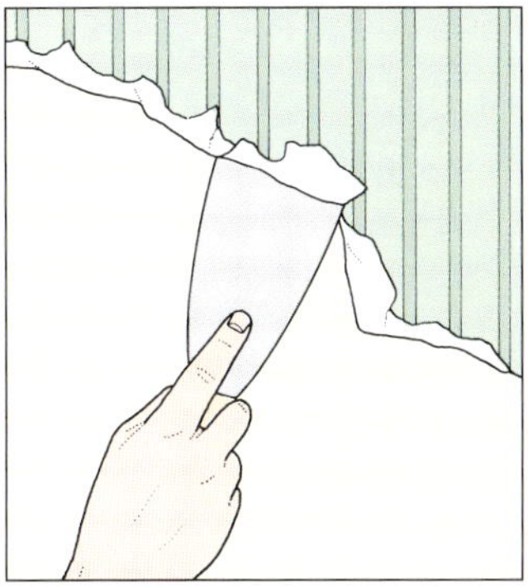

Mit der Hand
Unter Verwendung eines Schwammes eine kleine Stelle der Tapete mit Wasser aufweichen, mit den Ecken des Schabers einige Male einschneiden und die Tapete abkratzen.

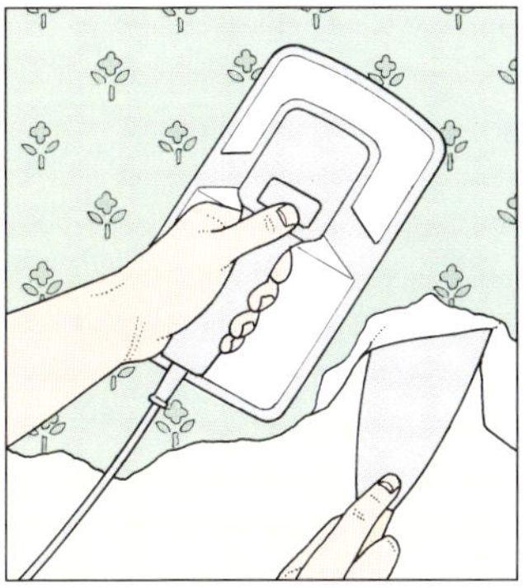

Mit einem Dampfgerät
Das Dampfgerät löst den Kleister der alten Tapete mit einem Dampfstrahl. Damit können zwar größere Flächen bearbeitet werden, doch Nachkratzen ist nötig.

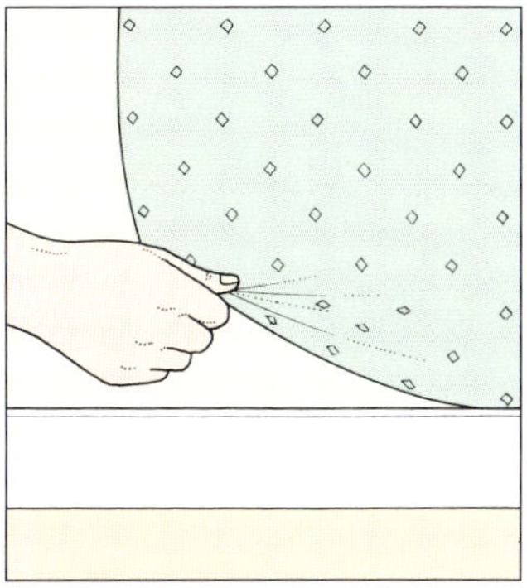

Vinyl abziehen
Vinyl vorsichtig von unten nach oben abziehen. Die Wände darunter sind meist mit einer Untertapete bedeckt, die entweder entfernt oder mit einer neuen Tapete überklebt werden kann.

Vorbereitung

Achten Sie darauf, daß das Zimmer vorher vollständig gestrichen ist, da sich Tapetenkleister von Anstrichflächen leicht abwischen läßt. Schneiden Sie mehrere Tapetenstreifen auf die richtige Größe zurecht, also mindestens 10 cm länger als Deckenhöhe.

Arbeitsbeginn

- **Decken** Vor den Wänden immer die Decke tapezieren, damit der Kleister nicht auf die neue Tapete tropft.

Kleister auftragen
Wird die Wand zuerst mit Kleister eingestrichen, läßt sich die Tapete darauf so lange hin- und herschieben, bis das Muster genau paßt.

Tapetenkleister

- **Mit der Rolle** Für schnelleres Anbringen der Tapeten den Kleister mit der Rolle auftragen.

Kleister anrühren
Beim Mischen des Pulvers mit Wasser den Herstellerangaben folgen. Mit einer Holzstange gut mischen und stehenlassen, bis die Blasen verschwunden sind.

Gute Idee

Fettflecken überdecken
Auf Fettflecken an der Wand vor dem Tapezieren Emulsionsfarbe streichen, damit das Fett nicht in die Tapete dringt.

ISOLIERPAPIER

Isolierpapier glättet die Wand für die darüberliegende Tapete und ist in verschiedenen Stärken erhältlich. Lassen Sie es vor dem Tapezieren 48 Stunden trocknen. Durch das Ankleben des Isolierpapiers lernen Sie, wie man um schwierige Stellen wie Lichtschalter tapeziert.

AN DER DECKE

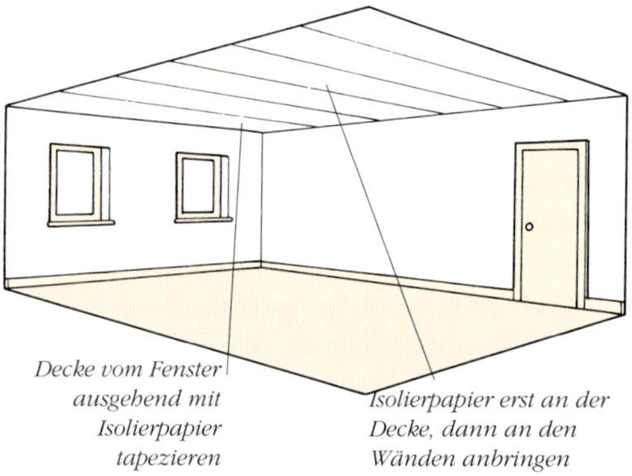

AN DEN WÄNDEN

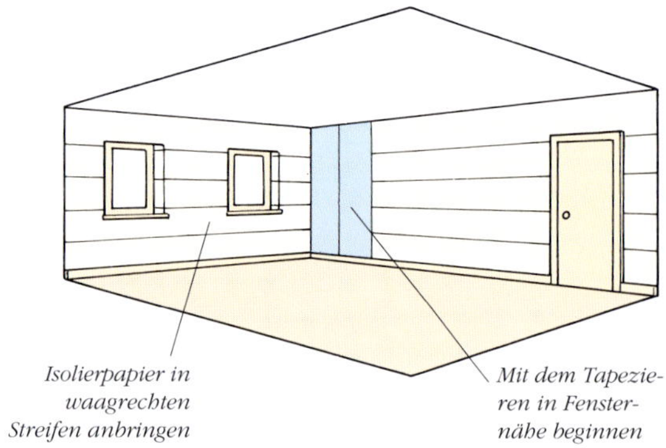

REIHENFOLGE DER ARBEIT

Fangen Sie mit der wichtigsten Wand an. Beginnen Sie, außer bei dominanten Mustern, die man an zentraler Stelle des Raumes beginnen sollte, links vom Fenster und hängen Sie das letzte Tapetenstück in die Ecke direkt neben der Tür.

Die richtige Reihenfolge
In Fensternähe oder an einem Brennpunkt des Zimmers beginnen. Von dort aus in beide Richtungen bis zu einer Ecke in Türnähe tapezieren.

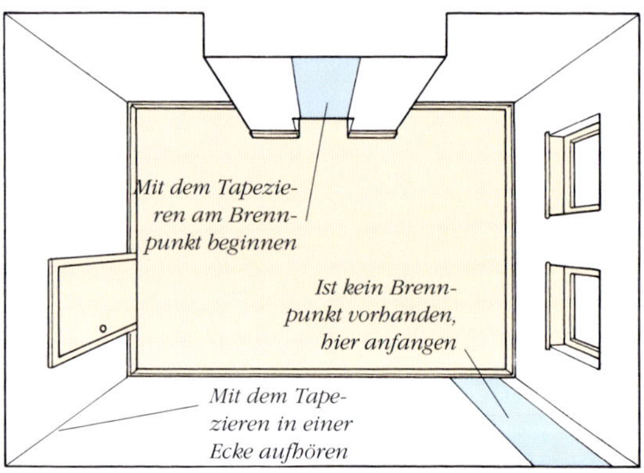

LETZTE HANDGRIFFE

● **Ränder zurechtschneiden**
Tapete oben in die Ecke von Wand und Decke und unten von Wand und Boden bzw. Fußleiste drücken, herunternehmen und entlang das überstehende Stück abschneiden.

TAPETE FÜR DIE DECKE

Zimmerumfang	Anzahl der Rollen
9–12 m	2
13–15 m	3
16–18 m	4
19–21 m	6
22–24 m	7
25–27 m	9
28–30 m	10

TAPETE FÜR DIE WÄNDE

Deckenhöhe	Anzahl der Rollen gemäß Zimmerumfang								
	9 m	12 m	14 m	16 m	18 m	21 m	23 m	26 m	28 m
2.14 m	4	5	6	7	8	9	10	12	13
2.45 m	5	6	7	9	10	11	12	14	15
2.75 m	6	7	8	9	10	12	13	14	15
3 m	6	8	9	10	12	13	15	16	18

Nützliche Techniken

Notieren Sie sich nach dem Tapezieren des Zimmers im Haushaltsbuch (siehe S. 99) die Tapetenmenge, oder schreiben Sie sie unauffällig irgendwo hin, z.B. hinter den Lichtschalter, dann müssen Sie sie beim nächsten Mal nicht wieder ausrechnen.

Tapezierhilfen

- **Schraubenlöcher** Um beim Tapezieren Schraubenlöcher von Armaturen wiederzufinden, ein Streichholz so in den Dübel stecken, daß es etwa 3 mm herausragt.
- **Tapetenschutz** Tapete mit einer herkömmlichen Schutzversiegelung streichen, wenn der Tapetenkleister trocken ist.
- **Überschüssiger Kleister** Ein Stück Schnur quer über den Kleistereimer spannen und daran den überschüssigen Kleister vom Pinsel abstreichen.

Lichtschalter

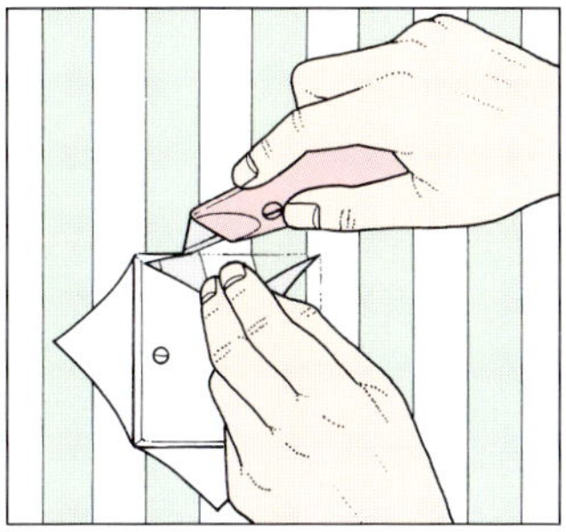

Passend ausschneiden
Ein diagonales Kreuz in die Tapete schneiden, Tapetendreiecke zurückbiegen und bündig zurechtschneiden.

Geldspartip

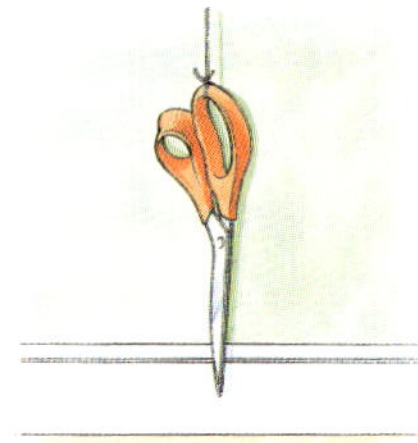

Selbstgemachtes Lot
Einfach eine Schere an eine Schnur binden – schon haben Sie Ihr eigenes Lot.

Fehler beim Tapezieren

Bei sorgfältiger Vorbereitung treten die üblichen Probleme beim Tapezieren kaum noch auf. Kleinere Fehler wie Luftblasen, glänzende Stellen und schiefe Ränder lassen sich relativ leicht beheben. Ist jedoch ein ganzer Streifen falsch geklebt, am besten noch einmal mit einem neuen anfangen.

1 Zur Entfernung von Luftblasen schneiden Sie mit einem Teppichmesser in der Mitte der Luftblase ein kleines Kreuz.

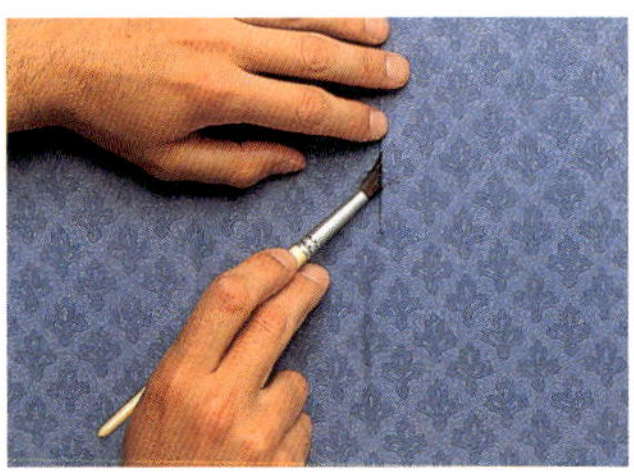

2 Laschen mit einem kleinen, schmalen Pinsel leicht nach hinten biegen und frischen Tapetenkleister darunterstreichen.

3 Laschen wieder zurückbiegen, die Ränder mit einer Tapezierbürste glätten und mit einem feuchten Schwamm abwischen.

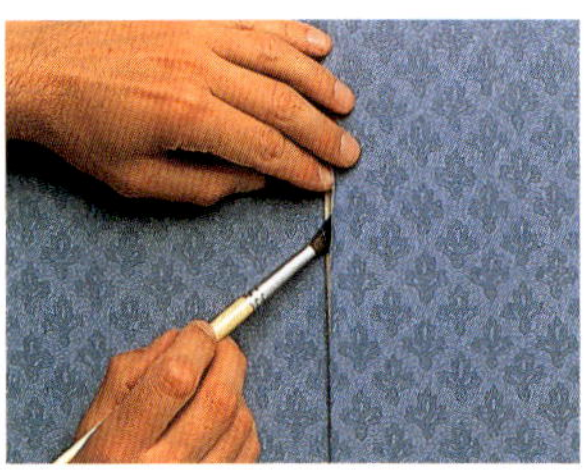

Nahtstellen anheben
Lose Nahtstellen mit einem Teppichmesser anheben, Kleister hineinpinseln.

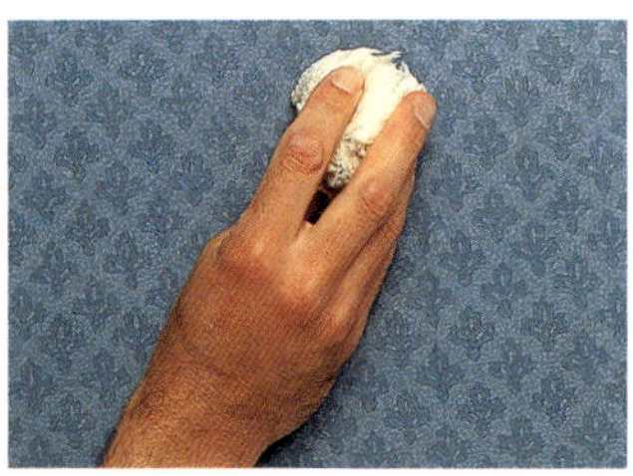

Glänzende Stellen
Sie entstehen durch Kleister, der auf der Tapete trocknet. Mit weichem Weißbrot entfernen.

Sonstige Fehler

- **Schiefe Ränder** Sie können besonders dort, wo sich Wand und Decke treffen, leicht abgeschnitten oder durch einen dünnen Tapetenstreifen kaschiert werden.
- **Falten** An der Falte entlang aufschneiden, Kleister hineinpinseln und mit einem Schwamm flachdrücken.
- **Feuchte Flecken** Da sich feuchte Stellen und Flecken nicht entfernen lassen, Tapete abziehen.

ANDERE TECHNIKEN

IN VIELEN HAUSHALTEN gibt es Holzflächen, Kacheln, Regale und Bodenbeläge, die einmal ausgebessert oder ersetzt werden müssen, wenn Ihre Wohnung schön bleiben soll. Wenn Sie unsicher sind, sollten Sie einen Fachmann rufen.

HOLZ

Unlackiertes Holz läßt sich nur versiegeln oder beizen, aber nicht gut streichen. Schleifen Sie es vor dem Lackieren gut ab. Tragen Sie auf Holz, das gestrichen werden soll, erst eine Grundierfarbe, Spachtel und dann die Deckfarbschicht auf.

GRUNDSÄTZLICHES

- **Holzwürmer** Auf winzige Löcher im Holz achten, aus denen Sägemehl kommt – sie sind meist ein Zeichen für Holzwurmbefall. Sind große Holzflächen betroffen, ziehen Sie einen Fachmann zu Rate (was garantieren sollte, daß das Holz danach mehrere Jahre holzwurmfrei ist).
- **Holz streichen** Damit die Farbe auf dem Holz hält, vor dem Streichen mit einem in Lackbenzin getauchten Lappen darüberwischen. Mehrmals mit Ölfarbe streichen.

HOLZ ABBEIZEN

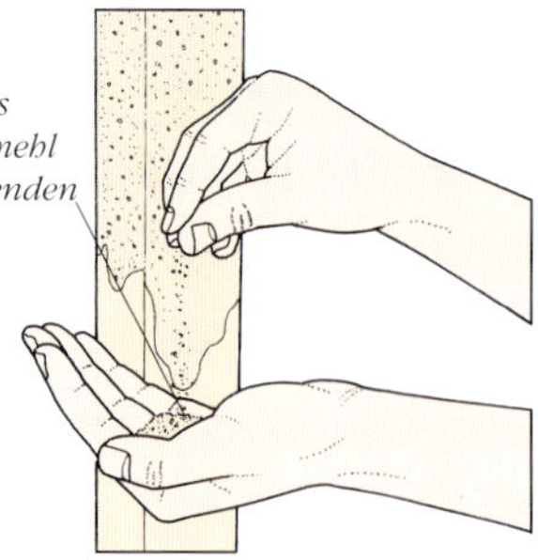

Sägemehl verwenden
Beim Abbeizen senkrechter Flächen Sägemehl auf die Abbeizflüssigkeit streuen, damit sie länger einwirken kann.

BEWÄHRTER TIP

Duft auffrischen
Schleifen Sie Zedernholzkommoden innen ab, damit ihr natürlicher Duft wiederkehrt.

KACHELN

Kacheln bringen Abwechslung ins Dekor, weil ihre Oberfläche anders ist. Spiegelkacheln lassen Räume größer wirken. Kacheln eignen sich gut für Küche und Bad, da sie wärme-, fett- und feuchtigkeitsbeständiger sind als Tapete oder Farbe.

VOR DEM KACHELN

- **Kacheln aussuchen** Kaufen Sie selbsthaftende Kacheln. Sie sind einfacher zu verlegen als gewöhnliche Kacheln, die man kleben muß. Für große Flächen bereits zusammengefügte Kachelmosaike kaufen.
- **Geeignete Oberfläche** Die Fläche muß hart, trocken und unbeschädigt sein. Kacheln nicht auf Tapete kleben, da sie reißen kann. An gestrichenen Wänden darf die Farbe nicht abblättern. Neue Kacheln nur auf alte verlegen, wenn diese nicht lose sind und keine Sprünge haben.

WÄNDE KACHELN

- **Wände vorbereiten** Wandfläche mit grobem Sandpapier aufrauhen, damit der Fliesenkleber gut hält.
- **Dinge aufhängen** Dafür müssen Löcher in die Kacheln gebohrt werden. Zuerst mit einem scharfen Werkzeug ein Loch an der entsprechenden Stelle machen, dann Kreppband kreuzförmig über das Loch kleben, damit die Bohrspitze nicht abrutscht und die Kachel beschädigt. Löcher in Kacheln nicht durch Einschlagen eines Nagels machen – die Kacheln zerspringen.

KACHELN REPARIEREN

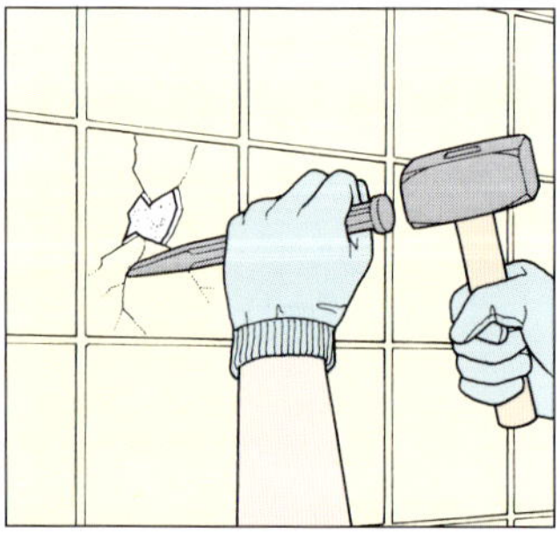

Kacheln ersetzen
Ist eine Kachel gesprungen, muß nicht die ganze Wand neu gekachelt werden. Beschädigte Kachel mit einem Kaltmeißel und einem Holzhammer herausschlagen.

BODENBELÄGE

Die meisten Bodenbeläge müssen nicht vom Fachmann verlegt werden. Doch schlecht verlegter Boden sieht nicht gut aus. Wenn Sie diese Arbeit nicht selbst machen können, überlassen Sie sie lieber einem Fachmann. Pflege verschiedener Böden siehe S. 14–17.

VINYLBODEN

- **Vinyl verlegen** Vinyl stets vom Fenster ausgehend verlegen. Im rechten Winkel zu den Bodenbrettern oder auf Preßspanplatten verlegen.

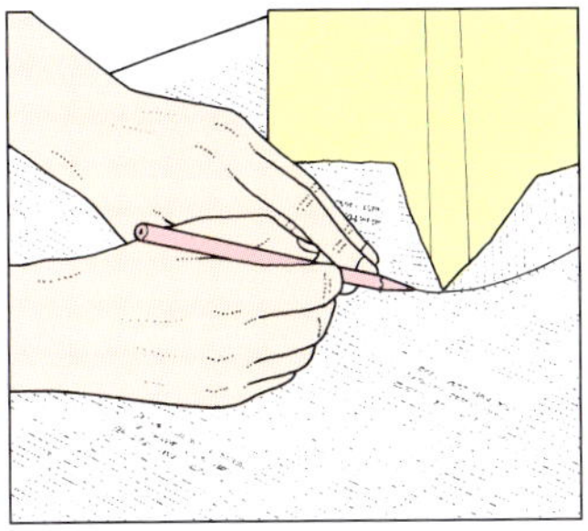

Schwierige Stellen
Damit der Vinylbodenbelag um schwierige Formen paßt, diese mit einem Stift auf Papier nachfahren, ausschneiden und als maßgenaue Schablone benutzen.

TEPPICH VERLEGEN

- **Teppichfliesen** Mehrere kleine Nägel durch ein Stück Holz nageln und damit den Teppich beim Zusammenschieben der Teppichfliesen festhalten.

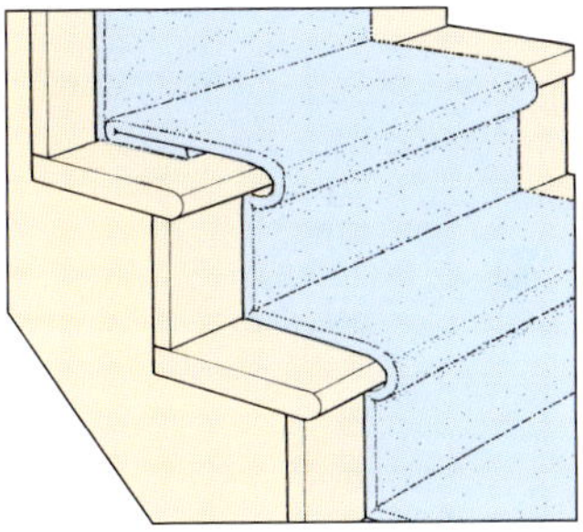

Auf Treppen
An den Treppenenden etwas Teppich überstehen lassen, so daß man ihn etwas hin- und herbewegen kann. Der Teppich nutzt sich gleichmäßig ab.

ANDERE BODENBELÄGE

- **Kork** Einfach zu verlegender Boden. Damit er gut aussieht, achten Sie darauf, daß die Maserung in die richtige Richtung läuft. Kork isoliert gut, dämpft Geräusche und ist fußwarm. PVC-beschichteter Kork eignet sich für Stellen mit starkem Verschleiß.
- **Linoleum** Beim Verlegen daran denken, daß Linoleum sich häufig dehnt. Vor dem Zurechtschneiden also zuerst ausbreiten und liegenlassen.
- **Steinfliesen** Vom Fachmann auf einer festen Unterlage verlegen lassen. Behandlung weißer Flecken auf neu verlegten Fliesen siehe S. 16.
- **Parkett** Das Holz muß sich vor dem Verlegen einige Tage lang akklimatisieren.

REGALE

Überlegen Sie sich vor dem Zusammenbauen, was Sie hineinstellen wollen. Bücher sind schwer und müssen abgestützt werden, damit sich das Regal nicht in der Mitte durchbiegt. Suchen Sie ein zum Dekor des Raumes passendes Regal aus.

DAS PASSENDE REGAL

- **Aus Ziegeln** Zur Herstellung eines billigen Regals Ziegel aufeinanderstapeln und in passenden Abständen abgehobelte Holzbretter dazwischenlegen.
- **Aus Glas** Glasregale sollten aus vorne abgeschrägtem Flachglas sein, so daß man sich nicht schneidet. Damit das Glas nicht verrutscht, beidseitig haftende Polster zwischen Glasfläche und Auflage kleben.
- **Starke Wände** Das Regal sollte stabile Stützen und genügend starke Wände haben, um das Gewicht schwerer Gegenstände (z.B. Stereoanlage oder Fernseher) zu tragen.

REGALE ERRICHTEN

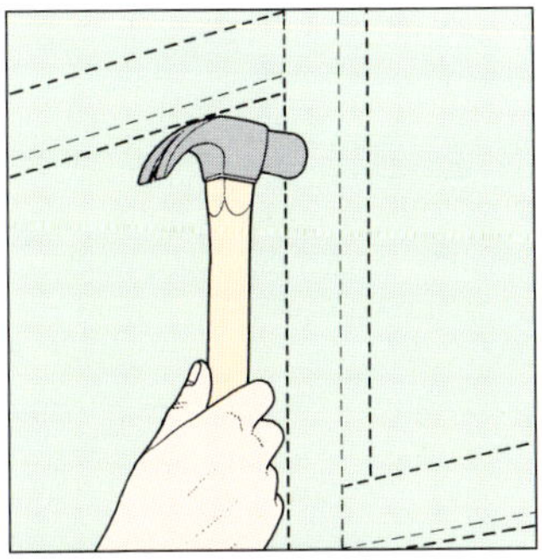

An Zwischenwänden
Stützen an den Punkten der Zwischenwand anbringen, die das Gewicht tragen (Holzstreben). Um diese Holzstreben zu finden, Wand leicht mit einem Hammer abklopfen, bis sich der Ton verändert.

REGALE UMBAUEN

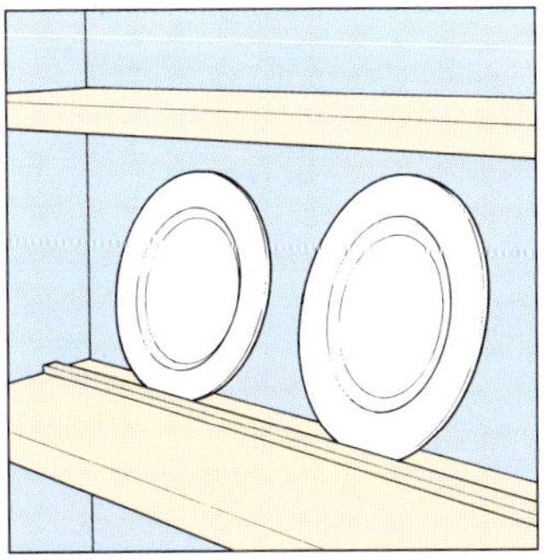

Tellerborde
Um z.B. Teller in einem Regal aufrecht hinstellen zu können, ohne daß sie herunterrutschen, auf ein Bord eine Zierleiste nageln und diese passend zum Rest des Regals lackieren oder streichen.

INSTANDHALTUNGSARBEITEN

IN EINEM GUTEN HAUSHALT funktionieren alle Geräte, Armaturen und elektrischen Anschlüsse richtig. Gute Wartung erhält den Wert Ihres Hauses, wenn Sie es besitzen, und sichert Ihnen Ihre Kaution, wenn Sie es gemietet haben. Gehen Sie Probleme so bald wie möglich an, d.h., behandeln Sie sie selbst oder rufen Sie einen Fachmann.

EIN GUT GEWARTETES HAUS

Nehmen Sie sich die Zeit, Ihr Heim genau zu betrachten. Man findet sich nur allzu schnell damit ab, daß der Wasserhahn tropft oder eine neue Glühbirne eingeschraubt werden müßte. Behebt man so etwas nicht sofort, kann das zu Unannehmlichkeiten führen.

Fenster sind ein gern genutzter Einstiegspunkt für Einbrecher (siehe S. 118)

Feuerlöscher griffbereit haben – bei Feuer zählt jede Sekunde

Rauchmelder auf jeder Etage installieren

Die Treppe sollte immer in gutem Zustand und richtig beleuchtet sein (siehe S. 112)

Die Beleuchtung macht 10 Prozent der Stromrechnung aus – Tips zur Senkung der Rechnung siehe S. 113

Das Bad verbraucht am meisten Wasser im Haus – Wartung von Rohren siehe S. 107

Sind zu viele Geräte auf einmal eingeschaltet, wird der Stromkreis überlastet (siehe S. 112)

Da Feuer meist in der Küche beginnen, Feuerlöschdecke in Herdnähe legen

Bei Außentüren innen Fußmatten hinlegen, damit der Boden sauber bleibt

Glatten und leicht zu reinigenden Küchenboden verlegen und gut isolieren (Böden ausbessern siehe S. 116)

Haus und Wohnung sichern

Dies kostet zwar Zeit und Geld, beugt jedoch Einbrüchen, Bränden etc. vor. Rauchmelder, Feuerlöscher und Einbruchsmelder installieren und an Fenstern und Türen Sicherheitsschlösser anbringen. Reparaturen immer sofort durchführen.

INSTALLATIONSARBEITEN

TROPFENDE HÄHNE SIND MEIST HARMLOS, führen aber oft zu Überschwemmungen sowie Holz- und Verputzschäden, wenn sie nicht rechtzeitig repariert werden. Lecks in der Nähe elektrischer Anschlüsse sind außerdem gefährlich.

DIE WICHTIGSTEN UTENSILIEN FÜR INSTALLATIONSARBEITEN

Mit einem Werkzeugset für die Routinewartung und für Notfälle ist man gut ausgerüstet. Kaufen Sie das beste Werkzeug, das Sie sich leisten können, da es einfacher zu handhaben ist und länger hält. Erkundigen Sie sich, wie man sicher und effizient damit umgeht und heben Sie es so auf, daß Sie es im Notfall schnell finden.

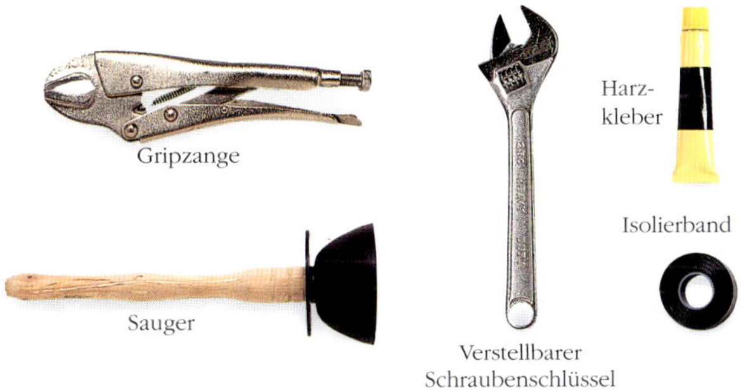

TROPFENDE WASSERHÄHNE

Tropfende Hähne sind ein Ärgernis. Sie verursachen zudem in Waschbecken und Badewannen Kesselsteinablagerungen. Vielleicht benötigt ein tropfender Hahn nur einen neuen Dichtungsring, vielleicht steckt aber auch ein beschädigtes Rohr dahinter.

DICHTUNGEN AUSWECHSELN

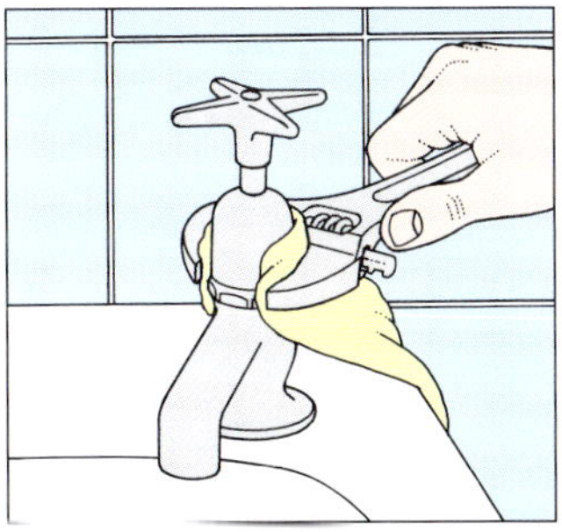

1 Wasseranschluß abschalten und den Hahn mit einem verstellbaren Schraubenschlüssel aufdrehen (damit das Metall nicht verkratzt wird, weiches Tuch zwischen Hahn und Schraubenschlüssel klemmen).

2 Die große Mutter innen mit einem Gabelschlüssel aufdrehen. Den Ventilmechanismus entfernen, den Dichtungsring einsetzen und den Hahn wieder anschrauben.

WICHTIGE TIPS

- **Wasseranschluß** Sich erkundigen, wo man im Haus das Wasser abstellt. Anschluß gelegentlich auf- und abdrehen, damit Sie es für den Notfall beherrschen.
- **Zeiteinteilung** Installationsarbeiten am besten am frühen Morgen machen, dann können Sie eventuell fehlende Teile noch kaufen, solange die Läden noch offen sind.
- **Dichtungsringe kaufen** Gleich mehrere Dichtungsringe auf einmal besorgen und so aufheben, daß man sie leicht findet, z.B. neben dem Hauptwasserventil.

GUTE IDEE

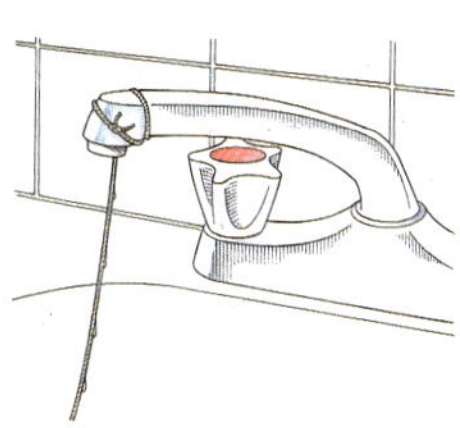

Geräuschloses Tropfen
Ein Stück Schnur an das Ausflußrohr des Hahns binden. Statt zu tropfen fließt das Wasser geräuschlos an der Schnur herunter ins Waschbecken.

UNDICHTE HAHNGRIFFE

- **Alte Hähne** Undichte Griffe bedeuten, daß die Stopfbüchse verschlissen ist. Sie verhindert, daß das Wasser hinter die Welle gelangt.
- **Moderne Hähne** Sie haben an Stelle von Stopfbüchsen Runddichtringe. Um sie zu ersetzen, muß man das Fabrikat des Hahns kennen.

TROPFENDE ROHRE

Da tropfende Rohre zu Überschwemmungen führen können, die Möbel ruinieren und sogar Decken zum Einsturz bringen, müssen Sie bei Rohrschäden schnell handeln. Drehen Sie vor der Reparatur den Hauptwasseranschluß zu. Eventuell müssen Sie einen Klempner rufen.

PROVISORIUM

● **Kupferrohre** Rohr in einen der Länge nach aufgeschlitzten Gartenschlauch stecken, mit Schlauchklemmen befestigen.

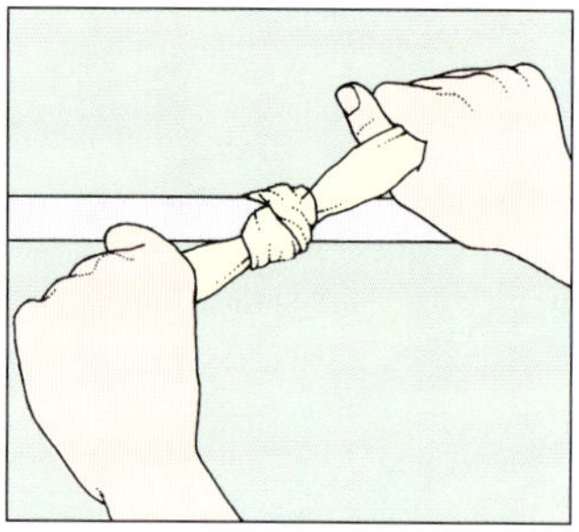

Blei- und Kunststoffrohre **Vaseline in den Sprung pressen und wasserfestes Klebeband um das Rohr wickeln, bis man es richtig reparieren kann.**

ACHTUNG

Ist ein Rohr in Nähe einer Elektroinstallation undicht, schalten Sie sofort den Hauptstromschalter ab.

RICHTIGE REPARATUREN

1 Rohr mit Schmirgelpapier abschleifen, damit der Epoxidharzkleber haftet. Sprung mit Kleber einreiben.

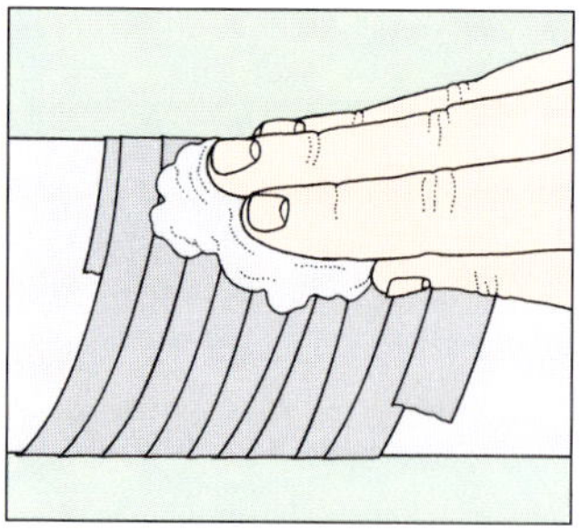

2 Wasserfestes Isolierband zweimal über die beschädigte Stelle kleben. Auf der frisch überklebten Oberfläche Harz verteilen.

3 Kleber aushärten lassen, dann das Wasser andrehen. Alle Hähne so lange aufdrehen, bis Wasser durchkommt, damit keine Luft eingeschlossen wird (siehe unten).

WAS TUN BEI WASSERROHRBRUCH

1 Hauptwasseranschluß zudrehen und Hähne öffnen, damit das Wasser abfließt.

2 Den Wassererhitzer ausschalten, damit sich das Metall der Rohre nicht überhitzt und Sprünge bekommt.

3 Fließt das Wasser über Stromleitungen, sofort Lampen ausschalten und die entsprechende Sicherung aus dem Sicherungskasten schrauben.

4 Ursprung der undichten Stelle suchen. Den Riß mit einem Lappen abdichten. Einen Eimer darunterstellen und den Klempner anrufen.

5 Wölbt sich inzwischen der Deckenverputz, Möbel und Teppiche wegräumen. Wölbung anstechen, damit das angesammelte Wasser abfließen kann. So wird der Schaden auf eine Stelle begrenzt.

RAUSCHENDE ROHRE

Das Rauschen entsteht meist durch das Gegeneinanderschwingen von Rohren. Stecken Sie Schaumgummi zwischen Rohr und Wand oder befestigen Sie das Rohr an einer Holzlatte. Wenn das nichts nützt, ist wahrscheinlich Luft im Rohr eingeschlossen.

URSACHEN

● **Lufteinschlüsse** Fließt plötzlich viel Wasser aus dem Leitungssystem, ist Luft eingeschlossen. Das Rohr leicht mit einem in ein Tuch gewickelten Holzhammer abklopfen.

● **Andere Gründe** Das Hauptspeicherbecken benötigt einen größeren Kugelschwimmer oder das Ventil muß durch einen Gleichgewichtskugelhahn ersetzt werden, der sich unter dem Druck des Wassers weniger bewegt.

LUFTEINSCHLÜSSE IM ROHR BEHEBEN

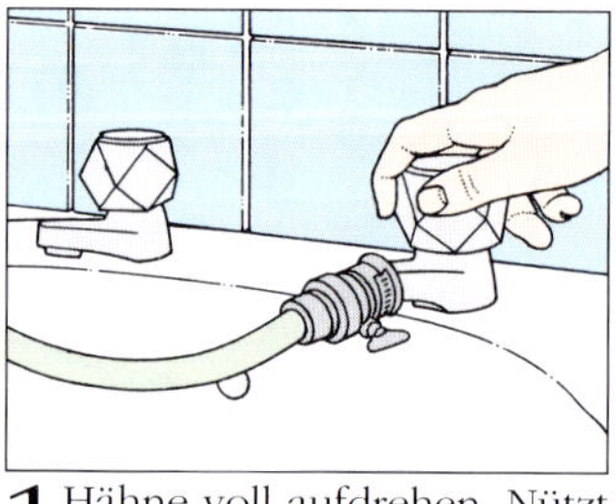

1 Hähne voll aufdrehen. Nützt das nichts, einen Hauptleitungshahn und den defekten Hahn mit einem Stück Gartenschlauch verbinden.

2 Erst den defekten, dann den funktionierenden Hahn aufdrehen. Der Wasserdruck aus der Hauptleitung drückt die Luft aus dem Rohr zurück.

3 Hähne zudrehen, wenn die Geräusche im Rohr aufhören. Schlauch vom Hauptleitungshahn abziehen, das Wasser ausgießen und das andere Schlauchende lösen. Den Druck der Hauptwasserleitung reduzieren.

Eingefrorene Leitungen

Diese sollten schnell aufgetaut werden. Wickeln Sie einen in heißem Wasser ausgewrungenen Lappen um das Doppelkniestück unter dem Waschbecken. Eingefrorene Außenleitungen können Sie auftauen, indem Sie heißes Wasser über die eingefrorene Stelle gießen.

Eingefrorene Leitung im Haus auftauen

1 Wasser abdrehen und Hähne, die von der eingefrorenen Leitung gespeist werden, aufmachen, damit das Wasser abfließt.

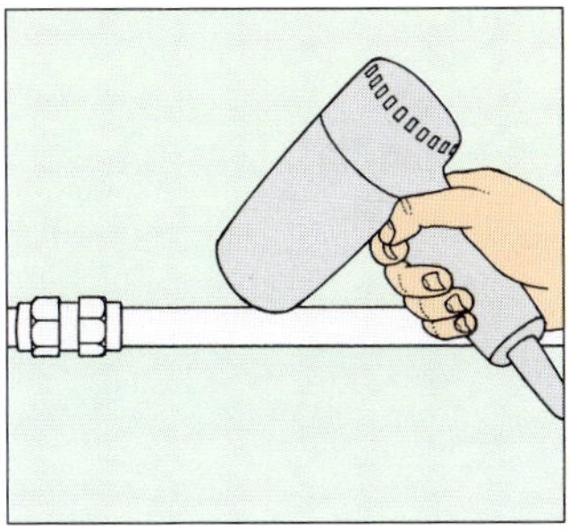

2 Die eingefrorene Stelle können Sie mit einem Föhn (Stufe 2) erwärmen. Den Föhn nicht zu nah an Kunststoffrohre halten.

Einfrieren verhindern

- **Keine kalte Luft eindringen lassen** Wannen- und Waschbeckenstöpsel eingestöpselt lassen, damit die Abflußrohre nicht einfrieren.
- **Wasser zirkulieren lassen.** Bei leicht einfrierenden Rohren den Kaltwasserhahn in kalten Winternächten leicht aufgedreht lassen.
- **Bewährtes Mittel** Damit Leitungen nicht einfrieren, nachts eine Handvoll Kochsalz in den Abfluß geben.
- **Rohre isolieren** Rohre mit Schaumstoff isolieren.

Verstopfte Abflüsse und Spülbecken

Spülbecken und Abflüsse verstopfen häufig, weil Fett, Essensreste oder anderer Abfall hineingeschüttet werden. Halten Sie Abflüsse mit einer Mischung aus Salz, Backpulver und Weinstein sauber. Verwenden Sie kein Ätznatron, da es sich mit Fett zu Klumpen verbindet.

Verstopfte Rohre säubern

- **Spülbecken und Badewannen** Wasser aus dem verstopften Becken in einen Eimer schöpfen, etwas Waschsoda in den Abfluß geben und kochendes Wasser nachgießen.
- **Abflüsse draußen** Wie links beschrieben vorgehen. Bei stark verstopften Rohren eventuell eine Rohrstange benutzen oder gegebenenfalls den Klempner holen.

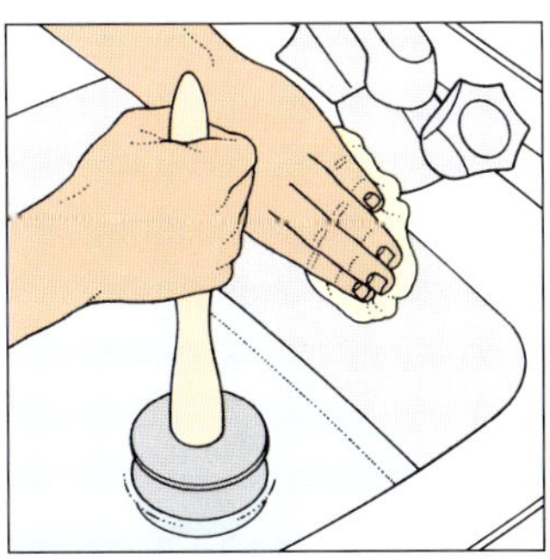

Sauger benutzen
Nützt diese Behandlung nichts, einen am Rand mit Vaseline eingeschmierten Sauger über den Abfluß halten und solange Wasser einlaufen lassen, bis der Sauger bedeckt ist. Abpumpen.

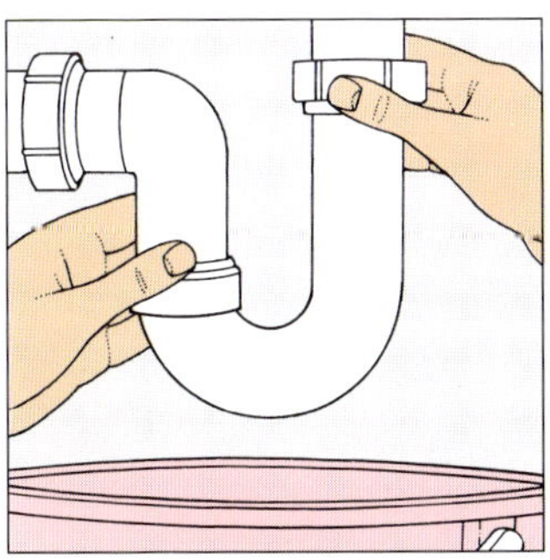

Verstopftes Doppelknie
Verstopfte Doppelkniestücke reagieren nicht auf den Sauger. Einen Eimer unter das Rohr stellen und dieses aufschrauben. Vorsichtig mit einem Stück Draht in dem Rohr kratzen, bis es frei ist.

Übler Geruch

- **Geruch beseitigen** Waschsoda zusammen mit heißem Wasser in den Abfluß schütten.

Zeitspartip

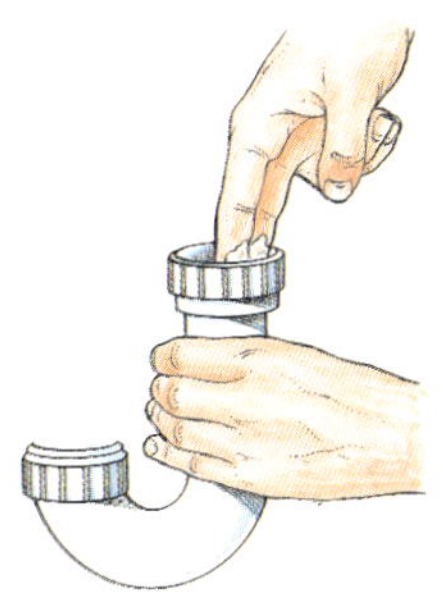

Doppelknie aufschrauben
Vor dem Einschrauben des neuen Rohrs Gewinde mit Vaseline einreiben, dann läßt sich das Rohr nächstes Mal besser abnehmen.

Toiletten, Wasch- und Spülmaschinen

Toiletten verstopfen häufig. Eine verstopfte Toilette erkennt man daran, daß das Wasser bis zum Rand steigt und nur langsam abfließt. Das Überlaufen von Spülkästen, Wasch- oder Spülmaschinen kann zu unangenehmen Überschwemmungen führen.

Verstopfte Toiletten

1 Bei einer verstopften Toilette nicht mehr spülen und das Wasser möglichst bis auf den normalen Stand abfließen lassen.

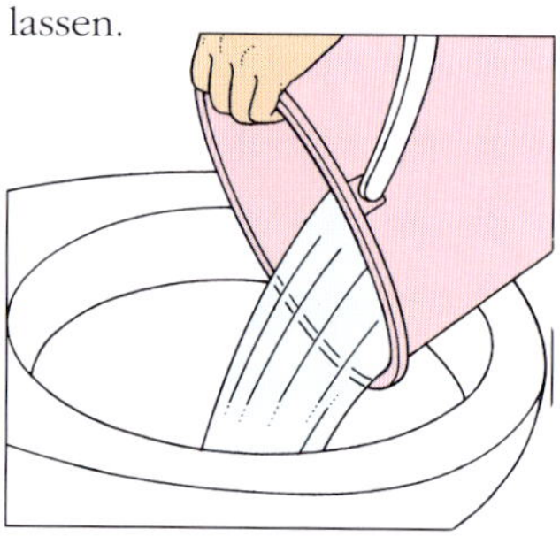

2 Einen Eimer Wasser auf einmal in die Schüssel gießen. Bleibt die Toilette verstopft, einen Sauger in das Rohr hineinschieben und kräftig pumpen.

Überlaufende Kästen

● **Ursachen** Das Überlaufen entsteht oft durch einen defekten Kugelschwimmer, dessen Arm nicht im richtigen Winkel liegt.

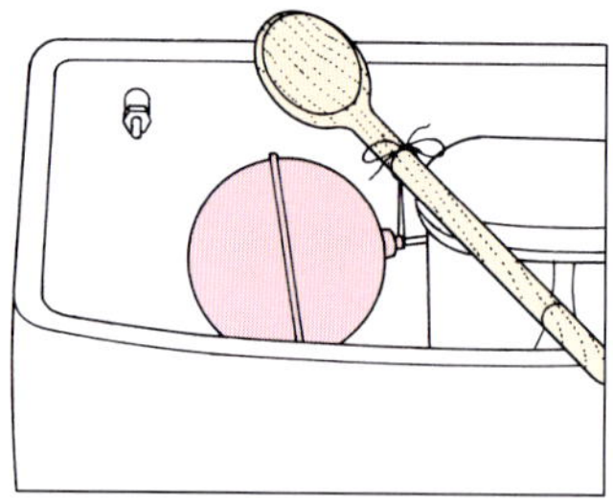

Überlaufen beenden

Bei überlaufenden Spülkästen den Arm des Kugelschwimmers anheben und an einen Holzlöffel binden. Der hält ihn bis zur Reparatur provisorisch oben.

Überlaufende Wasch- und Spülmaschinen

● **Seife als Ursache** Wasch- und Spülmaschinen laufen häufig bei zuviel oder falschem Waschmittel bzw. Geschirreiniger über. Maschine dann so einstellen, daß sie sich langsam leert. Vor dem Kleiderwaschen oder Geschirrspülen Maschine leer im Spülgang laufen lassen, um Seifenreste zu entfernen.

● **Gerätefehler** Liegt es nicht am Wasch- oder Spülmittel, nachsehen, ob Filter oder Waschmittelfach verrutscht sind. Gibt es keine offensichtliche Fehlerquelle, Maschine leeren, Stecker herausziehen und einen Klempner rufen. Strom abschalten.

Wasser sparen

Schon einfache Maßnahmen ermöglichen es Ihnen, Wasser und Geld zu sparen. Da Baden mehr als 25 Prozent des gesamten Wasserverbrauchs eines Haushaltes ausmacht, sollten Sie statt dessen lieber duschen. Wasser nicht unnötig laufen lassen.

Küche

● **Abspülen** Da Geschirrspüler nur ökonomisch arbeiten, wenn sie voll sind, machen Sie den kleinen Abwasch mit der Hand.

Restwasser

Mit Restwasser in Kannen können Sie Zimmerpflanzen gießen. Pflanzen draußen mit Abspülwasser gießen, sofern Sie keinen Geschirreiniger verwenden.

Wäsche

● **Waschmaschinen** Beim Kauf einer neuen Waschmaschine sollten Sie bedenken, daß Frontlader weniger Wasser verbrauchen als Toplader. Maschine immer ganz füllen, das spart Wasser (Ausnahme: Maschinen mit Mengenautomatik oder beim Kurzwaschgang).

Ausserhalb des Hauses

● **Regenwasser sammeln** Zum Gießen des Gartens können Sie Regenwasser in einer Tonne sammeln und mit der Gießkanne verteilen.

● **Einfahrt säubern** Einfahrten und Gartenwege mit einem harten Besen kehren, nicht abspritzen.

Bad

● **Wasserverschwendung** Tropfende Hähne verschwenden Wasser. Bei Heißwasserhähnen wird Energie verschwendet.

Undichte Stellen

Um herauszufinden, ob der Spülkasten undicht ist, geben Sie Farbstoff ins Wasser. Wo farbiges Wasser austritt, liegen Sprünge.

STROM UND BRENNSTOFFE

STROM IST LEBENSGEFÄHRLICH; gehen Sie also vorsichtig damit um. Stellen Sie vor Arbeitsbeginn den Hauptstromschalter ab, und schrauben Sie die Sicherung heraus. Überprüfen Sie, ob der Stromkreis unterbrochen ist.

UTENSILIEN FÜR ELEKTROREPARATUREN

Heben Sie das Reparaturset für elektrische Geräte in einer Kiste auf, um bei einem Stromausfall alles griffbereit zu haben. Bewahren Sie für den Stromausfall eine Taschenlampe auf, und überprüfen Sie regelmäßig, ob sie noch funktioniert. Der richtige und sichere Gebrauch der Reparaturutensilien ist besonders wichtig.

Taschenlampe

Zange

Abisolierzange

Elektroschraubenzieher mit Schutzgriff

Isolierband

VORSICHT BEIM UMGANG MIT ELEKTRIZITÄT

Untersuchen Sie Stecker und Kabel regelmäßig. Beheben Sie Wackelkontakte sofort. Führen Sie Kabel nie unter Teppichen hindurch, wo sie verschleißen können, so daß der Draht bloßliegt. Schlagen Sie in der Nähe von Steckdosen keine Nägel in die Wand.

ALLGEMEINE SICHERHEIT

- **Trockene Hände** Elektrische Geräte nie mit nassen Händen anfassen, da Wasser Strom leitet und Sie einen Schlag bekommen können.
- **Überlastung vermeiden** Nicht mehr Geräte (mit Mehrfachsteckern) an einen Stromkreis anschließen als er verträgt.

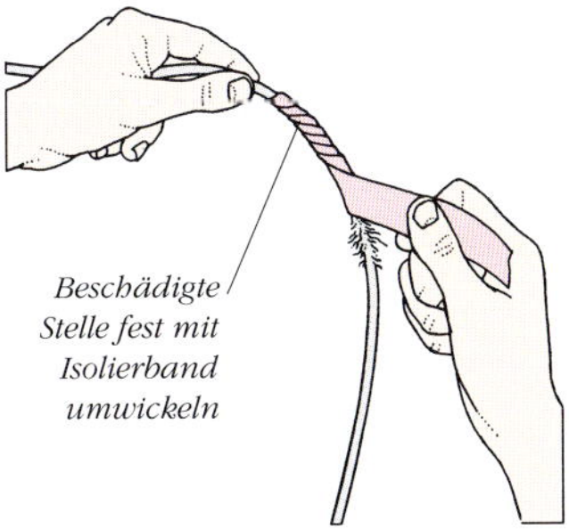

Kabel reparieren
Verschlissene Kabel umwickeln Sie provisorisch mit Isolierband. Schnellstmöglich durch ein neues Kabel ersetzen.

GERÄTE

- **Erden** Alle Geräte aus Metall sollten geerdet sein, um Stromschläge zu vermeiden.
- **Stecker** Die Geräte sollten doppelt isolierte Stecker haben. Beschädigte Stecker ersetzen, bevor Feuchtigkeit in sie gelangen kann. Bei häufig benutzten tragbaren Geräten dicke Gummistecker verwenden.

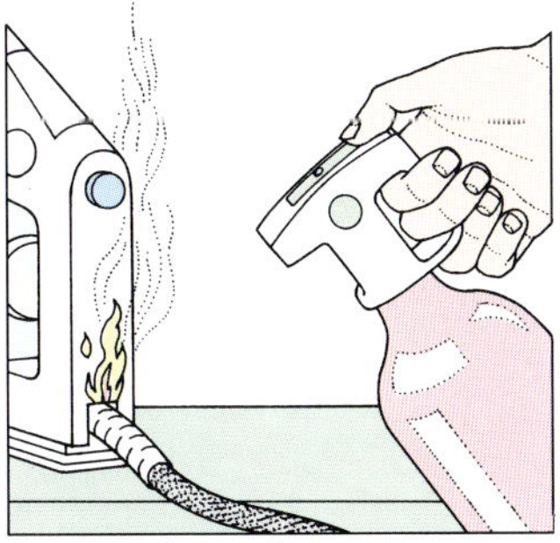

Elektrobrände
Bei Elektrobränden speziellen Feuerlöscher verwenden. Niemals mit Wasser löschen; das bewirkt einen Kurzschluß.

GEFAHRENSIGNALE

Bei Problemen mit Elektrokabeln, z. B. wenn der Draht gefährlich aussieht oder ein Gerät nicht funktioniert und Sie die Ursache nicht finden können, am besten einen Elektriker holen. Warnsignale bei Elektrogeräten (siehe unten) beachten und sich mit der notärztlichen Behandlung bei Stromschlag (siehe S. 167 und 171) vertraut machen.

- **„Fischiger" oder verbrannter Geruch** Ein Zeichen dafür, daß ein Gerätestecker überhitzt ist und langsam schmilzt. Gerät sofort abschalten und Stecker aus der Dose ziehen.
- **Warme Stecker** Das Gerät ausschalten und den Stecker herausziehen, Hauptstromschalter abschalten und Sicherung herausschrauben. Stecker- und Steckdosendrähte auf Brandgefahr überprüfen.

Lampen und elektrische Geräte

Gute Beleuchtung ist sehr wichtig. Schalten Sie das Licht in ungenutzten Räumen aus, und bringen Sie an den Lampen in der Diele und draußen Zeitschalter an. Elektrische Geräte sollten nicht defekt sein, da sie Brände oder Stromschläge verursachen können.

Lampen pflegen

- **Passende Glühbirnen** Glühbirnen der empfohlenen Wattstärke verwenden. Lampen regelmäßig reinigen.

Saubere Glühbirnen
Verstaubte Glühbirnen geben oft bis zu 50 Prozent weniger Licht ab. Birnen und Fassungen an der Decke mit einem Federstaubwedel abstauben (siehe auch S. 20).

Beleuchtung

- **Beleuchtungsplan** Jeden Bereich mit Glühbirnen der richtigen Wattstärke beleuchten, denn gedämpftes Licht eignet sich vielleicht für den Eßbereich; Küche, Bad und Leseecken jedoch brauchen helles Licht.
- **Lichtschalter** Auf allen Lichtschaltern Leuchtfarbe oder -sticker aufbringen, um sie im Dunkeln leichter zu finden.
- **Sichere Beleuchtung** In Haushalten mit kleinen Kindern Sicherheitssteckdosen benutzen. Für Kinder, die im Dunkeln Angst haben, Nachtlicht installieren. Gefährliche Stellen wie Außentreppen nachts schwach beleuchten.

Probleme

- **Sicherungen und Steckdosen** Funktioniert ein Gerät nicht mehr, Herstelleranleitung lesen. Eventuell muß die Sicherung im Stecker ersetzt werden (siehe unten). Nützt das nichts, ein funktionierendes Gerät einstecken, um zu sehen, ob die Steckdose selber defekt ist.
- **Überlastung** Nicht zu viele Lampen und Geräte an dieselbe Steckdose anschließen. Sie wird überlastet und kann einen Brand auslösen.
- **Gefährliche Geräte** Bekommt man an einem Gerät einen Stromschlag, sind möglicherweise Stecker oder Kabel schlecht isoliert.

Stromausfall

Eventuell muß die Sicherung ausgewechselt werden. Vielleicht handelt es sich um einen großräumigen Stromausfall. Stellen Sie Kühlgeräte auf Niedrigsttemperatur, und legen Sie Kerzen und Zündhölzer griffbereit, wenn Sie rechtzeitig gewarnt werden.

Defekter Stromkreis

1 Fallen mehrere Geräte gleichzeitig aus, ist wahrscheinlich eine Sicherung durchgebrannt. Alle Geräte, die an dem Stromkreis hängen, sofort ausschalten.

2 Durchgebrannte Sicherung auswechseln. Bei nicht gekennzeichneten Sicherungen nach Brandspuren suchen.

3 Sichtbare Schäden an Steckern und Kabeln der jeweiligen Geräte ausbessern.

4 Geräte und Lampen alle auf einmal anschalten. Brennt die Sicherung wieder durch, ist der Stromkreis überlastet oder ein Gerät defekt.

Stromausfall

- **Ist der Strom wieder da,** elektrische Uhren neu einstellen. Gefrierfach mindestens 6 Stunden lang nicht öffnen.

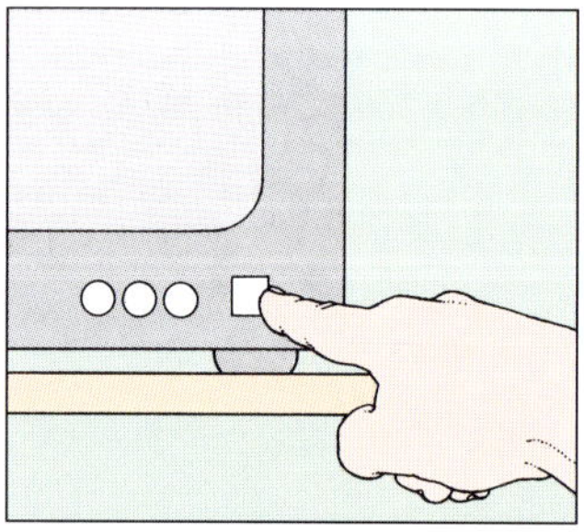

Während des Stromausfalls
Alle Geräte bis auf eine Glühbirne, den Kühlschrank und den Gefrierschrank ausschalten, da bei der Wiederkehr des Stroms oft Sicherungen durchbrennen.

Gute Idee

Kerzen für den Notfall
Immer zwei Kerzen im Kühl- oder Gefrierschrank haben, so daß man sie bei einem Stromausfall auf jeden Fall findet.

Andere Energiequellen

Brennstoffe können gefährlich sein und sollten mit Vorsicht behandelt werden. Riecht es nach Gas oder verbrannt, gehen Sie dem sofort nach. Eine undichte Stelle im Gasrohr kann eine Explosion auslösen und ein unkontrolliertes Feuer im Kamin ein Haus abbrennen.

Sofortmassnahmen bei einem Gasleck

1 Riecht es stark nach Gas, Zigaretten und Kerzen ausmachen und Flamme am Gasherd abdrehen. Funkenerzeugende Geräte wie Staubsauger ausschalten. Licht lassen, wie es ist (an oder aus)!

2 Hahn neben dem Gasmesser zudrehen und so den Gasanschluß unterbrechen. Den Hahn so lange drehen, bis er sich im rechten Winkel zum Gasrohr befindet.

3 Möglichst viele Fenster öffnen, damit die gashaltige Luft durch Frischluft ausgetauscht wird. Das Gebäude evakuieren. Bewußtlose zur Behandlung ins Freie bringen (siehe S. 168).

4 Gaswache benachrichtigen. Auf keinen Fall in der betroffenen Wohnung telefonieren! Ein Zündfunke im Telefon könnte das Gasgemisch entzünden!

Offene Feuer

- **Sicherheit** Gerät ein offenes Feuer außer Kontrolle, Wasser daraufgießen, damit es ausgeht. Bei brennenden Kaminen die Feuerwehr rufen. Kamin regelmäßig auskehren lassen, damit sich kein Ruß ansammelt.
- **Schwelbrände** Bei Schwelbränden eine aufgeschlagene Zeitung über das Feuer halten (3–5 cm, damit Luft an das Feuer gelangt).

Brennstoff sparen

Durch ökonomischen Brennstoffverbrauch können Sie viel Geld sparen. Selbst bei der einfachsten Idee, z. B. den Heißwasserthermostat niedriger einzustellen, wird schon Brennstoff gespart. Langfristig nützen Isolierung von Decken, Wänden und Leitungen.

Kessel

Kochendes Wasser
Kochen Sie nur soviel Wasser, wie Sie benötigen (richtige Menge mit einer Tasse abmessen). Bei einem elektrischen Wassererhitzer muß die Heizspirale immer ganz mit Wasser bedeckt sein.

Elektronik

- **Fernseher** Nachts den Fernseher nicht im Stand-by-Modus belassen, sondern ganz ausschalten, um Geld zu sparen.
- **Gerätewahl** Hochwertige Energiespargeräte kaufen – sie halten länger.

In der Küche

- **Geräte** Kleine Energiespar-Geräte wie elektrische Bratpfannen, Kochplatten und Friteusen verwenden. Sie verbrauchen weniger Energie als Backöfen und Herde.
- **Herde** Bei Standardherden die Kapazität nutzen, d. h. nicht nur eine einzige Pizza backen, sondern mehrere auf einmal.
- **Backöfen** Sauberhalten, damit sie möglichst viel Wärme reflektieren.
- **Mikrowelle** Möglichst oft benutzen, da sie weitaus weniger Energie benötigt als ein gewöhnlicher Herd.
- **Gefrierschrank** Möglichst selten öffnen, denn jedesmal, wenn kalte Luft entweicht, muß wieder nachgekühlt werden.
- **Töpfe und Pfannen** Topfdeckel sollten fest schließen und die Töpfe genauso groß oder etwas größer als die Kochfläche sein.

Geldspartip

Strompfennig
Eine Sparbüchse aufstellen, in die man einzahlt, wenn man in einem Raum unnütz Licht angelassen hat.

Beleuchtung

- **Reflektiertes Licht** Lampen in die Zimmerecke stellen, damit das Licht reflektiert wird. Dunkle Wände müssen stärker beleuchtet werden als helle.

Heizen und Kühlen

Ein wärmeisoliertes Haus ist im Winter warm und im Sommer kühl, so daß Sie weniger Geld für das Heizen und Kühlen ausgeben müssen. Die Anschaffungskosten amortisieren sich bereits in ein paar Jahren.

Kühl halten

Warm halten

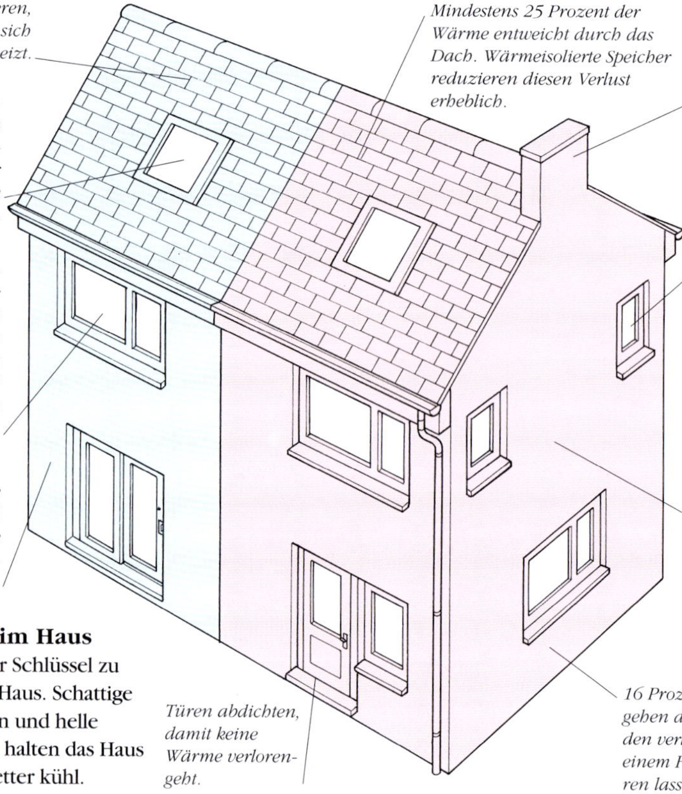

Temperatur im Haus

Isolierung ist der Schlüssel zu einem warmen Haus. Schattige Bäume, Markisen und helle Wände dagegen halten das Haus bei warmem Wetter kühl.

Kosten für Heizen und Kühlen reduzieren

Kühl halten

- **Fenster** An Sonnenfenstern außen Markisen anbringen oder Bäume und Spaliere davor pflanzen.
- **Ventilatoren** Einen großen Ventilator fürs ganze Haus installieren, um die Luft im Haus zu kühlen. Ein langsamer Deckenventilator in der Küche ist effektiver als ein schnell rotierender.
- **Klimaanlagen** Klimaanlage an der schattigen Seite des Hauses oder unter einer Markise anbringen. Den Filter reinigen.

Warm halten

- **Thermostate** Zentralheizungs- und Heißwasserthermostate ein paar Grad niedriger schalten. Das spart 10 Prozent der Stromkosten.
- **Isolieren** Heißwasserleitungen und -tanks wärmeisolieren. Der Energiespareffekt macht sich deutlich bemerkbar.
- **Doppelte Verglasung** Sie ist zunächst teuer, zahlt sich aber langfristig aus. Provisorische doppelte Verglasung ist eine billige Alternative (siehe nächste Seite).
- **Bodenisolierung** Risse in Bodenbrettern füllen und Boden mit Teppich isolieren. Unterbodenisolierung vom Fachmann machen lassen – die Kosten lohnen sich langfristig.
- **Speicherisolierung** Da ein Viertel der Wärme eines Hauses durch das Dach entweicht, den Speicher oder das Dachfenster mit Glasfaser– oder Steinwolle isolieren.
- **Abdichten** Zugige Türen und Fenster mit Isoliergummi abdichten.

WÄRME BEWAHREN

Es im Winter warm zu haben, muß nicht teuer sein. Ziehen Sie mehr oder wärmere Sachen an, halten Sie die Türen von geheizten Zimmern geschlossen und schließen Sie unbenutzte Räume ab. Einen Briefschlitz versehen Sie mit einer Lasche, die Zug verhindert.

HEIZKÖRPER

- **Aufsteigen der Wärme verhindern** Über der Heizung ein Bord anbringen, damit die Wärme ins Zimmer strömt.

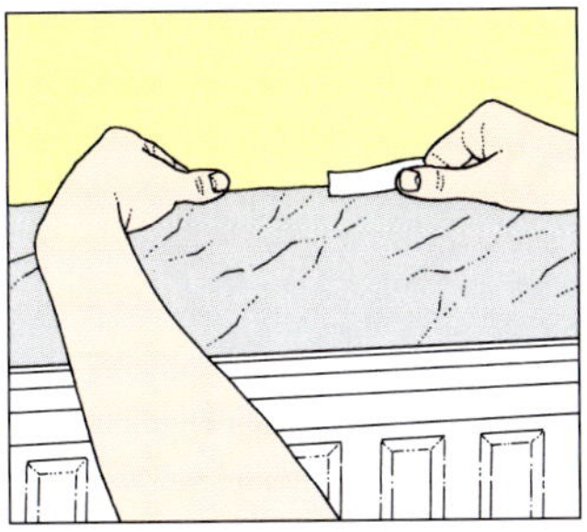

Wärmereflektor
Damit Heizungen effektiver heizen, Alufolie (auf Pappe befestigt) mit der glänzenden Seite nach innen dahinter kleben. Sie reflektiert die Wärme in den Raum.

ZUG

- **Zug aufspüren** Türen und Fenster schließen und mit einer Kerzenflamme prüfen. Dort, wo sie flackert, zieht es.

Zug verhindern
Ein ausgestopfter und zugenähter alter Jackenärmel vor der Tür verhindert, daß es zieht. Er sollte farbig sein, damit niemand über ihn stolpert.

DOPPELTE VERGLASUNG

- **Provisorische Maßnahmen** Mit festem Klebeband Plexiglas oder schweren Kunststoff aufkleben.

Plastikfolie verwenden
Als provisorische Doppelverglasung mit Klebeband befestigte durchsichtige Plastikfolie benutzen (durch Fönen schrumpft sie auf die passende Größe).

KÜHLE BEWAHREN

Ein isoliertes Haus ist genauso leicht kühl zu halten. Tragen Sie bei heißem Wetter lockere Kleidung, und benutzen Sie den Herd nicht während der Hitze des Tages. Öffnen Sie die Dachfenster oder die Fenster im ersten Stock, und lassen Sie die Luft zirkulieren.

AUF NATÜRLICHEM WEG

- **Kein künstliches Licht** Glühbirnen geben mehr Wärme ab als man denkt. Möglichst lang bei Tageslicht arbeiten und das Licht nur anschalten, wenn es unbedingt sein muß.
- **Schattige Bäume** Vor dem Haus schattige Bäume pflanzen. Laubbäume spenden im Sommer Schatten und lassen im Winter Licht durch ihre kahlen Äste.

WENIGER FEUCHTIGKEIT

- **Duschen** Dampf macht die Wohnung oft sehr feucht. Beim Duschen sollten Sie grundsätzlich die Fenster öffnen, damit möglichst viel Feuchtigkeit entweicht.

HITZE ABHALTEN

- **Vorhänge zuziehen** Rollos und Vorhänge während der heißesten Tagesstunden schließen.

Sonnenstrahlung reflektieren
Alufolie innen am Dach ankleben, um die Sonnenwärme nach außen zu reflektieren. Die ins Haus dringende Wärme wird so um mindestens 20 Prozent reduziert.

GRÜNER TIP

Feuchtigkeit reduzieren
Deckel auf den Töpfen lassen, so daß weniger Dampf entweicht. Damit spart man bei der Essenszubereitung außerdem Energie und somit auch Geld. Küchentür beim Kochen schließen.

ALLGEMEINES

WENN SIE REPARATUREN IM HAUS SELBST MACHEN, können Sie sparen. Kleinere Schäden an Böden, Türen, Fenstern und Treppen lassen sich ohne großen Aufwand ausbessern, schwierigere sollte man dem Fachmann überlassen.

BÖDEN

Risse in Holzbrettern bewirken, daß es zieht, können aber leicht repariert werden. Da Betonböden manchmal uneben sind, sollten Sie Erhebungen mit Hammer und Meißel abtragen. Legen Sie auf beschädigte Vinylfliesen Alufolie, und lösen Sie die Fliesen.

HOLZBÖDEN

- **Quadratisches Parkett** Bei Brettern mit Rissen oder Sprüngen Bodenbalken mit Hilfe der Nägel an beiden Enden lokalisieren, dort hineinbohren, das Brett mit einer Stichsäge aussägen.
- **Verzapfte Bretter** Beschädigtes Brett am Rand aussägen. Da es nicht ersetzt werden kann, statt dessen ein gewöhnliches Bodenbrett einsetzen, das an beiden Enden von einem an den Bodenbalken geschraubten Holzblock getragen wird.

SCHNELLES ISOLIEREN

Selbstgemachter Spachtel
Rillen zwischen den Bodenbrettern mit Pappmaché aus Zeitungspapier und Tapetenkleister füllen. Trockene Paste abschleifen.

QUIETSCHENDE BÖDEN

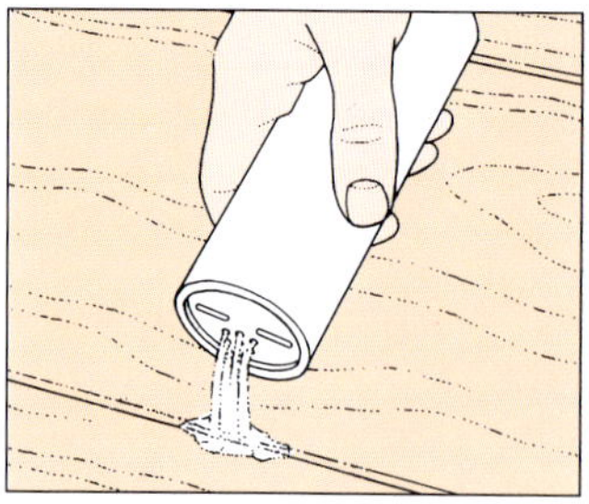

Talkumpuder verwenden
Zwischen die Bretter Talkumpuder streuen. Lose Bretter mit winkelig eingeschlagenen Nägeln befestigen.

TÜREN

Schnappschließer oder Türanschläge verhindern, daß eine Tür zufällt. Bewegen Sie die Türverriegelung, oder dichten Sie den Türrahmen innen ab, wenn die Tür klappert. Befestigen Sie die Angeln richtig, wenn die Tür nach unten sackt. Entfernen Sie verrottete Holzteile sofort.

KLEMMENDE TÜREN

Problemzone suchen
Türkanten mit Kreide einreiben, dann Tür schließen. Der Kalk hinterläßt an der Kontaktstelle einen Abdruck auf dem Rahmen. Diese Stelle abschleifen. Schienen mit Bodenpolitur einreiben.

KLEMMENDE ANGELN

Angeln ölen
An klemmenden Angeln mit einem Bleistift entlangfahren oder mit einem Tuch etwas dünnflüssiges Öl auftragen und die Angel dabei so lange hin- und herbewegen, bis sie nicht mehr klemmt.

GUTE IDEE

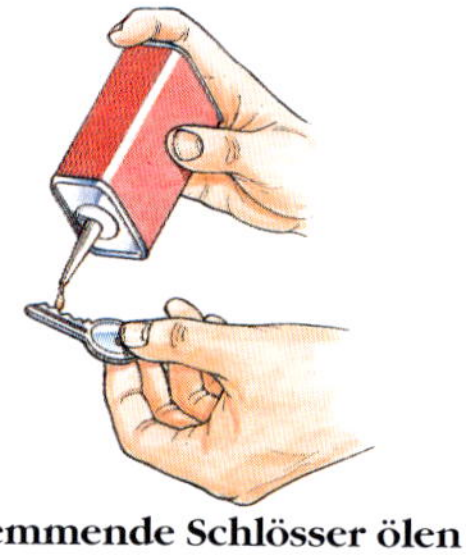

Klemmende Schlösser ölen
Bei klemmenden Schlössern etwas Öl auf den Schlüssel tropfen. Schlüssel ins Schloß stecken und mehrmals drehen.

TREPPEN

Gehen Sie das Problem knarrender Treppen am besten von unten an. Können Sie sich nicht unter die Treppe stellen, heben Sie den Teppich hoch und schrauben Sie die Lauffläche der Stufe oben am Stich fest. Achten Sie darauf, daß die Treppe beleuchtet ist.

DREI REPARATURMÖGLICHKEITEN FÜR KNARRENDE STUFEN

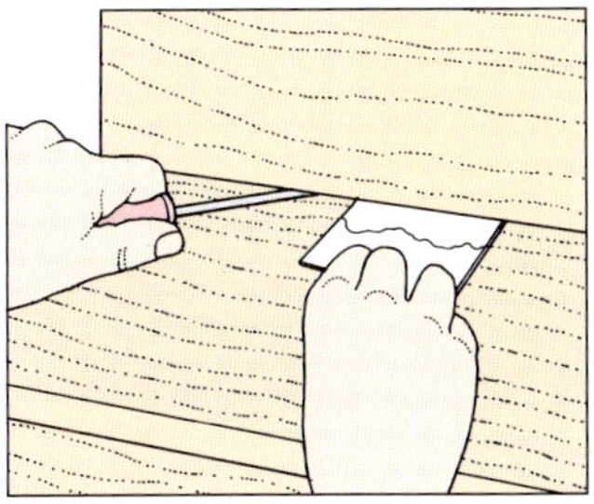

Mit Kleber
Zwischen Stufe und Stich einen Schraubenzieher stecken, ein Stück mit Holzleim bedeckte Pappe hineinschieben und dort lassen.

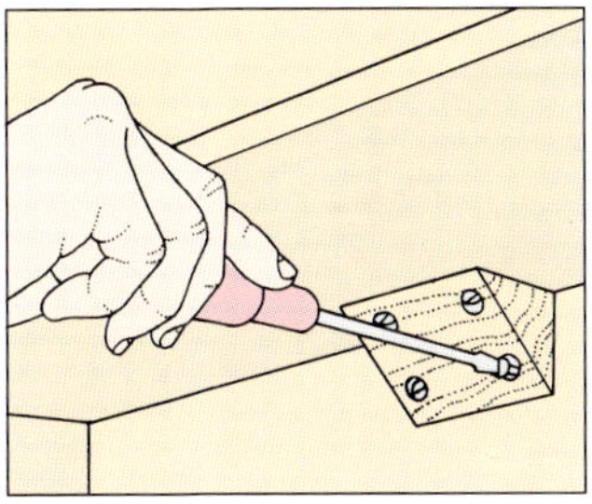

Mit einem Holzblock
Knarrt die Treppe ständig, das Problem von unten angehen und einen dreieckigen Holzblock in die Ecke von Stufe und Stich festschrauben.

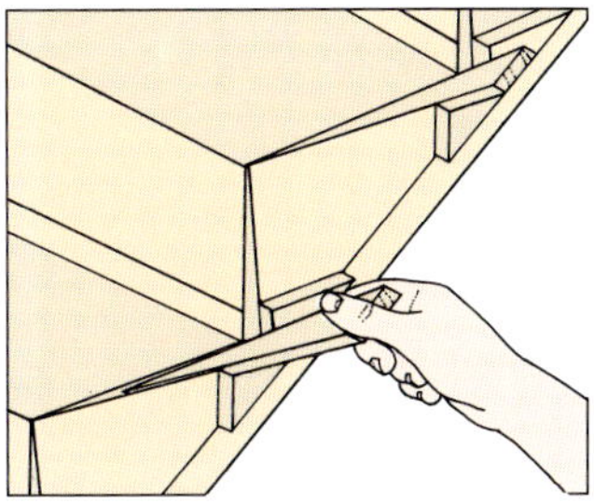

Keile ersetzen
Bei alten, knarrenden Treppen müssen die Stufenkeile ausgetauscht werden. Den alten Klebstoff ablösen, neuen auftragen und die neuen Keile festnageln.

FENSTER

Können Sie ein zerbrochenes Fenster nicht reparieren oder nicht sofort einen Glaser bestellen, sollten Sie es mit Spanplatten vernageln. Streichen Sie auf kleine Risse Polyethylen, und kleben Sie Kreppband darüber. Achten Sie darauf, daß die Scheiben abgedichtet sind.

ZERBROCHENE FENSTER

● **Umgang mit zerbrochenem Glas** Tragen Sie dabei immer dicke Gartenhandschuhe, möglichst auch noch eine Schutzbrille. Glasbruch in Zeitungspapier entsorgen.

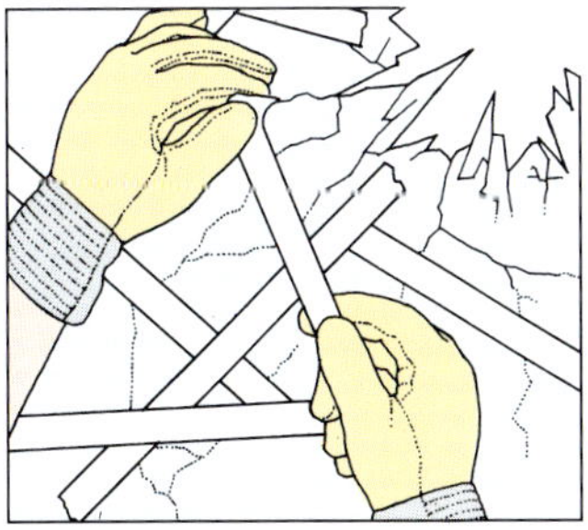

Glas entfernen
Über zerbrochene Fensterscheiben vorsichtig kreuz und quer Kreppband kleben, ein schweres Tuch darüberhängen und mit dem Hammer leicht daraufklopfen, so daß das Glas aus dem Rahmen bricht, ohne zu splittern.

SCHEIBEN ERSETZEN

1 Die neue Glasscheibe sollte an jeder Seite etwa 1,5 mm kleiner sein als die Fensteröffnung. Alten Kitt herauskratzen, die Vertiefung reinigen und mit Grundierfarbe streichen.

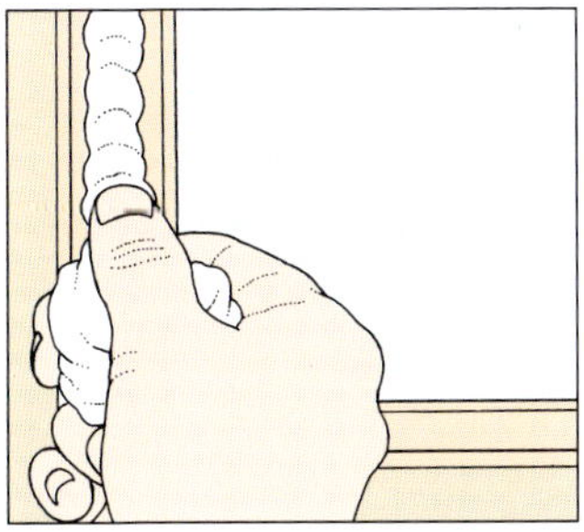

2 Frischen Kitt in die Kerbe des sauberen Fensterrahmens streichen. Die neue Scheibe am Rand hineindrücken (nicht in der Mitte; dort kann sie brechen) und vorsichtig mit Glasstiften oder -klemmen befestigen.

PROBLEME

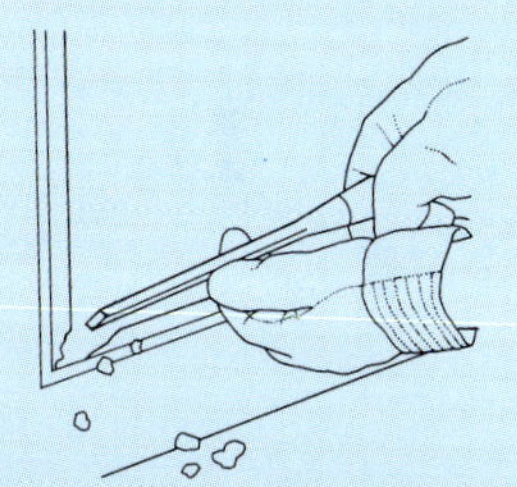

● **Beschädigter Kitt** Harter Kitt wird brüchig und löst sich. Kitt abmeißeln und überall, nicht nur an der beschädigten Stelle, neuen Kitt auftragen.

● **Klemmende Fenster** Holzfenster klemmen oft infolge dick aufgetragener Farbe. Farbe entfernen und den Rand so abschleifen, daß er in den Rahmen paßt. Neu streichen.

● **Kondensation** Fenster mit Metallrahmen zweifach doppelt verglasen, damit das Wasser nicht kondensiert.

SICHERHEIT

EIN GESICHERTES HAUS SCHRECKT GELEGENHEITSDIEBE AB. Bringen Sie Sicherheitsschlösser an Türen und Fenstern, einen guten Einbruchsmelder und Außenlampen an. Treten Sie womöglich einer Nachbarschaftshilfe bei.

EINSTIEGSPUNKTE AM HAUS

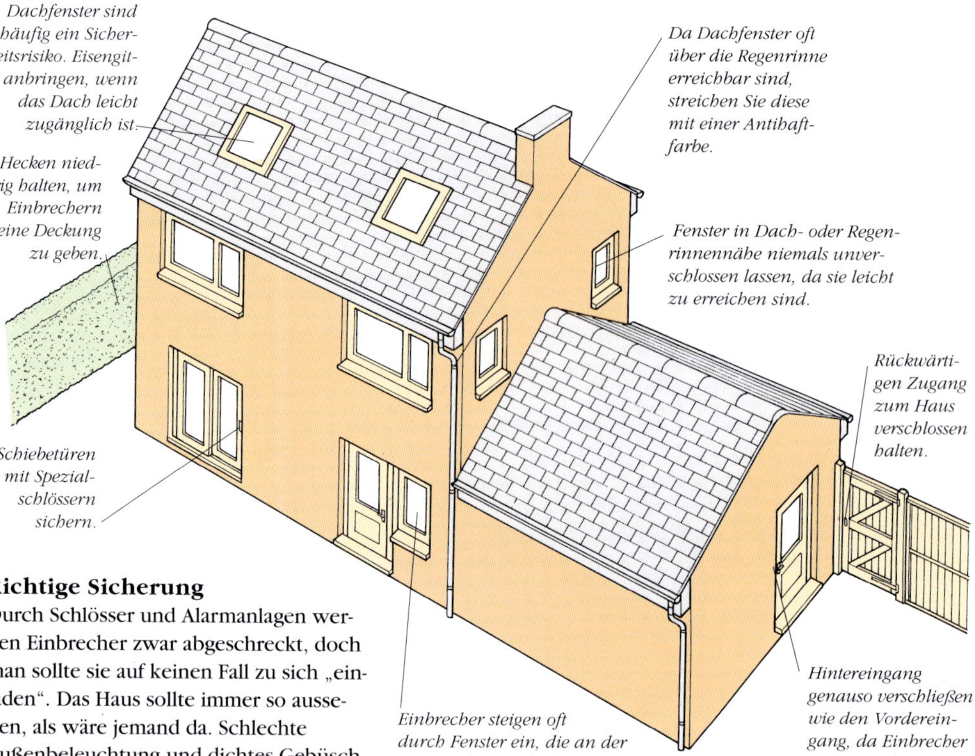

Richtige Sicherung

Durch Schlösser und Alarmanlagen werden Einbrecher zwar abgeschreckt, doch man sollte sie auf keinen Fall zu sich „einladen". Das Haus sollte immer so aussehen, als wäre jemand da. Schlechte Außenbeleuchtung und dichtes Gebüsch bieten Einbrechern Deckung.

WIE DAS HAUS SICHERER GEMACHT WERDEN KANN

- **Alarmanlage** Installieren Sie eine gut sichtbare Alarmanlage – das schreckt Einbrecher ab.
- **Türen** Hochwertige Haustüren aus Hartholz einbauen. An Außentüren sollten Sicherheitsschlösser, Ketten oder Spione vorhanden sein, um Besucher sehen zu können.
- **Fenster** An allen Fenstern, besonders Fenstern in der Nähe von Regenrinnen, Erdgeschoßfenstern und Verandatüren, Schlösser anbringen. Beim Weggehen jedesmal gut abschließen.
- **Hintereingang** Möglichst unzugänglich machen, da die meisten Einbrecher dort einsteigen.
- **Garage** Tür zwischen Garage und Haus sowie Garagentüren abschließen, da Einbrecher sonst ungesehen in der Garage zugange sein können.
- **Hecken** Nicht hoch wachsen lassen, damit man Einbrecher sofort sieht. Dornige Hecken und Sträucher schrecken ab.
- **Regenrinne** Mit einer Antihaftfarbe streichen, die niemals trocknet (so daß man nicht hochklettern kann) und Spuren auf der Kleidung hinterläßt.
- **Schuppen** Mit einem Vorhängeschloß sichern, damit nicht mit Ihrem Werkzeug in Ihr Haus eingebrochen wird. Türangeln innen anbringen, damit sie nicht zum Öffnen der Tür entfernt werden können.
- **Leitern** Wegschließen oder auf dem Boden liegend mit einem Vorhängeschloß sichern, damit Einbrecher damit nicht über den ersten Stock ins Haus eindringen können.

IM HAUS

Schlösser und Alarmanlagen schützen nur dann, wenn das Haus auch sonst einbruchsicher ist. Machen Sie es Dieben schwer, indem Sie gute Türen und Fenster einbauen und sie stets mit einem Schloß sichern. Wechseln Sie die Schlösser aus, wenn Sie neu eingezogen sind.

TÜREN UND FENSTER SICHERN

● **Innentüren** Nicht abschließen, da Einbrecher sonst Wertgegenstände dort vermuten und sie aufbrechen.

● **Außentüren** Auf der Seite der Türangeln spezielle Riegel anbringen, die das Aufbrechen der Tür erschweren.

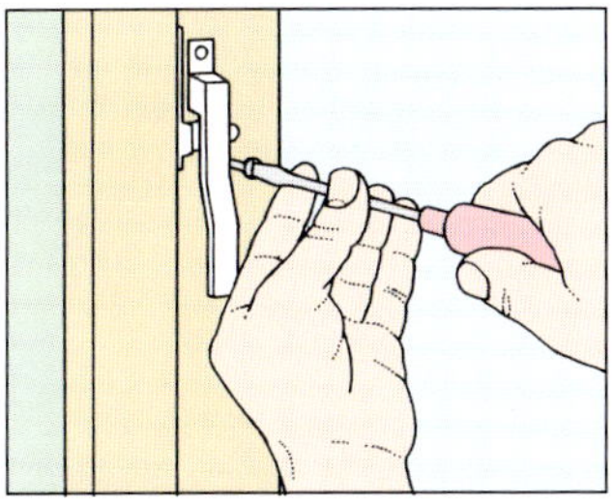

Flügelrahmenfenster
Damit Flügelrahmenfenster nicht geöffnet werden können, drehen Sie neben dem Griff eine lange Schraube hinein. Besser ein richtiges Schloß anbringen.

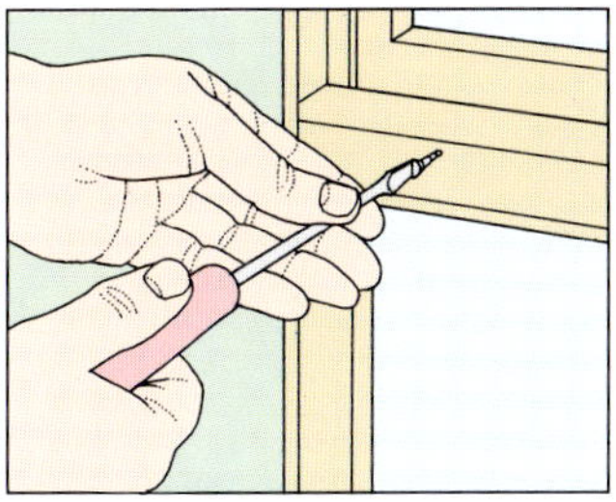

Schiebefenster
Schlösser anbringen oder dort, wo die Schienen aufeinandertreffen, Holzschraube eindrehen. Fenster nicht permanent zugeschraubt lassen.

GUTE IDEE

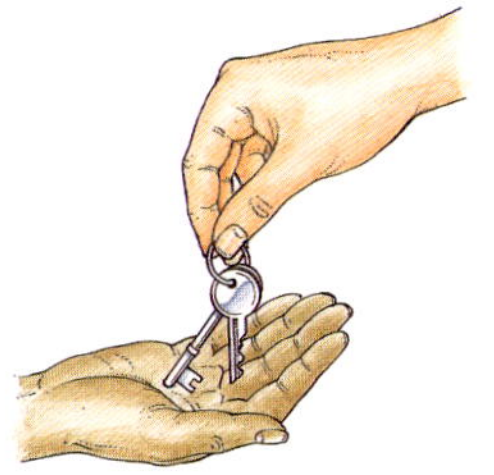

Ersatzschlüssel
Unbeschriftete Ersatzschlüssel bei einem zuverlässigen Nachbarn lassen. Schlüssel niemals unter Blumentöpfe legen oder an einer Schnur in den Briefkasten hängen – Einbrecher kennen diese Stellen.

VORHÄNGE ZUZIEHEN

● **Am Tag** Vorhänge offen lassen, denn zugezogene Vorhänge zeigen, daß Sie nicht da sind. Außerdem sind Einbrecher dann auch noch geschützt.

● **Abends** Vorhänge abends, wenn das Licht an ist, zuziehen, damit niemand Wertgegenstände sieht.

WERTGEGENSTÄNDE

● **Kennzeichnen** Auf Wertgegenstände mit Geheimtinte Namen und Postleitzahl drucken, damit die Polizei sie als Ihr Eigentum anerkennt.

● **Photographieren** Alle Wertgegenstände photographieren, damit Sie beweisen können, daß sie Ihnen gehören.

EINBRUCH

● **Konfrontation mit dem Einbrecher** Einen überraschten Einbrecher nicht provozieren, gegebenenfalls kooperieren, dann die Polizei rufen. Treffen Sie beim Nachhausekommen auf Einbrecher, von außerhalb die Polizei anrufen.

SICHERHEITSVORKEHRUNGEN FÜR DEN URLAUB

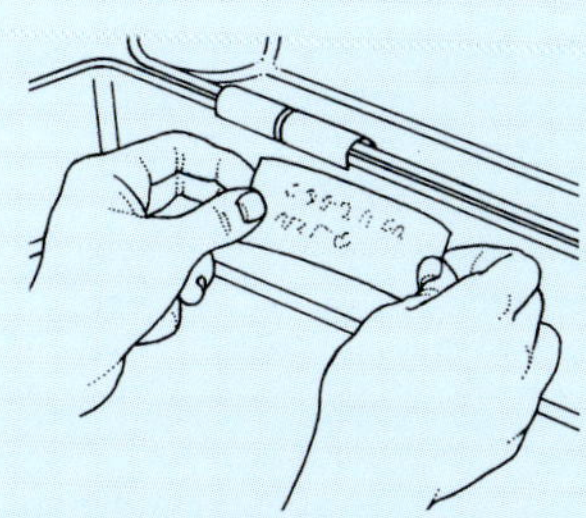

● **Gepäckschilder** Adressenaufkleber außen am Gepäck zeigen, daß Ihr Haus leersteht. Deshalb besser innen an den Koffer kleben.

● **Zustellungen** Abonnements etc. unterbrechen (besonders Wichtiges ev. an Ihre Urlaubsadresse nachsenden lassen) oder bei der Post einen Aufbewahrungsantrag stellen.

● **Post** Einen Nachbarn, Freund oder Verwandten bitten, den Briefkasten regelmäßig zu leeren.

● **Zeitschaltuhren** Mehrere installieren, so daß abends Fernseher und Licht angehen.

● **Garagentür** Schließen, damit niemand sieht, ob Ihr Auto da ist oder nicht.

● **Auto** Bei Kurzurlauben Auto vor dem Haus stehenlassen. Bei längeren Reisen einen Nachbarn bitten, Schnee oder Eis abzukratzen.

● **Anwesenheit vortäuschen** Einen Nachbarn bitten, den Rasen zu mähen, die Blätter zusammenzukehren, auf dem Weg Fußabdrücke in den Schnee zu machen etc.

● **Schutz** Wertgegenstände vor dem Urlaub zur Bank bringen und der Polizei mitteilen, daß das Haus leersteht, damit sie gegebenenfalls danach sieht.

Essen und Trinken

Übersicht

Beste Zutaten auszuwählen und richtig zuzubereiten, ist für gutes Essen wichtiger als ausgefallene Rezepte und komplizierte Techniken. Legen Sie sich vor Arbeitsbeginn alle Zutaten und Kochutensilien zurecht, lassen Sie sich für das Kochen immer viel Zeit, und schaffen Sie Platz in der Küche. Dadurch vermeiden Sie Unfälle, verderben kein Geschirr und Ihre Nerven werden nicht strapaziert.

Utensilien und Zutaten

Sorgen Sie für Ordnung in der Küche, denn in einem Raum, in dem wichtige Utensilien an der falschen Stelle liegen, fällt das Arbeiten schwer. Reinigung von Küche und Utensilien siehe S. 26–30. Die nachfolgenden Tips helfen bei der Lösung von Problemen in der Küche.

Lösung häufiger Probleme

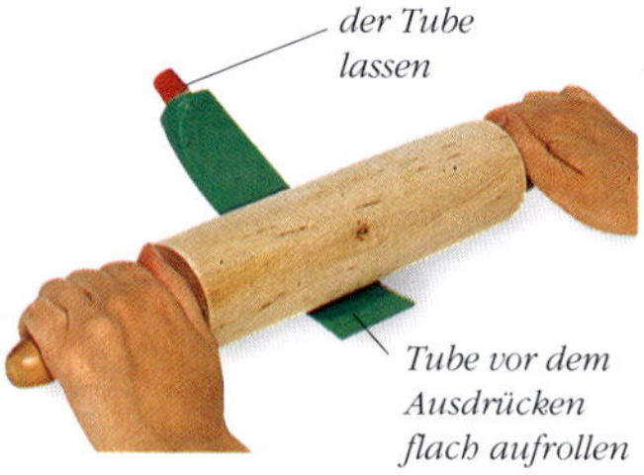

Tuben leeren
Um Tuben völlig zu leeren, drücken Sie mit dem Nudelholz den Inhalt nach oben.

Topfknauf auswechseln
Geht der Knauf eines Deckels verloren, benutzen Sie einen hitzebeständigen Korken.

Zum Fließen bringen
Kommt Sauce nicht aus der Flasche, Strohhalm hineinstecken, vorsichtig hineinblasen.

Klemmende Schraubgläser öffnen

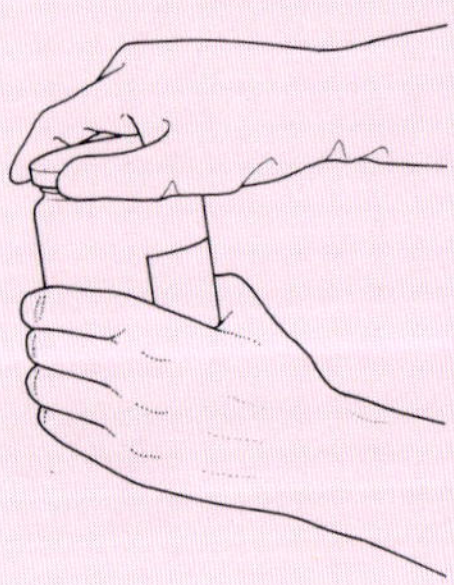

Hier eine Reihe von Techniken, wie man klemmende Schraubgläser leichter öffnet

- **Fester Griff** Mit einer Hand fest um den klemmenden Deckel greifen und drehen. Kleine Deckel mit einem Nußknacker öffnen.
- **Mit Hilfe von Wärme** Deckel unter heißes Wasser halten.
- **Deckel lockern** Mit einem Löffel schräg auf den Deckel klopfen.

Verbrennungen

- **Verbrennungen vermeiden** Topfgriffe beim Kochen nach innen drehen. Sie ecken nicht an und verbrühen sich auch nicht.
- **Ölbrände** Flammen mit einer Feuerlöschdecke oder einem Deckel ersticken oder Salz, Erde, Waschsoda oder Badesalz in die Flammen streuen.

Wichtige Tips für die Küche

Backen Sie im Ofen möglichst viel auf einmal, um Energie zu sparen, und denken Sie daran, daß die Sachen auf dem oberen Blech schneller fertig sind als die auf dem unteren. Legen Sie beim Kochen den Deckel auf den Topf, dann wird der Inhalt schneller warm.

Küchensachen

- **Gefäße** Rauminhalt aller Gefäße und Wannen ausmessen und mit Nagellack auf der Unterseite notieren, dann finden Sie das richtige Gefäß besser, wenn es schnell gehen muß.
- **Teller wärmen** Im heißen Backrohr können Teller springen oder sich verfärben. Halten Sie die Teller statt dessen einige Minuten unter heißes Wasser.
- **Kochbücher** Versehen Sie Rezepthefte zum besseren Nachschlagen mit einem Inhaltsverzeichnis. Vielbenutzte Kochbücher in Plastikfolie einschlagen, damit man sie leicht abwischen kann.

Speisen würzen

Wann salzen?
Bei Suppen Salz zur Geschmacksverstärkung früh zugeben, bei gebratenem Fleisch erst am Ende, da das Fleisch sonst zäh wird. Gemüse in Salzwasser kochen.

Gute Idee

Saubere Kochbücher
Damit Kochbücher beim Nachschlagen während des Kochens nicht schmutzig werden, die entsprechende Seite aufschlagen und das Buch vor Arbeitsbeginn in eine durchsichtige Plastiktüte stecken. So bleibt es sauber, egal was Sie kochen.

Fehler korrigieren

Geraten Sie bei Problemen nicht in Panik. Klumpige Saucen lassen sich durch Verdünnen glätten, Gerichte mit zu viel scharfem Chili durch Zugabe von Kartoffeln oder Joghurt abmildern, dünne Suppen mit Kartoffeln und dünne Saucen durch Mehl und Milch verdicken.

Zu viel Fett

- **Fertiges Essen** Gericht im Kühlschrank abkühlen lassen, so daß das Fett auf der Oberfläche hart wird. Dann das Fett mit dem Löffel ablösen.

Bei der Zubereitung
Eiswürfel ins Essen geben (sie binden Fett) und sofort wieder entfernen oder mit einem Salatblatt über das Essen streichen.

Angebranntes

- **Eintöpfe** Eintopf in einen neuen Topf gießen und etwas Wasser und Chilipulver oder Pfeffer zugeben, um den Geschmack von Verbranntem zu überdecken.
- **Koteletts** Gemüse wie Tomaten und Pilze grillen, verbranntes Kotelett als Kebabspießchen servieren.

Übergekochtes

- **Vorbeugen** Damit Milch nicht überkocht, spülen Sie den Topf erst unter kaltem Wasser aus. Bei anderen Flüssigkeiten Topfrand einfetten, um ein Überkochen zu vermeiden.
- **Abhilfe** Bevor die Milch überkocht, Topf vom Herd nehmen.

Versalzenes

- **Gemüse** Kochendes Wasser darübergießen. Zu versalzenen Kartoffeln Milch und geschlagenes Ei geben.

Suppen und Eintöpfe
Rohe Kartoffeln dazugeben, kochen und danach wieder herausnehmen oder eine neue Portion ohne Salz machen.

OBST UND GEMÜSE

KAUFEN SIE OBST UND GEMÜSE IN KLEINEN MENGEN, damit Sie es nicht allzu lange aufbewahren müssen. Überprüfen Sie Ihre Obstschalen und Gemüsefächer regelmäßig, und entfernen Sie verdorbene Sachen.

AUFBEWAHRUNG

Bewahren Sie leicht verderblichen Salat und weiche Früchte im Kühlschrank auf. Werden etwa Bananen oder Pfirsiche überreif, sollten Sie sie pürieren und zur Verwendung beim Kuchen- oder Brotbacken oder für eine Joghurt-Fruchtmischung oder Eiszubereitung einfrieren.

OBST AUFHEBEN

- **Äpfel** Makellose Äpfel legen Sie am besten so auf ein Tablett oder Bord, daß sie sich nicht berühren.
- **Zitronen** Sie halten sich in einem Glas mit kaltem Wasser im Kühlschrank einen Monat.

GEMÜSE AUFHEBEN

- **Frische Pilze** Mit feuchter Küchenrolle bedecken und in den Kühlschrank legen.
- **Tomaten und Gurken** Sie schmecken am besten, wenn sie bei Zimmertemperatur und nicht im Kühlschrank aufbewahrt werden.

KARTOFFELN

Zu viele Kartoffeln
Wenn Sie zu viele Kartoffeln haben, ein paar Äpfel dazulegen, damit sie nicht keimen. Haben Sie zu viele Kartoffeln geschält, gießen Sie Wasser darauf und stellen Sie sie in den Kühlschrank.

IM WASSER

Frisch halten
Bestimmte Gemüsesorten am besten im Wasser aufbewahren. Frühlingszwiebeln und Sellerie in einem Glas mit Wasser, Brunnenkresse und Oliven in den Kühlschrank stellen.

OBST NACHREIFEN LASSEN

Viele Obstsorten reifen zwar nach dem Pflücken weiter. Wie kann man sie am besten nachreifen lassen? Legt man Obst in den Kühlschrank, verzögert sich der Reifungsprozeß. Bewahrt man reifes Obst im Dunkeln auf, so beschleunigt das die Reifung.

TOMATEN

Sonnenlicht vermeiden
Tomaten zum Reifen nicht direkt in die Sonne legen, sondern am besten in eine Schublade. In der Sonne werden sie nämlich lediglich weich.

ÄPFEL UND BIRNEN

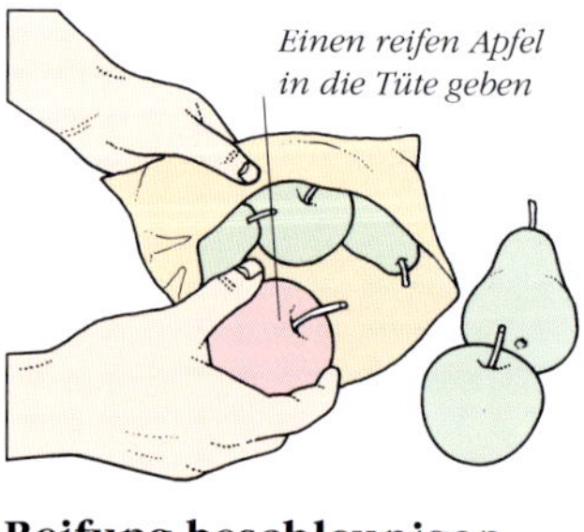

Reifung beschleunigen
Äpfel und Birnen zum Reifen mit einem bereits reifen Apfel in eine Papiertüte legen, Löcher hineinstechen und an einem kühlen, dunklen Ort aufbewahren.

TIPS

- **Grüne Früchte** In einer perforierten Plastiktüte reifen lassen. Durch die Löcher gelangt Luft hinein, aber es entweicht kein Ethylen, das Reifung fördert.
- **Avocados** In einem warmen Trockenschrank oder in einer Plastiktüte mit einem Stück Bananenschale reifen lassen oder in eine Schüssel mit Mehl legen.
- **Bananen** In den Kühlschrank legen, damit sie nicht weiterreifen. Die Schale wird vielleicht braun, aber das Fruchtfleisch bleibt fest.

Salat

Legen Sie in das Gemüsefach des Kühlschranks einen kleinen, trockenen Schwamm, der Feuchtigkeit aufnimmt, so daß sich kein Schimmel bildet. Reiben Sie die Schüssel mit einer Knoblauchzehe ein, bevor Sie den Salat hineingeben. So schmeckt er nach Knoblauch.

Gemischten Salat zubereiten

Abtropfen lassen
Vor dem Salat eine Untertasse umgekehrt in die Salatschüssel legen. Das Wasser des gewaschenen Salats sammelt sich darunter an, so daß der Salat nicht durchweicht.

Knackiger Salat

- **Durchgeweichter Salat** Eine Stunde in einer Schüssel mit Wasser und 10 ml (2 Teelöffel) Zitronensaft in den Kühlschrank stellen. Damit Salatköpfe knackig bleiben, in eine Plastiktüte legen.
- **Welker Salat** Mit kühlem Wasser besprühen und eine Stunde lang in den Kühlschrank legen.

Vorbereiten

- **Blätter abtrennen** Festblättrigen Salat und Chinakohl in Streifen schneiden (quer zum Strunk). Am Strunk festhalten und von oben her aufschneiden.

Auseinanderreißen
Mit den Fingern auseinanderreißen, denn beim Schneiden werden die Ränder braun. Für Buffets Salat in mundgerechte Stücke reißen, so daß man ihn nicht mehr schneiden muß.

Gemüse herrichten

Richten Sie Gemüse direkt vor dem Kochen an, damit keine Vitamine verlorengehen und das Gemüse nicht schlecht wird. Schälen Sie es mit einem scharfen Messer oder einem Gemüseschäler, um nicht zu viel Schale zu entfernen, oder reiben Sie es sauber.

Auberginen

Saft herausziehen
Auberginen in Scheiben schneiden, auf beide Seiten Salz streuen. Wenden, so daß der bittere Saft austritt. Abspülen und mit Küchenpapier abtrocknen.

Anderes Gemüse

- **Paprika schälen** Paprika auf einem Spieß so lange über eine offene Flamme halten, bis dieser ganz verkohlt ist. Dann die Schale mit Küchenpapier abreiben.
- **Tomaten schälen** Tomaten in kochendes Wasser legen, dann kalt abspülen. So reißt die Schale auf und man kann sie leicht abziehen.
- **Mais vorbereiten** Um Maiskolben zu säubern, Spelzen entfernen und die Ähren mit feuchtem Küchentuch abreiben.
- **Zwiebeln schneiden** Zwiebeln, die laut Rezept feingehackt werden sollen, am Strunk anfassen und raspeln.

Bewährter Tip

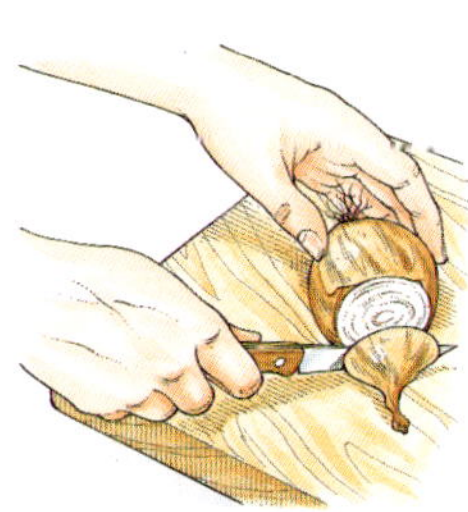

Zwiebelschneiden ohne Tränen
Strunk an einem Ende wegschneiden, Zwiebel unter kaltem Wasser schälen und dabei durch den Mund atmen.

Gemüse zubereiten

Kochen Sie das Gemüse möglichst nur kurz, damit die Vitamine erhalten bleiben. Schneiden Sie es vorher in kleine Stücke, und kochen Sie mit möglichst wenig Wasser. Machen Sie aus dem Gemüsewasser Suppen, Fonds und Saucen – es hat nämlich viele Vitamine.

Gekochtes Gemüse

- **Gefrorenes Gemüse** Vor dem Kochen kochendes Wasser darübergießen, um die Frische wiederherzustellen.
- **Kohl** Auf den Kohl beim Kochen einen Brotkanten legen (vor dem Servieren entfernen) oder eine Prise Natriumhydrogencarbonat zugeben, damit er nicht so riecht und grün bleibt.
- **Blumenkohl** Damit gekochter Blumenkohl beim Kochen nicht gelb wird, dem Gemüsewasser 30 ml (2 Eßlöffel) Milch zugeben.

Brokkoli zubereiten

Strünke einschneiden
Brokkolistrünke unten kreuzförmig einschneiden, so daß die Strünke genauso schnell garen wie die Röschen.

Gebackene Paprika

Schale schützen
Paprika vor dem Füllen und Backen mit Olivenöl einstreichen. Dadurch behält er seine Farbe und die Schale bleibt heil.

Karottensüsse

In Tomatensauce
Säuerliche Tomatensauce am besten mit geraspelten Karotten süßen (sie dicken außerdem die Sauce).

Mais kochen

Perfekter Mais
Damit Mais gelb bleibt, 5 ml (1 Teelöffel) Zitronensaft zugeben. Das Wasser nicht salzen, da der Mais sonst hart wird.

Andere Gemüse

- **Hülsenfrüchte** Dem Gemüsewasser eine Prise Natriumhydrogencarbonat zugeben.
- **Pilze** Kurzes Anbraten bei hoher Hitze verhindert, daß sie hart werden.
- **Spinat** Frischen Spinat nach dem Kochen gut abtropfen lassen. Dann in heißer, gewürzter Butter schwenken.
- **Rote Bete** Im ganzen garen, damit der Saft nicht verlorengeht. Zwei Stunden lang auf niedriger Stufe kochen, dann löst sich die Schale ab.

Kartoffeln zubereiten

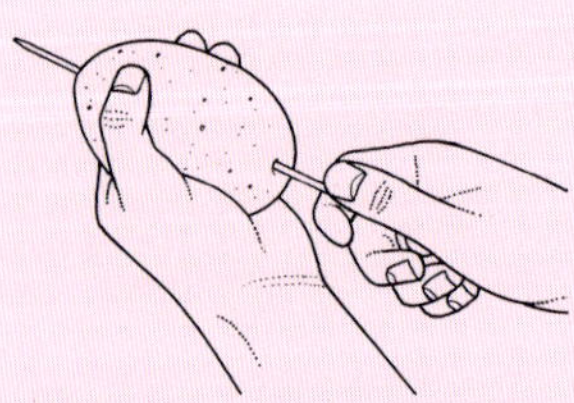

Zur Reduzierung der Backzeit stecken Sie Metallspieße durch die Kartoffeln, oder kochen Sie diese 15 Minuten lang vor (reduziert die Backzeit um die Hälfte).

- **Kartoffelpüree** Die Zugabe von 5 g (1 Teelöffel) Backpulver macht das Püree leicht und schaumig. Wird es nach der Zugabe von Milch matschig (geschieht meist bei Kartoffeln, die zu lange gekocht wurden), durch Einstreuen von Milchpulver auflockern.
- **Übriggebliebene gebackene Kartoffeln** In Wasser tauchen und bei 150 °C 20 Minuten im Herd aufbacken.
- **Knusprige Grillkartoffeln** Kartoffeln putzen und mit etwas Salz einreiben (macht die Kartoffeln außen knusprig). Mit der Gabel ein Kreuzmuster einritzen und in heißem Fett braten.
- **Alte Kartoffeln** Etwas Zucker ins Kartoffelwasser geben, um den Geschmack alter Kartoffeln zu verbessern. Die Zugabe von 5 ml (1Teelöffel) Essigessenz verhindert, daß die Kartoffeln schwarz werden.

Früchte zubereiten

Können Sie geschälte Äpfel nicht sofort kochen, legen Sie sie in Salzwasser, damit sie nicht braun werden. Mit einer Prise Salz schmecken gekochte Äpfel besser. Geben Sie beim Einmachen den Zucker erst nach dem Kochen der Früchte zu.

Entsteinen und Schälen

● **Kerne und Steine** Weintraubenkerne mit dem spitzen Ende einer Büroklammer entfernen. Kirschen mit der Spitze eines Gemüseschälers entsteinen.

Obst schälen
Dünnhäutige Früchte wie Pfirsiche in eine Schüssel legen und kochendes Wasser darübergießen. Das Wasser nach einer Minute abschütten.

Feste Erdbeeren

● **Erdbeeren** Frische Erdbeeren vor dem Entstielen abwaschen und abtropfen lassen, da ansonsten Wasser in die Früchte dringt und sie matschig werden.

Gelbe Bananen
Damit Bananenscheiben nicht braun und matschig werden, gießen Sie etwas Sherry (nicht für Kinder), Ananas- oder Zitronensaft darüber.

Melonen

● **Aufbewahrung** Melonen eingewickelt im Kühlschrank aufbewahren, damit Geschmack und Geruch in der Frucht bleiben.

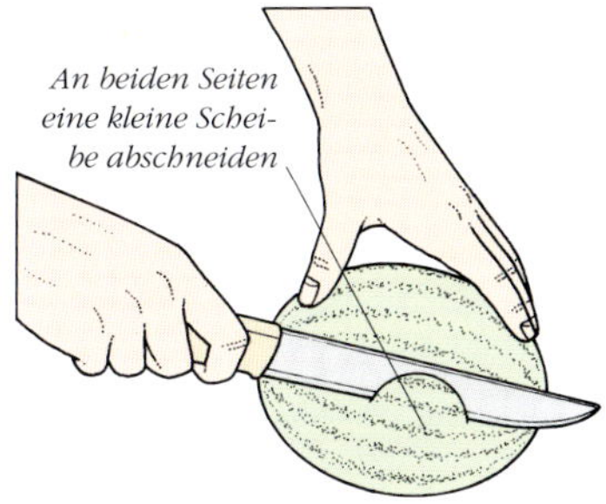

Melonen servieren
Um Melonen auf einem Teller zu servieren (z. B. als Schüssel für Obstsalat), seitlich ein Stück abschneiden, so daß die Frucht eben aufliegt.

Zitrusfrüchte

Wenn Sie Zitrusfrüchte bei Zimmertemperatur aufbewahren, geben sie doppelt soviel Saft. Sie können die Früchte aber auch vor dem Auspressen 15 Minuten in heißes Wasser legen. Schalen von Zitrusfrüchten lassen Räume gut riechen.

Saft auspressen

Ein Loch hineinstechen
Mit einem Spieß ein Loch in die Zitrone stechen und etwas Saft herauspressen. Dann die Zitronen in Alufolie wickeln.

Orangen und Zitronen

● **Saft** Orangen und Zitronen liefern am meisten Saft, wenn man sie vor dem Auspressen in der Mikrowelle erwärmt.

● **Orangen schälen** Orange vor dem Schälen etwa 5 Minuten in eine Schüssel mit kochendem Wasser legen, dann geht die Schale leichter ab.

● **Zitronen aufbewahren** Schnittfläche der Zitrone mit Eiweiß einstreichen, damit sie nicht austrocknet. Nicht verwendete Zitronen lassen sich problemlos einfrieren. Werden jeweils nur kleine Zitronen- oder Limonenstückchen benötigt, Frucht in Viertel schneiden und in einer Plastiktüte einfrieren.

Geldspartip

Selbstgemachtes Zitronat
Zitrusfruchtschalen raspeln, etwas Zucker zugeben und in einem luftdichten Glas im Kühlschrank aufbewahren.

FLEISCH, MILCH UND EIER

SIE LIEFERN DEN GROSSTEIL DER PROTEINE und lassen sich in vielfältiger Weise und für jeden Geschmack zubereiten. Da Fleisch und Fisch teuer sind, sollte man sparsam damit umgehen – verwerten Sie also Reste in Eintöpfen.

FLEISCH ZUBEREITEN UND BRATEN

Braten Sie Fleisch heiß an, damit der Saft nicht austritt. Wenden Sie das Fleisch dann mit einem Pfannenwender, nicht mit der Gabel, damit der Saft nicht durch die Löcher austreten kann. Aus dem gleichen Grund das Fleisch erst kurz vor dem Servieren salzen.

WÜRSTE

- **Wurstketten** Damit das Fleisch nicht aus der Wurstkette quillt, erst auseinanderschneiden, wenn sie gar sind.

Platzen verhindern
Damit die Würste in der Pfanne nicht kleiner werden oder platzen, wälzen Sie sie vor dem Braten in Mehl oder kochen Sie sie vorher 8 Minuten.

FLEISCH WÜRZEN

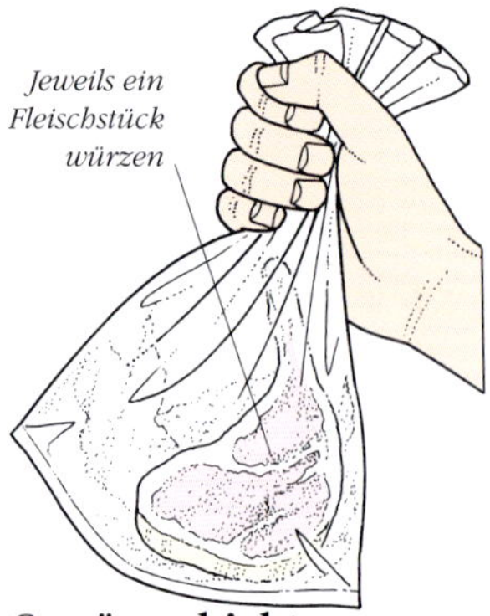

Gewürzschicht
Um Fleisch schnell zu würzen, gewürztes Mehl zusammen mit dem Fleisch in eine Plastiktüte geben und diese schütteln, bis das Fleisch eine Mehlschicht hat.

FLEISCH GRILLEN

- **Schnelles Grillen** Grill und Rost gut 10 Minuten lang vorwärmen.

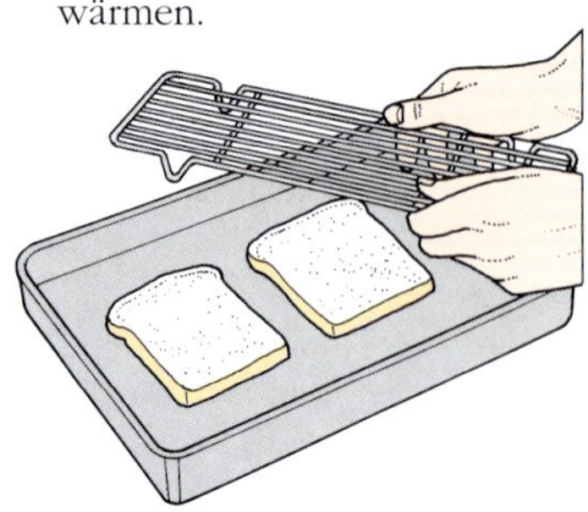

Brandgefahr senken
Brotscheiben unter dem Rost der Grillpfanne saugen heruntertropfendes Fett auf, so daß der Grill nicht qualmt und nicht so leicht Feuer fängt.

FLEISCH BRATEN

- **Fettfreies Braten** Beim Braten von Fleischbällchen die Pfanne mit etwas Salz einreiben. Das Fleisch brät dann in seinem eigenen Saft und klebt nicht an der Pfanne.

Schnelles Braten
Um Fleischbällchen schnell und gleichmäßig braten zu können, stechen Sie ein Loch in die Mitte. Es verschwindet wieder, wenn das Fleisch brät und aufquillt.

- **Speck** Damit sich Speck nicht einrollt, die Stücke beim Braten mit der Gabel anstechen.

Spritzer vermeiden
Damit kein Fett aus der Bratpfanne spritzt und trotzdem Dampf entweichen kann, ein Metallsieb umgekehrt auf die Pfanne legen. Handschuhe tragen.

LAMM UND SCHWEIN

- **Lamm servieren** Damit Lammfett nicht fest wird, servieren Sie das Fleisch auf heißen Tellern.
- **Krosse Schwarte** In Schweinebratenschwarte ein tiefes Kreuzmuster einritzen, mit Öl einreiben, salzen und braten.
- **Schinken** Versalzenen Schinken in Milch einweichen. Gekochten Schinken im Kochwasser abkühlen lassen.

ZÄHES FLEISCH

- **Marinieren** Essig macht zähes Fleisch weich. Essig je zur Hälfte mit warmer Brühe und Speiseöl mischen. Darin das Fleisch vor dem Braten eine Stunde einlegen.

GEFLÜGEL UND FISCH

Geflügel muß aufgetaut und gut durchgebraten werden, da es sonst zu einer Lebensmittelvergiftung kommen kann. Müssen Sie einen frischen Fisch abschuppen, frieren Sie den Fisch am besten zuerst ein. Spülen Sie Fischpfannen mit Essig aus.

GEFLÜGEL

- **Brathähnchen** Ungefüllte Hähnchen vor dem Braten innen und außen würzen und zur Aromatisierung eine Zitrone hineinstecken.
- **Enten- und Gänsebraten** Entenfleisch vor dem Braten anstechen, damit das Fett austritt, Gänsefleisch jedoch nicht, da es ohne Fett austrocknet.

FISCH

- **Glitschiger Fisch** Hände naß machen und mit Salz einreiben oder auf den Fisch Essig sprenkeln.
- **Gedünsteter Fisch** Damit gedünsteter Fisch nicht zerfällt, 15 ml (1 Eßlöffel) Essig zum Wasser geben.

FISCH EINLEGEN

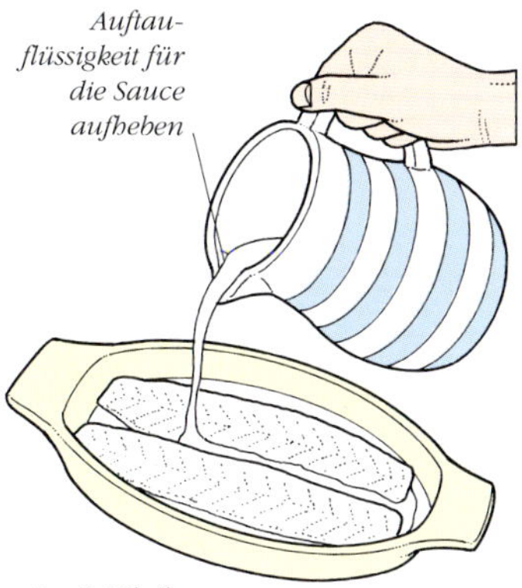

In Milch
Gefrorenen Fisch in Milch auftauen, damit er einen frischen Geschmack bekommt. Mit der Milch auch die Sauce zum Fischgericht zubereiten.

FISCHGERUCH MILDERN

- **Gebratener Fisch** Zitronensaft reduziert die Rauch- und Geruchsentwicklung.

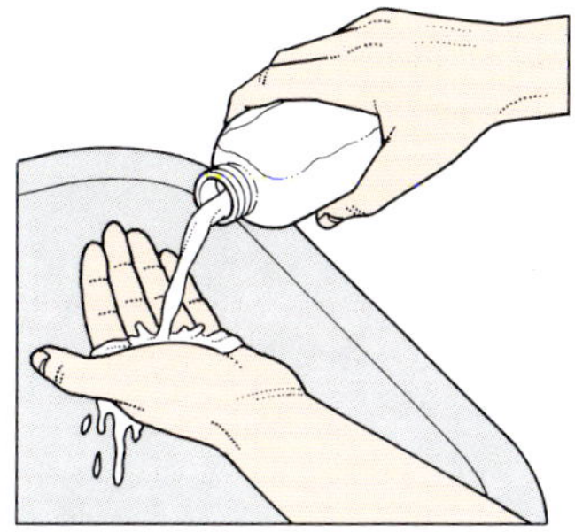

Fischgeruch an den Händen
Hände mit Essig, Zitronensaft oder Salz einreiben und vor dem Waschen mit lauwarmem Wasser abspülen. So setzt sich der Fischgeruch nicht fest.

SUPPEN UND EINTÖPFE

Bereiten Sie Suppen im voraus zu, damit sich der Geschmack stärker entwickelt. Geben Sie zähem Fleisch Tee, Bier oder Wein zu, und dicken Sie Suppen mit etwas Kartoffelpulver an. Entfernung von überschüssigem Fett aus Suppen und Eintöpfen siehe S. 121.

BRÜHE KLÄREN

Mit Eierschalen
Trüber Brühe Eierschalen zugeben – an der Innenseite bleiben die Trübstoffe hängen. Dann die Eierschalen entnehmen.

SUPPENFOND

- **Fischfond** Aus den Gräten und sauberen Köpfen von filetiertem Fisch einen Fischfond herstellen. Den Fond nicht länger als 20 Minuten köcheln lassen.
- **Fond aufbewahren** Suppenfond in Eiswürfelbereitern einfrieren und die Würfel ins Gefrierfach legen.

EINTÖPFE

- **Zerbrochene Kasserollen** Kasserollen, deren Deckel zerbrochen sind, mit einem Stück Alufolie abdecken.
- **Kräutermischung** Für eine eigene Mischung zwei Petersilienzweige, ein Lorbeerblatt und einen Thymianzweig in ein Stück Musselin wickeln.

ZEITSPARTIP

Suppendosen öffnen
Suppendosen vor dem Öffnen gut schütteln und unten öffnen, dann fließt die Suppe problemlos heraus und haftet nicht an der Dose.

MILCHPRODUKTE

Milchprodukte verderben leicht und sollten im Kühlschrank aufbewahrt werden. Nehmen Sie Butter eine halbe Stunde vor dem Verzehr heraus, da sie sich weich besser streichen läßt. Achten Sie beim Kochen mit Sahne darauf, daß diese nicht kocht.

MIT BUTTER BRATEN

Speiseöl zugeben
Vor dem Anbraten von Gemüse oder Fleisch in Butter etwas Olivenöl in die Pfanne geben. Dadurch verbrennt die Butter nicht so leicht und das Fleisch bekommt eine satte, goldene Farbe.

WEICHE BUTTER

Schnelle Lösung
Butter unter eine kleine, warme Schüssel stellen, um sie streichzart zu machen. Schüssel dafür unter heißes Wasser halten oder kaltes Wasser einfüllen und in der Mikrowelle warm machen.

MILCHPRODUKTE

- **Butter strecken** Um Butter weich zu machen und zu strecken (damit sie für viele Butterbrote reicht), etwas Milch darunterschlagen.
- **Joghurt** Als fettarmen Ersatz für Sauerrahm verwenden. Statt Fruchtjoghurt zu kaufen besser Naturjoghurt selbst aromatisieren.
- **Speiseeis** Vor dem Schließen des Deckels Wachspapier auf das offene Eis legen, damit sich keine Kristalle darauf bilden.
- **Milch** Damit Milch nicht überkocht, einen sauberen Kiesel in den Topf legen oder die auf S. 121 beschriebene Methode anwenden.

SAHNE SCHLAGEN

- **Schlagrahm** Sahne je nach Geschmack mit etwas mehr oder weniger feinem Zucker schlagen. Ist die Sahne zu steif, etwas Milch oder Joghurt zugeben, damit sie sämiger wird.

Spritzer vermeiden
Damit die Sahne beim Aufschlagen mit einem Elektromixer nicht spritzt, stecken Sie die Rührstäbe am besten durch eine über die Schüssel gespannte Folie.

- **Sahneersatz** Statt Sahne kann man auch Kondensmilch schlagen. Zu einer kleinen Dose Kondensmilch den Saft einer halben Zitrone geben, dann wird sie beim Schlagen steif.

Schwer aufschlagbare Sahne
Läßt sich Sahne schwer schlagen, ein Eiweiß zugeben, gut kühlen und nochmals schlagen. Ein paar Tropfen Zitronensaft helfen ebenfalls.

TIPS FÜR KÄSE

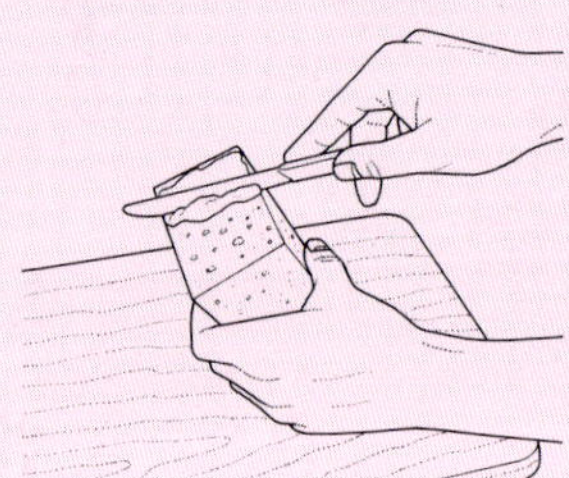

- **Aufbewahrung** Schnittfläche von Käsestücken mit Butter bestreichen, damit sie nicht austrocknen. Käse in feuchtes Küchenpapier, dann in Frischhaltefolie wickeln und in den Kühlschrank legen.
- **Käse reiben** Käse 15 Minuten ins Gefrierfach legen, dann läßt er sich besser reiben.
- **Alter Käse** Alten Käse reiben und mit Zwiebeln zu einem Brotaufstrich mischen.
- **Hüttenkäse** Im Mixer pürierter Hüttenkäse ist ein Sauerrahmersatz. Den Behälter immer mit dem Deckel nach unten aufbewahren.

EIER

Eier stets mit der Spitze nach unten aufbewahren. Heben Sie Eier, die geschlagen werden sollen, bei Zimmertemperatur auf, und testen Sie, ob sie frisch sind, indem Sie sie in eine Schüssel mit kaltem Wasser legen – steigen sie an die Oberfläche, sind sie nicht frisch.

TRENNEN

● **Eigelb entfernen** Eigelb und Eiweiß trennen Sie am besten mit einem Stück Eierschale. Die Spitze der Schale ist zum Aufnehmen des Eigelbs ideal.

Ei trennen
Ei in einer Untertasse aufschlagen und ein kleines Glas über das Eigelb stülpen. Glas und Untertasse fest aneinanderdrücken und das Eiweiß in ein Gefäß abgießen.

GEKOCHTE EIER

● **Hartgekochte Eier aufschneiden** Um hartgekochte Eier sauber in Scheiben schneiden zu können, tauchen Sie das Messer vorher einmal in kochendes Wasser.

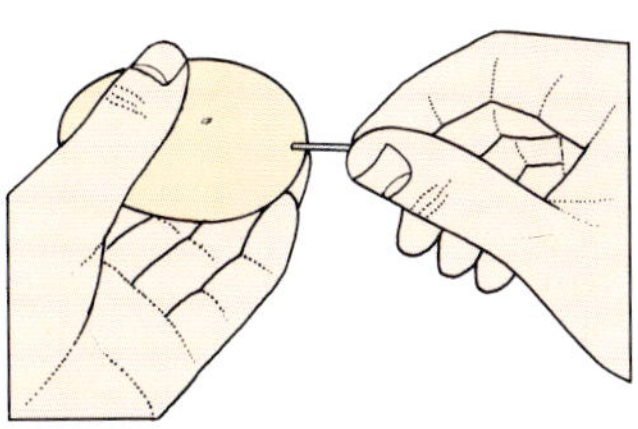

Springen verhindern
Ei vor dem Kochen am stumpfen Ende mit einer Nadel anstechen, so daß Luft aus der Schale entweichen kann. Damit gesprungene Eier nicht auslaufen, geben Sie etwas Essig ins Wasser.

SCHLAGEN

● **Saubere Schüssel** Schüssel unter kaltem Wasser abwaschen, bevor man das Eigelb darin schlägt, sonst läuft es heraus.

Eiweiß schlagen
5 ml (1 Teelöffel) Essigessenz und eine Prise Salz zu dem Eiweiß geben, damit es beim Schlagen steif wird. Eigelbreste im Eiweiß bewirken, daß es sich schlecht schlagen läßt.

EIER ZUM GARNIEREN

Eigelb in der Mitte
Zum Garnieren gedachte Eier beim Kochen vorsichtig, aber ohne Unterbrechung, mit einem Holzlöffel bewegen, damit das Eigelb nicht auf eine Seite rutscht.

BEWÄHRTER TIP

Anlaufen verhindern
Eigelb läßt Silber anlaufen. Gekochte Eier deswegen mit Besteck aus Kunststoff oder rostfreiem Stahl verzehren.

TIPS

● **Pochierte Eier** Ein paar Tropfen Essigessenz in den Topf geben, damit die Eier beim Pochieren ihre Form behalten. Am besten das Wasser beim Aufkochen umrühren und die Eier einzeln in den Strudel in der Mitte gleiten lassen.

● **Rührei** Um Rührei zu strekken, jeweils 3 Eiern 15 g (1 Eßlöffel) Paniermehl zugeben.

EIER AUFBEWAHREN

● **Eigelb** In kaltes Wasser gelegtes und im Kühlschrank aufbewahrtes Eigelb bleibt mehrere Tage frisch.

● **Einfrieren** Eiweiß kann eingefroren werden. In einem gut beschrifteten Kunststoffbehälter aufbewahren.

MAYONNAISE

● **Selbstgemachte Mayonnaise** Öl tropfenweise zugeben, damit die Mayonnaise nicht gerinnt. Vorgang möglichst nicht unterbrechen.

BROT, NUDELN UND REIS

SIE LIEFERN WICHTIGE BALLASTSTOFFE UND ENERGIE. Brot hält sich nur ein paar Tage, doch auch altes Brot läßt sich noch verwenden. Heben Sie trockene Nudeln und Reis in luftdichten Behältern, gekochte Nudeln kühl auf.

BROT

Heben Sie Brotscheiben im Kühlschrank auf. Brot und Paniermehl lassen sich gut einfrieren, sollten aber nicht länger als ein paar Monate im Gefrierschrank liegen. Tauchen Sie das Messer vor dem Aufschneiden von frischem Brot zuerst in heißes Wasser.

TOASTEN

- **Dünne Brotscheiben** Um dünne Brotscheiben zu toasten, stecken Sie in jeden Toasterschlitz zwei Scheiben, damit das Brot sich nicht einrollt oder auseinanderbricht.

PANIERMEHL

- **Altes Brot** Legen Sie altes Brot am besten in eine Plastiktüte, und zerkleinern Sie dies zu Paniermehl.
- **Paniermehlersatz** Als Ersatz zerkleinern Sie Cornflakes oder andere trockene Frühstücksflocken in der Küchenmaschine oder im Mixer.

FRISCHES BROT

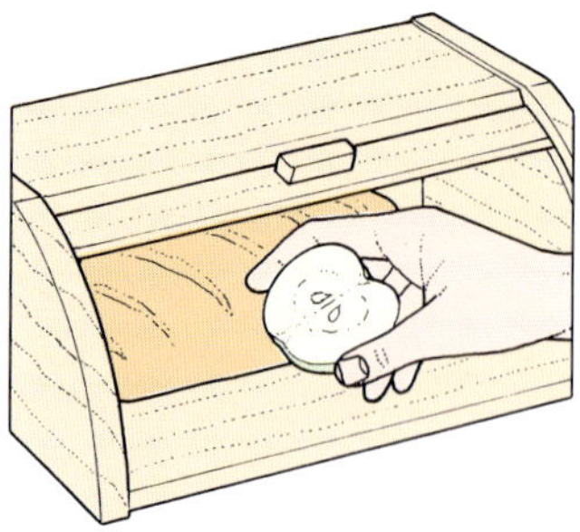

Brot frisch halten
Eine Apfel- oder Kartoffelscheibe im Brotkasten verhindert, daß Brot austrocknet. Einmal die Woche säubern, damit sich kein Schimmel bildet (siehe S. 29).

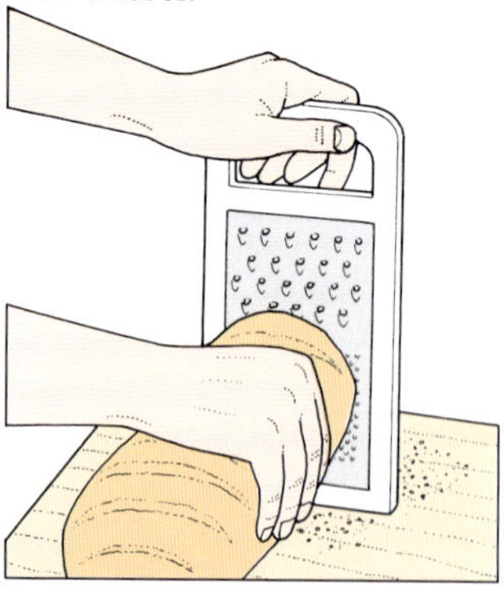

Brot zerkleinern
Frisches Brot läßt sich nur schwer zu Paniermehl verarbeiten. Frischen Brotlaib deswegen am besten vorher einfrieren und dann raspeln.

SANDWICHES MACHEN UND AUFBEWAHREN

- **Einfrieren** Fertige Sandwiches einfrieren und mehrere Stunden vor dem Servieren aus dem Gefrierschrank nehmen.

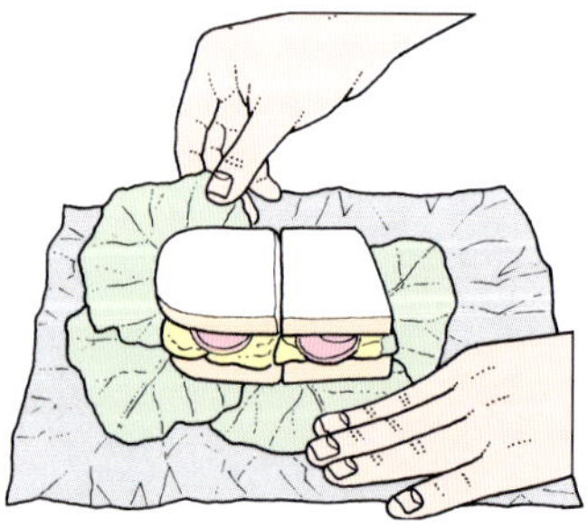

Sandwiches aufbewahren
Müssen Sie Sandwiches am Vorabend machen, erst ein paar Salatblätter, dann Alufolie um sie wickeln und über Nacht in den Kühlschrank stellen, damit sie feucht und frisch bleiben.

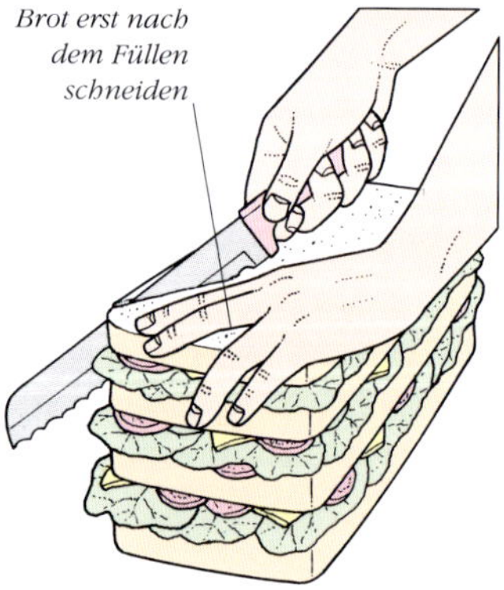

Schichtsandwiches
Um schnell und problemlos Schichtsandwiches zu machen, Brot waagerecht aufschneiden, die Scheiben belegen, wieder aufeinanderlegen und senkrecht in Stücke schneiden.

SELBSTGEMACHTES BROT

- **Salzen** Beim Brotbacken immer auf die richtige Salzmenge achten, da zu viel Salz die Wirkung der Hefe zunichte macht.
- **Teig zudecken** Brotteig zudecken, damit er richtig aufgeht (herkömmlicherweise mit einem feuchten Tuch, doch Klarsichtfolie eignet sich auch). Abdeckung später entfernen.
- **Schnelles Backen** Mehl fürs Brotbacken vor dem Teigmischen ein paar Minuten im Ofen auf niedriger Stufe erwärmen, dann backt das Brot schneller.
- **Knuspriges Brot** Damit selbstgemachtes Brot eine knusprige Kruste bekommt, Laib vor dem Backen im Ofen mit Öl bestreichen.

Übriggebliebenes Brot

Altes Brot muß man nicht wegwerfen – es kann aufgebacken oder zu Paniermehl (siehe vorherige Seite) verarbeitet werden. Braten Sie Toastreste und bei Partys übriggebliebene Sandwiches (letztere vorher in Ei tauchen), und servieren Sie sie zum Frühstück.

Brot, Gebäck und Kekse wieder aufbacken

Brot feucht machen
Altes Brot mit Wasser einstreichen, in Alufolie wickeln und bei mittlerer Hitze etwa 10 Minuten bzw. so lange, bis es sich eindrücken läßt, im Ofen aufbacken.

Gebäck in Milch tauchen
Tauchen Sie übriggebliebene Teilchen in eine Schüssel mit Milch, und backen Sie diese ein paar Minuten im Ofen auf. Dadurch schmecken sie wieder frisch und sind knusprig.

Knusprige Kekse
Stellen Sie durchgeweichte Kekse auf einem Backblech ein paar Minuten in den Ofen oder 30 Sekunden auf höchster Stufe in die Mikrowelle, damit sie knusprig werden.

Nudeln und Reis

Suppen lassen sich mit Nudeln strecken. Schwenken Sie zusammenklebende Nudeln mit etwas Olivenöl in einem Topf. Gekochten Reis können Sie heiß halten, indem Sie die Schüssel über einen Topf mit leicht kochendem Wasser stellen.

Grundtechniken des Nudelkochens

- **Nudeln kochen** Nudeln in einen großen Topf mit stark kochendem Salzwasser geben und 5 Minuten kochen, bis die Nudeln nach oben steigen. Sehr heiß servieren.
- **Zusammenkleben vermeiden** Zu den gekochten Nudeln vor dem Abgießen 15 ml (1 Eßlöffel) kaltes Wasser geben.

Reis kochen

- **Verkochter Reis** Verkochten Reis in kaltem Wasser abspülen, gut abtropfen lassen, auf Pergamentpapier streuen und etwa 30 Minuten bei mittlerer Hitze in das Backrohr stellen.

Überkochen verhindern
Dem Nudelwasser ein klein wenig Öl oder Butter zugeben, damit es nicht überkocht und die Nudeln nicht zusammenkleben.

Kleine Portionen
Metallsieb in einen Topf Wasser stellen und darin kleine Nudelportionen kochen. Das Sieb herausheben, wenn die Nudeln fertig sind.

Perfekter Reis
Weißem Reis beim Kochen etwas Zitronensaft zugeben, damit er weiß und locker bleibt. Butter verhindert, daß er überkocht.

Extras

Zutaten wie Aromen, Nüsse und Öle, die Speisen Würze und Geschmack verleihen, sind in der Küche unentbehrlich. Lebensmittel mit Gewürzen zu konservieren und Saucen zu zaubern ist etwas, das jedem Koch gut ansteht.

Nüsse

Heben Sie Nüsse an einem dunklen, trockenen und kühlen Platz auf, denn Wärme läßt sie ranzig werden. Nüsse lassen sich leicht knacken, wenn man sie vorher kurz in den Ofen oder die Mikrowelle stellt. Zerkleinern können Sie sie am besten mit dem Nudelholz.

Walnüsse

In Salzwasser einweichen
Walnüsse über Nacht in Salzwasser einweichen, damit sie nachher leichter zu knacken sind und der Kern ganz bleibt.

Erdnussbutter

Austrocknen verhindern
Ein Löffel flüssiger Honig macht trockene Erdnußbutter wieder streichfähig. Honig gut einrühren.

Nüsse und Kastanien

- **Kastanien** An der flachen Seite der Schale einschneiden, ins Wasser legen und 10 Minuten kochen. Schale dann mit einem Schälmesser entfernen.
- **Kokosnüsse** Um an das Mark zu kommen, die Kokosnuß mit einem Hammer zertrümmern.
- **Paranüsse** Im Gefrierschrank aufbewahren, dann läßt sich die Schale leicht entfernen und sie zerbrechen nicht.
- **Walnüsse** Alte Walnüsse in kochendes Wasser legen, abtropfen lassen und bei mittlerer Hitze 20 Minuten in den Ofen stellen.

Öle

Geben Sie Butter oder Öl erst nach dem Erwärmen der Pfanne hinzu, damit nichts anklebt, und streuen Sie eine Prise Salz hinein, damit das Öl nicht spritzt. Die Zugabe von 15 ml (1 Eßlöffel) Essig zum Fritierfett verhindert, daß das Fritiergut zu viel Fett absorbiert.

Öl wiederverwerten

Verunreinigungen
Gießen Sie das gebrauchte Fritieröl durch ein feines Metallsieb, um es zu klären. Öl in einem geschlossenen Gefäß aufbewahren.

Öl wählen

- **Ölsorten** Zum Kochen Öle mit mehrfach ungesättigten Fettsäuren verwenden. Kein Kokosnuß- und Palmöl benutzen, da sie gesättigte Fettsäuren enthalten. Erdnußöl eignet sich zum Braten bei starker Hitze.

Fritieren

- **Geschmack beseitigen** Öl läßt sich wiederverwerten. Nimmt es den Geschmack des Fritierguts an, Kartoffelscheiben darin fritieren, bis sie kroß sind, um den Geschmack zu neutralisieren.

Bewährter Tip

„Antihaftbeschichtung“
In Pfannen vor der ersten Benutzung etwas Essig kochen, dann klebt später das Bratgut nicht am Pfannenboden an.

Kräuter und Gewürze

Getrocknete Kräuter sind ergiebiger als frische: 15 g (1 Eßlöffel) getrocknete Kräuter entsprechen 30 g (2 Eßlöffel) frischen. Zur Herstellung von Kräuteressig frische Kräuter in 600 ml Essig legen. Nach 2 Wochen in ein verschließbares Gefäß abseihen.

Kräuter

Einfaches Schneiden
Statt frische Kräuter auf einem Küchenbrett mit dem Messer zu zerkleinern, diese lieber mit einer Küchenschere direkt in eine Schüssel schneiden.

Tips

- **Salz** Ein paar Reiskörner im Salzstreuer verhindern, daß das Salz verklebt. Kochen Sie die doppelte Menge eines Gerichts, brauchen Sie nur anderthalbmal so viel Salz. Zeitpunkt der Salzzugabe siehe S. 121.
- **Petersilie** Erst ganz zum Schluß zugeben, da gekochte Petersilie bitter schmeckt. Petersilie kauen hilft gegen Knoblauch-Mundgeruch.
- **Estragon** Getrockneten Estragon vor dem Kochen in warmes Wasser einlegen, um den Geschmack zu verstärken.

Knoblauch

In Öl einlegen
Knoblauchzehen schälen und zur Konservierung in ein Glas mit Olivenöl oder anderem pflanzlichem Öl einlegen. Daraus lassen sich Dressings machen.

Süsse Aromen

Legen Sie ein paar Kräcker in die Zuckerdose, damit der Zucker nicht verklumpt, und heben Sie braunen Zucker im Gefrierfach auf, so daß er nicht hart wird. Erfordert ein Rezept Feinzucker, können Sie statt dessen im Mixer gemahlene Zuckerraffinade verwenden.

Brauner Zucker

- **Weich machen** Hartgewordener brauner Zucker wird weich, wenn man eine Brot- oder Apfelscheibe dazulegt.

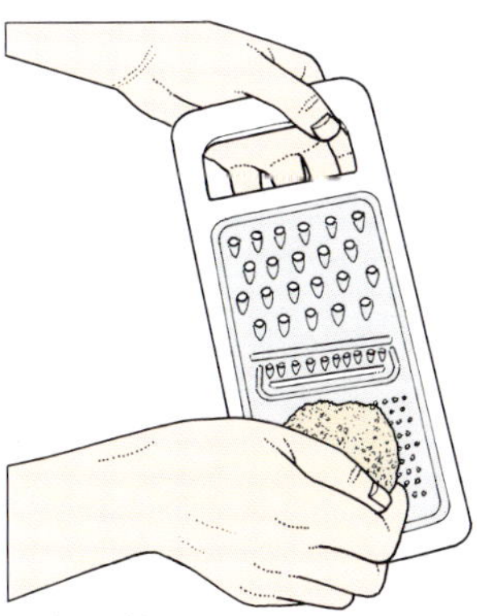

Schnelle Lösung
Brauchen Sie schnell etwas braunen Zucker, raspeln Sie die gewünschte Menge mit einer feinen Reibe ab.

Sirup abmessen

- **Durch Entnahme** Gefäß auf eine Waage stellen und Sirup löffelweise entnehmen, bis das Gewicht des Gefäßes um die gewünschte Menge reduziert ist.

Ankleben verhindern
Meßbecher vor dem Abmessen einfetten, damit der Sirup herausfließt. Meßlöffel vor Gebrauch unter heißem Wasser abspülen.

Schnelle Abhilfe

- **Ersatz für braunen Zucker** Verwenden Sie beim Backen weißen Zucker und Melasse. Auf jeweils 225 g weißen Zucker 15 ml (1 Eßlöffel) Melasse geben.

Honig verflüssigen
Im Falle von kristallisiertem Honig (oder Marmelade), Glas einige Minuten in eine Schüssel mit heißem Wasser stellen.

Saucen und Soufflés

Saucenreste kann man aufwärmen und damit Gemüse garnieren, Pasteten füllen oder sie für Nudelsaucen verwenden. Rühren Sie klumpige Saucen mit dem elektrischen Mixer glatt, und verwenden Sie in Notfällen Dosensuppen als schnellen Saucenersatz.

Probleme verhindern

- **Fette Saucen** Etwas Backpulver hinzugeben, um das Fett zu absorbieren (weitere Tips siehe S. 121).
- **Klumpige Saucen** Beseitigt der Mixer die Klümpchen nicht, die Sauce durch ein Sieb streichen.

Hautbildung vermeiden
Nach dem Kochen etwas geschmolzene Butter oder Sahne auf der Sauce verteilen, damit sich keine Haut bildet. Vor dem Servieren Butter oder Sahne einrühren.

Bratensaucen

- **Schnelles Rezept** Streuen Sie einfach etwas Mehl in den in der Pfanne befindlichen Bratensaft und gießen Sie mit Wasser, Brühe oder Wein zur gewünschten Konsistenz auf.
- **Eindicken** Wasser und Mehl zu einer Paste mischen und diese der Sauce schrittweise zugeben (Sauce langsam zum Kochen bringen) oder auch Kartoffelflocken einstreuen.

Verschiedene Saucen

- **Käsesauce** Mit einer Prise Cayennepfeffer oder einem Spritzer Zitronensaft oder Senf verfeinern.
- **Apfelsauce** Eine Prise Salz verstärkt den Geschmack und hat zur Folge, daß man weniger Zucker braucht.
- **Sauce Hollandaise** Etwas heißes Wasser einrühren, wenn sie zu gerinnen anfängt.

Béchamelsauce

- **Aufwärmen** Béchamelsauce hält sich eine Woche im Kühlschrank. Über einem Topf mit schwach kochendem Wasser aufwärmen.

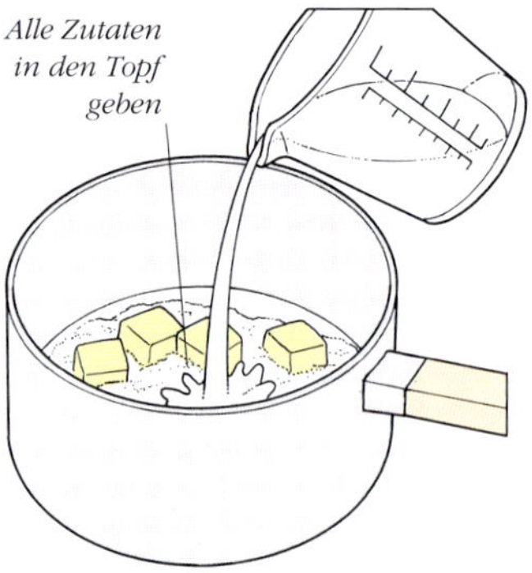

Schnelle Béchamelsauce
Béchamelsauce muß nicht stufenweise zubereitet werden. Butter, Mehl, Milch und Gewürze in einen Topf geben, erwärmen und stetig umrühren, damit sich keine Klumpen bilden.

Zeitspartip

Flüssigkeiten erwärmen
Für geschmolzene Butter, kochendes Wasser oder heiße Milch in einem Schöpflöffel aus Metall über der Gasflamme erwärmen. Der lange Griff verhindert, daß man sich verbrennt.

Soufflés

- **Lockere Soufflés** Dem Eiweiß beim Schaumigschlagen etwas Weinstein zugeben. Dadurch wird das Soufflé locker.
- **Zusammengefallene Soufflés** Fallen süße Soufflés zusammen, mit Schlagsahne oder Keksen garnieren.

Pfannkuchen

- **Nützliche Tips** Die Pfanne vor der Zugabe von Butter oder Öl erhitzen, damit die Pfannkuchen nicht ankleben. Pfannkuchen auf vorgewärmten Tellern servieren.
- **Teig gießen** Pfannkuchenteig besser in einem Glas als in einer Schüssel zubereiten, um ihn besser in die Pfanne gießen zu können.
- **Anbrennen verhindern** Vor dem Pfannkuchenbacken rohe Kartoffeln in die Pfanne raspeln.
- **Locker und feucht** Durch etwas Sodawasser im Pfannkuchenteig werden die Pfannkuchen locker, durch Zugabe von 15 ml (1 Teelöffel) Honig feucht.
- **Pfannkuchen aufheben** Pfannkuchen auf einen Teller stapeln und Wachspapier dazwischenlegen, damit sie nicht zusammenkleben. In Klarsichtfolie gewickelt halten sie im Kühlschrank ein paar Tage. Zur längeren Aufbewahrung einfrieren. Im Ofen oder in der Mikrowelle warm machen.

EINMACHEN

Bewahren Sie Schraubgläser mit Deckel gut auf, und verwenden Sie sie zum Einmachen. Stellen Sie das warme Glas beim Einfüllen der Marmelade auf ein Tuch. Stecken Sie das Thermometer nie sofort in die heiße Marmelade, sondern erst in warmes Wasser.

MARMELADENGLÄSER

Gläser vorwärmen
Gläser gründlich ausspülen und verkehrt herum auf einem Backblech in den kalten Ofen schieben. Ofen auf geringe Hitze stellen und Gläser 10 Minuten darin stehenlassen. Vorgewärmt springen sie beim Einfüllen nicht.

Beschriften und verzieren
Etiketten mit durchsichtigem Nagellack lackieren, damit die Schrift nicht verschmiert. Gläser erst beschriften, wenn die Marmelade abgekühlt ist. Gläser zum Verschenken mit Stoff und Bändern verzieren.

BEWÄHRTER TIP

Löffelhalter
Eine hölzerne Wäscheklammer an den Griff des Marmeladenlöffels klemmen, damit er nicht in die kochende Marmelade rutscht.

SCHAUM REDUZIEREN

- **Mit Butter** Vor dem Erkalten ein Stück Butter in die Marmelade rühren oder den Marmeladentopf vor dem Einfüllen der Marmelade damit einstreichen.
- **Im Glas** Dem zur Sterilisierung der Gläser benutzten Wasser 30 ml (2 Eßlöffel) Essig zugeben.

FEST WERDEN

- **Wenn die Marmelade nicht fest wird** Auf jeweils 450 g Obst 15 ml Zitronensaft geben. Topf vom Herd nehmen.
- **Marmelade, die im Glas nicht fest wird** Gläser in einer Backform mit heißem Wasser ein paar Minuten bei niedriger Hitze in den Ofen stellen.

PROBLEME VERHINDERN

- **Zeit sparen** Einmachzucker während des Obstkochens in einer Schüssel im Backrohr bei mittlerer Hitze erwärmen. So löst er sich auf.
- **Einmachtöpfe** Marmeladentöpfe immer nur halbvoll machen, da die Marmelade sonst überkocht.

GEFRIERTRUHE

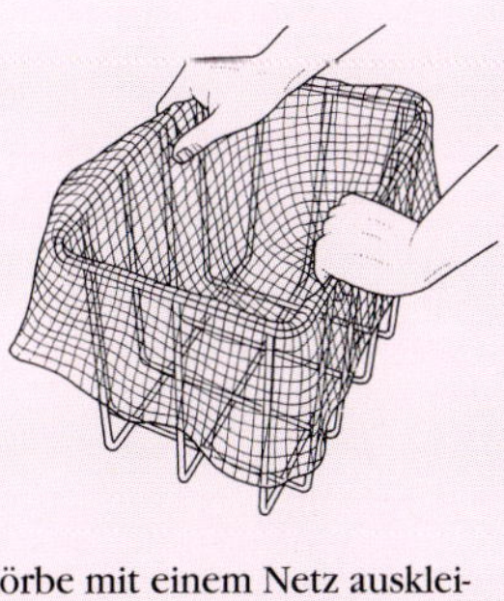

Körbe mit einem Netz auskleiden, damit kleine Sachen nicht durchfallen. Vollgepackte Truhen sind sparsam im Verbrauch.

- **Notizen** Notieren Sie sich, was Sie in der Gefriertruhe haben.
- **Eiswürfel** Mit Hilfe von Plastik-Eierschachteln herstellen.
- **Brühe** Für eine spätere Verwendung in Eiswürfelbereitern einfrieren. Fett entfernen (siehe S. 121).
- **Anfrieren vermeiden** Weiches Obst, Gemüse und Hülsenfrüchte auf Blechen einfrieren und dann in Gefrierbeutel geben.
- **Suppen und Eintöpfe** Behälter mit einer Plastiktüte auskleiden, Suppe hineingießen und einfrieren. Ist der Inhalt festgefroren, Tüte herausnehmen, damit man den Behälter für etwas anderes benutzen kann.
- **Kuchen** Kuchenreste einfrieren für spätere Verwendung als Zutat.
- **Kräuter** Gehackte Petersilie und Minze in Eiswürfelbereiter legen, Wasser darübergießen und einfrieren.

Backwaren und Süsses

Selbstgebackene Kuchen und Kekse schmecken besser als gekaufte. Manche Kuchenteige lassen sich gut einfrieren, und Sie sollten mengenmäßig das Doppelte rechnen, damit Sie später schnell etwas backen können.

Kuchen backen

Stellen Sie eine flache Backform mit Wasser in den Ofen, während der Kuchen gart, damit er nicht verbrennt. Öffnen Sie die Ofentür möglichst nicht: Müssen Sie es dennoch tun, um nach dem Kuchen zu sehen, schließen Sie sie sanft, so daß der Kuchen nicht zusammenfällt.

Allgemeine Tips

- **Formen einfetten** Kuchenformen mit Butterpapier (gewachst) an Stelle von Pergamentpapier ausschlagen.
- **Kuchen lösen** Die Form ein paar Minuten auf ein feuchtes Tuch stellen, dann versuchen, den Kuchen zu lösen.
- **Trockenobst** Trockenobst wie Rosinen und Korinthen über Nacht in Tee einweichen, um ihren Geschmack zu verbessern. Trockenfrüchte vor dem Einrühren in den Kuchenteig in Mehl wälzen, damit sie nicht nach unten sinken.

Fehlende Zutaten

Nützlicher Ersatz
Fehlt ein Ei, geben Sie 5 ml (1 Teelöffel) Essig hinzu. Als Ersatz für Backtriebmehl auf jeweils 225 g Mehl 10 g (2 Teelöffel) Backpulver geben.

Anhaften vermeiden

Mit Alufolie
Vor dem Hineingießen des Teigs ein Stück Alufolie quer in die Kuchenform legen. Dadurch berührt der Kuchen die Form in der Mitte nicht.

Biskuit in zwei Hälften schneiden

1 Biskuit mit einem festen Baumwollfaden in zwei Scheiben schneiden. Den Faden dabei vorsichtig um den Kuchen legen.

2 Die beiden Enden fest zuziehen, so daß der Faden gleichmäßig durch den Kuchen schneidet, dann die obere Kuchenhälfte abnehmen.

Massnahmen gegen das Rosten von Kuchenformen

- **Neue Formen** Einfetten und 15 Minuten ins Backrohr stellen und erhitzen, dann rosten sie nicht.
- **Gebrauchte Formen** Nach dem Abspülen ein paar Minuten ins heiße Backrohr stellen, damit sie trocknen.

Problemlösungen

- **Zusammengefallener Kuchen** Fällt der Kuchen in der Mitte, dies mit einem Glas aussstechen und wegwerfen. Als Kranz verwenden.
- **Trockener Kuchen** Mit Stopfnadel mehrfach einstechen, etwas Whisky oder Weinbrand darübergießen.
- **Verbrannter Kuchen** Die schlimmsten Stellen abschneiden und den Boden mit Zuckerguß überziehen.
- **Risse im Kuchen** Bei zuviel Backpulver bekommt der Kuchen oft Risse. Obere Hälfte abschneiden, umdrehen und Sahne zwischen die Hälften streichen.
- **Restteig** Im Kühlschrank aufbewahren und für Pfannkuchen verwenden.

Kuchen verzieren

Machen Sie sich aus einer Plastiktüte, deren eine Ecke Sie abschneiden, oder aus eingerolltem Pergamentpapier eine Zuckerguß-Spritztüte. Markieren Sie mit Ausstechförmchen das Muster auf dem Kuchen, das glasiert werden soll.

Zuckerguss

- **Vor dem Glasieren** Damit der Zuckerguß nicht am Kuchen herabläuft, vor dem Glasieren etwas Puderzucker auf den Kuchen streuen.
- **Weißer Zuckerguß** 2,5 ml (½ Teelöffel) geschmolzene Butter zugeben, damit der Zuckerguß nicht zu spröde wird.
- **Farbiger Zuckerguß** Für farbigen Zuckerguß ein paar Tropfen Lebensmittelfarbe mit 10 g (2 Teelöffel) Puderzucker in eine Plastiktüte geben, Tüte verschließen und den Zucker ein paar Minuten von Hand mit der Farbe vermischen.
- **Zucker strecken** Um den Zucker für die Glasierung zu strecken, Mehl zugeben.

Schokolade verwenden

Formen ausstechen
Mit einem Gemüseschäler Schokolade abraspeln (Schokolade vorher im Kühlschrank kühlen). Zur Herstellung flacher Formen geschmolzene Schokolade auf Pergamentpapier gießen, kühlen und Formen ausstechen.

Gute Idee

Kandierte Blumen
Echte Blüten erst in geschlagenes Eiweiß, dann in Sandzucker tauchen und den Kuchen damit oben verzieren. Kandierte Blumen halten sich in einem luftdichten Behälter ein paar Tage.

Aufbewahren und Servieren

Früchtekuchen läßt sich gut aufheben, und sein Geschmack verbessert sich, wenn er mehrere Monate aufbewahrt wird. Biskuit oder Sandkuchen sollten besser frisch gegessen werden. Streuen Sie auf die Kuchenteller Puderzucker, damit der Kuchen nicht festklebt.

Kuchen in der Dose aufbewahren

Kuchen frisch halten
Damit der Kuchen frisch bleibt und nicht austrocknet, sollten Sie einen halben Apfel in die Kuchendose legen oder mit Zahnstochern eine Scheibe Brot an der Schnittfläche des Kuchens befestigen.

Auf den Kopf stellen
Glazierten Kuchen auf dem Deckel der Kuchendose aufbewahren, dann kann man ihn aus der Dose nehmen, ohne daß der Zuckerguß beschädigt wird. Die Dose muß verkehrt herum geöffnet werden.

Frisch halten

- **Kuchen aufschneiden** Wird ein Kastenkuchen nicht ganz aufgeschnitten, schneiden Sie Stücke aus der Mitte und schieben die beiden Kuchenhälften wieder zusammen. So bleibt der Kuchen länger frisch.
- **Backmischungen** Nicht länger als 6 Monate aufbewahren, da sie sonst schlecht werden.

Kuchen einfrieren

- **Kleine Portionen** Für Lunchpakete Kuchen in Stücke schneiden, einzeln einwickeln und einfrieren.
- **Lebkuchen** Keine Nelken in die Lebkuchen geben, wenn Sie sie einfrieren wollen, da das Einfrieren ihren Geschmack unangenehm verstärkt.

Mürbeteig anrühren

Das Geheimnis besteht darin, daß nichts warm werden darf, weder Ihre Hände, noch das Fett, das Wasser oder die Unterlage. Alles muß möglichst kalt sein. Kühlen Sie den Teig vor dem Ausrollen im Kühlschrank, damit er beim Backen nicht zusammenfällt.

Teig ausrollen

- **Mit Mehl bestreuen** Kuchenbrett und Nudelholz mit Mehl bestreuen, aber nicht den Teig.

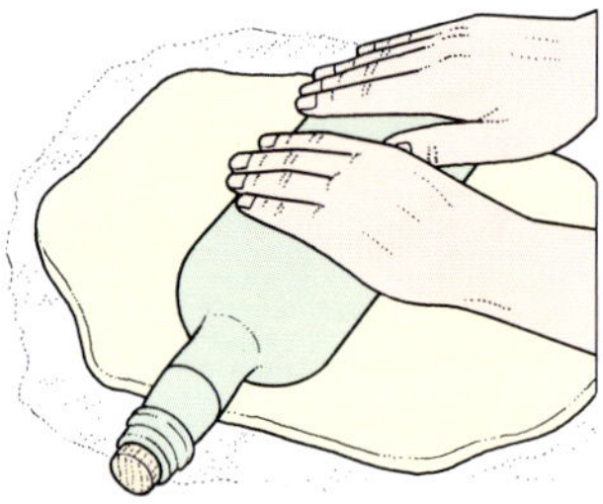

Provisorisches Nudelholz
Eine mit kaltem Wasser gefüllte Weinflasche (keine bauchige) ist ideal zum Ausrollen, weil sie den Teig kühl hält. Teig immer in dieselbe Richtung ausrollen.

Fett zugeben

Hartes Fett raspeln
Kleine Fettstücke lassen sich besser in Mehl einkneten als große. Fett für den Kuchenteig im Kühlschrank hart werden lassen und grob raspeln.

Für guten Teig

- **Vorsichtig behandeln** Das Fett mit den Fingerspitzen in das Mehl einarbeiten, damit der Teig locker wird. Teig nicht zu lange kneten.
- **Knuspriges Gebäck** Damit Gebäck außen besonders knusprig wird, statt 15 ml (1 Eßlöffel) Wasser dieselbe Menge Essigessenz zugeben.
- **Blätterteig** Statt 15 ml (1 Eßlöffel) Wasser Orangen- oder Zitronensaft nehmen.
- **Teig aufbewahren** Mürbteig läßt sich ohne Wasser und Salz zwei Wochen im Kühlschrank aufbewahren. Die beiden genannten Zutaten erst vor Verwendung des Teigs zugeben.

Mürbeteig backen

Bestreichen Sie Pasteten vorher mit Ei oder Milch. Stellen Sie beim Aufwärmen von Pasteten eine Schale Wasser in den Ofen, damit der Teig feucht bleibt. Gedeckte Obstkuchen auf dem untersten Blech backen, damit die Unterseite gar wird und die obere nicht verbrennt.

Kein Durchweichen

- **Feuerfestes Glas** Beim Backen von Teig in einer Glasform stellen Sie diese auf ein Backblech aus Metall, dann gart der Teig auch unten.

Einstreichen
Teig in der Form vor der Zugabe der Füllung mit Eiweiß einstreichen. Ungebackenen Teig vor dem Einfrieren mit geschmolzener Butter einstreichen.

Spezialtechniken

- **Dampfabzug** Kurze Strohhalmstückchen in die Mitte der Pastete stecken.

An Stelle von Backperlen getrocknete Bohnen verwenden

Teig blind backen
Teig mit Folie abdecken, mit trockenen Hülsenfrüchten oder Reis belegen und 15 Minuten backen. Folie und Hülsenfrüchte entfernen, 5 Minuten backen.

Zur Beachtung

- **Fester Teig** Entsteht durch zuviel Wasser und wird durch die Zugabe von Mehl nicht lockerer. Um das zu verhindern, Zutaten also immer genau abmessen, nicht nur schätzen.
- **Krümeliger Teig** Zuwenig Wasser führt dazu, daß der Teig bröselt und in der Folge die Füllung herausläuft. Also besser die Teigkonsistenz immer mit den Händen prüfen und bei Bedarf kaltes Wasser zugeben.
- **Dünner Teig** Steigt der Teig beim Backen durch die Kuchenfüllung, ist er nicht schwer genug. Sie sollten den Teig deswegen vor der Zugabe der Füllung abgedeckt backen.

KEKSE

Bewahren Sie Keksteig im Kühlschrank auf, damit Sie jederzeit Kekse backen können. Heben Sie Kekse in einem luftdichten Behälter auf, jedoch nach Sorten getrennt, da sie verschieden feucht sein können. Legen Sie ein Stück Brot mit hinein – das hält Gebäck feucht.

NACH DEM BACKEN

Ankleben vermeiden
Keksblech auf ein feuchtes Küchentuch stellen, dann lassen sich die Kekse leicht ablösen. Kekse vom Blech nehmen, wenn sie noch warm sind.

KEKSE AUSSTECHEN

- **Zeit sparen** Förmchen mit Mehl bestreuen. Um schnell Kekse zu machen, einfach den Teig zu einer Wurst rollen und in Scheiben schneiden.

KEKSE BACKEN

- **Testkeks** Immer einen Probekeks backen, da der Feuchtigkeitsgehalt des Mehls variiert. So müssen Sie nicht ein ganzes Blech voller Kekse wegwerfen.

WEITERE TIPS

- **Auseinanderlaufen verhindern** Backbleche vor dem Belegen mit Keksen erst kühlen, dann läuft der Teig beim Backen nicht auseinander.
- **Krümelige Kekse** Backform beim Backen von krümeligen und leicht auseinanderbrechenden Keksen mit nichthaftendem Silikonpapier auslegen.
- **Keksbruch** Um Keksbruch für Pudding und Käsekuchen zu bekommen, Kekse in eine Plastiktüte geben und mit dem Nudelholz zerkleinern.
- **Mit Zucker bestreuen** Zucker in leere Salzstreuer füllen und Kekse damit bestreuen.

SÜSSES

Geben Sie beim Zubereiten von Süßspeisen vor dem Kochen ein wenig Essig oder eine Prise Salz zu, damit die Speisen nicht zu süß sind. Wenn Sie ein Dessert mit Gelatine zubereiten, lösen Sie sie gründlich in Wasser auf, bevor Sie sie mit den anderen Zutaten vermischen.

SCHOKOLADE

- **Schokolade schmelzen** Topf vorher mit Butter einreiben, damit sich die geschmolzene Schokolade besser herausgießen läßt, oder Topf mit Folie auskleiden.
- **Schokoladenersatz** Sie können 60 g (4 Eßlöffel) Kakaopulver mit jeweils 5 g (1 Teelöffel) Butter mischen.

ANDERE SÜSSSPEISEN

- **Kuchenfüllung** Füllungen aus Pekannuß- oder Ahornsirup 5 ml (1 Teelöffel) Essig zugeben, damit sie weniger süß sind.
- **Gelee** Form vor dem Eingießen von Gelee mit Wasser ausschwenken, damit sich das Gelee leicht löst, oder die Form vor dem Stürzen kurz in heißes Wasser tauchen.

BAISER

- **Zerbrechen vermeiden** Damit Baiser beim Ablösen vom Kuchenblech nicht zerbricht, Blech sofort nach der Entnahme auf nasses Tuch stellen.

Krosses Baiser
Zur Herstellung von krossen Baisers auf 3 Eiweiß jeweils 5 ml (1 Teelöffel) Essigessenz geben oder ein wenig Weinstein beimischen.

GUTE IDEE

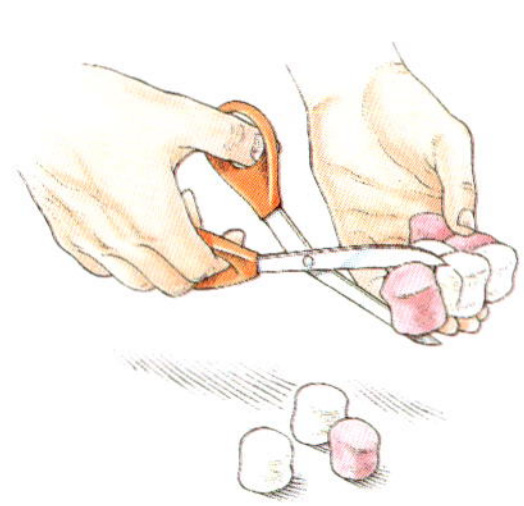

Marshmallows
Marshmallows bewahren Sie am besten im Gefrierfach auf, damit sie nicht trocken werden. Vor dem Dekorieren oder Grillen mit einer scharfen Küchenschere auseinanderschneiden, die Schere vorher in heißes Wasser tauchen.

GETRÄNKE

DER GESCHMACK VON HEISSEN GETRÄNKEN wie Tee oder Kaffee läß sich durch Zusatzstoffe sehr verbessern. Bereiten Sie Getränke mit gereinigtem Wasser zu, vor allem in Gegenden, in denen das Leitungswasser einen Beigeschmack hat.

HEISSE GETRÄNKE

Heben Sie gemahlenen Kaffee in verschlossenen Behältern im Kühlschrank auf. Wenn Sie beim Kaffeekochen entkalktes Wasser benutzen, hält Ihre Kaffeemaschine länger und der Kaffee schmeckt besser. Tee schmeckt besser mit Zusatz von getrockneter Orangenschale.

HEISSE GETRÄNKE

- **Kaffeemaschine** Legen Sie Münzen unter die Glaskanne der Maschine, damit sich kein Rand bildet.
- **Instantkaffee** Kaffeepulver oder -granulat mit kalter Milch mischen, dann mit kochendem Wasser aufgießen.
- **Übriggebliebener Kaffee** In Eiswürfelbereitern einfrieren und in Milch-Eierflip oder zu heißen Kaffee mischen.
- **Aromen zugeben** Anstelle von Zucker Zitronen- oder Minzbonbons im Tee auflösen. Beim Kaffeekochen Vanille- oder Mandelextrakt ins Wasser geben.

KAFFEE

Duftend frischer Kaffee
Dem Kaffee vor dem Kochen eine Prise Salz zugeben, damit er nicht so bitter ist. Filterkorb sofort, nachdem der Kaffee fertig ist, herausnehmen.

ÜBRIGGEBLIEBENER TEE

Verwendung
Trockenobst wie z. B. Pflaumen, Rosinen und Sultaninen, die beim Backen verwendet werden sollen, in übriggebliebenem Tee einweichen. So quellen sie auf.

THERMOSKANNEN

Aufbewahrung und Pflege
Damit Thermoskannen nicht abgestanden riechen, ein paar Zuckerstückchen hineingeben. Kanne mit offenem Deckel aufbewahren und zur Reinigung mit Wasser und Natriumhydrogencarbonat füllen.

HEISSE SCHOKOLADE

Probleme verhindern
Heiße Schokolade im Topf oder (vor dem Servieren) mit dem Mixer (Stufe 3) schaumig schlagen, damit sich kein Rand bildet. Topf vor dem Einfüllen der heißen Schokolade unter kaltem Wasser abspülen (siehe S. 121).

BEWÄHRTER TIP

Wärmebeständiges Glas
Damit Gläser beim Einfüllen heißer Flüssigkeiten nicht springen, einen Löffel aus Metall hineinstellen.

GETRÄNKE OHNE ALKOHOL

Damit Getränke ohne Alkohol erfrischend sind, sollte man sie kühlen. Ist der Kühlschrank voll, stellen Sie sie in einen mit Eis gefüllten Eimer. Kleben Sie über den Verschluß von geöffneten Getränkeflaschen Klebeband, damit die Kohlensäure nicht entweicht.

FRUCHT- UND ANDERE KALTGETRÄNKE

- **Mit Obst** Orangen-, Zitronen oder Limettenschale raspeln und mit etwas Zucker und reichlich kochendem Wasser bedecken, abkühlen lassen, abseihen und dann den Fruchtsaft und reichlich kaltes Wasser für den erfrischenden Geschmack hinzugeben.
- **Getränkepulver** Für Kaltgetränke aus Getränkepulver zuerst den Zucker in etwas heißem Wasser auflösen.
- **Gläser verzieren** Beim Kindergeburtstag die Ränder der Gläser mit Eiweiß bestreichen und in eine Schale mit Liebesperlen oder farbigem Zucker tauchen (siehe S. 137).
- **Bowle dekorieren** Weintrauben einfrieren und die Bowle damit verzieren.
- **Eistee** Damit Eistee in Gläsern und Krügen nicht schäumt, erst das Wasser, dann den Tee hineinschütten.

Zitrusfrüchte auspressen
Zitrusfrüchte vor dem Auspressen auf einer ebenen Fläche hin- und herrollen, damit sie möglichst viel Saft geben. Den Saft zugedeckt aufbewahren, da Vitamin C an der Luft zerstört wird.

BOWLE KÜHLEN

- **Dekorative Eiswürfel** Zitronen- oder Gurkenstückchen in Eiswürfeln einfrieren und Cocktails damit garnieren.

Kalte Bowle servieren
Zum Servieren von Bowle etwas davon vorher in Eiswürfelbereitern einfrieren und die Bowle damit kühlen. Schmelzen diese Würfel, wird die Bowle nicht wie bei Eis aus Wasser verdünnt.

ALKOHOLISCHE GETRÄNKE

Spirituosen müssen stehen, Weinflaschen liegen. Können Sie einen gequollenen Weinkorken nicht wieder in die Flasche drücken, weichen Sie ihn in kochendem Wasser ein. Abschätzen von Getränkemengen für Partys siehe S. 161; Entfernen von Alkoholflecken siehe S. 39/40.

WEIN LAGERN

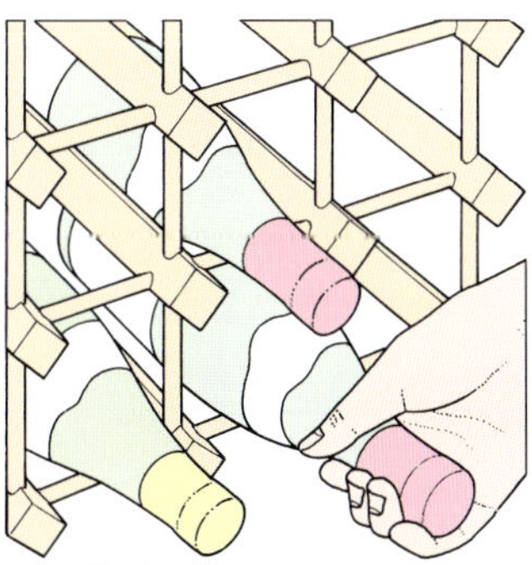

Ideale Bedingungen
Weinflaschen liegend aufbewahren, damit der Wein mit dem Korken Kontakt hat. Auf diese Weise trocknet der Korken nicht aus. Idealerweise sollte die Weinlagertemperatur niedrig sein.

RESTWEIN

Zum Kochen aufbewahren
Restwein in Eiswürfelbereitern einfrieren und die Eiswürfel später Saucen, Suppen und Eintöpfen zugeben. Sauer gewordenen Weißwein zu Essig dazugeben oder Fleisch darin einlegen.

WEIN SERVIEREN

- **Gläser füllen** Weingläser nur halbvoll machen, um das Bouquet zu erhalten. Sektgläser ganz voll machen, damit der Sekt länger perlt.
- **Champagner** Champagnerflasche beim Öffnen im 45°-Winkel festhalten und die Flasche, nicht den Korken drehen.

CIDRE

- **Warm machen** Bei Partys Cidre bei geringer Hitze auf dem Herd heiß gemacht servieren. Kleine Cidremengen in der Mikrowelle erwärmen.
- **Ersatz für Wein** Bei pikanten Gerichten anstelle von Wein trockenen Cidre verwenden.

ALLES IM GRIFF

ÜBERBLICK

EINEN HAUSHALT GUT ZU FÜHREN bedeutet nicht, seine ganze Energie darauf zu verwenden. Es gibt Tricks, mit deren Hilfe man einige Hausarbeiten schnell erledigen kann. Wenn Sie Ihren Haushalt richtig organisieren, müssen Sie nicht ständig putzen, sondern haben mehr Zeit, Ihr Zuhause zu genießen. Nutzen Sie Ihren Einfallsreichtum, um sich eine Umgebung zu schaffen, die Ihrem Geschmack und Ihren Bedürfnissen gerecht wird.

AUFHEBEN UND SPAREN

Heben Sie die Sachen dort auf, wo sie benutzt werden, und sorgen Sie dafür, daß alle es sich angewöhnen. In den Schränken sollten Gegenstände, die täglich benutzt werden, leicht zu erreichen sein. Verwenden Sie die Sachen wieder, um Zeit und Geld zu sparen.

SCHRAUBGLÄSER

Anschrauben
Schraubgläser aufheben und die Deckel unten an Regalborden fest anschrauben. Zucker oder trockene Bohnen oder auch Nägel und Schrauben darin aufbewahren.

VERLÄNGERUNSKABEL

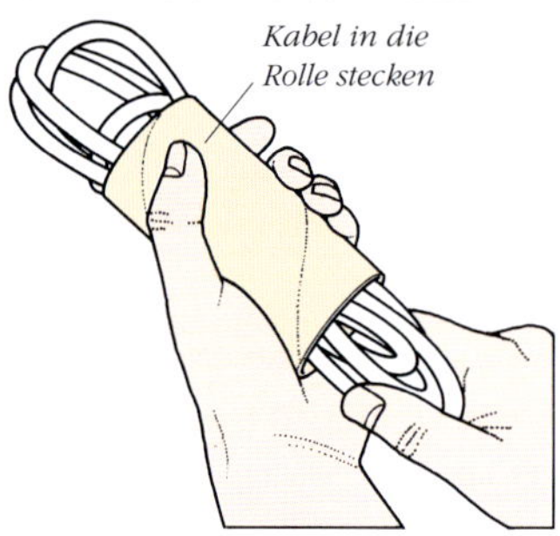

Aufbewahren
Verlängerungskabel in Papprollen von Postern und Toilettenpapier aufheben. Kabel sorgfältig zusammenrollen, damit sie sich nicht verheddern oder aus Schubladen und Schränken hängen.

AUFBEWAHREN

- **Tischwäsche** Wenn Sie saubere Plastiktischtücher mit Talkumpuder bestreuen, verhindert dies, daß sie zusammenkleben oder schimmeln.
- **Frischhaltefolie** Im Kühlschrank aufbewahren, damit sie nicht zusammenklebt.
- **Zeitung** Alte Zeitungen in einem unten aufgeschlitzten Karton aufbewahren, damit man sie bei Bedarf unten aus dem Stapel herausziehen kann.
- **Accessoires** In Kartons unten im Schrank aufheben (wo noch Platz ist).

SPAREN UND BEWAHREN

- **Kartons** Kleine Schachteln mit Deckel aufheben und Knöpfe und Nadeln darin aufbewahren. In großen Kartons Postkarten und Photos aufheben. Jede Schachtel beschriften.
- **Wollpullover** Schneidet man alte verfilzte Pullover in Stücke, erhält man Poliertücher, die sich hervorragend zur Schuh- oder Möbelpflege eignen.
- **Etiketten und Briefmarken** Zusammenklebende Briefmarken und gummierte Etiketten nicht wegwerfen, sondern ein Stück dünnes Papier darüberlegen und bügeln (Stufe 2), bis man sie voneinander lösen kann.
- **Zeitungsausschnitte konservieren** Eine Stunde in einer Lösung aus 1,14 Litern Sodawasser und einer Magnesiamilchtablette einweichen, dann herausnehmen, auf ein Handtuch legen und trocknen.

Einwickeln und verpacken

Viele Pakete gehen bei der Post verloren, weil sie nicht richtig verpackt sind. Verpackungsmaterialien wie Packpapier und Schnur lassen sich mehrmals verwenden. Benutzen Sie Gefriertaschen aus Schaumstoff als Geschenkkartons und schreiben Sie Grüße auf alte Postkarten.

Verpackungstips

Papier wiederverwenden
Altes Geschenkpapier nicht wegwerfen, sondern Falten und Klebeband durch Bügeln (Stufe 2) entfernen, so daß man das Papier wieder benutzen kann.

Geschenke ausmessen
Geschenk mit einem Stück Schnur ausmessen. Dann das Papier mit der Schnur so abmessen, daß es zum Einwickeln des Geschenks reicht.

Zeitspartip

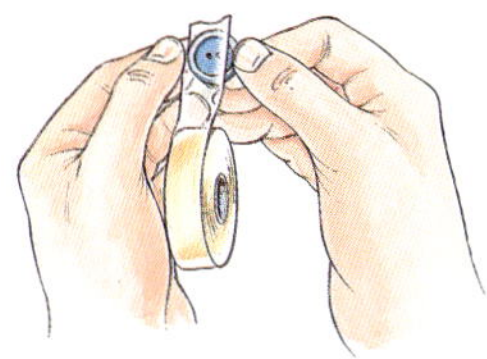

Klebebandende finden
Unter das Ende der Klebebandrolle einen kleinen Knopf kleben. So ist das Ende leicht zu finden und schnell zu benutzen.

Zerbrechliche Gegenstände

- **Porzellan** Porzellan zur Versendung in feuchtes Papier einwickeln. Beim Trocknen schrumpft das Papier und schützt noch besser.
- **Zerbrechliche Objekte** Sie können den Karton auch mit Eierkartons oder Seidenpapier polstern, damit nichts zu Bruch geht.
- **Papiere** Dokumente, die Sie nicht falten möchten, um eine Papprolle wickeln und mit selbsthaftendem Kreppband festkleben.

Postversand

Sorgen Sie dafür, daß alles, was Sie verpackt haben, fest verschnürt und mit dem Namen des Empfängers versehen ist. Schreiben Sie Ihren Namen auf das Paket, damit es an Sie zurückgeschickt wird, wenn es aus irgendeinem Grund nicht zugestellt werden kann.

Sicherer Versand

- **Wertvolles** Wertgegenstände, die versichert werden müssen, per Einschreiben schicken.
- **Krankenhauspatienten** Schickt man jemandem ins Krankenhaus eine Karte, Heimatanschrift des Patienten als Rückadresse auf den Umschlag schreiben, damit er die Karte auch erhält, sollte er bereits wieder zu Hause sein.
- **Postkarten** Für jeden, dem man im Urlaub eine Karte schreiben möchte, einen Adressenaufkleber mitnehmen. Dann kann das Adreßbuch zu Hause bleiben.

Verschnüren

Schnur aufheben
Damit sich Schnur nicht verhedert, in einem Glas aufbewahren. Loch in den Deckel stechen und das Schnurende durchziehen.

Paket verschnüren
Schnur naß machen, dann läßt sich das Paket gut verschnüren. Die Schnur zieht sich beim Trocknen zusammen.

Zimmerpflanzen und Blumen

Pflanzen verschönern Ihr Heim. Zimmerpflanzen gedeihen am besten, wenn man sie dort aufstellt, wo sich ihre natürlichen Wachstumsbedingungen nachahmen lassen. Sie müssen sorgfältig gegossen und gedüngt werden.

Pflanzenpflege

Einige Pflanzen gedeihen am besten, wenn man sich nicht um sie kümmert, andere dagegen brauchen Pflege. Finden Sie selbst heraus, wie oft man gießen muß und ob sie Sonne oder Schatten mögen. Stellen Sie Pflanzen im Sommer in den Garten.

Die Pflege

- **Richtige Erde** Zum Eintopfen von Zimmerpflanzen keine Gartenerde benutzen, da sie nicht steril ist, so daß sich Bakterien bilden, die dann im Haus gedeihen.
- **Mehr Feuchtigkeit** Zentralheizungen machen die Luft trocken. Um den Zimmerpflanzen mehr Feuchtigkeit zuzuführen, einmal wöchentlich mit feinem Nebel einsprühen.
- **Pflanzen reinigen** Pflanzen regelmäßig abstauben und solche mit glänzenden Blättern mit Glyzerin oder einer Mischung aus 50% Milch und 50% Wasser reinigen, damit sie schimmern.

Pflanzen unterschiedlicher Form und Größe wirken am schönsten

Die Pflanzen dürfen keine Krankheiten haben

Pflanzen zusammenstellen
Zimmerpflanzen gedeihen vor allem in trockenen Räumen am besten, wenn man sie zusammenstellt. Alle Pflanzen sollten dieselben Temperatur- und Feuchtigkeitsbedürfnisse haben.

Düngen

Selbstgemachten Dünger in den Blumentopf geben

Mit Küchenresten
Etwas kalten Tee, gekochte Teeblätter oder Kaffeesatz mit der Pflanzenerde mischen, um sie zu lockern und zu düngen. Wasser vom Eierkochen ist besonders nährstoffreich.

Pflanzen eintopfen

Gutes Abfließen
Vor der Erde eine Schicht Tonscherben oder Steine unten in den Blumentopf geben, damit das Wasser richtig abfließen kann und die Pflanzenwurzeln nicht in der Nässe stehen.

Am Fenster

- **Blumenkästen** Auf die Erde in Blumenkästen Kiesel legen, damit diese bei Regen nicht ans Fenster spritzt.
- **Pflege im Winter** Fensternahe Pflanzen im Winter nachts weiter ins Zimmer stellen, um sie vor der Kälte zu schützen. Nicht neben heißen Heizkörpern plazieren.

Neue Pflanzen

- **„Quarantäne“** Neue Pflanzen einige Wochen separieren, bis Sie sicher sind, daß sie krankheitsfrei sind.
- **Umtopfen** Frisch umgetopfte Pflanzen 2 oder 3 Monate nicht düngen, da sie sonst eventuell keine Wurzeln treiben.

GIESSEN

Gießen Sie Pflanzen mit Wasser, das Zimmertemperatur hat. Lassen Sie das Wasser über Nacht stehen, damit schädliche Chemikalien verdunsten oder sich absetzen. Prüfen Sie die Erde mit den Fingern, um zu testen, ob eine Pflanze gegossen werden muß.

IM URLAUB

- **In der Badewanne** Zimmerpflanzen vor dem Urlaub auf mehrmals gefaltete Handtücher stellen, die in der Badewanne ein paar Zentimeter im Wasser liegen, dann können sie sich selbst mit Wasser versorgen.
- **Mit Schnur** Das eine Ende der Schnur in einen Eimer Wasser hängen, das andere in die Blumenerde stecken. Wenn der Eimer höher steht als die Pflanze, zieht die Schnur das Wasser in die Erde.

MIT TEE

Gelegentlich düngen
Pflanzen für gutes Gedeihen gelegentlich mit kaltem Tee gießen, aber nicht zu häufig, da das Koffein im Tee zu stark für sie sein kann.

BLUMENAMPELN

Tropfen vermeiden
Statt Blumenampeln zu gießen, legen Sie ein paar Eiswürfel auf die Erde. Aber nicht regelmäßig, da es den Pflanzen sonst zu kalt wird.

WACHSTUMSPROBLEME

Achten Sie bei Pflanzen auf Schädlingsbefall oder fehlende Blüte. Zimmerpflanzen gedeihen am besten, wenn man sie regelmäßig dreht (Vierteldrehung) – so bekommen sie gleichmäßig Sonnenlicht. Pflanzen sollten gut belüftet werden, allerdings keinem Zug ausgesetzt sein.

PFLEGE

- **Schädlinge** Pflanze zusammen mit Insektizidstreifen in eine Plastiktüte stecken und ein paar Tage stehenlassen.

Gebrochene Stengel
Um gebrochene Stengel zu stützen, aus zwei Zahnstochern und einem Stück Klebeband eine Schiene herstellen. Von Zeit zu Zeit überprüfen, ob die Stelle von allein zusammenwächst.

SPEZIALEFFEKTE

- **Stützen** Große Pflanzen mit messingähnlichen Vorhangstangen stützen und mit Messingdraht daran festbinden.

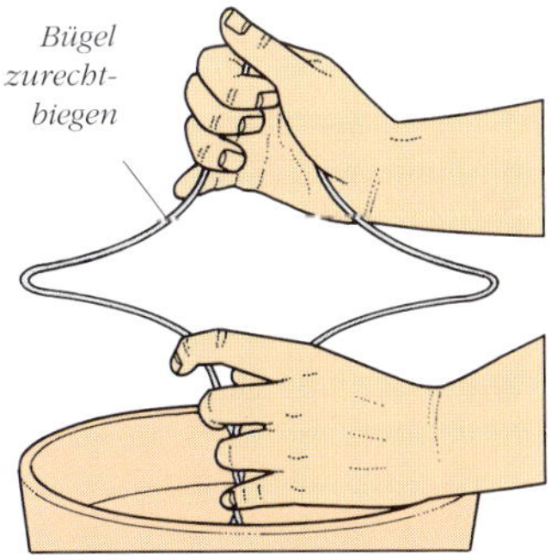

Spaliere machen
Für selbstgemachte Efeuspaliere Haken von einem Drahtbügel abdrehen, den Bügel wie gewünscht zurechtbiegen und die beiden Enden in den Blumentopf stecken.

BESONDERE PFLEGE

- **Usambara-Veilchen** Mit Tomatendünger zum Blühen bringen. Da sie sich in kleinen Blumentöpfen am wohlsten fühlen, nicht umtopfen. Auf ein sonniges Fensterbrett stellen.
- **Knollen** Bei Knollenpflanzen Wasser immer in die Untertasse gießen, damit es von der Erde aufgesogen wird. Wasser nicht auf die Blätter geben. Knollen in Plastiknetzen aufbewahren, damit Luft an sie gelangt.
- **Sukkulenten** Kakteen und einige andere Sukkulenten sind ursprünglich Wüstenpflanzen und müssen nicht regelmäßig gegossen werden. Beim Umgang mit stacheligen Arten vorsichtig sein, etwa mit Hilfe einer Zange und Handschuhen umtopfen.

Schnittblumen

Wenn Sie bestimmte Dinge und Hinweise beachten, dann halten Schnittblumen viel länger als erwartet. Stellen Sie sie nicht einfach nur in die Vase, wenn Sie nach Hause oder aus dem Garten kommen. Gekaufte Blumen benötigen mehr Pflege als Gartenblumen.

Schnittblumen für die Vase vorbereiten

1 Blumenstengel einzeln mit einer normalen Schere, einer Gartenschere oder einem scharfen Messer schräg abschneiden. Dicke Stengel unten spalten, bevor man sie in die Vase stellt, weil sie dann am besten Feuchtigkeit aufnehmen können.

2 Alle Blätter, die in der Vase unter Wasser liegen würden, vom Stengel entfernen, da sie sonst verfaulen und das Wasser verunreinigen, so daß die Blumen schnell verwelken und das Wasser braun und brackig wird.

3 Mit zwei Aspirin im Wasser halten die Blumen in der Vase sehr viel länger. Bei durchsichtigen Vasen auf jeweils 1,14 Liter Wasser 15 ml (1 Eßlöffel) Flüssigbleiche geben, dann wird das Wasser gar nicht trüb.

Blumen arrangieren

Manche Leute können Blumen besser arrangieren als andere. Wenn Sie darin nicht so talentiert sind, sollten Sie geradwandige Vasen benutzen, in denen sich die Blumen praktisch von allein arrangieren. Sorgen Sie dafür, daß Blumen unten in der Vase genügend Halt finden.

Immer wieder wichtig

Stiel verlängern

Damit kurzstielige Blumen in der Vase länger wirken, stecken Sie den Stengel vorher in einen Trinkhalm. Das Wasser in der Vase muß bis zu den Stengeln reichen.

Verwelkte Blumen

Stengelenden verwelkter Blumen abschneiden, die Blumen ein paar Sekunden in etwas kochendes Wasser halten und dann einige Stunden bis zum Blütenansatz in kaltes Wasser stellen.

Tips zum Arrangieren

- **Große Vasen** Bei zu tiefen Vasen Papierservietten, Küchen- oder Zeitungspapier zusammenknüllen und unten hineinlegen.
- **Blumen fixieren** Mit Klebeband zusammengehaltene Plastiklockenwickler in der Vase bewirken, daß die Blumen nicht zur Seite kippen.
- **Breite Vasen** Für Vasen mit großem Durchmesser, in denen sich die Blumen in der Mitte leicht zur Seite neigen, eignet sich zusammengedrehter Hühnerdraht.
- **Gefäße** Unkonventionelle Gefäße wie alte Teekannen, Weinkelchgläser oder Milchkrüge können Sie gut als Vase benutzen.

VERSCHIEDENE BLUMENARTEN

Erkundigen Sie sich, wie Ihre Blumenarten behandelt werden sollten, und denken Sie bei gemischten Sträußen daran. Füllen Sie die hohlen Stengel von Dahlien und Lupinen mit Wasser, verschließen Sie sie mit Watte, bevor Sie sie in die Vase stellen.

ROSEN

Blüten und Stiele
Beschädigte Blüten abzupfen und Dornen vom Stiel entfernen. Stengel spalten oder mit einem Hammer flachdrücken. Christrosen verwelken schnell, wenn die Stengel nicht bis ganz nach oben flachgedrückt werden.

TULPENSTENGEL

Gerade Stengel
Tulpenstengel fest in nasse Zeitung einwickeln und mindestens 1 Stunde in 5 cm Wasser stellen, damit sie nicht die Köpfe hängen lassen. Dann knapp unter dem Blütenkopf eine kleine Nadel durch jeden Stengel stechen.

LILIEN

Staubbeutel und Stengel
Staubbeutel von Blumen wie Lilien abschneiden, damit der Pollen nicht auf die Blüten oder auf Wände, Tischwäsche und Kleidung gelangt. Stengel schräg anschneiden und dann die Blumen ins Wasser stellen.

GETROCKNETE UND KÜNSTLICHE BLUMEN

Getrocknete Blumen können genauso schön aussehen wie frische, wenn man sie direkt nach dem Pflücken an der Luft getrocknet hat. Da ihre Farben im Sonnenlicht verblassen, müssen sie oft ausgetauscht werden. Seidenblumen sehen viele Jahre lang hübsch aus.

GETROCKNETE BLUMEN

- **Auswahl** Rittersporn und Usambara-Veilchen eignen sich gut zum Trocknen. Kurz nach Öffnen der Blüten pflücken.

Blumen trocknen
Kleine Blumensträuße mit einer Schnur zusammenbinden und mit dem Kopf nach unten an einem trockenen, kühlen und dunklen Ort aufhängen.

SEIDENBLUMEN

- **Reinigen** Seidenblumen mit 30 g (2 Eßlöffel) Salz in eine Tüte legen und gut schütteln, damit der Staub am Salz bleibt.

Abstauben
Staub auf Sträußen aus Seiden- und Trockenblumen entfernen Sie am besten mit einem Föhn (Stufe 2). Aufpassen, daß dabei nicht Staub an die Wand geblasen wird.

BEWÄHRTER TIP

Blumen färben
Um die Farbe von Schnittblumen zu verändern, Blumenstengel in warmes Wasser mit etwas Lebensmittelfarbe stellen. Helle Blumen und nicht zuviel Farbstoff verwenden.

NÄHEN

WENN SIE KLEIDER, VORHÄNGE ETC. SELBST FLICKEN, können Sie Zeit und Geld sparen. Für diese Ausbesserungsarbeiten müssen Sie kein Experte sein – viele Techniken erfordern nichts weiter als einen gesunden Menschenverstand.

WICHTIGE TIPS

Heben Sie für den Notfall ein Set – bestehend aus mehreren Nadeln unterschiedlicher Größe, verschiedenfarbigem Garn, Knöpfen, Stecknadeln, Sicherheitsnadeln und einer scharfen Schere – auf. Damit können Sie die meisten anfallenden Reparaturen ausführen.

FADEN

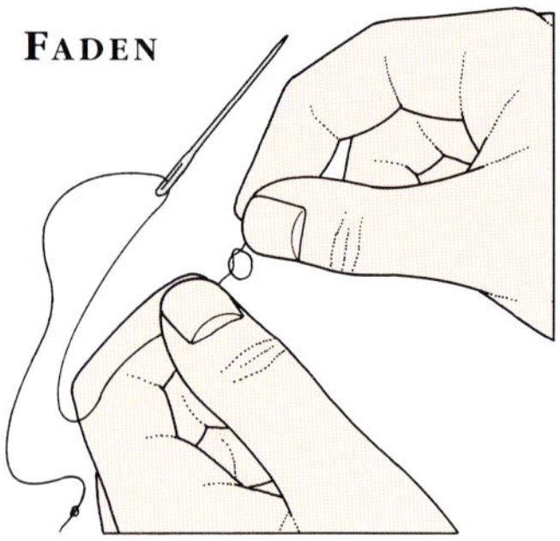

Problemloses Nähen
Beim Nähen mit einem doppelten Faden jedes Ende einzeln verknoten, damit es sich nicht verheddert. Haarspray erleichtert das Einfädeln.

ZUSÄTZLICHE UTENSILIEN

- **Pinzette** Fäden an losen Knöpfen mit einer Augenbrauenpinzette entfernen.
- **Fingerhut** Vor dem Aufziehen des Fingerhuts Finger naß machen, um eine Sogwirkung zu erzeugen.

STOFFE

- **Dicke Stoffe** Um bei dicken Stoffen Nähte besser nähen zu können, den Stoff mit einem feuchten Seifenstück abreiben.
- **Tuchgewebe** Beim Nähen von Tuchgeweben wie Samt mit der Nähmaschine Seidenpapier auf den Stoff legen, damit er nicht verrutscht.
- **Dünne Stoffe** Vor dem Zurechtschneiden feiner Stoffe Schere in heißes Wasser halten und gut abtrocknen, dann läßt sich der Stoff zuschneiden.

NADELKISSEN

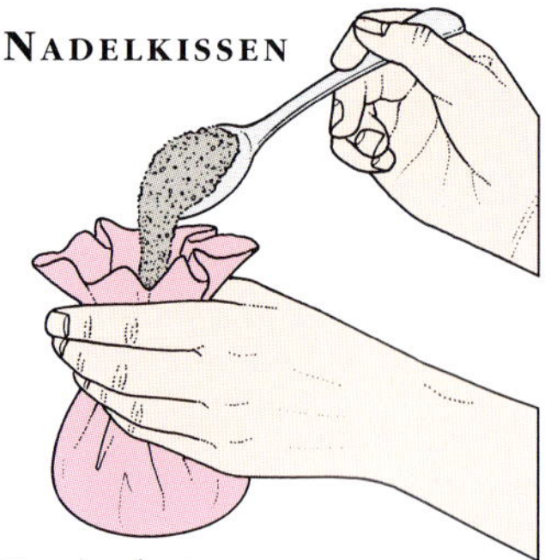

Rostschutz
Nadelkissen aus einem mit trockenem Kaffeesatz gefüllten Stoffbeutel verhindern, daß die Nadeln rosten. Sie können sie auch in Seife stecken.

NADELPFLEGE

- **Nadeln aufsammeln** Verstreute Nadeln mit einem Magneten aufsammeln. Auf den Boden gefallene Nadeln mit einer Taschenlampe suchen.

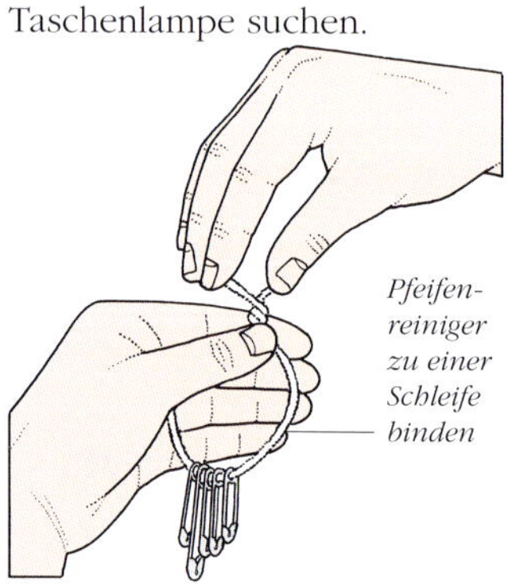

Sicherheitsnadeln
Sicherheitsnadeln auf einen Pfeifenreiniger auffädeln, dessen Enden zusammenbinden und im Nähkasten aufheben, damit man die Nadeln leicht findet.

NÄHMASCHINEN

- **Spitze Nadeln** Nähmaschinennadeln durch ein Stück Leinen oder feines Sandpapier stechen, um sie spitz zu machen.
- **Einölen** Beim Einölen oder Auseinandernehmen der Maschine Schreibtischauflage unterlegen, damit Stoff, Faden und Stellfläche nicht schmutzig werden. Danach ein paar Reihen auf einem Stück Löschpapier nähen, um alle Ölreste zu entfernen.
- **Fester Halt** Häufig verrutschende Nähmaschinen auf eine schaumstoffbeschichtete Teppichfliese stellen, damit sie besseren Halt haben.
- **Fußsteuerung** Unten an die Fußsteuerung der Maschine ein Stück Schaumgummi kleben, damit sie beim Aufdrücken nicht wegrutscht.
- **Fusseln entfernen** Fusseln auf der Spule mit einem kleinen Pinsel oder einer Rasierapparatbürste entfernen.

GARN

- **Grundausstattung** Das Nähset sollte durchsichtiges Garn enthalten, das als Ersatz dienen kann.
- **Fäden entwirren** Verheddern sich die Fäden beim Nähen von Hand, mit einem Stück Seife darüberreiben.
- **Synthetisches Garn** Nylongarn im Kühlschrank aufbewahren, damit es beim Nähen nicht statisch aufgeladen ist.

Reissverschlüsse und Knöpfe

Mit den richtigen Knöpfen sieht billige Kleidung oft besser aus. Schneiden Sie die Knöpfe von Sachen, die sie nicht mehr tragen, ab. Kaufen Sie bei Knöpfen immer einen mehr, dann müssen Sie nicht das ganze Knopfset ersetzen, wenn nur einer verlorengeht.

Knöpfe

- **Aufbewahren** Knöpfe vom Kleidungsstück abschneiden und zusammennähen oder auf eine Sicherheitsnadel fädeln.

Zu fest sitzende Knöpfe
Feste Knöpfe mit einem Kamm anheben und vorsichtig mit einem scharfen Messer oder einer Rasierklinge abtrennen. Aufpassen, daß der Stoff dabei nicht beschädigt wird.

Reissverschlüsse

- **Wiederverwerten** Alte Reißverschlüsse für erneute Verwendung mit Stärke einsprühen.

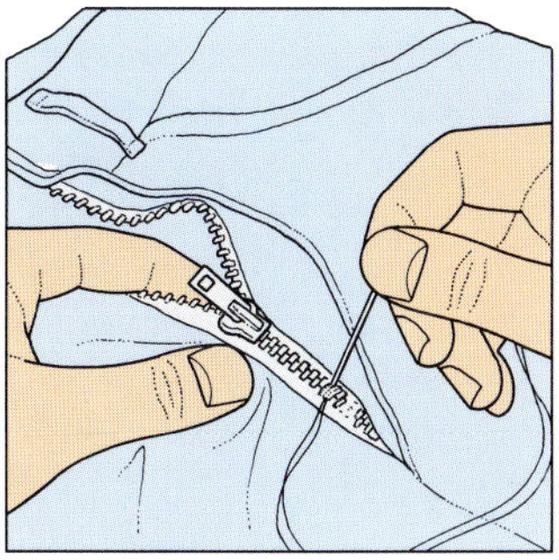

Reparieren
Ist ein Zahn am unteren Ende kaputt, den Schieber darunter ziehen und den Zahn ausschneiden. Den Schieber über die Lücke schieben und eine Naht direkt über dem Loch machen.

Knöpfe annähen

- **Platz lassen** Beim Annähen der Knöpfe ein Streichholz unter den Knopf legen, damit er nicht zu dicht am Stoff befestigt ist und das Knopfloch darüberpaßt.
- **Knöpfe mit vier Löchern** Zwei Löcher annähen, dann für die anderen beiden einen neuen Faden nehmen. Auf diese Weise gehen die Knöpfe weniger leicht ab.

Spezialknöpfe

- **An Kinderkleidung** Knöpfe an Kinderkleidung mit Zahnseide oder Gummifaden annähen, damit sie nicht so schnell abgehen.
- **Kleine Knöpfe** Besonders kleine Knöpfe in Kunststoff-Tablettendosen mit Schnappdeckel aufbewahren.

Nähtechniken

Ob mit der Nähmaschine oder von Hand, Ihre ganzen Näh- und Flickarbeiten sind umsonst, wenn Sie sie nicht korrekt ausführen. Achten Sie darauf, daß der Faden an beiden Enden richtig vernäht ist, und bügeln Sie Nähte unter einem feuchten Tuch (Stufe 3) schön flach.

Knopflöcher

Dicker Stoff
Um in dicken Stoff gerade Knopflöcher zu schneiden, ein Stück Seife unter die entsprechende Stelle legen und den Stoff mit einem scharfen Teppichmesser einschneiden.

Zeit sparen

- **Flicken aufsetzen** Flicken mit etwas Latexkleber auf dem Kleidungsstück fixieren, dann an den Rändern annähen.
- **Gummiband ersetzen** Das neue mit einer Nadel am alten befestigen, so daß es beim Herausziehen desselben gleich eingezogen wird.

Stricken

- **Stricksachen** Den kaputten Teil des Kleidungsstückes auf eine Haarbürste legen, so verzieht er sich beim Flicken nicht.
- **Maschen aufnehmen** Fallengelassene Maschen auf einen Pfeifenreiniger fädeln.

Gute Idee

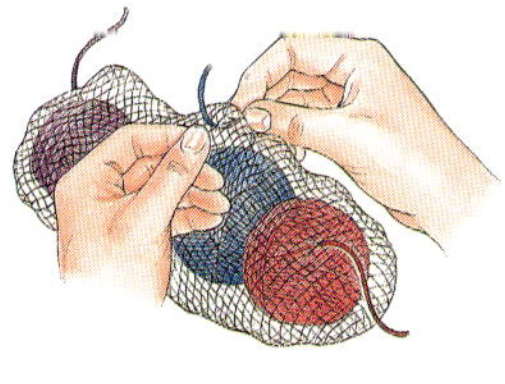

Separate Farben
Beim Stricken mit mehr als einer Farbe Wollknäuel in ein Gemüsenetz aus Kunststoff legen. Die verschiedenfarbigen Fäden jeweils durch ein anderes Loch ziehen.

KINDER UND HAUSTIERE

TREFFEN SIE ZUR VERMEIDUNG VON UNFÄLLEN grundlegende Sicherheitsvorkehrungen, und bringen Sie Ihren Kindern bei, wie man möglichen Gefahren vorbeugt. Auch für Haustiere müssen Sie die Verantwortung tragen.

SICHERHEIT FÜR KINDER

Nehmen Sie Kleinkinder beim Einkaufen mit ins Geschäft, lassen Sie sie nicht allein über Treppen gehen und setzen Sie sie beim Telefonieren, während der Hausarbeit oder wenn es läutet, ins Laufgitter. Säuglinge lassen sich sehr gut im Babyrucksack transportieren.

UNFÄLLE VERMEIDEN

- **Glastüren** Bunte Aufkleber anbringen, damit die Kinder nicht hineinlaufen.
- **Klaviere** Auf beide Seiten der Tastatur Korken kleben, damit Kinder sich beim Herunterfallen des Deckels nicht die Finger verletzen.
- **Steckdosen** Sicherheitssteckdosen verhindern, daß krabbelnde Kinder ihre Finger hineinstecken.
- **Elektrische Wassererhitzer** Spiralkabel verwenden. Kinder können nicht daran ziehen.

TÜREN

Warnglocke
Mit Hilfe einer Glocke an der Türklinke des Hinterausganges hören Sie, wenn ein Kind die Tür öffnet. Vordertür schließen.

MÖBEL

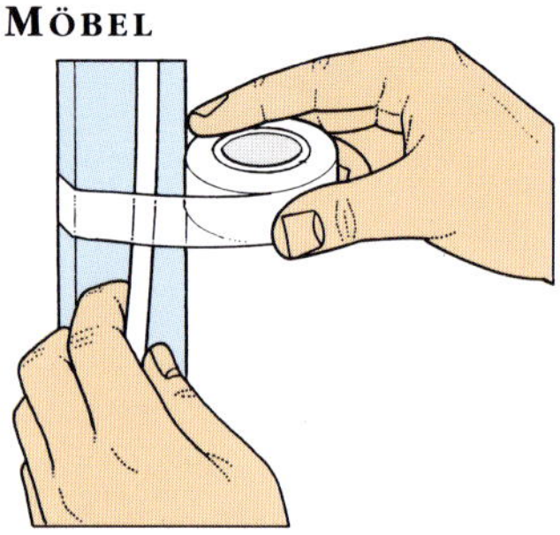

Kabel befestigen
Elektrische Kabel mit Klebeband an Möbelbeinen festkleben, damit Kinder die Geräte nicht zu sich heranziehen können.

BABYPFLEGE

Für Mütter ist es wichtig, gesund zu bleiben und sich das eigene Leben problemlos einzurichten. Kommen Sie mit dem Neugeborenen aus dem Krankenhaus, sollten Sie ein oder zwei Wochen lang auf Besuch verzichten, um sich mit dem Baby vertraut zu machen.

BABYFLÄSCHCHEN

„Im Sixpack“ aufbewahren
Babyfläschchen aufrecht in leeren Getränkekartons aus Pappe im Kühlschrank aufbewahren. Die Fläschchen lassen sich leicht entnehmen und sind schnell wiederzufinden.

WINDELN

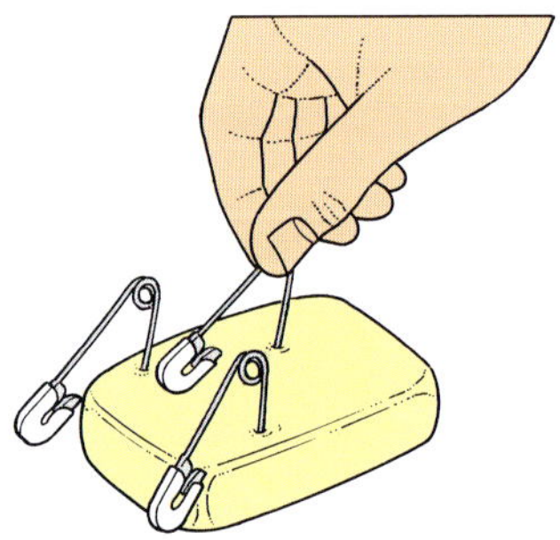

Mit Sicherheitsnadeln
Sicherheitsnadeln für Windeln in ein Stück Seife stecken, damit sie wieder spitz werden und nicht rosten. Nichtklebende Wegwerfwindeln mit Kreppklebeband zukleben.

FÜTTERN UND PFLEGEN

- **Feste Nahrung** Frisches Gemüse pürieren, in Eiswürfelbereitern einfrieren und bei Bedarf warmmachen.
- **Nachts füttern** Während des Fütterns eine Wärmflasche auf die Matratze legen, damit sie warm bleibt, bis Sie das Baby zurück ins Bettchen legen.
- **Fläschchen säubern** Beim Reinigen der Fläschchen ein paar Murmeln in den Sterilisator geben, um den Kesselstein aus dem Wasser zu entfernen.
- **Haarewaschen** Vaseline auf die Stirn des Babys reiben, damit ihm das Shampoo nicht in die Augen läuft.

KLEINKINDER

Kleinkinder wollen unabhängiger sein als es ihnen möglich ist. Machen Sie es ihnen einfach, damit sie es nicht auf die unsanfte Tour lernen müssen. Spielzeug aus alltäglichen Haushaltsgegenständen selbst herstellen anstatt es zu kaufen, spart Geld.

HILFE BEIM ESSEN

- **Rutschfeste Teller** Damit Kinderteller nicht verrutschen, auf beide Seiten Seifenschalen mit Saugfüßchen kleben.

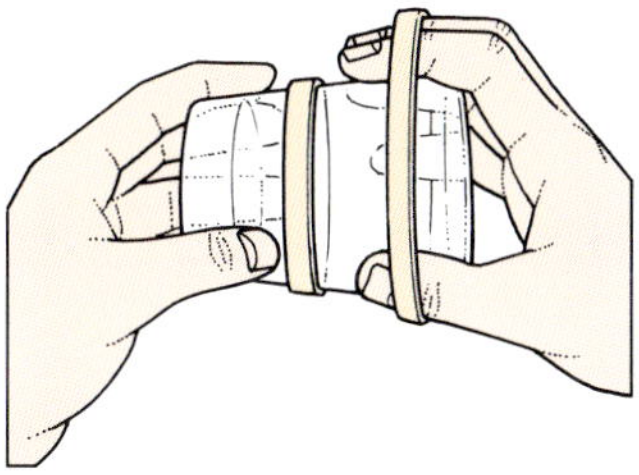

Trinkgläser
Glas mit zwei Gummis versehen (Abstand 2,5 cm), damit das Kind es gut greifen kann. Kranke Kinder, die im Bett liegen, sollten aus einem Schraubglas mit Strohhalm trinken.

KRANKHEIT UND ÄNGSTE

- **Tabletten nehmen** Nimmt ein Kind nicht gerne Tabletten, verstecken Sie diese in einem Löffel Honig oder Marmelade.
- **Splitter** Die Haut mit Speiseöl einreiben, damit sie weich wird. Dann einen Eiswürfel auf die Stelle legen.
- **Pflaster abziehen** Pflaster lassen sich schmerzlos entfernen, indem man vorher mit einem in Babyöl getränkten Wattebausch darüberreibt.
- **Schlafen** Ist das Kind alt genug, um in einem Bett zu schlafen, Matratze des Kinderbettchens neben das Bett auf den Boden legen, damit sich das Kind nachts beim Herausfallen nicht verletzt.

GUTE IDEE

Langlebige Kunstwerke
Kinderzeichnungen mit Haarspray einsprühen – das fixiert die Farben, so daß sie nicht verblassen und nicht verwischen. Das Papier bleibt dabei trotzdem fest.

KINDERKLEIDUNG

Wenn Sie nicht alles perfekt haben wollen, ist Secondhandkleidung für kleine Kinder gut. Sie können sie von Freunden und Verwandten, aber auch in Secondhandläden und auf Flohmärkten erstehen. Aus alter Kleidung Spielkleidung machen.

LANGE HALTBARKEIT

- **Stiefel** Damit Kinder ihre Stiefel in der Schule nicht verlieren, aus buntem Klebeband zwei sich von der Form her ergänzende Figuren ausschneiden und hinten auf die Absätze kleben, damit die Stiefel zwi schen den anderen auffallen.
- **Mäntel ändern** Damit Winterjacken länger halten, fertige Strickmanschetten unten an die Ärmel nähen.
- **Handschuhe** Damit das Kind sie nicht verliert, ein Band an beide nähen und es durch die Mantelärmel ziehen.
- **Mädchenkleider** Beim Trocknen im Freien umdrehen. Wird der Saum herausgelassen, ist die Farbe bereits verblaßt und paßt zum Rest des Kleides.

SCHUHE UND STIEFEL

- **Schuhbänder** Vor dem Einziehen mit Bienenwachs einreiben, damit die Knoten halten. An beiden Enden der Schuhbänder einen Knoten machen.

Kinderschuhe
Um einem Kind beizubringen, wie man seine Schuhe richtig herum anzieht, den rechten Schuh innen deutlich kennzeichnen (z. B. mit Klebeband). So lernt das Kind schnell.

SPIELKLEIDUNG

- **Kleidung schützen** Ärmel und Kragen mit Gewebeschutzmittel einsprühen, damit sie sauber bleiben.

Überkreuz-Hosenträger
Damit Überkreuz-Hosenträger bei Spielanzügen und Latzhosen nicht ständig herunterfallen, dort, wo sich die Hosenträger am Rücken kreuzen, einen Druckknopf annähen.

HAUSTIERE FÜTTERN

Lesen Sie in einem Buch über Haustierpflege nach, wie Sie Ihr Tier richtig füttern, oder fragen Sie Ihren Tierarzt. Füttern Sie Ihr Haustier regelmäßig, und denken Sie daran, daß auch Tiere abwechslungsreiche Nahrung schätzen. Es sollte auch immer Wasser da sein.

GESUNDE HAUSTIERE

- **Zähne** Hunde und Katzen nicht mit Hühner-, sondern mit Markknochen füttern, damit ihre Zähne scharf bleiben.

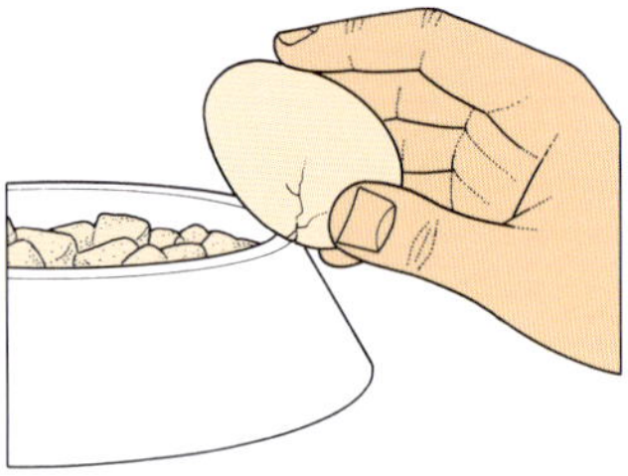

Glänzendes Fell
Dem täglichen Hundefutter ein rohes Ei oder 30–45 ml (2–3 Eßlöffel) geschmolzenes tierisches Fett oder Lebertran zugeben. Pflanzliches Öl hat nicht dieselbe Wirkung.

KATZEN FÜTTERN

- **Große Dosen** Damit große Katzenfutterdosen frisch bleiben, in kleine Portionen aufteilen, einzeln in Gefrierbeutel füllen, verschließen und bis zur Verwendung einfrieren.
- **Richtige Nahrung** Katzen nicht mit Hundefutter füttern, da es nicht soviel Eiweiß und Vitamine hat.

HUNDE FÜTTERN

- **Hundenapf** Schaumstofftabletts von Fleischpackungen als Hundenäpfe verwenden – man kann sie nach Gebrauch einfach wegwerfen.
- **Thunfischöl** Öl aus Thunfischdosen als Geschmacksverstärker verwenden.

GRÜNER TIP

Gesunde Zusätze
Dem Trockenfutter Gemüsewasser von gekochtem Gemüse zugeben (es enthält Geschmacksstoffe und Vitamine). Wasser vor der Zugabe abkühlen lassen.

PFLEGE

Für Hunde und Katzen sind regelmäßige Fellpflege und Bewegung wichtig. Da sie manchmal Gras fressen müssen, sollten Sie dieses in einem Blumentopf pflanzen. Erziehen Sie Welpen so, daß sie sich die Zähne säubern lassen, um Mundgeruch zu verhindern.

SCHLECHTER GERUCH

- **Essig verwenden** In Räumen, in denen ein Hund schläft, oder in die Nähe von Katzenklos eine Essigschale stellen.

Katzenklos desodorieren
Auf 6 Teile Katzenstreu 1 Teil Wäscheborax bzw. in das gesamte Katzenklo 225 g Natriumhydrogencarbonat streuen.

PARASITEN BEKÄMPFEN

- **Flöhe** Haben Sie kein Flohhalsband oder -pulver, Fell des Tieres mit Orangenschalenöl einreiben, um Flöhe und Zecken zu vertreiben.
- **Flohhalsband** Aus dickem Stoff eine Rolle machen und mit Rainfarn und Katzenminze füllen. Daraus ein Flohhalsband machen.
- **Zecken entfernen** Zecken mit Lackbenzin betupfen, damit sie herauskommen. Nicht herausziehen, weil dann eventuell ihre Köpfe in der Haut steckenbleiben.
- **Nissen** Um Läuseeier abzutöten, das Tier alle zwei Wochen in einer 5prozentigen Lösung aus Wasser und Essigessenz waschen.

SAUBERE HAUSTIERE

- **Hunde baden** Ein altes Teenetz im Abfluß vom Waschbecken verhindert, daß Haare ihn verstopfen.
- **Seife ausspülen** Beim Baden von Hunden dem Nachspülwasser Essig oder Zitronensaft zugeben.
- **Trockenbad** Hunden Natriumhydrogencarbonat (das als Deodorant und „chemischer“ Reiniger wirkt) ins Fell reiben und wieder ausbürsten.
- **Verfilztes Fell** Mit Shampoo und Pflegespülung waschen. Ist das Fell trocken, die verfilzten Stellen mit Talkumpuder einreiben und auseinanderziehen. Stark verfilzte Stellen vom Tierarzt wegschneiden lassen.

PROBLEME

Haustiere richtig zu erziehen, kostet zwar Zeit und Mühe, zahlt sich aber aus. Fragen Sie den Züchter oder Tierarzt, wie man das am besten macht, und fangen Sie mit der Erziehung bereits beim jungen Tier an. Falsche Verhaltensweisen sind später nur schwierig zu korrigieren.

MÖBEL SCHÜTZEN

● **Mit Pfeffer** Um Haustiere fernzuhalten, Polstermöbel mit Pfeffer bestreuen (später absaugen).

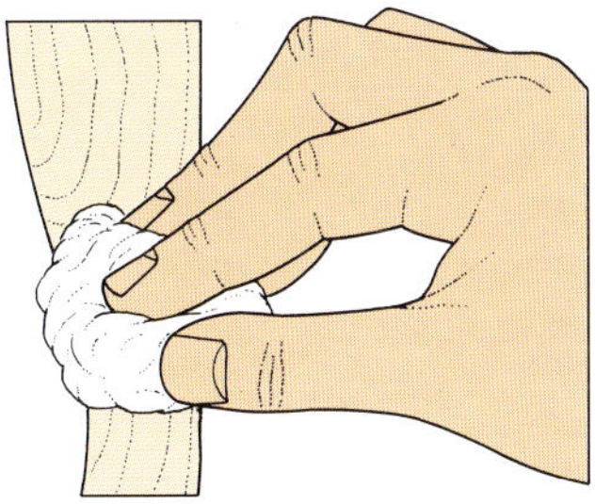

Annagen verhindern
Möbelbeine mit Nelkenöl (aus der Apotheke) einreiben, damit kleine Welpen nicht daran nagen. Hunde mögen nämlich den Geruch und den bitteren Geschmack nicht.

HUNDEHALTUNG

● **Welpen eingewöhnen** Damit sich Welpen daran gewöhnen, ohne ihre Mutter zu schlafen, eine Wärmflasche in ein Handtuch wickeln und ihm ins Körbchen legen. Eine tickende Uhr im Körbchen simuliert den Herzschlag der Mutter.

● **Urinflecken** Machen Welpen ihr Geschäft im Haus, Fleck mit Essig und Wasser entfernen und mit reichlich Ammoniak aufsaugen.

● **Einsamkeit** Tieren, die man kurze Zeit allein lassen muß, etwas zum Spielen geben (z.B. einen Hausschuh), damit sie nicht so einsam sind. Bei leiser Radiomusik fühlen sie sich ebenfalls wohl.

SICHERHEIT

● **Nachts** Auf dem Halsband reflektierendes Klebeband befestigen, damit sie nachts auch auf der Straße gut erkannt werden.

● **Balkone** Tiere nicht auf Balkone und Fensterbretter lassen, da selbst Katzen aus Hochhausfenstern fallen können.

● **Kabel** Welpen so lange nicht in die Nähe von elektrischen Kabeln lassen, bis sie alt genug sind, nicht mehr daran zu nagen.

● **Im Auto** Katzen in einem Katzenkäfig, Hunde hinter einem Gitter oder an den Sicherheitsgurt des Rücksitzes angeleint transportieren.

KLEINTIERE

In Ställen oder Käfigen lebende Kleintiere wie Kaninchen und Meerschweinchen sind Haustiere, die sehr schnell wachsen und leicht zu pflegen sind. Sie zu füttern kostet zwar weniger als die Verpflegung großer Haustiere, dennoch brauchen sie Aufmerksamkeit und Pflege.

KLEINTIERPFLEGE

● **Wie viele Tiere?** Der Tierarzt weiß genau Bescheid. Hamster leben lieber für sich, und zwei Mäuse- oder Rattenmännchen kämpfen unter Umständen. Meerschweinchen und Kaninchen haben gerne Artgenossen um sich.

● **Spielzeug** Kleintieren, um sie anzuregen, Gegenstände zum Spielen geben (z. B. Garnrollen).

● **Hühner** Damit freilaufende Hühner bestimmte Pflanzen nicht fressen, diese mit einem Drahtkäfig versehen, wobei einige Triebe hindurchwachsen sollten, so daß sie die Hühner fressen können, die Pflanze aber trotzdem weiterwachsen kann.

KANINCHEN

● **Sichere Käfige** Kaninchenstall im Freien aufhängen, damit keine Nager nachts in den Käfig gelangen können.

Natürliche Polsterung
Ställe von Kaninchen und anderen Kleintieren mit trockenem Herbstlaub und Heu auspolstern. Überschüssiges Laub an einem trockenen Ort aufbewahren, damit Sie einen Vorrat haben.

WILDVÖGEL

● **Vogelfutter** Aus Körnern und Schinkenrändern in geschmolzenem Fett Winterfutter für Wildvögel herstellen.

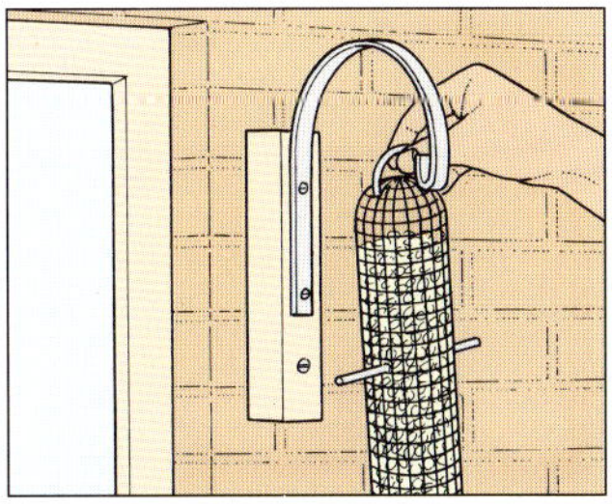

Vögel anlocken
Vogelhäuschen und Meisenknödel erfreuen Menschen, die ans Haus gebunden oder krank sind. Futter nachfüllen, da sich die Vögel sonst einen anderen Futterplatz suchen.

GESUNDHEIT UND SCHÖNHEIT

FÜR KOSMETIKA, DIE ANGEBLICH ALLES MÖGLICHE für Haut, Haare und Körper tun, können Sie viel ausgeben. Ob Sie gut aussehen, ist eine Frage der Ernährung und einiger weniger Maßnahmen, die Sie zu Hause durchführen können.

KOSMETIKA

Werfen Sie Kosmetika nicht weg, nur weil sie ausgetrocknet sind – für eine solche Verschwendung sind sie gewöhnlich zu teuer. Die meisten Fläschchen lassen sich wiederverwerten und ihr Inhalt mit Wasser oder Öl wieder verflüssigen, so daß sie länger halten.

NAGELLACK

Verflüssigen
Hartgewordenen Nagellack in heißes Wasser stellen, bis er wieder seine ursprüngliche Konsistenz hat. Nagellack im Kühlschrank aufbewahren, damit er nicht eindickt.

LIPPENSTIFT

- **Leere Lippenstifte** Lippenstifte mit einem Lippenpinsel ganz leer machen, mit heißem Wasser säubern und Haarklemmen darin aufheben.

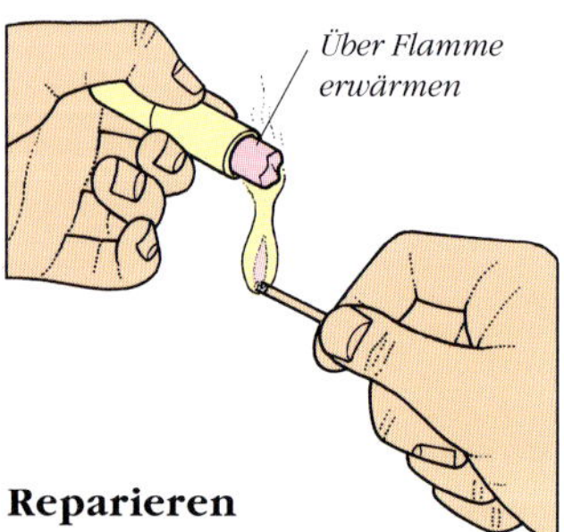

Reparieren
Die beiden Enden eines zerbrochenen Lippenstifts über einer Flamme erwärmen, bis sie soweit schmelzen, daß sie zusammenkleben. Abkühlen lassen.

MASCARA

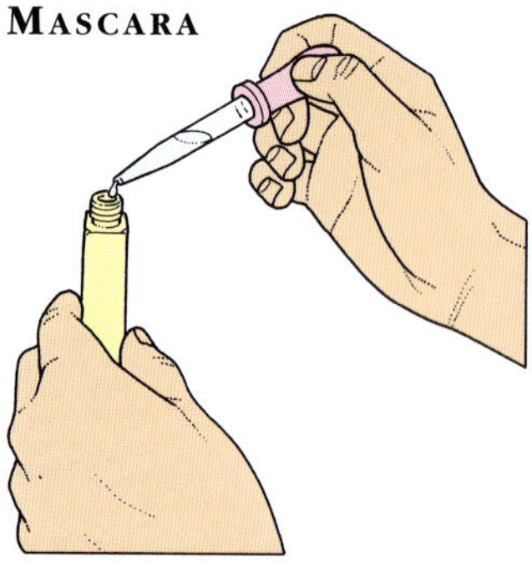

Getrocknete Mascara
Mit einer Pipette ein paar Tropfen heißes Wasser in den fast leeren Mascarabehälter tropfen und die Bürste darin drehen. Dadurch wird die ausgetrocknete Wimperntusche wieder weich.

PARFUM

- **Kaufen** Vor dem Kauf einer großen Parfumflasche eine Probe kaufen, um zu sehen, ob Ihnen das Parfum gefällt.
- **Aufbewahrung** Parfum an einem dunklen, kühlen Ort aufbewahren. Ständiges Einwirken von Licht und Wärme mindert seine Qualität.
- **Parfum auftragen** Da Parfum auf fettiger Haut besser hält als auf trockener, vor dem Auftragen etwas Vaseline in die Haut einreiben.
- **Duftende Schubladen** Altes Fensterleder in kleine Stücke schneiden, mit Parfum besprühen und in die Unterwäscheschublade legen. Auf dem Fensterleder hält der Duft des Parfums.

PFLEGE DER KOSMETIKA

- **Aufbewahrung** Damit Fläschchen in der Schublade nicht umkippen, in die Deckel von Pappkartons Löcher schneiden und hineinstellen.
- **Klemmende Pfropfen** Über klemmende Pfropfen von Glasfläschchen etwas pflanzliches Öl gießen, an eine Wärmequelle halten und leicht auf den Pfropfen klopfen, bis er sich lockert.
- **Pinsel** Schminkpinsel ab und zu mit Pflegespülung waschen, damit sie weich bleiben.
- **Stifte** Augenbrauenstifte vor dem Spitzen eine Weile in den Kühlschrank legen.

BEWÄHRTER TIP

Kühle Kosmetika
Kosmetika wie Gesichts-Make-up und Feuchtigkeitscreme bei heißem Wetter im Kühlschrank aufbewahren. Ihre Verwendung ist dann erfrischend und Kosmetika mit natürlichen Bestandteilen bleiben auf diese Weise lange frisch.

NATÜRLICHE SCHÖNHEIT

Sie können sich aus Obst und Gemüse natürliche Schönheitskosmetika herstellen. Diese Mischungen sind billiger als gekaufte Produkte, enthalten keine künstlichen Zusätze und sind oftmals hautfreundlicher als handelsübliche Kosmetika, die chemische Stoffe enthalten.

DUFTBAD

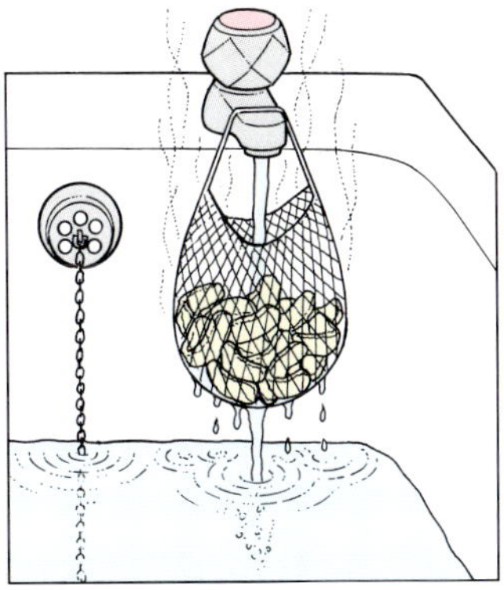

Zitronenfrische
Lassen Sie das Badewasser über ein Netz mit frischen Zitronenschalen laufen. Das Öl der Zitronenschalen ist gut für die Haut und verleiht dem Wasser herrlichen Duft.

NATÜRLICHE HILFSMITTEL

- **Geschwollene Augen** Rohe Kartoffeln schälen, raspeln und in einem sauberen Taschentuch auf müde, geschwollene Augen legen.
- **Dichte Wimpern** Über Nacht Rizinusöl auf die Augen tupfen, damit die Wimpern wachsen. Das Öl sollte nicht in die Augen gelangen.
- **Weiße Zähne** Statt Zahnpasta Natriumhydrogencarbonat verwenden.
- **Frischer Atem** Gegen Mundgeruch hilft das Kauen von Petersilie.
- **Fußgeruch** In unangenehm riechende Schuhe Backpulver streuen und Schweißfüße damit einreiben. Das beseitigt den Geruch.

GRÜNER TIP

Zähneputzen
Bei hartnäckigen Flecken auf den Zähnen (z.B. Tabakflecken) Zahnbürste in pürierte Erdbeeren tauchen, damit gründlich die Zähne putzen und den Mund mit etwas warmem Salzwasser ausspülen.

HÄNDE UND NÄGEL

Tragen Sie bei schwerer Hausarbeit Gummihandschuhe, damit Ihre Hände nicht austrocknen und beschädigt werden. Tauchen Sie Ihre Finger beim Nägellackieren zwischendurch in eine Schüssel mit Eiswasser, damit die jeweilige Lackschicht schnell trocknet.

NAGELPFLEGE

- **Kräftige Nägel** Fingerspitzen wöchentlich 10 Minuten in warmes Wasser tauchen, Natriumhydrogencarbonat hinzufügen.

Nagelhaut
Finger in eine Schüssel mit warmem Olivenöl tauchen, damit die Haut weich wird. Dann die Nagelhaut mit einem Wattestäbchen zurückschieben.

HÄNDE WASCHEN

- **Schmutzige Hände** Sehr schmutzige Hände mit einer dicken Paste aus Hafermehl und Wasser säubern.

Flecken auf der Haut
Um Flecken auf der Haut zu entfernen und die Haut zu bleichen, Hände mit der Schnittfläche einer halben Zitrone oder Zitronensaft einreiben.

SANFTE HAUT

- **Handlotion** Aus 2 Teilen Glyzerin und 1 Teil Zitronensaft eine Handlotion herstellen und etwas davon nach dem Händewaschen in die Hände massieren.
- **Weiche Haut** Rauhe Füße und Hände mit Speiseöl und Kristallzucker (zu gleichen Teilen) einreiben.

NÄGEL LACKIEREN

- **Gute Haftung** Damit der Nagellack besser hält, Nägel vor dem Lackieren mit Essig abreiben.
- **Ankleben verhindern** Etwas Vaseline in die Rillen des Dekkels der Nagellackflasche reiben.

Hautpflege

Wenn Sie eine makellose Haut haben wollen, sollten Sie sie sauberhalten. Zur Entfernung von Mitessern macht man ein Gesichtsdampfbad über warmem Wasser. Wenn die Luft in Ihrem Wohnort stark verschmutzt ist, sollten Sie Ihre Haut häufig reinigen.

Sonnenbrand

- **Kühlen** Den Sonnenbrand mit einem kalten, nassen Teebeutel oder mit Apfelessig abtupfen.

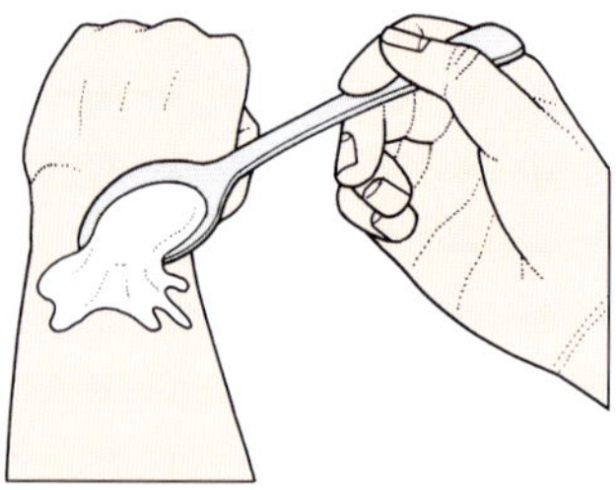

Natürliche Linderung
Eine dünne Schicht Naturjoghurt auf dem Sonnenbrand kühlt angenehm und lindert den Schmerz ebenso wie die Zugabe von 300 ml Apfelessig zu lauwarmem Badewasser.

Reinigung

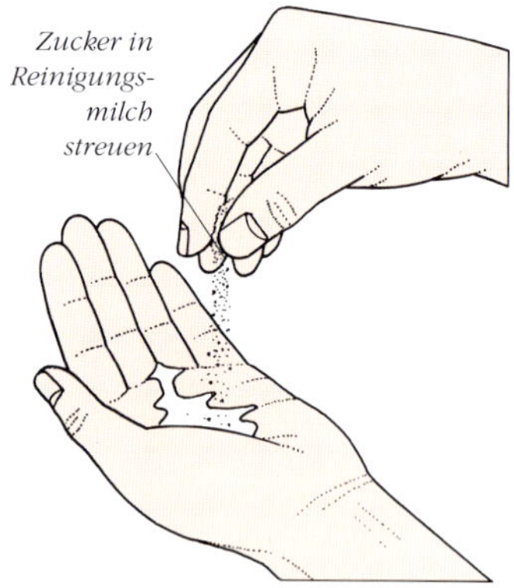

Peeling
Die Zugabe von 5 g (1 Teelöffel) Kristallzucker zu regulärer Reinigungsmilch oder Seifenschaum ermöglicht Ihnen ein kostengünstiges Peeling für rauhe und unschöne Hautstellen.

Allgemeine Hautpflege

- **Körperlotion** Die Haut vor dem Schlafengehen mit einer Körperlotion aus gleichen Teilen Glyzerin und Rosenwasser einreiben.
- **Weiche Haut** Eine Handvoll Hafermehl im Badewasser macht die Haut sanft und geschmeidig.
- **Ellenbogen** Ellenbogen ein paar Minuten in eine Avocadoschale stützen, damit die Haut weich wird. Avocadokernöl hilft bei trockener Haut. Ellenbogen zum Bleichen einige Minuten auf Zitronenschalen stützen.
- **Milchbad** Für ein Entspannungsbad etwas Milchpulver in das einlaufende Badewasser streuen.

Gesichtsmaske

Machen Sie sich eine Gesichtsmaske, wenn Sie Zeit haben. Legen Sie sich hin und entspannen Sie sich. Sie können aus natürlichen Bestandteilen, die Sie in der Küche finden, Ihre eigenen Gesichtsmasken und -lotionen herstellen. Sie sind nicht teuer und tun Ihrer Haut gut.

Hautpflege

- **Gesichtspeeling** Maismehl, Honig und gemahlene Walnüsse mischen. Mit den Fingerspitzen in die Gesichtshaut einreiben, 5 Minuten einwirken lassen.
- **Grundierung** Vor dem Auftragen von flüssigem Make-up mit einem nassen Schwamm über das Gesicht wischen. Auf diese Weise verläuft die Schminke nicht auf der Haut.
- **Erfrischte Haut** Rosenwasser und Hamamelis zu gleichen Teilen mischen und mit einem Wattebausch auf das Gesicht auftragen. Da die Mischung keinen Alkohol enthält, fühlt sich die Haut danach nicht gespannt an.

Selbstgemachte Gesichtsmaske

Für trockene Haut

- **Gurken und Joghurt** Eine ungeschälte Gurke in Scheiben schneiden, mit einem Becher Naturjoghurt pürieren, auf dem Gesicht verteilen.
- **Eigelb, Öl und Zitrone** Ein Eigelb mit jeweils 2,5 ml (1/4 Teelöffel) Olivenöl und Zitronensaft mischen. Gesicht waschen und die Mischung auftragen (nicht auf die Augen). 10 Minuten einwirken lassen, dann abspülen.

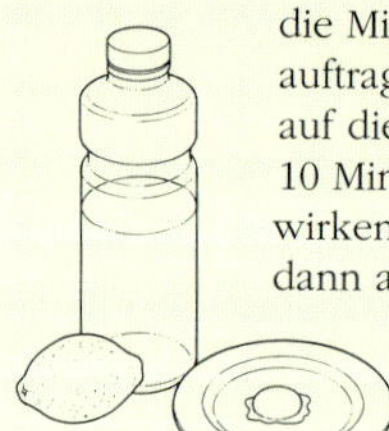

Für fettige Haut

- **Eiweiß und Maismehl** Ein Eiweiß mit 30 g (2 Eßlöffel) Maismehl mischen, auf das saubere Gesicht streichen und einige Minuten einziehen lassen, bis sich die Maske hart anfühlt. Möglichst viel davon abwischen und das Gesicht mit kaltem Wasser gründlich abspülen. Für eine straffe Haut und geschlossene Poren geschlagenes Eiweiß pur auftragen.

GESUNDES HAAR

Damit Ihr Haar gesund bleibt, wählen Sie eine natürliche Behandlungsmethode. Lassen Sie Ihre Haare regelmäßig schneiden. Ernährung, Streß, Gemütszustand, Rauchen und Luftverschmutzung spielen für das Aussehen des Haars ebenfalls eine Rolle.

SPÜLUNG

- **Glänzendes Haar** Vor dem Ausspülen braunes oder rotes Haar mit Kaffee oder Apfelessig zum Glänzen bringen.

Blondes Haar
300 ml kochendes Wasser über 10 g (2 Teelöffel) getrocknete oder frische Kamillenblätter gießen, kurz ziehen lassen und abseihen. Flüssigkeit als Spülung für Haar verwenden.

HAARPFLEGE

- **Pflegemittel** Mayonnaise eignet sich als Pflegemittel für trockenes Haar. 100 ml davon auf das ungewaschene Haar auftragen, Alu- oder Frischhaltefolie darüberlegen und 15 Minuten einwirken lassen.
- **Heißes Öl** Für eine professionelle Heißöl-Behandlung zwei Badetücher in sehr heißes Wasser tauchen und schleudern. Haare mit Oliven- oder Maisöl einreiben und die Handtücher um den Kopf wickeln (damit sie nicht schmutzig werden, Kopf vorher mit Alu- oder Frischhaltefolie bedecken).
- **Feines Haar** Sehr feines Haar mit Bier spülen, damit es Substanz bekommt.

REZEPTUREN FÜR EINE PFLEGESPÜLUNG

- **Mandeln und Rosmarin** Kleingehackten Rosmarin und jeweils 15 ml (1 Eßlöffel) Mandelöl, Glyzerin und Lanolin warm machen, dann von der Platte nehmen und ein Ei hineinschlagen (verquirlen vermeiden). Haare waschen, die Mischung einmassieren, 10 Minuten einwirken lassen, dann das Haar ausspülen.

GELD SPAREN

Sparen Sie, wo Sie nur können, damit Sie sich gelegentlich Maniküren oder einen Aufenthalt auf einer Schönheitsfarm leisten können. Kaufen Sie Kosmetika, die Sie viel benutzen, in Großpackungen, und verbrauchen Sie auch wirklich alles, bevor Sie die Verpackung wegwerfen.

NICHTBENUTZTES PARFUM

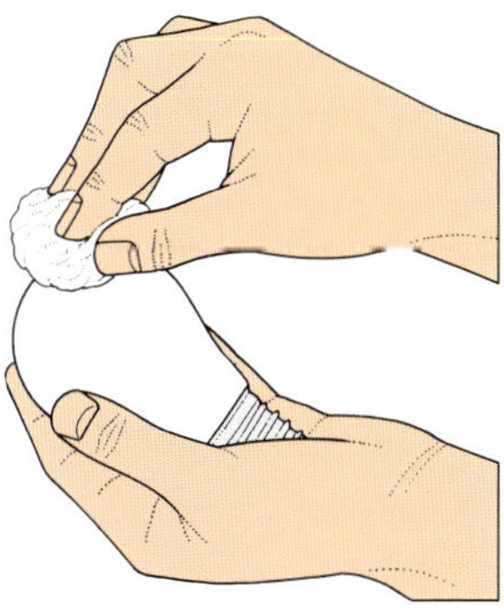

Duft im Haus
Glühbirnen mit einer geringen Mengen eines Parfums, das Sie nicht mehr so oft tragen, einreiben. Bei Erwärmung, wenn sie eingeschaltet sind, fangen die Birnen dann an zu duften.

SEIFENRESTE

Alte Seife aufheben
Seifenstückchen in einem Schraubglas aufheben. Den Saft einer Zitrone zugeben und mit heißem Wasser füllen. 5 ml (1 Teelöffel) Glyzerin zugeben. Zum Händewaschen benutzen.

SPARMÖGLICHKEITEN

- **Shampoo** In eine fast leere Shampooflasche ein paar Tropfen Wasser geben und gut schütteln. Die Flasche einige Minuten auf den Kopf stellen und den Inhalt beim Duschen als Flüssigseife verwenden.
- **Watte** Medizinische Watte kaufen, in Stückchen reißen und in einer Plastiktüte aufbewahren, damit sie gebrauchsfertig aufquillt.
- **Lippengloss** Vaseline als Lippengloss verwenden oder etwas davon auf den Lippenstift reiben.
- **Talkumpuder** Damit sie länger hält, Packung bis auf drei Löcher vollständig mit Klebeband umwickeln.

AUTO UND GARAGE

IHR AUTO SOLLTEN SIE SAUBERHALTEN UND WARTEN. Überprüfen Sie es regelmäßig auf Defekte oder Verschmutzung, vor allem vor Reisen. Geben Sie das Auto in regelmäßigen Abständen zur Inspektion, und halten Sie auch die Garage in Ordnung.

AUTO UND GARAGE REINIGEN

Waschen Sie Ihr Auto in der Waschanlage, oder fahren Sie es zum Autoreinigungsdienst. Vergessen Sie nicht, daß auch das Wageninnere gereinigt werden sollte, und denken Sie daran, daß ein sauberes und gut gewartetes Auto eine längere Lebensdauer hat.

SAUBERE SCHEIBEN

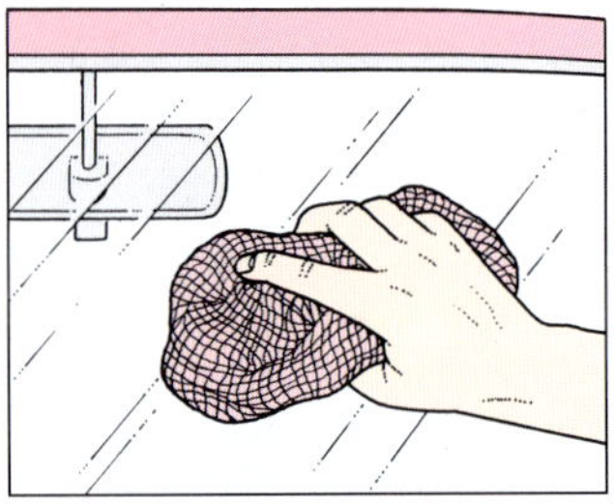

Insekten abwischen
Insekten mit einem Einkaufsnetz aus Plastik von der Windschutzscheibe abwischen. Ein paar Netze zusammenbinden und damit über die Scheibe wischen, bis sie sauber ist, dann die Scheibe gründlich abwaschen.

REINIGUNGSTIPS

- **Waschen** Das Auto nicht in der prallen Sonne waschen, sonst bilden sich Streifen beim Trocknen.
- **Scheibenwischer** Wird der Schmutz durch sie eher verschmiert als weggewischt, Scheibe waschen und die Scheibenwischer mit Isopropylalkohol abreiben.
- **Teppichboden** Salzspuren (von gestreuten Straßen) auf dem Teppich mit gleichen Teilen Wasser und Essig abwischen, trocknen lassen und absaugen.
- **Aufkleber** Mit Nagellackentferner beseitigen.

GRÜNER TIP

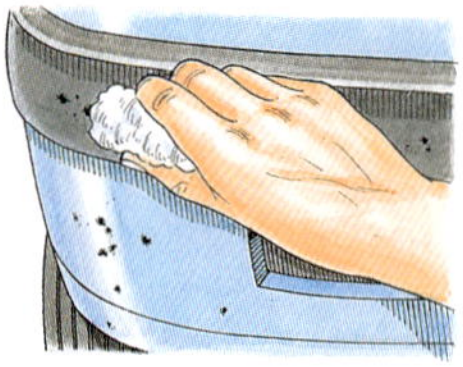

Teer entfernen
Teerflecken auf Autos mit etwas Lein- oder Eukalyptusöl entfernen. Das Öl einwirken lassen, bis der Teer aufweicht, dann mit Küchenrolle und etwas frischem Öl abwischen.

SAUBERE GARAGEN

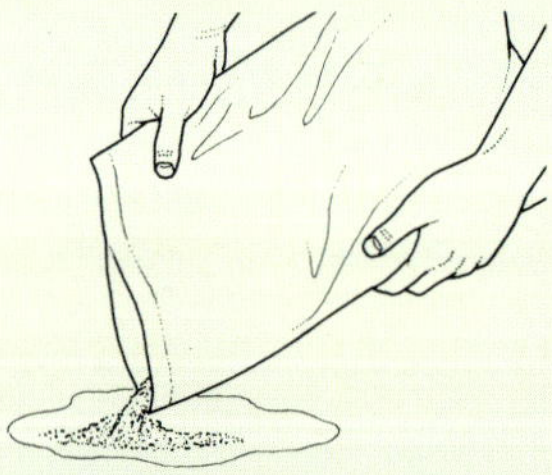

Blätter und Schmutz aus der Garage kehren und Fett- und Ölflecken vom Boden entfernen. Ansonsten ist wenig zu tun.

- **Frische Flecken** Frische Ölflecken mit reichlich Katzenstreu bestreuen und mit den Füßen auf dem Boden zermahlen. Ist das Öl absorbiert, Katzenstreu zusammenkehren.
- **Seifenflocken verwenden** Mit einem Kittmesser möglichst viel von der Schmutzschicht abkratzen. Den verbleibenden Ölfleck naß machen, mit Seifenflocken bestreuen und, wenn diese sich aufgelöst haben, den Fleck 15–20 Minuten mit einer harten Bürste scheuern. Nochmals Seifenflocken zugeben und scheuern.
- **Alte Flecken** Einen Sprühreiniger auftragen und 5 Minuten einwirken lassen. Fleck mit Waschmittel bestreuen, mit einem harten Schrubber scheuern und mit dem Schlauch abspritzen.
- **Hartnäckige Flecken** Richtig hartnäckige Flecken mit Herdreiniger behandeln. Einwirken lassen, dann abspülen.

WEITERE PFLEGETIPS

- **Angenehmer Geruch** Ein Weichspültuch unter dem Autositz bewirkt, daß das ganze Auto frisch riecht.
- **Fleckenschutz** Auto vorne mit Speiseöl besprühen, damit keine Insekten auf dem Kühlergrill kleben bleiben.
- **Klimaanlage** Im Winter wenigstens einmal wöchentlich 5 Minuten laufen lassen.
- **Sauberes Öl** Offene Motorölkanister mit Plastikdeckeln von leeren Kaffeedosen verschließen.
- **Chrom** Chromteile am Auto mit feuchter Alufolie reinigen.
- **Windschutzscheiben** Mit einem nassen, fusselfreien Lappen und einem Spritzer Essigessenz säubern.

AUF DAS WETTER REAGIEREN

Sie sollten darauf vorbereitet sein, daß es im Winter Probleme mit dem Auto geben kann. Sie sollten eine Decke, Wasser, Kekse, eine Taschenlampe bei sich haben. Für den Fall, daß das Auto dort liegenbleibt, wo es kein Telefon gibt, ist ein Mobiltelefon nützlich.

EINGEFRORENE SCHLÖSSER

- **Erwärmen** Ist das Auto in der Garage, das Schloß mit Hilfe eines Föhns (Stufe 2) auftauen oder ein Enteisungsmittel aufsprühen.

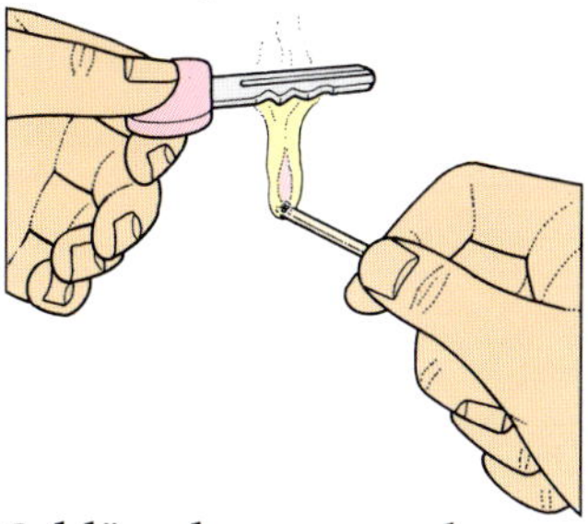

Schlüssel warm machen
Den Schlüssel mit einem Streichholz oder Feuerzeug erwärmen, ins Schloß stecken, ein paar Minuten steckenlassen, dann herumdrehen. Wiederholen.

STECKENBLEIBEN

- **Katzenstreu verwenden** Im Winter Katzenstreu im Kofferraum aufbewahren. Bleibt das Auto stecken, erzeugt die Katzenstreu Bodenhaftung.

Hilfe durch Gummimatten
Gummimatten aus dem Auto hinter die Hinterräder legen. Sie erzeugen meist so viel Bodenhaftung, daß sich das Auto wieder von der Stelle bewegt.

VORKEHRUNGEN

- **Scheibenwaschwasser** Das Scheibenwaschwasser überprüfen, vor allem bei heißem Wetter, da es leicht verdunstet.
- **Eingefrorene Türen** Gummidichtungen von Autotüren mit Talkumpuder einreiben, damit sie im Winter nicht zufrieren.
- **Morgendlicher Start** Auto abends rückwärts in die Garage fahren – mit noch nicht warmgelaufenem Motor ist Vorwärtsfahren einfacher.
- **Kalter Motor** Springt das Auto an einem kalten Morgen nicht an, mit einem Föhn heiße Luft auf den Vergaser blasen.
- **Voller Tank** Auf vereisten Straßen sorgt ein voller Tank für mehr Gewicht und Bodenhaftung.

ALLGEMEINE WARTUNG

Kleinigkeiten beim Auto können genauso viel Ärger bereiten, wie wenn Sie im Stau stehen. Durch regelmäßige Inspektion (z. B. des Lichts) werden geringfügige Probleme vermieden, was verhindert, daß Sie den Werkstattnotdienst in Anspruch nehmen müssen.

REGELMÄSSIGE WARTUNG

- **Reservekanister** Vor allem bei langen Reisen darauf achten, daß dieser voll ist.
- **Ersatzreifen** Beim Überprüfen des Reifendrucks auch immer den des Ersatzreifens prüfen. Auch den Ersatzreifen aufpumpen.
- **Licht** Mit Hilfe einer zweiten Person prüfen, ob das Licht überall funktioniert. Immer Ersatzglühbirnen mitnehmen.
- **Reifen** Regelmäßig überprüfen lassen und Steine oder Nägel im Profil entfernen.
- **Scheibenwischer** Ersatzwischblätter mitführen.
- **Starthilfekabel** Für den Fall, daß die Batterie nicht funktioniert, Starthilfekabel mitführen.

AUTOANTENNE

- **Einziehbare Antennen** Beim Verlassen des Autos zusammenschieben, damit sie nicht beschädigt werden.

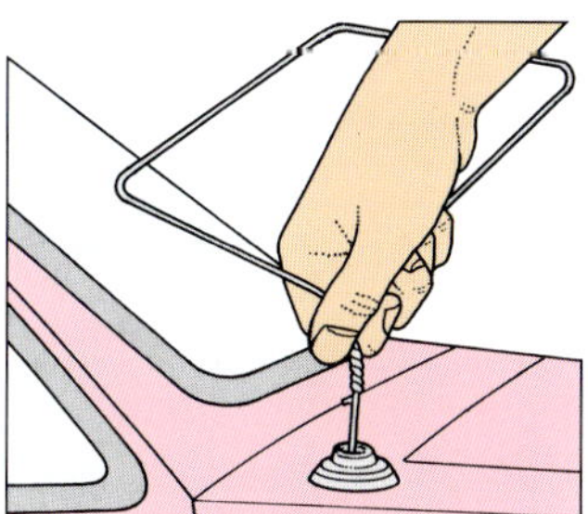

Provisorische Antenne
Als Antennenersatz einen zu einer Raute gebogenen Drahtbügel ohne Haken in die Antennenfassung stecken.

GUTE IDEE

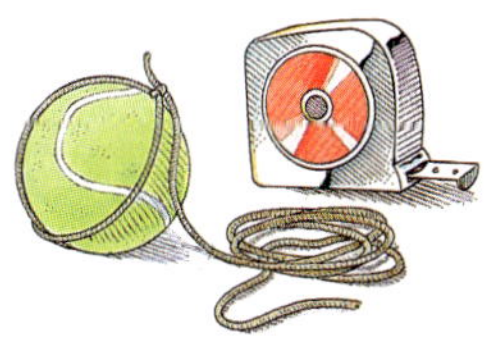

Sicher in die Garage
Beim in der Garage geparkten Auto den Abstand zwischen Rückwand und Windschutzscheibe abmessen. An dieser Stelle einen Ball von der Decke hängen lassen, der die Scheibe berührt und Ihnen zeigt, wo Sie anhalten müssen.

EINLADUNGEN

FREUNDE ZU EINEM ESSEN EINZULADEN, ERFORDERT PLANUNG. Die Gäste sind wenig erfreut, wenn man völlig am Ende ist, weil man versucht, Getränke zu servieren, das Essen auf den Tisch zu bringen und Konversation zu machen.

EINLADUNG ZUM ABENDESSEN

Diese Art Einladung ist meist etwas formeller als ein Mittagessen, ein Büffet oder irgendeine Spontaneinladung. Bereiten Sie alles früh genug vor, damit Sie nicht in letzter Minute noch in Hetze geraten, und lassen Sie sich viel Zeit, Ihre Gäste zu begrüßen.

DIE GÄSTE

- **Auswahl** Gäste sorgfältig auswählen, damit sie zusammenpassen. Nicht mehr Leute einladen als Sitzgelegenheiten da sind und auf streitlustige oder das Gespräch dominierende Leute verzichten. Bei der Einladung Ankunfts- und Essenszeit angeben.

DAS ESSEN

- **Menü planen** Nicht unbedingt alle Gänge heiß servieren, sonst kommen Sie aus der Küche nicht mehr heraus. Alle benötigten Zutaten in Ruhe besorgen und nicht mit Gerichten experimentieren, die Sie zuvor noch nie ausprobiert haben.

VORBEREITUNGEN

- **Liste erstellen** Liste von all dem erstellen, was für die Einladung nötig ist – dazu gehören nicht nur Speisen und Getränke, sondern auch Tischwäsche, Kerzen und Blumen.
- **Zeitplan** Zeitplan erstellen und nicht alles in letzter Minute erledigen.

TISCH FÜR ABENDEINLADUNGEN DECKEN

Das richtige Gedeck
Tisch je nach Speisenfolge von außen nach innen decken. Die gezeigte Anordnung ist für ein Viergänge-Menü mit Suppe, Fisch, Hauptgang und einem Dessert geeignet. Alle Gläser sollten Sie stets rechts neben das Gedeck stellen.

SITZEN

- **Vor dem Essen** Zur Einnahme eines Aperitifs vor dem Essen sollten genügend Stühle da sein – zur Not auch welche vom Eßtisch nutzen.
- **Bei Tisch** Sitzordnung im voraus planen und Namensschilder aufstellen, um peinliche Situationen zu vermeiden.

KLEIDUNG

- **Kleiderordnung** Ihre eigene Kleidung für den Anlaß vorher festlegen, falls Gäste anrufen und wissen möchten, was sie anziehen sollen.
- **Mäntel** Gästemäntel an einen Platz legen, wo sie nicht zerdrückt oder zerknittert werden.

ETIKETTEN

- **Timing** Pünktlich fertig sein, denn für Gäste ist es peinlich, wenn der Gastgeber sich noch anzieht, schminkt oder im Bad ist.
- **Grüppchenbildung vermeiden** Gäste sollten während des Essens andere Gesprächspartner haben als beim Aperitif.

Kindergeburtstag

Er ist für Eltern oft die Hölle, doch die Kinder sind davon begeistert. Laden Sie nicht zu viele Kinder ein, da diese sonst überfordert sind und sich nicht wohlfühlen. Wichtig: Die Kinder sollten nicht zu viel essen und nicht zu wild spielen.

Partyspiele

- **Im voraus planen** Eine Sache auswählen – Spiele, Zaubern, Kino oder Baden – und einen groben Zeitplan erstellen.
- **Helfer** Sie überwachen das Ganze, während Sie sich um das Essen, Gänge aufs Klo mit den Kindern, Unfälle etc. kümmern.
- **Preise** Für die Spiel- und Sportaktivitäten Preise kaufen. Jedes Kind soll gewinnen.

Essen

- **Kindergeschmack** Einfache Speisen anbieten. Sie müssen nicht besonders gesund sein; das läßt sich beim täglichen Essen mit der Familie wieder wettmachen.

Möbel schonen

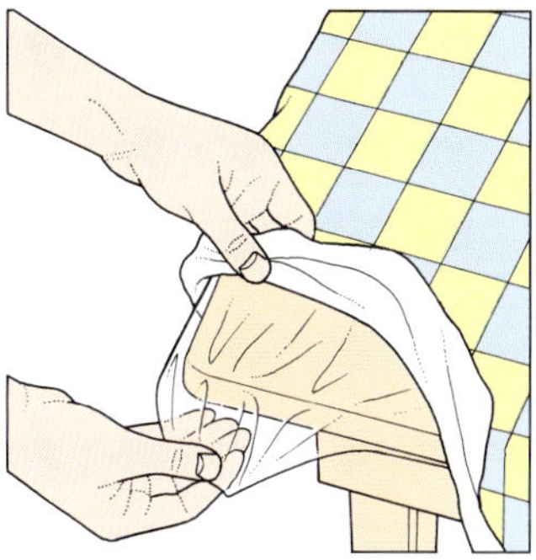

Eßtisch abdecken
Unter das Tischtuch Frischhaltefolie spannen, um die Tischfläche zu schonen. Klaviere und andere Möbel, auf denen Essen und Getränke abgestellt oder umgeschüttet werden können, ebenso schützen.

Gute Idee

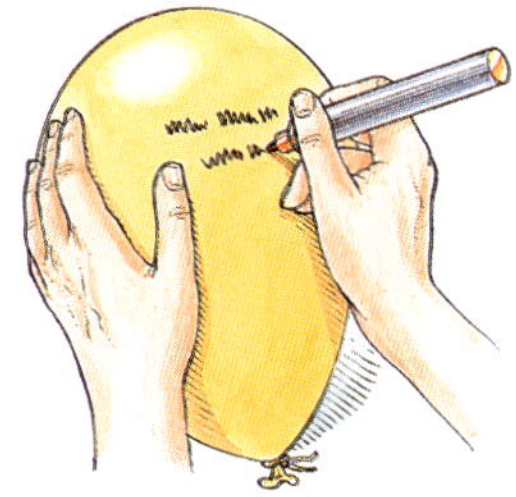

Partyeinladungen
Große, bunte Luftballons aufblasen und den Einladungstext mit Filzstift draufschreiben. Die Luft herauslassen, die Ballons in Briefumschläge stecken und versenden.

Andere gesellschaftliche Anlässe

Abgesehen von Hochzeiten, Taufen und Beerdigungen sind die meisten Anlässe weniger formell als eine Einladung zum Abendessen. Vorausplanung ist dabei das A und O, damit alle Spaß daran haben. Dann haben Sie Zeit für eine richtige Vorbereitung.

Cocktailparties

- **Sitzgelegenheiten** Sind viele Leute eingeladen, Essen servieren, das man im Stehen verzehren kann.
- **Büffets** Gläserklemmen kaufen, die man an die Teller heften kann, so daß Teller und Gabel im Stehen leichter zu handhaben sind. Keine Pappteller benutzen – sie verbiegen sich.
- **Getränke** Für die Autofahrer reichlich nichtalkoholische Getränke anbieten.
- **Essenszubereitung** Heiße Speisen möglichst alle im voraus zubereiten. Kalte Desserts und Salate in den Kühlschrank stellen und nur noch das Dressing bzw. die Sauce zugeben.

Picknick

- **Essen** Sandwiches und andere Sachen einzeln einwickeln und mit dem Namen der betreffenden Person versehen, macht das Servieren einfacher.
- **Salatdressing** Gründlich gereinigte Arzneimittelflaschen eignen sich hierfür sehr gut.

Besondere Anlässe

- **Weihnachten** Geschenkpapier und Weihnachtskarten im Winterschlußverkauf und Geschenke im Laufe des Jahres kaufen, dann haben Sie an Weihnachten kein Loch in der Haushaltskasse.
- **Hochzeiten** Aus Stoffresten vom Hochzeitskleid eine große Schleife machen und über die Tür hängen.

Getränkemenge schätzen

Beim Schätzen der für eine Party benötigten Getränkemenge gelten die folgenden Richtlinien:

- **Wein** 750 ml Wein oder Champagner ergeben 6 Gläser. Mit anderthalb Flaschen pro Person rechnen.
- **Sherry und Portwein** Eine Standardflasche ergibt 16 Gläser.
- **Spirituosen** Aus einer Schnapsflasche läßt sich 30mal ausschenken.
- **Nichtalkoholische Getränke** Pur getrunken liefert eine 500-ml-Flasche 3, mit Alkohol vermischt 5 Gläser.

UMZUG

UMZUZIEHEN IST EINE ANSTRENGENDE ANGELEGENHEIT, besonders wenn sehr viele Sachen verpackt und transportiert werden müssen: Egal ob Sie einfach nur einen Block weiter oder in eine andere Gegend oder Stadt ziehen.

VOR DEM UMZUG

Planen Sie den Umzug sorgfältig, denn es gibt sowohl in der alten als auch in der neuen Wohnung einiges zu erledigen. Gute Organisation verringert das Chaos, insbesondere wenn es um Kinder und Haustiere geht. Arbeiten Sie mit einer seriösen Umzugsfirma zusammen.

PACKEN

- **Aussortieren** Dinge, die einem nicht mehr gefallen oder die man nie benutzt, aussortieren und spenden bzw. auf einem privaten Flohmarkt verkaufen.
- **Versicherungen** Ihre Haftpflichtversicherung zahlt nur, wenn die Möbelpacker (nicht Sie!) die Sachen verpacken. Vertrauen Sie ihnen ruhig empfindliche Sachen an.
- **Kinder** Kleine Kinder, die hindern könnten, zu Freunden bringen. Haustiere während des Packens in einen Käfig sperren.

PFLANZEN VERPACKEN

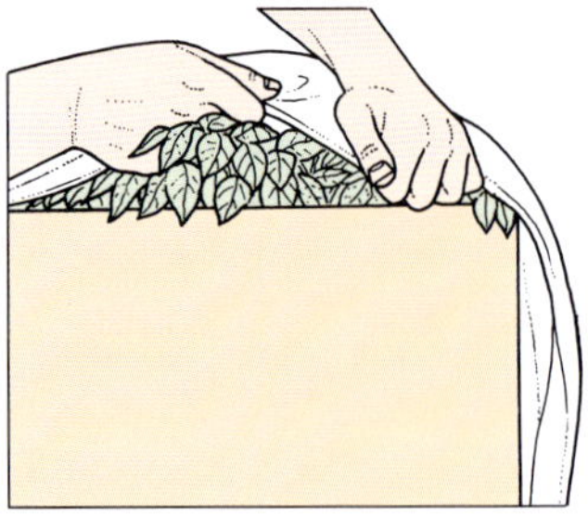

Pflanzentransport
Pflanzen selbst transportieren, nicht den Packern überlassen. Zwei Tage vorher gut gießen und in Teekisten verpacken. Platz zwischen den Blumentöpfen mit Zeitungspapier ausstopfen.

BILDER TRANSPORTIEREN

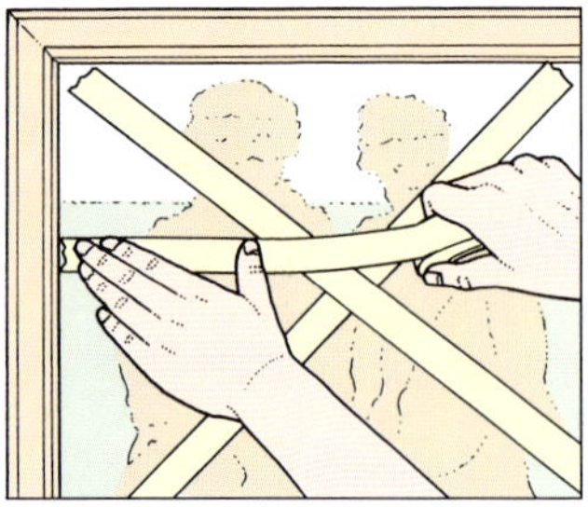

Schutz von Bilderglas
Bilderglas mit kreuz und quer geklebtem Kreppklebeband verstärken, damit es nicht splittert, falls es zerbricht. Nach Entfernen des Klebebandes das Glas mit Brennspiritus reinigen.

ADRESSENÄNDERUNG

Freunde und Bekannte (aber auch örtliche Einrichtungen, falls Sie weit weg ziehen) müssen über den Adressenwechsel informiert werden.

- **Versorgungseinrichtungen** Strom, Wasser und Heizung an einem festgesetzten Datum ablesen und die Rechnungen an Ihre neue Adresse schicken lassen. Ihr neues Haus an die öffentliche Versorgung anschließen lassen.
- **Ärzte** Ärzten die neue Adresse mitteilen und sich von ihnen einen Allgemeinarzt in Ihrem zukünftigen Wohnort empfehlen lassen.
- **Banken** Bank und Bausparkasse sowie Steuerberater über den Ortswechsel informieren.
- **Schulen** Schule Ihrer Kinder informieren und prüfen, welche Schulen es in der neuen Umgebung gibt und ob die Kinder dort angenommen werden. Außerdem prüfen, wie sie dorthin gelangen können.
- **Lokale Engagements** Mitgliedschaft in Büchereien, Vereinen etc. kündigen und sich von lokalen Engagements (z.B. im Schulaufsichtsrat oder in der Nachbarschaftshilfe) zurückziehen.
- **Versicherungen** Allen Versicherungen den Umzug mitteilen und prüfen, ob die Beiträge am neuen Wohnort höher oder niedriger sind.
- **Kapitalanlagen** Dem Finanzamt und Firmen, an denen Sie Aktienanteile besitzen, Ihre neue Adresse mitteilen.
- **Versandhäuser** Versandhäuser, mit denen Sie in Kontakt bleiben wollen, über die neue Adresse informieren.
- **Post** Bei der Post einen Nachsendeantrag (für 1 Jahr) stellen. Danach sollte jeder, der sie braucht, Ihre neue Adresse haben.
- **Firmen** Lokale Firmen, mit denen Sie Verträge geschlossen haben (z.B. über einen Einbruchsmelder oder ein Mobiltelefon) informieren.
- **Kreditkarten** Kreditkartenfirma vom Wohnungswechsel in Kenntnis setzen.
- **Telefon** Der Telekom den Wohnungswechsel mehrere Wochen vorher mitteilen, damit sie Ihnen die Endabrechnung schicken kann.

UMZUGSTAG

Einer sollte zu der neuen Wohnung fahren und auf den Umzugswagen warten. Ein anderer kümmert sich in der alten Wohnung um die Packarbeiten. Machen Sie das auch bei Umzügen ohne Umzugsfirma so (falls notwendig mit Hilfe von Freunden).

DAS WICHTIGSTE MITNEHMEN

Packen Sie zusammen, was Sie bei der Ankunft in Ihrer neuen Wohnung brauchen, schließlich wollen Sie für eine Tasse Tee nicht auf den Umzugswagen warten.

- **Bettzeug** Genügend Laken und Decken oder Federbetten für alle Familienmitglieder mitnehmen, damit die Betten sofort gemacht werden können, sobald sie eingetroffen sind. Das ist wichtig, da man nach dem Umzug in das neue Heim müde ist und später dazu wenig Lust hat.
- **Essen und Geschirr** Tee oder Kaffee, Milch, Zucker, etwas zu Essen, Tassen, Teller, einen Kessel, einen Dosenöffner, einen Topf und Besteck mitnehmen.
- **Diverses** An Toilettenpapier, Spülmittel, Küchentücher, Seife, Gummistöpsel, Glühbirnen und Erste-Hilfe-Koffer denken.
- **Werkzeug** Werkzeuggrundausstattung (verstellbarer Schraubenschlüssel, Hammer, Zange, Schraubenzieher) mitnehmen, um Sachen zu befestigen und elektrische Geräte anzuschließen. Für den Fall, daß es noch keinen Strom gibt, Taschenlampe und Kerzen mitnehmen.
- **Kleidung** Genügend Kleidung für den nächsten Tag mitnehmen, falls Sie zum Auspacken zu müde sind.
- **Schlüssel** Unbedingt an die Schlüssel zur neuen Wohnung denken.

BEI DER ANKUNFT

- **Die neue Wohnung** Die neue Wohnung daraufhin überprüfen, ob die Vormieter unrechtmäßig etwas mitgenommen haben oder ob sie Ihnen einen Berg Müll hinterlassen haben. Bei Problemen eventuell einen Rechtsanwalt einschalten.
- **Möbel** Bei Ankunft des Möbelwagens dem Chef der Möbelpacker das Haus zeigen, ihm erklären, wo die größeren Möbelstücke hin sollen und ihn bitten, zerbrechliche Gegenstände an einen Platz zu stellen, an dem Sie sie leicht überprüfen können.
- **Schadensersatz** Eventuelle Schäden möglichst schnell der Versicherung melden.

DAS NEUE ZUHAUSE

Geben Sie die Vorstellung auf, Sie könnten die Füße hochlegen, solange die Sachen noch nicht ausgepackt sind. Sie müssen die ganze Zeit über wachsam sein, damit alles richtig läuft. Überprüfen Sie, ob all Ihre Habseligkeiten vollständig und heil angekommen sind.

AKTIONSPLAN

- **Teppiche schonen** Teppiche mit Zeitung abdecken, um sie vor schmutzigen Stiefeln zu schützen. Den Möbelpackern einen Plan des Hauses geben und ihnen mitteilen, wie Sie die Kartons für die einzelnen Bereiche markiert haben.
- **Getränke** Ausreichend Getränke (aber keinen Alkohol) für die Möbelpacker bereitstellen.
- **Kinder** Kleine Kinder aus dem Arbeitsbereich der Packer heraushalten und sie mit Spielzeug beschäftigen.
- **Haustiere** Haben Sie Ihre Haustiere mitgenommen, sie in einen Raum sperren und die Möbelpacker bitten, diesen zuletzt einzuräumen.

ALLEIN UMZIEHEN

- **Einen Lieferwagen mieten** Zieht man allein um, am besten einen Lieferwagen mieten, das ist billiger.

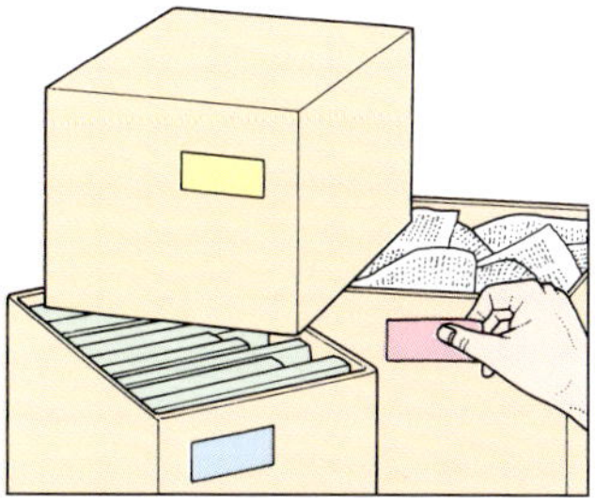

Kartons markieren
Verschiedenfarbiges Klebeband auf Kartons und Möbeln gibt an, in welchen Raum die Sachen sollen. Bei der Ankunft ein Stück Klebeband der entsprechenden Farbe an die Zimmertür kleben.

MÖBELPACKER

- **Trinkgeld** Den Möbelpackern zusätzlich zu dem ausgemachten Entgelt noch ein Trinkgeld geben.

Grundriß verwenden
Dem Chef der Möbelpacker einen Grundriß des Hauses geben und ihm zeigen, wo die größeren Möbelstücke hin sollen. Auf diese Weise müssen Sie später keine schweren Möbel herumrücken.

Gesundheit & Sicherheit

Gesundheit und Sicherheit sollten bei Ihnen zu Hause das Wichtigste sein, vor allem wenn Sie Kinder haben oder ältere Menschen bei Ihnen leben. Versuchen Sie, Ihr Haus mit den Augen eines Fremden zu sehen, um gefährliche Bereiche auszumachen, und denken Sie daran, daß ein Erste-Hilfe-Kurs zwar sinnvoll ist, jedoch keinen Ersatz für praktisches Training darstellt.

Erste-Hilfe-Ausstattung

Bewahren Sie die Erste-Hilfe-Ausstattung leicht zugänglich auf, jedoch außer Reichweite kleiner Kinder. Ersetzen Sie Verbrauchtes und entsorgen Sie Abgelaufenes (zu diesem Zweck in die Apotheke bringen). Das Erste-Hilfe-Set sollte zwar Schmerzmittel wie Aspirin oder Paracetamol enthalten, ansonsten jedoch keine Medikamente (sie sollten besser in einem abgeschlossenen Arzneimittelschrank stehen). Hier dargestellt ist die Erste-Hilfe-Grundausstattung für zu Hause.

- **Salben und Lotionen** Antihistaminsalbe gegen Insektenstiche und Quaddeln und Brandwundencreme gegen Sonnenbrand.
- **Verbände** Ein steriles Verbandpäckchen, kleine und große Bindenverbände (Mull oder entsprechendes Material), zwei sterile Augenkompressen (mit Verband) und einen Fingerstülpverband.
- **Sonstiges** Zwei sterile Kompressen, zwei gefaltete Dreiecktücher, Gazetupfer und verschiedene Pflaster für kleinere Wunden.
- **Befestigen und entfernen** Verbände mit Klebeband (hypoallergen) oder Sicherheitsnadeln befestigen, Splitter mit einer Pinzette entfernen und Verbände mit einer stumpfen Schere aufschneiden.

Gefaltetes Dreiecktuch

Mullbinden (4, 6, 8 cm)

Elastische Binden (4, 6, 8 cm)

Sterile Augenkompresse (mit Verband)

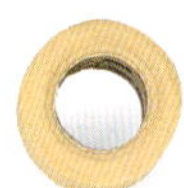

Heftpflaster

Fingerstülpverband

Sterile Kompressen und Brandwundenkompresse

Steriles Verbandpäckchen

Stumpfe Schere

Pinzette

Gazetupfer

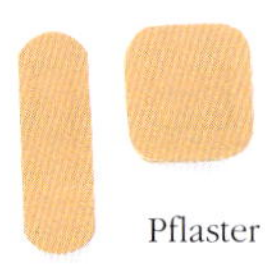

Pflaster

Außerdem sollten nicht fehlen: Desinfektionsmittel und Sprühverband.

Sicherheit zu Hause

Einfache Sicherheitsvorkehrungen vermeiden Unfälle. Die Küche ist der gefährlichste Raum des Hauses, gefolgt vom Bad. Wischen Sie Nässe auf, damit niemand ausrutscht, vor allem auf gefliesten Böden. Die Badewanne mit einem Sicherheitsgriff versehen.

Sichere Küche

Unfälle vermeiden
Topfgriffe vom Herdrand wegdrehen, Kinder von Ofentüren fernhalten. Schränke mit Kindersicherung versehen, Streichhölzer wegräumen. Mit Kindern über das Thema Sicherheit reden.

Allgemeine Sicherheit

- **Glastüren** Gewöhnliche Scheiben in Glastüren durch Sicherheits- oder Verbundglas ersetzen, das beim Zerbrechen nicht splittert.
- **Schutzgitter** Offene Feuer nur hinter einem Schutzgitter unbeaufsichtigt lassen. Das gilt auch für künstliche Flammen, die sehr heiß werden.
- **Teppiche** Teppiche oder Matten mit rutschfesten Unterlegern oder Klebeband befestigen.
- **Beleuchtung** Gefährliche Stellen im Haus wie z. B. Treppen und Flure stets gut beleuchten.
- **Bügeleisen** Elektrische Bügeleisen immer ausschalten, auch wenn Sie nur kurz weggehen.
- **Mehrfachstecker** Unbenutzte Steckdosen mit einer Kindersicherung versehen.

Schutz vor Feuer

- **Rauchmelder** In jedem Stock einen Rauchmelder anbringen und regelmäßig überprüfen.
- **Feuerlöschdecken** Feuerlöschdecke in Küche legen.
- **Aschenbecher** Glimmende Zigaretten- oder Zigarrenkippen ausdrücken.
- **Türangeln** In Häusern mit großer Brandgefahr selbstschließende Angeln anbringen.
- **Probealarm** Mit der Familie regelmäßig einen Probealarm veranstalten. Kindern erklären, daß sie nicht in ein brennendes Haus zurückgehen dürfen.
- **Möbel** Keine mit Polyurethanschaum gepolsterten Möbel kaufen, da sie bei einem Brand in Flammen aufgehen und giftige Dämpfe entwickeln können.

Notruf

Legen Sie sich für den Notfall eine Liste wichtiger Telefonnummern an, und befestigen Sie sie gut sichtbar neben dem Telefon. Fügen Sie ihr schriftliche Instruktionen bei für den Fall, daß der Anrufer in Panik gerät und Sie ihn beruhigen müssen.

Notrufnummern

Auf die Liste die Telefonnummern der folgenden Einrichtungen und Personen schreiben:

- Notdienst (Feuerwehr, Polizei, Notarzt)
- Arzt und Zahnarzt (einschließlich Öffnungszeiten)
- Das nächste Krankenhaus mit Notdienst
- Nahe Familienmitglieder (einschließlich Nummern am Arbeitsplatz)
- Apotheke
- Notruf der Elektrizitäts-, Gas- und Wasserwerke
- Taxiunternehmen
- Tierarzt

Anrufen

- **Wichtige Informationen** Bei einem Notruf die eigene Telefonnummer, den genauen Standort, die Schwere des Notfalls, Alter, Geschlecht und Zustand aller Betroffenen sowie z. B. bei einem Gasleck Details bezüglich der Gefährlichkeit angeben.
- **Kinder** Kindern in Grundzügen erklären, wie man einen Notruf tätigt, damit sie wissen was zu tun ist, falls Sie selber verletzt sind.
- **Feuer** Brennt Ihr Haus, Feuerwehr und Krankenwagen vom Nachbarhaus oder einem öffentlichen Telefon aus rufen.

Die Kontrolle behalten

Ruhig bleiben
In Notfällen ist es wichtig, ruhig zu bleiben. Beim Telefonieren mit dem Notdienst Fragen präzis und detailliert beantworten. Erst einhängen, wenn am anderen Ende aufgelegt worden ist.

VERHALTEN BEI NOTFÄLLEN

DAS WISSEN, WIE MAN SICH IN EINEM NOTFALL VERHALTEN MUSS, trägt sehr dazu bei, Sach- und Personenschäden zu begrenzen oder sogar zu verhindern. Verhalten bei Überschwemmung bzw. einem Gasleck im Haus siehe S. 108 und 111.

VERHALTEN IM FALLE EINES BRANDES

Feuer breitet sich schnell aus. Wenn Sie ein kleines Feuer nicht löschen können, müssen Sie sofort das ganze Gebäude evakuieren. Wenn Sie in einem Mehrfamilienhaus leben, lösen Sie Feueralarm aus, und retten Sie sich und Ihre Familie. Verhindern Sie eine Panik.

KLEINE BRÄNDE

- **Im Kamin** Gerät offenes Feuer außer Kontrolle, mit Wasser löschen. Bei brennenden Kaminen die Feuerwehr rufen, Gefährdetes wegziehen.
- **Elektrobrände** Nicht mit Wasser löschen. Brennt z.B. der Fernseher oder der Computer, Hauptstromschalter abschalten und die Flammen mit einer schweren Decke oder einem Mantel ersticken.
- **In der Küche** Fängt eine Bratpfanne Feuer, Pfanne sofort vom Herd nehmen und mit einer Feuerlöschdecke oder einem feuchten Küchentuch bedecken.
- **Kleine Feuer** Türen und Fenster schließen, damit das Feuer nicht auf andere Räume übergeht. Luft bewirkt nämlich, daß es sich ausbreitet.

BRENNENDES HAUS

Tür fest schließen

Die Tür unten mit einem Teppich oder Handtuch abdichten

Das Fenster öffnen, damit Frischluft ins Zimmer gelangt

Aus dem Fenster um Hilfe schreien

Dem Feuer entkommen

Kommen Sie aus einem brennenden Gebäude nicht heraus, sich weit weg vom Feuer einschließen und die Tür mit (wenn es geht) feuchter Stoffrolle abdichten. Nur aus dem Fenster springen, wenn es die einzige Möglichkeit ist, Ihr Leben zu retten. Ein Fenster öffnen und um Hilfe schreien.

ACHTUNG

Bei der Evakuierung eines Gebäudes Babys und Kleinkinder mitnehmen. Niemals in ein brennendes Gebäude zurückgehen. Wenn Sie wissen, daß jemand eingeschlossen ist, der Feuerwehr Bescheid sagen.

BRENNENDE KLEIDUNG

Den Betroffenen in einen Vorhang, einen Mantel, einen Teppich oder eine Decke wickeln

Brennt Kleidung, den Betroffenen mit der brennenden Seite nach oben legen und Wasser oder irgendeine andere nicht entflammbare Flüssigkeit über ihn gießen oder ihn in schweren Stoff wickeln, um die Flammen zu ersticken (keine entflammbaren Materialien verwenden).

UNBEDINGT BEACHTEN

- **Flammen nicht nähren** Der Betroffene darf nicht nach draußen rennen, da Luftzug die Flammen nährt.
- **Ausbreiten vermeiden** Das Brandopfer nicht rollen, damit sich der Brand nicht weiter ausbreitet.

SICH SELBST BEHANDELN

- **Flammen löschen** Sich in schweren Stoff wickeln und hinlegen. Möglichst ruhig bleiben.

Verletzungen durch Strom

Verletzungen durch Strom entstehen, weil Schalter defekt, Kabel zerschlissen, Geräte kaputt sind. Die Gefahr eines Stromschlages erhöht sich, wenn Sie nasse Hände haben oder auf nassem Boden stehen. Sicherheit beim Umgang mit Elektrizität siehe S. 111.

Kontakt unterbrechen

1 Hat jemand einen Stromschlag bekommen, zunächst den Strom abschalten: Stecker herausziehen, Sicherung abschalten oder Hauptschalter unterbrechen.

2 Läßt sich der Strom nicht abschalten, auf isolierendem Material stehend die Stromquelle mit einem Besenstiel wegschieben.

3 Ein trockenes Handtuch um die Füße des Opfers wickeln und ihn von dem Gerät wegziehen. Als letzten Ausweg ihn an seiner Kleidung wegziehen (falls sie trocken ist).

4 Ist das Opfer bewußtlos, Atmung und Puls überprüfen und es, falls notwendig, wiederbeleben (siehe S. 168). Schock und Verbrennungen behandeln (siehe S. 170).

Ertrinken

Passen Sie gut auf kleine Kinder auf. Alle sollten früh schwimmen lernen: ein Kleinkind kann bereits in 5 cm tiefem Wasser ertrinken. Das geht sehr schnell und macht bei Kindern keine Geräusche! Sie strampeln nicht, sondern hängen bewegungslos im Wasser.

Ertrinkende retten

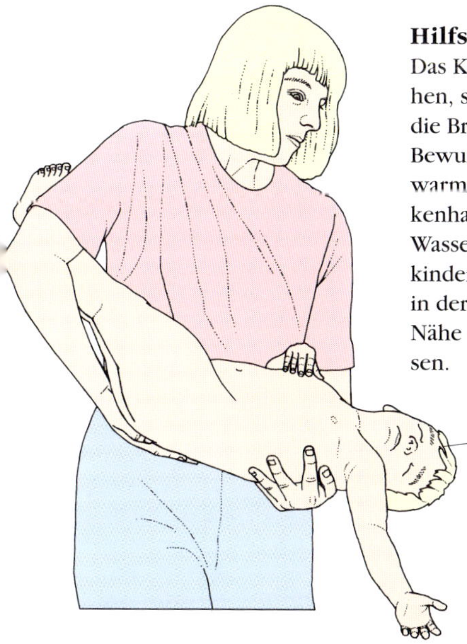

Hilfsmaßnahmen

Das Kind aus dem Wasser ziehen, seinen Kopf kurz tiefer als die Brust halten. Kinder, die bei Bewußtsein sind, abtrocknen, warm einwickeln und ins Krankenhaus bringen, da eventuell Wasser in der Lunge ist. Kleinkinder niemals unbeaufsichtigt in der Badewanne oder in der Nähe von Schwimmbecken lassen.

Bewusstlosigkeit

- **Kardiopulmonale Reanimation** Bewußtlose Ertrinkende aus dem Wasser ziehen, Atmung und Puls überprüfen. Die Atmung durch künstliche Beatmung und Herzmassage anregen (siehe S. 168). Gefahr des Erbrechens und Einatmen des Erbrochenen in die Lunge (Aspiration) besonders hoch.

Zusätzliche Probleme

- **Unterkühlung** Da das Opfer möglicherweise unterkühlt ist, ausziehen, Körper abtrocknen und es warm einwickeln.
- **Wasser in der Lunge** Auch ein Opfer, das sich erholt hat, ins Krankenhaus bringen, da sich noch eine Atemstörung mit Lungenödem bilden kann.

WIEDERBELEBUNG

BEI BEWUSSTLOSEN ALS ERSTES ATMUNG UND HERZTÄTIGKEIT ÜBERPRÜFEN. Sorgen Sie dafür, daß der Verletzte Luft bekommt, und prüfen Sie Atmung und Puls. Behandeln Sie ihn bei Verdacht auf eine Rücken- oder Halsverletzung vorsichtig.

DAS ABC DER WIEDERBELEBUNG

Bei Bewußtlosen müssen Sie sich sofort um drei Dinge kümmern: daß sie Luft bekommen, atmen und ihr Kreislauf nicht versagt. Bringen Sie einen Bewußtlosen, der atmet und Puls hat, in die Seitenlage (siehe unten), und rufen Sie einen Krankenwagen.

ERSTE HILFE

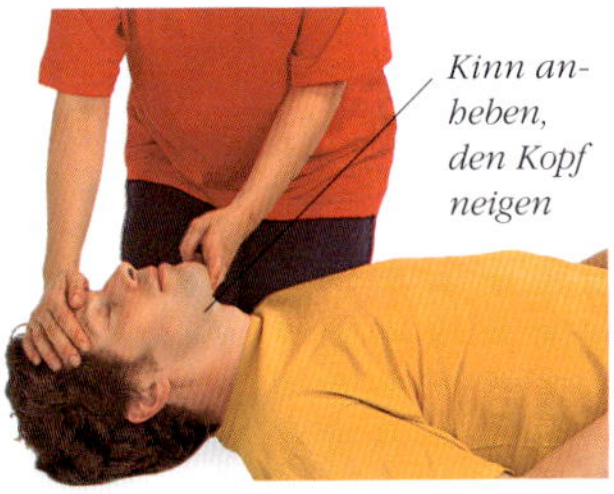

Atemwege frei machen
Mund des Opfers öffnen und vorsichtig alles, was die Atemwege blockiert, entfernen. Eine Hand auf die Stirn legen und mit zwei Fingern der anderen Hand den Kopf in den Nacken überstrecken und den Unterkiefer vorziehen.

Atmung überprüfen
5 Sekunden die Wange an Mund und Nase des Opfers halten, um zu hören und zu spüren, ob der Verletzte ausatmet. Dabei die Atemwege offenhalten. Gleichzeitig an der Brust des Opfers hinunterblicken, um zu sehen, ob sich die Lunge bewegt.

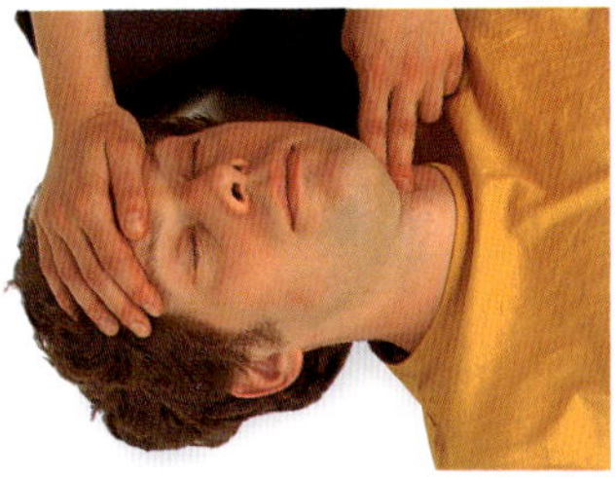

Kreislauf überprüfen
Finger seitlich vom Kehlkopf an die Halsschlagader legen. Hat das Opfer einen Puls, atmet aber nicht, künstlich beatmen. Sind weder Puls noch Atmung da, Krankenwagen rufen und mit kardiopulmonaler Reanimation beginnen (siehe nächste Seite).

SEITENLAGE

Die einfache Seitenlagerung dient dazu, daß die Zunge den Hals nicht blockieren kann und so Flüssigkeiten aus dem Mund abfließen. Das reduziert das Risiko, an Erbrochenem zu ersticken. Auch die stabile Seitenlage dient diesem Zweck.

VERLETZTE IN DIE SEITENLAGERUNG BRINGEN

1 Den vorderen Arm im rechten Winkel an den Körper, den Rücken der hinten liegenden Hand an die Wange legen. Das vordere Bein ausstrecken und das andere im rechten Winkel anlegen.

2 Die Hand des Opfers an die Wange halten und dabei den Oberschenkel des angewinkelten Beines zu sich ziehen und den Verletzten so auf die Seite rollen. Das geht auch mit schweren Personen.

3 Den Kopf des Opfers beim Herumdrehen nach hinten neigen und den Kiefer nach vorn ziehen, damit der Verletzte Luft bekommt. Auf Luftweg, Atmung und Kreislauf (siehe oben) achten.

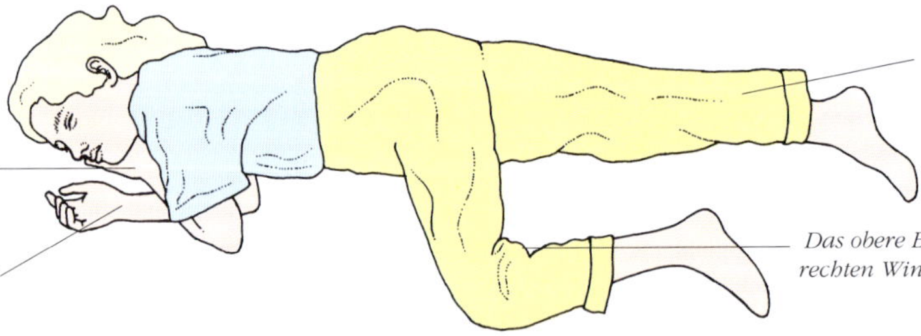

Künstliche Beatmung

Atmet ein Bewußtloser nicht, dann müssen Sie Luft in seine Lungen blasen. Tun Sie dies 15mal pro Minute, und fühlen Sie nach jeweils 15 Atemzügen seinen Puls. Beatmen Sie ihn so lange, bis er wieder von selbst zu atmen beginnt oder Hilfe kommt.

Mund-zu-Mund-Beatmung

1 Den Verletzten auf den Rücken legen, Atemwege frei machen, die Hand auf seine Stirn legen und die Nase zuhalten. Zwei Finger unter sein Kinn legen und den Kopf nach hinten neigen.

2 Den Mund mit dem eigenen fest verschließen und stetig Luft hineinblasen, bis sich die Brust hebt, loslassen und frische Luft einatmen. Hat sich der Brustkorb vollständig gesenkt, erneut ansetzen.

3 Atemspende geben, bis der Verletzte atmet oder professionelle Hilfe kommt. Nach jeweils 10 Atemzügen den Puls fühlen und, falls er fehlt, kardiopulmonale Reanimation leisten.

Generell: Atmung dem Alter des Verletzten anpassen (Erw. 15 Atemstöße je Minute, Jugendl. 20, Kleink. 30, Säugl. 40). Bei Kleinkindern Mund und Nase umschließen, Kopf nur leicht strecken.

Kardiopulmonale Reanimation

Die kardiopulmonale Reanimation (KPR) kombiniert künstliche Beatmung und Herzmassage. Bei einem Verletzten ohne Puls und Atmung anwenden, bis Hilfe kommt (ein Helfer: 15x Herzmassage, 2x Atemspende; zwei Helfer: 5x Herzmassage, 1x Atemspende).

Herzmassage

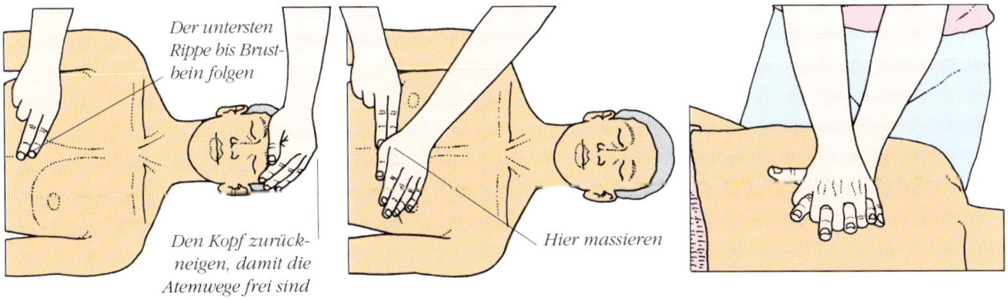

1 Den Bewußtlosen auf eine feste Oberfläche legen und mit Zeige- und Mittelfinger seine unterste Rippe ertasten, um die Stelle für die Massage zu finden. Mit den Fingern nach oben gleiten, bis der Mittelfinger an die Stelle gelangt, wo die Rippe an das Brustbein stößt.

2 Der Zeigefinger liegt jetzt auf dem Brustbein. Mit dem anderen Handballen das Brustbein bis zum Zeigefinger hinabfahren. Der Handballen liegt jetzt richtig. Beim Säugling: einen Querfinger unterhalb der Brustwarzenlinie und nur zwei Fingerkuppen benutzen.

3 Den Handballen dort lassen, die andere Hand auf ihn legen und die Finger verschränken. Sich mit gestreckten Armen über den Bewußtlosen beugen, seine Brust 5 cm eindrücken, dann loslassen, die Hände nicht wegnehmen. Überprüfen, ob Puls und Atmung eingesetzt haben.

VERLETZUNGEN

AUCH WENN EIN VERLETZTER MEDIZINISCHE HILFE BENÖTIGT, können Sie ihn beruhigen, das Risiko eines Schocks reduzieren und verhindern, daß seine Verletzungen schlimmer werden. Sofortiges Handeln kann Leben retten.

BLUTUNGEN

Blutungen müssen schnell gestoppt werden. Entfernen Sie Kleidung von der Wunde, waschen Sie Blut und Schmutz weg. Eventuell müssen Sie Druck ausüben, um die Blutung zu stillen. Beruhigen Sie den Verletzten und bedenken Sie, daß Schockgefahr besteht.

GRÖSSERE WUNDEN BEHANDELN

Wunde über Höhe des Herzens halten

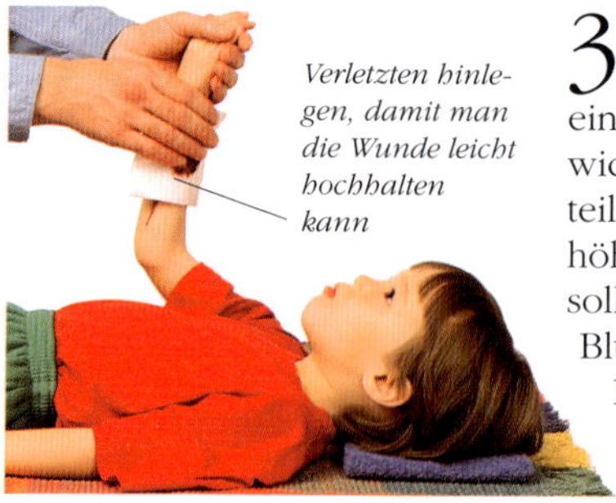

Verletzten hinlegen, damit man die Wunde leicht hochhalten kann

1 Eine Kompresse oder sauberen Stoff auf die Wunde legen und mit der Handfläche festdrücken. Damit die Wunde weniger blutet, halten Sie sie über Herzhöhe des Betroffenen. Fremdkörper in der Wunde nicht entfernen.

2 Den Verletzten möglichst flach hinlegen und ihm lediglich ein Kissen unter den Kopf schieben, damit er bequem liegt. Die Wunde zudrücken, bis die Blutung nachläßt. Bei größeren Blutungen Druckverband mit einem ungeöffneten Verbandspäckchen.

3 Die Kompresse auf der Wunde lassen und mit einem sterilen Verband umwickeln (betroffenen Körperteil dabei immer über Herzhöhe halten). Der Verband sollte fest sein, aber nicht die Blutversorgung behindern. Notfalls zweite Kompresse anlegen.

4 Ist die Blutung unter Kontrolle, den Verletzten ins Krankenhaus bringen (verletzten Körperteil hochhalten). Fremdkörper in einer Wunde nicht entfernen. Sie müssen mit Verbandspäckchen umpolstert werden, bevor die Wunde verbunden wird.

EINEN SCHOCK ERKENNEN UND BEHANDELN

Es kommt zum Schock, wenn nicht genug Sauerstoff im Körper zirkuliert. Das passiert z. B. bei Kreislaufversagen, Herzinfarkt oder Flüssigkeitsverlust infolge von Blutungen, Verbrennungen, Erbrechen. Da der Körper darauf reagiert, indem er das Blut von der Körperoberfläche ins Körperinnere zieht, wird die Haut des Schockpatienten grau und der Puls beginnt zu rasen. Schockpatienten beruhigen und Beine hochlegen, um den Blutrückfluß in die lebenswichtigen Organe zu verstärken. Enge Kleidung lockern und den Patienten warm einwickeln. Einen Krankenwagen rufen und sich auf eine Wiederbelebung vorbereiten (siehe S. 168). Keine Nahrung verabreichen.

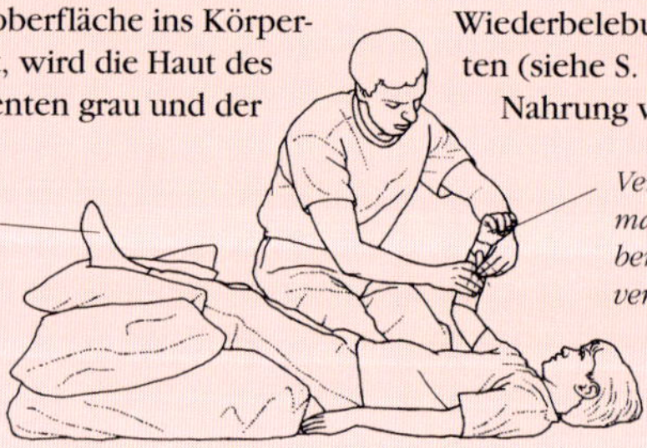

Beine hochlegen, um den Kreislauf anzuregen

Verletzte Gliedmaßen hochheben, um den Blutverlust möglichst gering zu halten

WUNDBEHANDLUNG

Kleinere Schnitt- und Schürfwunden lassen sich ohne ärztliche Hilfe behandeln, wenn keine Fremdkörper in der Wunde sind und kein Infektionsrisiko besteht.

1 Mit klarem Wasser die Wunde vorsichtig reinigen (Gazetupfer).

2 Mit einem sterilen Gazetupfer fest auf die Wunde drücken.

3 Die Wunde mit einem ausreichend großen Pflaster oder Verband bedecken (bei Bedarf vorher eine antiseptische Salbe auftragen).

Verbrennungen, Verbrühungen und Verätzungen

Kühlen Sie Verbrennungen, Verbrühungen und Verätzungen sofort, um Gewebeschädigungen zu verhindern und die Schmerzen zu lindern. Bei einem Feuer sollten Sie sich und das Opfer erst in Sicherheit bringen. Rettung von Stromschlagopfern siehe S. 167.

Behandlung starker Verbrennungen und Verbrühungen

1 Das Opfer von der Verbrennungsquelle entfernen und kaltes Wasser über die verbrannte Stelle laufen lassen.

2 Vorsichtig Kleidung und Schmuck entfernen. Dabei um Stoff, der an der Wunde klebt, herumschneiden.

3 Verbrennung weiter kühlen (in kaltes Wasser oder eine andere kühle Flüssigkeit wie z. B. Milch halten).

4 Verbrennung mit sauberem, sterilen Verband oder Plastik abdecken. Bei großen Verbrennungen sauberes Laken benutzen. Keine Öle oder Cremes auftragen.

5 Den Verletzten, falls notwendig, auf Schock hin behandeln (siehe vorige Seite). Ihm nichts zu essen und zu trinken verabreichen und ihn beruhigen.

Kleine Verbrennungen

- **Behandlung** Die Verbrennung mindestens 10 Minuten wie oben beschrieben kühlen. Schmuck und Kleidung um die Wunde herum entfernen.
- **Verband** Kleinere Verbrennungen sauber verbinden. Da die Infektionsgefahr hoch ist, Verbrennung eventuell mit Frischhaltefolie, Plastiktüte oder Alufolie abdecken.

Verätzungen

- **Entdecken** Verätzungen durch im Haushalt verwendete giftige Substanzen fallen weniger auf als durch Hitze verursachte Verbrennungen.

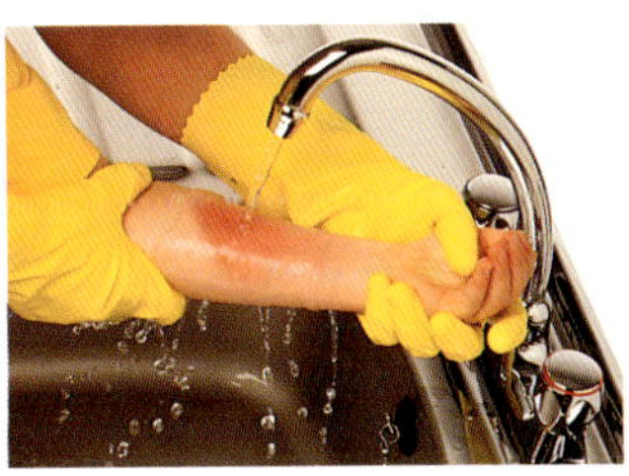

Chemikalien entfernen
Verätzte Stelle sofort unter kaltes Wasser halten, um sämtliche Spuren der Chemikalie abzuwaschen. Dabei Gummihandschuhe tragen, damit die Chemikalie nicht auf die eigenen Hände gelangt. Verätzungen wie größere Verbrennungen (siehe oben) behandeln.

Strom als Ursache

- **Gefährdung** Bei Stromunfällen kommt es neben der lebensgefährlichen Schädigung des Herz-Kreislaufsystems oft zu Verbrennungen.

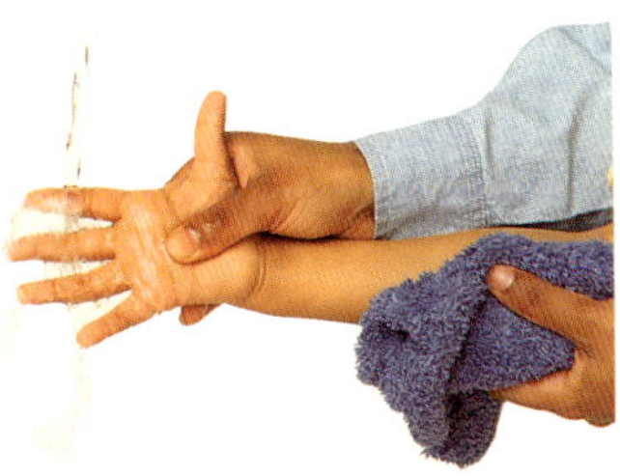

Behandlung
Strom abschalten (siehe S. 167), den Verletzten von der Stromquelle trennen und Atmung und Kreislauf überprüfen. Ist die akute Lebensgefahr gebannt, Verbrennung (siehe oben) versorgen. Arzt rufen, da innere Verletzungen möglich sind.

Verätzte Atemwege

Wasser trinken
Ein verätzter Mund oder Rachen ist gefährlich, da die Atemwege zuschwellen und die Luftzufuhr blockiert werden kann. Kleidung am Hals lockern und dem Verletzten schluckweise kaltes Wasser zu trinken geben. Ihn beruhigen und sofort ins Krankenhaus bringen.

VERGIFTUNGEN

Die Einnahme von Chemikalien, Pflanzen und Medikamenten kann gefährlich sein. Suchen Sie schnell einen Arzt auf. Versuchen Sie herauszufinden, was die Vergiftung verursacht hat, und heben Sie eine Probe der Substanz oder deren Verpackungen auf.

CHEMISCHE VERGIFTUNGEN

1 Chemikalienreste mit kaltem Wasser sorgfältig von Mund oder Gesicht des Betroffenen entfernen (sich selber schützen vor Verätzung) und verschmutzte Kleidung ausziehen.

2 Lassen Sie den Verletzten den Mund ausspülen, und geben Sie ihm in kleinen Schlucken Wasser zu trinken. Beruhigen Sie ihn. Nicht erbrechen lassen, da sonst weitere Stellen verätzen.

Leere Behälter sind oft ein Hinweis auf das eingenommene Gift

3 Den Betroffenen ins Krankenhaus bringen. Den Chemikalienbehälter mitnehmen, um eine richtige Behandlung seitens des Arztes zu gewährleisten. Behandlung Bewußtloser siehe unten.

ARZNEIMITTELVERGIFTUNGEN

Dem Arzt Art und Menge des eingenommenen Medikaments mitteilen

Die Medikamentenverpackung für den Arzt aufheben

1 Ist das Opfer bei Bewußtsein, herausfinden, was eingenommen wurde. Erbrechen auslösen durch Gabe von warmem Salzwasser (Kinder 3 TL Salz auf 0,25 l Wasser, Erwachsene 2 EL auf 0,5 l).

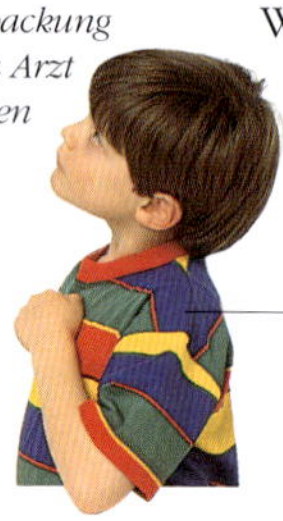

Ist der Verletzte bei Bewußtsein, ihn nicht aus den Augen lassen, bis Hilfe kommt

2 Den Betroffenen ins Krankenhaus bringen und beruhigend auf ihn einreden, damit er nicht bewußtlos wird. Die Verpackung des Medikaments mitnehmen. Schockbekämpfung (siehe S. 170).

ACHTUNG

Kein einfaches Wasser reichen, sondern Salzwasser (siehe oben), um Erbrechen herbeizuführen.

BEHANDLUNG BEI BEWUSSTLOSIGKEIT

ATMUNG UND PULS VORHANDEN

1 Sind Atmung und Puls vorhanden, das Opfer in die Seitenlagerung (siehe S. 168) bringen, damit es Luft bekommt. Den Krankenwagen rufen.

2 Falls notwendig, entsprechende Verletzungen behandeln (siehe S. 171).

KEINE ATMUNG, ABER PULS VORHANDEN

1 Jeweils 15mal (= 1 Min.) künstlich beatmen (siehe S. 169), Krankenwagen rufen.

2 Beatmung fortführen, bis der Krankenwagen kommt. Nach jeweils einer Minute (bei Kindern entsprechend weniger) den Puls fühlen.

WEDER ATMUNG NOCH PULS VORHANDEN

1 Jemanden einen Krankenwagen rufen lassen. Inzwischen 5mal Herzmassage und 2mal Atemspende leisten (siehe S. 169).

2 Mit der KPR fortfahren, bis Herzschlag und Atmung wieder normal sind.

UNFÄLLE

DIE WOHNUNG IST EIN ORT, WO ES TROTZ ALLER SICHERHEITSVORKEHRUNGEN zu Unfällen kommen kann. Besonders gefährdet sind Kinder, weil ihr Risikobewußtsein geringer ausgebildet ist als das von Erwachsenen.

BISSWUNDEN

Alle Lebewesen, auch Menschen, haben Keime im Mund, so daß ein Biß auch Infektionen hervorrufen kann. Behandeln Sie Bißwunden immer sofort (die Wunde zunächst gründlich reinigen), und achten Sie darauf, nicht selbst gebissen zu werden.

TETANUS UND TOLLWUT

- **Tetanus** Bei dieser ernsten Erkrankung wird das Nervensystem geschädigt. Sie kann durch Bakteriensporen, die in Schnitt- und Bißwunden gelangen, übertragen werden. Man sollte bereits Babys impfen lassen und die Impfung alle 10 Jahre auffrischen.
- **Tollwut** Eine unter Umständen tödliche, durch infizierte Tiere übertragene Krankheit. Wird man in einem tollwutgefährdeten Gebiet gebissen, zum Arzt gehen, auch wenn das Tier nicht infiziert ist.

KLEINERE BISSWUNDEN BEHANDELN

Wunde mit Wasser auswaschen

1 Kleinere Bißwunden mit Seife und Wasser auswaschen, dann 5 Minuten unter fließendes Wasser halten, um Schmutz und Keime zu entfernen.

2 Die Wunde mit einem sauberen Gazetupfer oder Papiertaschentuch trockentupfen. Keine Salben oder Tinkturen auftragen. Verpflastern oder einen Verband anlegen und im Fall einer Infektion zum Arzt gehen.

ACHTUNG

Tollwut kann tödlich sein. Tierbisse in tollwutgefährdeten Gebieten sind sehr gefährlich – sofort den Arzt aufsuchen.

SCHLIMME BISSWUNDEN BEHANDELN

1 Die Wunde mit Seife und Wasser auswaschen und 5 Minuten unter fließendes Wasser halten, um möglichst viel Schmutz zu entfernen.

2 Eine saubere Kompresse fest auf die Wunde drücken und den betroffenen Körperteil über Herzhöhe halten. Stark blutende Wunden siehe Behandlung größerer Wunden (S. 170).

3 Hört die Wunde auf zu bluten, eine sterile Kompresse auf sie legen und fest verbinden. Den Betroffenen ins Krankenhaus bringen. Die Wunde heilt meist nicht ohne Behandlung, weil sie oft durch Keime des Tieres infiziert ist.

Wunde verbinden

Den Verletzten beim Verbinden beruhigen

SCHLANGENBISSE

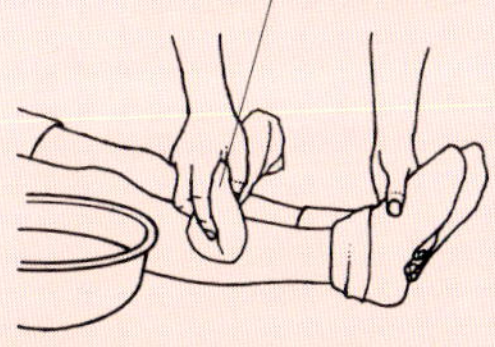

Bißwunde auswaschen

Bei Schlangenbissen können starke Schmerzen, Erbrechen und Atemprobleme auftreten. Die Wunde besteht aus zwei Punkten und der Bereich darum ist rot und geschwollen. Sofort den Arzt aufsuchen.

- **Behandlung** Die Wunde mit Seife und Wasser auswaschen, fest verbinden und unter Herzhöhe halten. Den Verletzten beruhigen. Die Wunde nicht ausschneiden und das Gift nicht aussaugen.

INSEKTENSTICHE

Insektenstiche sind gefährlich, sie können einen anaphylaktischen Schock auslösen (siehe unten). Ärztliche Behandlung ist dann sofort erforderlich. Ansonsten reichen die nachfolgenden Maßnahmen. Kümmern Sie sich um Insektenstiche sofort.

INSEKTENSTICHE

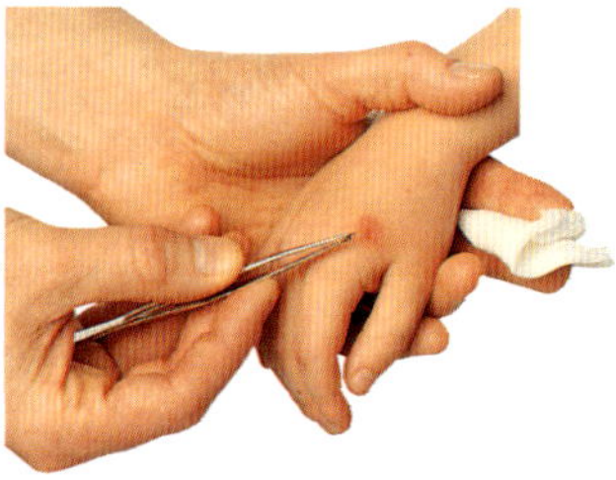

1 Stachel mit einer Pinzette vorsichtig entfernen. Die Pinzette dabei möglichst weit unten am Stachel ansetzen und aufpassen, daß er nicht abbricht und der Giftbeutel an seiner Spitze nicht zerdrückt wird.

2 Einen kalten Umschlag (ein in Wasser ausgewrungenes oder mit Gefriererbsen oder Eiswürfeln gefülltes Tuch) machen, um den Schmerz zu lindern und die Schwellung zu reduzieren. Nach 10 Minuten entfernen.

MUND UND RACHEN

1 Bei Stichen in Mund und Rachen dem Betroffenen einen Eiswürfel zu lutschen oder kaltes Wasser zu trinken geben, um die Schwellung zu reduzieren.

2 Den Betroffenen zum Arzt bringen. Kommt es infolge der Schwellung zu Atemproblemen, den Krankenwagen rufen. Tritt Bewußtlosigkeit ein, sofort auf anaphylaktischen Schock hin behandeln (siehe unten).

ZECKENBISSE

- **Behandlung** Zecken bohren sich unter die Haut, wo sie sich von Blut ernähren, und sind gefährliche Infektionsüberträger. Zecke mit einer Pinzette herausziehen (Achtung, sie muß unbedingt vollständig entfernt werden). Arzt aufsuchen.

NESSELSUCHT

- **Aussehen** Ein aus roten Quaddeln bestehender Ausschlag, der juckt und weh tut. Auf Reisen kann man den Ausschlag mit Sauerampferblättern behandeln, sonst wie unten beschrieben vorgehen.

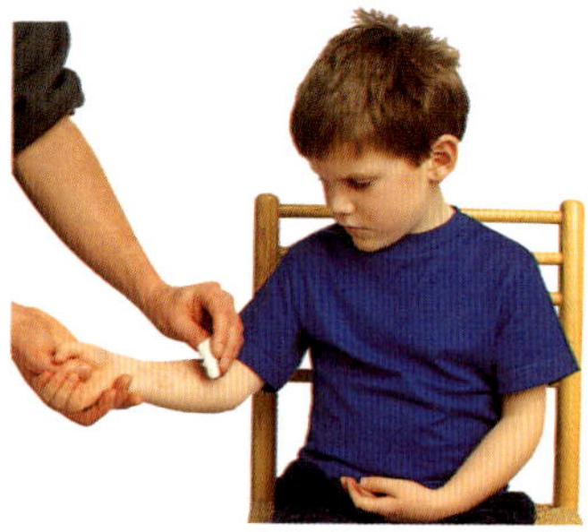

Behandlung

Kalte Umschläge oder ein Antihistaminkegel helfen Schmerz und Juckreiz lindern. 10 Minuten einwirken lassen und erneuern, bis Schmerz und Juckreiz aufgehört haben. Bei großflächigem Ausschlag zum Arzt gehen.

ANAPHYLAKTISCHEN SCHOCK ERKENNEN

Ist der Patient bei Bewußtsein, bequem hinlegen.

Dieser Schock ist eine schwere allergische Reaktion auf ein bestimmtes Nahrungsmittel, einen Insektenstich oder auf Quallengift. Durch das Anschwellen von Gesicht und Hals werden die Atemwege blockiert, was sogar zum Ersticken führen kann. Oft kommt es zu Angstzuständen, roter, aufgedunsener Haut und Pulsrasen. Der Betroffene benötigt dringend Sauerstoff und eine lebensrettende Adrenalinspritze. Sofort den Krankenwagen rufen.

Die folgenden Maßnahmen mildern den Schock, bis ärztliche Hilfe kommt.

- **Kleidung lockern** Enge Kleidung lockern, damit das Opfer besser atmen kann.
- **Medikamente** Hat der Betroffene entsprechende Notfallmedikamente bei sich, diese sofort verabreichen.
- **Panik vermeiden** Da der Betroffene beim anaphylaktischen Schock leicht in Panik gerät, ihn ruhig und warm halten.
- **Opfer bei Bewußtsein** Den Betroffenen in eine für ihn bequeme sitzende Position bringen.
- **Bewußtlosigkeit** Bewußtlosen in die Seitenlagerung bringen (siehe S. 168).

Blutergüsse und Schwellungen

Blutergüsse entstehen durch Reißen der feinen Blutkapillaren, so daß Blut ins Gewebe sickert. Schlimmere Blutergüsse können ein Hinweis auf tieferliegende Verletzungen sein. Auch hinter Schwellungen können sich ernsthafte Verletzungen verbergen.

Blutergüsse behandeln

1 Der Betroffene sollte sich hinsetzen und den entsprechenden Körperteil hochlegen (Kissen als Stütze unterlegen).

2 Einen kalten Umschlag etwa 30 Minuten auf die Verletzung legen, damit die vollständige Schwellung zurückgeht.

Zeitspartip

Schnelle Alternative
Den kalten Umschlag statt mit Eiswürfeln mit einer Packung Gefriererbsen machen. Diese in ein dünnes Handtuch wickeln, auf die Verletzung legen und entfernen, wenn die Schwellung nachgelassen hat.

Kalte Umschläge

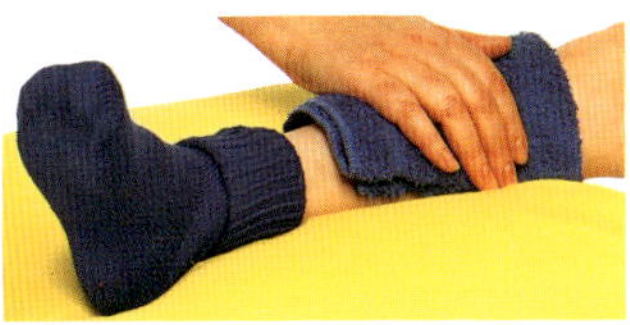

- **Kalter Umschlag** Ein sauberes Tuch in sehr kaltem Wasser auswringen oder um Eiswürfel wickeln und etwa 30 Minuten auf die Schwellung legen.

Knochen- und Muskelverletzungen

Nehmen Sie alle Knochen- und Muskelverletzungen ernst, bis das Ausmaß der Verletzung klar ist. Achten Sie auf Blutergüsse und Schwellungen, und bringen Sie den Verletzten ins Krankenhaus, wenn Sie einen Knochenbruch vermuten. Bewegungen vermeiden.

Knochen- und Muskelverletzungen

- **Verstauchung** Den verletzten Bereich hochlegen und einen kalten Umschlag machen. Den Betroffenen schnellstmöglich ins Krankenhaus bringen.
- **Ausgerenkte Schulter** Dabei dreht sich der Kopf des Oberarms aus der Schultergelenkspfanne heraus. Den Arm in eine Schlinge stecken, wobei die Hand vor der Brust liegen sollte. Den Verletzten bald ins Krankenhaus bringen und keine Nahrung geben.
- **Gebrochenes Schlüsselbein** Den Arm der verletzten Seite in eine Schlinge stecken und den Verletzten ins Krankenhaus bringen.

Knochenverletzungen ruhigstellen

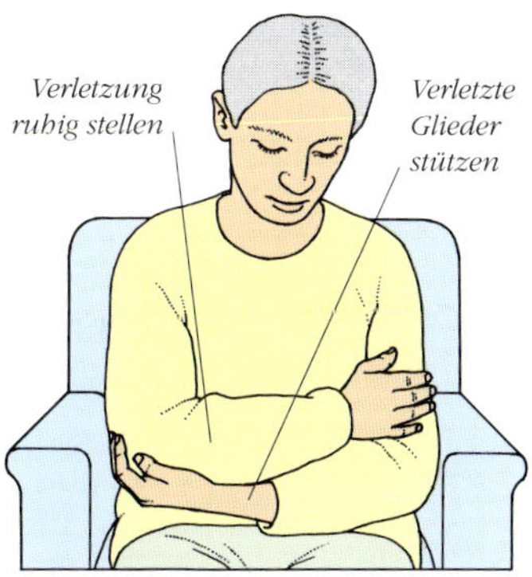

Gliedmaßen stützen
Knochenverletzungen sofort stützen. Personen, deren Arm verletzt ist, sollten sich hinsetzen und den Arm vor der Brust tragen, solche mit Beinverletzungen sollten sich ebenfalls hinlegen und das Bein mit den Händen abstützen.

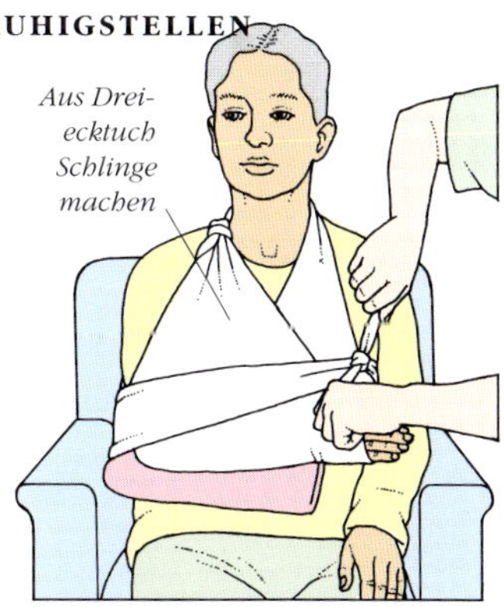

Gliedmaßen fixieren
Verletzten Arm in eine Schlinge stecken, mit einem Verband an der Brust befestigen und den Betroffenen ins Krankenhaus bringen. Ein verletztes Bein an das gesunde binden und den Krankenwagen rufen.

ERSTICKEN

Erstickungsanfälle sind für den Betroffenen etwas Beängstigendes. In solchen Fällen schnell handeln, da sonst Lebensgefahr besteht. Zu Erstickungsanfällen kommt es bei zu schnellem Essen, oder wenn Kinder nicht eßbare Gegenstände in den Mund nehmen.

ERKENNUNG UND VERMEIDUNG

- **Symptome** Der Betroffene hat Probleme beim Sprechen und Atmen, seine Haut ist blau und er zeigt auf Hals oder Rachen.
- **Vorbeugung** Familienmitglieder anhalten, beim Essen gründlich zu kauen, und Kinder keine Spielsachen in den Mund nehmen lassen.

ERWACHSENE, JUGENDLICHE UND KINDER BEI BEWUSSTSEIN

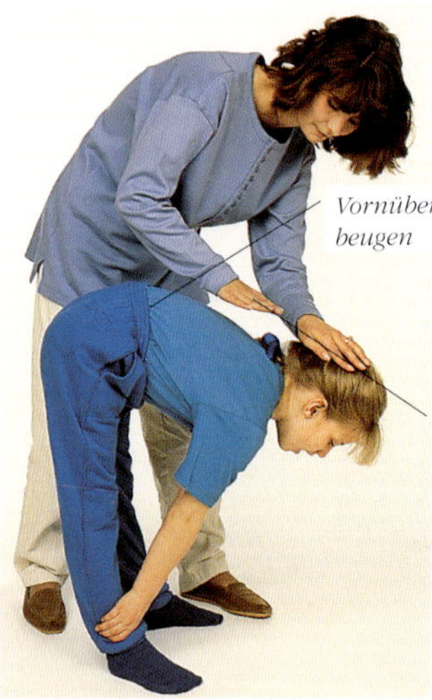

Vornüber beugen

5 kräftige Schläge mit flacher Hand zwischen die Schulterblätter geben

1 Halten Sie den Betroffenen zunächst dazu an, den Gegenstand auszuhusten.

2 Nützt das nichts, dann lassen Sie den Betroffenen sich vornüber beugen und seine Fesseln mit den Händen umfassen (siehe nebenstehende Abbildung) oder die Hände auf den Unterschenkeln abstützen.

3 Hat er diese Position eingenommen, dann klopfen sie ihm 5 mal mit flacher Hand kräftig zwischen die Schulterblätter, um dadurch den Fremdkörper zu lösen.

Variante Hat der Betroffene Schwierigkeiten, diese Position einzunehmen, dann sollte er sich auf die Knie niederlassen, auf seine Unterarme stützen und dabei den Kopf hängen lassen. Dann führen Sie, neben ihm kniend, die 5 kräftigen Schläge mit der flachen Hand aus.

BEHANDLUNG VON BEWUSSTLOSEN ERWACHSENEN

1 Überprüfen Sie, ob der Bewußtlose atmet. Wenn nicht, dann rollen Sie ihn auf die Seite und klopfen 5mal fest zwischen seine Schulterblätter. Die Muskelkrämpfe werden gegebenenfalls besser, wenn er das Bewußtsein verliert.

2 Setzt die Atmung nicht wieder ein, rufen Sie einen Krankenwagen und beginnen mit der Wiederbelebung (siehe S. 169). Atmet die Person wieder, sie in die Seitenlage bringen (siehe S. 168). Den Betroffenen, selbst wenn er sich scheinbar ganz erholt hat, zum Arzt schicken.

KINDER

Kinder sollten bei Erstickungsanfällen auf jeden Fall anders behandelt werden als Erwachsene oder Jugendliche (siehe die nachfolgenden Tips). Wenn Sie kleine Kinder im Haushalt haben, dann sollten Sie außerdem unbedingt einen Erste-Hilfe-Kurs absolvieren oder Ihre Kenntnisse immer wieder auffrischen.

1 Zunächst halten Sie das Kind an, den Gegenstand auszuhusten.

2 Wenn Husten nichts nützt, dann legen Sie das Kind mit Gesicht und Bauch nach unten über ihren Arm, oder besser noch: Sie setzen sich auf einen Stuhl und legen das Kind auf Ihren Schoß bzw. Ihre Oberschenkel (siehe Abbildung unten).

3 Nun klopfen Sie mit der flachen Hand 5mal kräftig zwischen die Schulterblätter des Kindes, um den verschluckten Gegenstand zu lösen.

BABYS UND KLEINKINDER

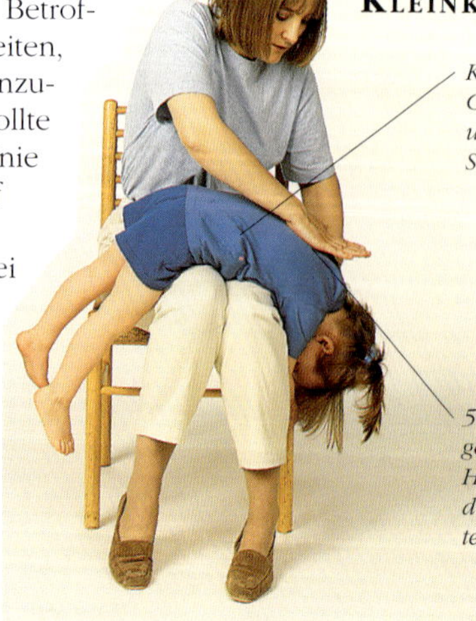

Kind mit dem Gesicht nach unten auf den Schoß legen

5 kräftige Schläge mit flacher Hand zwischen die Schulterblätter geben

Fremdkörper

Fremdkörper in Auge, Ohr, Nase und Hals sind unangenehm, manchmal beängstigend und auch gefährlich. Entfernen Sie sie wie nachfolgend beschrieben (wobei der Betroffene aber nicht verletzt werden sollte), und sorgen Sie möglichst schnell für ärztliche Hilfe.

Im Auge

1 Augenlider mit zwei Fingern auseinanderhalten und den Betroffenen bitten, nach oben, unten, links und rechts zu schauen. Im Auge festsitzende Fremdkörper nicht berühren. Arzt aufsuchen.

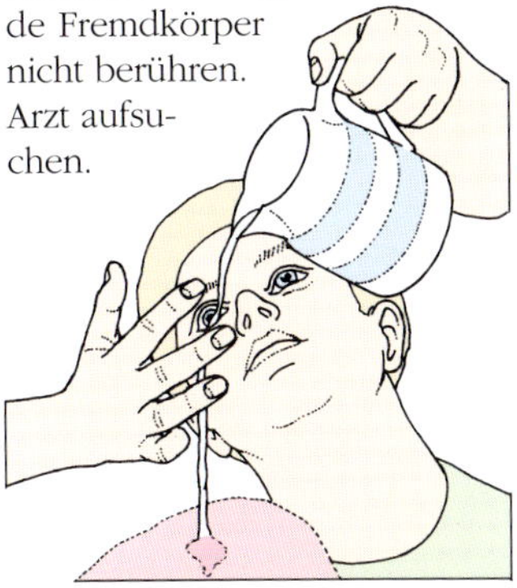

2 Über den inneren Augenwinkel sauberes Wasser laufen lassen, um das Objekt auszuwaschen. Funktioniert das nicht, den Fremdkörper mit einem feuchten Tupfer oder Taschentuch entfernen.

Im Ohr

- **Fremdköper und Insektenstiche** Mit der Taschenlampe ins Ohr leuchten. Festsitzende Fremdkörper nicht entfernen, da das Trommelfell verletzt werden kann. Erwachsene oder ältere Kinder können eventuell über den Gegenstand Auskunft geben. Den Betroffenen erst einmal beruhigen. Durch leichtes Schütteln bei schräggehaltenem Ohr versuchen, den Fremdkörper oder ein Insekt herauszuschütteln. Führt das nicht zum Erfolg oder geht es um ein Insekt, das ins Ohr sticht, umgehend einen Arzt oder ein Krankenhaus aufsuchen. **Achtung:** Versuchen Sie nie, den Gegenstand mit einer Pinzette oder einem Wattestäbchen zu entfernen. Der Schaden kann dadurch noch viel größer werden.

In der Nase

- **Behandlung** Fremdkörper in der Nase führen oft zu Atemproblemen, Nasenbluten oder Schwellungen. Der Betroffene soll den Gegenstand ausschneuzen (das nicht betroffene Nasenloch zuhalten)! Hilft das nicht, durch den Mund atmen lassen, beruhigen und ins Krankenhaus bringen. Das Objekt nicht selbst entfernen.

Verschluckte Objekte

- **Identifizieren** Erfragen, was verschluckt wurde. Kleine, glatte Sachen wandern durch den Verdauungstrakt, große, scharfkantige muß der Arzt entfernen.

ACHTUNG

Nichts zu essen oder zu trinken geben, wenn der Gegenstand groß oder scharfkantig ist. Krankenhaus aufsuchen.

Splitter und Blasen

Werden Splitter und aufgegangene Blasen nicht richtig behandelt, besteht Infektionsgefahr. Entfernen Sie Splitter so schnell wie möglich, jedoch nur, wenn sie nicht tief sitzen. Der Betroffene sollte während der Splitterentfernung sitzen und die verletzte Stelle ruhig halten.

Splitter entfernen

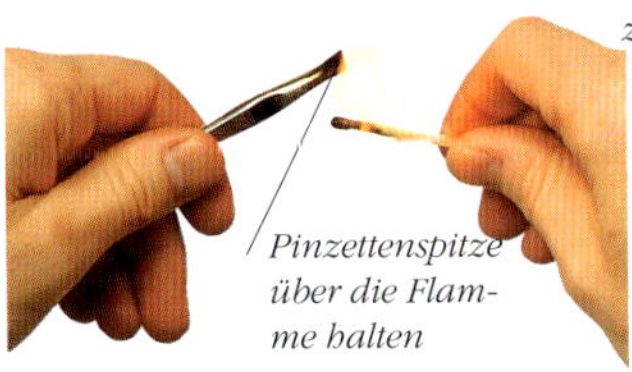

Pinzettenspitze über die Flamme halten

1 Hände waschen und den Bereich um den Splitter gründlich mit warmer Seifenlauge waschen. Pinzette in eine Flamme halten oder ca. 10 Minuten in kochendes Wasser legen und sie so sterilisieren. Vor Gebrauch dann wieder abkühlen lassen.

Splitter in dem Winkel herausziehen, in dem er eingedrungen ist

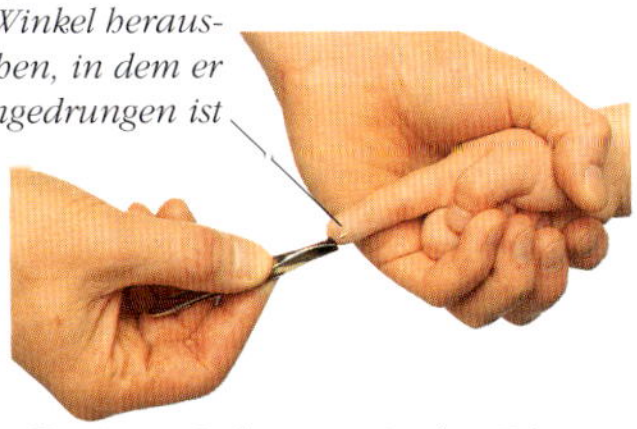

2 Den Splitter mit der Pinzette möglichst nah an der Haut fassen und in dem Winkel herausziehen, in dem er eingedrungen ist. Die Wunde ausdrücken, so daß sie etwas blutet und Verunreinigungen ausgespült werden. Stelle desinfizieren und verpflastern.

Blasen behandeln

- **Säubern** Blase mit warmer Seifenlauge waschen, mit klarem Wasser spülen, vorsichtig mit einem Papiertaschentuch oder einem sauberen Gazekissen trockentupfen und ein Pflaster darüberkleben.
- **Brandblasen** Oft sammelt sich Flüssigkeit unter der Haut. Brandblasen nie aufschneiden – das verschlimmert das Ganze oft noch. Behandlung von Verbrennungen und Verbrühungen siehe S. 171.

Nasenbluten

Nasenbluten tritt häufig unerwartet und stark auf. Wischen Sie das Blut mit einem Handtuch ab, und schützen Sie damit die Kleidung des Betroffenen. Häufiges, starkes Nasenbluten kann auf ein tieferliegendes Problem deuten. Sie sollten einen Arzt befragen.

Behandlung

1 Der Betroffene sollte sich mit vornübergebeugtem Kopf hinsetzen, durch den Mund atmen und sich 10 Minuten lang die Nase zuhalten lassen, so daß die Nasenflügel geschlossen sind.

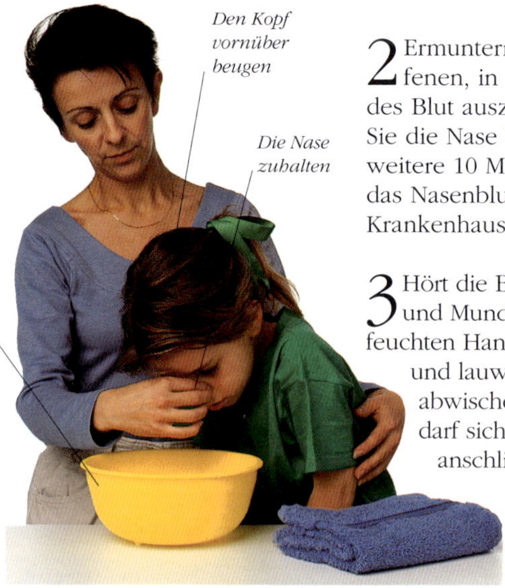

ACHTUNG

Kommt ein wäßriges Sekret aus der Nase oder dauert das Nasenbluten länger als 30 Minuten, sollten Sie ins nächste Krankenhaus fahren.

2 Ermuntern Sie den Betroffenen, in den Hals laufendes Blut auszuspucken. Halten Sie die Nase bei Bedarf weitere 10 Minuten zu. Hält das Nasenbluten an, ins Krankenhaus bringen.

3 Hört die Blutung auf, Nase und Mund mit einem feuchten Handtuch oder Watte und lauwarmem Wasser abwischen. Der Betroffene darf sich auf keinen Fall anschließend schneuzen, da die Nase sonst eventuell wieder zu bluten beginnt.

Blutungen in Mund und Ohr

Schnittwunden in Zunge, Lippen oder Gaumen können stark bluten. Bei Erwachsenen, die sich einen Zahn ausschlagen, kann dieser wieder im Zahnfach befestigt werden, bei Kindern ist das nicht möglich. Das Ohr blutet meist, wenn das Trommelfell gerissen ist.

Wunden im Mund

Druck ausüben

Sich über eine Schüssel beugen, die das Blut auffängt. Ein Gazekissen auf die Wunde im Mund pressen und sie etwa 10 Minuten zwischen Daumen und Zeigefinger zusammendrücken. Den Mund nicht ausspülen, da das die Gerinnung des Blutes verhindert.

Zahnverlust

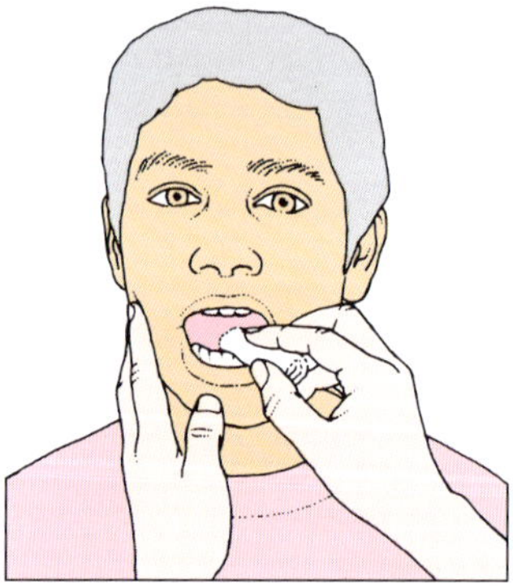

Zahn retten

Erwachsene können einen ausgefallenen Zahn ev. wieder im Zahnfach befestigen. Wenn dies nicht möglich sein sollte, den Zahn in Milch aufbewahren und baldmöglichst einen Zahnarzt zur intensiven Behandlung aufsuchen.

Ohrverletzungen

- **Wunden** Eine Gazekompresse auf die Wunde legen und etwa 10 Minuten drücken. Hört die Blutung auf, eine sterile Kompresse auf das Ohr legen und sie locker verbinden.
- **Blutungen aus dem Ohrinneren** Sich halb aufrecht hinsetzen und den Kopf auf die verletzte Seite neigen, so daß das Blut herausfließt. Eine saugfähige Kompresse auf das Ohr legen und mit einem Verband befestigen. Keine Ohrstöpsel verwenden. Zum Arzt gehen.
- **Warnsignale** Blutet es nach einer Kopfverletzung aus dem Ohr und das Blut ist wäßrig, handelt es sich ev. um Gehirnflüssigkeit. In diesem Fall sofort ins Krankenhaus fahren.

BESCHWERDEN

ERKÄLTUNGEN UND FIEBER scheinen zwar kaum ernste Erkrankungen zu sein, weil man sie relativ häufig bekommt, doch sie können bei falscher Behandlung gefährliche Folgen haben, vor allem für kleine Kinder und ältere Menschen.

FIEBER UND ERKÄLTUNGEN

Bei Babys und Kindern unter 4 Jahren kann es zu Fieberkrämpfen kommen. Steigt das Fieber über 40 °C, den Arzt rufen. Das Kind ausziehen, mit einem Schwamm und lauwarmem Wasser kühlen (max. 30 Minuten) und beruhigen.

FIEBERKRÄMPFE

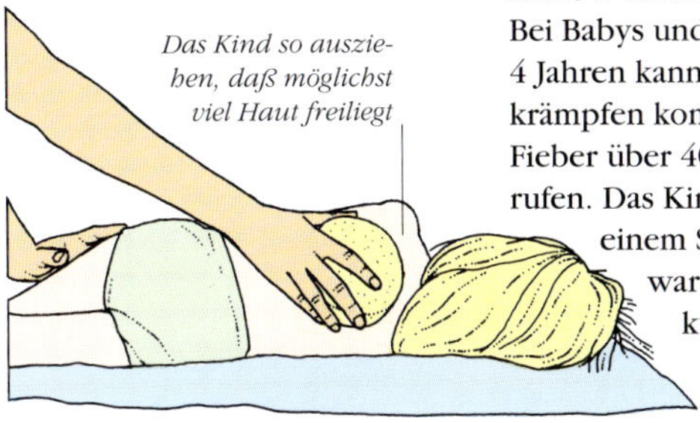

HAUT KÜHLEN

Bei Babys und Kindern unter 4 Jahren kann es zu Fieberkrämpfen kommen. Steigt das Fieber über 40 °C, den Arzt rufen. Das Kind ausziehen, mit einem Schwamm und lauwarmem Wasser kühlen (max. 30 Minuten) und beruhigen.

BEHANDLUNG BEI ERWACHSENEN UND KINDERN

1 Die Normaltemperatur liegt etwa bei 37 °C liegen. Alles über 39,5 °C ist dringend behandlungsbedürftig. Der Kranke sollte auf jeden Fall bequem liegen – im Bett in einem gleichmäßig warmen Zimmer.

2 Viel Wasser und verdünnten Fruchtsaft trinken, um die Temperatur zu senken. Erwachsene können 2 Paracetamol-Tabletten nehmen, Kinder etwas Paracetamol-Sirup oder -Zäpfchen. Den Kranken Wadenwickel anlegen.

MENINGITIS

Diese Entzündung der Gehirnhäute tritt meist bei Kindern auf und muß sofort behandelt werden, da sie zu bleibenden Schäden führen kann.

- **Erkennung** Symptome einer Meningitis sind Lichtempfindlichkeit, Fieber, Appetitlosigkeit, Apathie, Erbrechen, steifer und schmerzender Hals, Ausschlag (rote oder scharlachfarbene Punkte) und Krämpfe. Rückfälle bei Kindern, die gerade eine Infektion hatten, können ebenfalls auf Meningitis deuten.
- **Ärztliche Hilfe** Den Kranken bequem hinlegen und den Arzt rufen. Der empfiehlt wahrscheinlich die sofortige Einlieferung ins Krankenhaus.

ERKÄLTUNGEN BEHANDELN

- **Überhitzung vermeiden** Da man bei Erkältungen häufig erhöhte Temperatur hat, sollte man sich nicht mit zu viel Kleidung und warmen Decken überhitzen.
- **Luftbefeuchter** Zu Hause und am Arbeitsplatz einen Luftbefeuchter anbringen, um sich im Winter weniger häufig zu erkälten.
- **Frei atmen** Bei verstopfter Nase in regelmäßigen Abständen ein paar Tropfen Eukalyptus- oder Teebaumöl inhalieren (auf einem Taschentuch). Frische Luft ist ebenfalls hilfreich.
- **Rauher Hals** Bei Halsschmerzen können Sie mit warmem Wasser, etwas Apfelessig und Cayennepfeffer oder Chilipulver gurgeln. Durch den Essig entsteht ein leicht saures Milieu, in dem Bakterien absterben, und die Wärme des warmen Wassers und des Chilipulvers fördert die Durchblutung des gereizten Gewebes. Mit warmem Wasser und Salz zu gurgeln, hilft ebenfalls.
- **Bewegung** Fühlt sich der Kopf wie in Watte gehüllt an, wird er durch Schwitzen infolge leichter Bewegung wieder klar. Außerdem viel trinken.

GRÜNER TIP

Naturheilmittel

Honig, Nelken und Zitrone in heißem Wasser sind ein Naturheilmittel gegen Husten und Halsschmerzen. Bei Halskratzen an einer Nelke saugen.

MAGENSCHMERZEN

Sie können bei harmlosen Verdauungsstörungen auftreten oder ein Hinweis auf eine ernsthafte Erkrankung sein – vor allem, wenn der Schmerz in der Intensität schwankt und von Erbrechen begleitet ist. Magenschmerzen deuten auch auf eine Blinddarmentzündung.

BEHANDLUNG

1 Sich auf Kissen bequem ins Bett oder aufs Sofa legen. Zur Sicherheit eine Schüssel daneben stellen, falls man sich erbrechen muß.

ACHTUNG

Hält der Schmerz an, nicht länger als 30 Minuten warten, um den Arzt zu rufen. Es kann eine Blinddarmentzündung sein.

2 Eine Wärmflasche (in ein Handtuch gewickelt) gegen den Magen halten. Keine Medikamente nehmen und nichts essen.

3 Werden die Schmerzen nach 30 Minuten nicht besser oder sind sehr stark, einen Arzt rufen, denn die Ursache kann lebensgefährlich sein.

BLINDDARMENTZÜNDUNG

- **Symptome** Häufig bei Teenagern; Beginn mit wiederkehrenden Schmerzattacken im Bauchraum. Später Schmerz im rechten Unterbauch. Charakteristisch sind Schmerzen beim Eindrücken und Loslassen im rechten Unterbauch und beim Hüpfen auf dem rechten Bein.
- **Ärztliche Hilfe** Bei entsprechenden Symptomen nichts essen oder trinken und den Arzt rufen.

ERBRECHEN

Erwachsene können damit umgehen, aber um Kinder muß man sich kümmern. Da Erbrechen bei Kindern oft Panik auslöst, ist Beruhigung wichtig. Tritt Erbrechen zusammen mit Durchfall auf, sollten Sie den Arzt rufen, da das Symptome einer Erkrankung sein können.

ERBRECHEN BEI KINDERN BEHANDELN

Das Kind sollte sich in eine Schüssel erbrechen

Das Kind festhalten und beruhigen

1 Den Kopf des Kindes über eine Schüssel halten und den Oberkörper beim Erbrechen mit der freien Hand festhalten. Das Kind beruhigen.

2 Nach dem Erbrechen Gesicht und Mund des Kindes mit einem Schwamm oder einem in lauwarmem Wasser ausgewrungenen Tuch abwischen.

3 In kleinen Schlucken Wasser geben. Das gleicht den Flüssigkeitsverlust aus und beseitigt den unangenehmen Geschmack.

4 Das Kind ins Bett oder aufs Sofa legen. Erbricht es sich wieder, den Arzt rufen. Ihm keine Milch zu trinken geben, da es sich danach oft noch schlimmer erbrechen muß.

ACHTUNG

Babys oder Kleinkinder trocknen sehr schnell aus. Häufig zu trinken geben! Große Mengen in kleinen Portionen (Elektrolytlösung aus der Apotheke). Falls nötig, den Arzt rufen.

Ohren- und Zahnschmerzen

Ohrenschmerzen werden meist durch Infektionen, Erkältungen, Schwellungen im Gehörgang oder Fremdkörper hervorgerufen. Zahnschmerzen bekommt man immer dann, wenn man Löcher, Abszesse oder Mundinfektionen hat.

Zahnschmerzen

1 Mit Paracetamol-Tabletten kann man die akuten Schmerzen in den meisten Fällen lindern. Gehen sie nicht zurück oder kehren sie immer wieder, den Zahnarzt aufsuchen.

2 Den Betroffenen auf Kissen betten und ihm dann eine Wärmflasche mit Überzug auf die schmerzende Backe legen. Erwachsenen kann Schnaps im Mund den Zahnschmerz für kurze Zeit lindern.

Ohrenschmerzen

1 Ohrenschmerzen sind meist heftigste Schmerzen, die unbedingt behandelt werden müssen. Sitzen oder Liegen auf der gesunden Seite ist angenehmer als flaches Liegen. Paracetamol lindert akuten Schmerz.

2 Außerdem das Ohr warm halten und Nasentropfen geben (machen den Abfluß von Ohr und Backen wieder frei). Ev. Zwiebelwickel anwenden. Bei anhaltendem Schmerz unbedingt einen Arzt aufsuchen.

ACHTUNG

Wenn bei Zahnschmerzen auch der Kiefer weh tut oder geschwollen ist oder es bei Ohrenschmerzen zu Ausfluß, Fieber oder Hörverlust kommt, ist ein Arztbesuch unerläßlich.

Bewährter Tip

Provisorische Füllung

Müssen Sie einen Zahn füllen, können aber nicht sofort zum Zahnarzt, ein kleines Stück Watte in Nelkenöl einweichen und in das Loch im Zahn legen, um die Lücke zu schließen.

Ohrenschmerzen durch Überdruck

Ohren öffnen

Im Flugzeug (beim Starten und Landen) oder beim Durchqueren eines Tunnels (vor allem mit dem Zug) fallen oft die Ohren zu. Der Betroffene sollte als Gegenmaßnahme den Mund schließen, sich die Nase zuhalten und sich kräftig „schneuzen“. Starkes Gähnen und Bonbonlutschen hilft ebenfalls.

Die Nase zuhalten und sich „schneuzen“

Schluckauf

Beim Schluckauf kommt es zu Kontraktionen des Zwerchfells bei teilweise geschlossener Luftröhre. Schluckauf kommt oft unerwartet und macht Kindern angst. Dauert er länger als ein paar Stunden, sollten Sie ärztlichen Rat einholen.

Abhilfe bei Schluckauf

- **Wasser trinken** Der schwierige Versuch, Wasser von der falschen Seite der Tasse zu trinken, lenkt einen vom Schluckauf ab, so daß er aufhört.
- **Atem anhalten** Atem möglichst lang anhalten. So oft wiederholen, bis der Schluckauf aufhört und man wieder richtig atmen kann.
- **Entspannung** Sich am besten ruhig hinsetzen oder -stellen, denn Bewegung macht den Schluckauf nur noch schlimmer.

Eigene Atemluft einatmen

Eine Papiertüte (keine Plastiktüte!) über Mund und Nase halten und 1 Minute lang die eigene Atemluft einatmen.

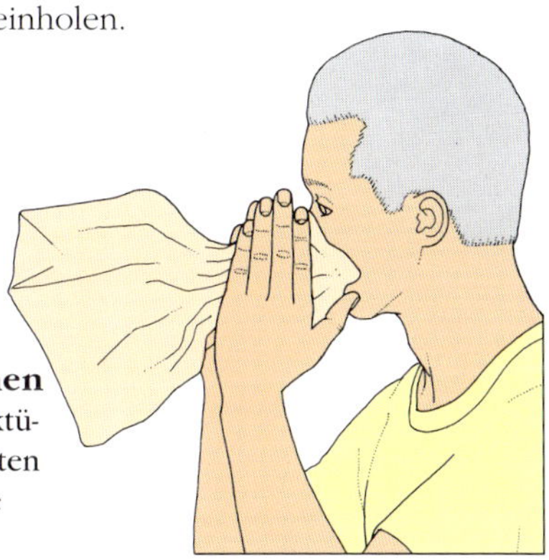

REGISTER

L

W

XYZ

Danksagungen

Die Autorin dankt

Zuallererst möchte ich meinem Ehemann Michael Taylor für seine unerschöpfliche Geduld und Unterstützung während der Zeit, in der ich dieses Buch geschrieben habe, danken. Danken möchte ich auch meinen beiden Kindern Damian und Flavia. Sie haben mich im Laufe der Jahre vor eine ganze Reihe von Problemen gestellt. Die Problemlösungen habe ich in diesem Buch aufgezeigt, und ich hoffe, damit vielen helfen zu können.

Mein besonderer Dank gilt meiner Herausgeberin Victoria Sorzano, die trotz verpaßter Abgabetermine und Schreibblockaden stets gelassen und freundlich geblieben ist. Danken möchte ich auch Art Editor Jayne Carter und ihrem Assistenten Darren Hill sowie Stephanie Jackson und Nigel Duffield von der Verlagsleitung.

Der Verlag dankt

Der Dank des Verlages Dorling Kindersley gilt:

Beratung Dem Britischen Roten Kreuz für die Beratung und Unterstützung beim Kapitel „Sicherheit & Gesundheit". Spezieller Dank gebührt dabei Joe Mulligan für Konzipierung und Überprüfung des Textes sowie Robert Spigel vom Britischen Roten Kreuz.

Requisiten Dem Elizabeth David Cookshop in Covent Garden für die im Kapitel „Essen & Trinken" verwendeten Requisiten sowie den Moss Bros in Covent Garden für „Churches Schuhe" und Hugo Boss.

Information Der Firma Rentokil Ltd. für die Beratung zum Thema Schimmel.

Redaktion und Gestaltung Adèle Hayeward und Lynn Parr für die Redaktionsassistenz, Chacasta Pritlove für die Dateneingabe, Chris Bernstein für das Register, Jackie Dollar und Jan Richter für die Designassistenz und Harvey De Roemer für die DTP-Assistenz.

Illustrationen

Sämtliche Illustrationen von Kuo Kang Chen und John Woodstock. Zusätzliche Illustrationen auf den Seiten 106–119 und 165–181 von David Ashby.

Fotos

Fotograph Andy Crawford.
Assistent Gary Ombler.
Weitere Fotos von Steve Gorton, Tim Ridley, Colin Keates, Steve Shott und Harry Taylor.

Handmodelle Linda Birungy, Lisa Broomhead, Duncan Horastead, Helen Oyo, Victoria Sorzano und Nick Turpin.